国家社科基金项目资助研究
山东大学人文社科项目资助出版

宪法变迁与宪法教义学

迈向功能分化社会的宪法观

Constitutional Changes and Constitutional Doctrine:
A Constitutional Perspective of a Functional Differentiation Society

李忠夏 / 著

法律出版社
LAW PRESS · CHINA

序　一

李忠夏博士是青年宪法学者中的佼佼者。近年来，他一直关注宪法历史、文本与实践“三位一体”知识体系的建构，并以他擅长的德国宪法知识背景，思考宪法学在中国的发展进路与各种理论命题。他善于从历史与文本中发现学术命题，并自觉地在实践中“检验”自己的思考，形成了有关宪法学方法论的系列研究成果，其研究视角具有独特性。

对自己近年来的学术研究，他在后记中做了说明。这本书虽然以已经发表的论文做基础，但严格意义上不是“论文集”，实际上是把相关学术命题体系化，“将书中各自具有独立性的章节，融会贯通，在一个理论框架之下，加以体系化，就成为对读者的一种交代”。我历来鼓励青年学者以体系化的论文作为主要学术规划，不一定撰写体系化的专著。也许专题性研究更适合青年学者的学术发展。在这本书中，作者以文本、历史与现实的三重融合为主线，把本书结构分为上篇和下篇。上篇以德国的经验与基础探讨正当性与合法性的范畴,下篇重点探讨宪法教义学在中国的危机与挑战。这本书探讨的学术命题跨越大、理论命题宏大,但论证过程精细化,充满学术味道,可读性比较强。

本书的核心命题是文本、历史与现实的三重融合,作者在本书中谈论不同命题,论证方式各异,但基本学术脉络与论证风格仍坚持三者的统一。比如,在上篇正当性与合法性的分析中,作者主要以德国的经验为主基础,但在分析思路与框架的把握上,仍突出历史与文本意识,通过梳理德国宪法学说,特别是宪法解释学文献,作者将国家与社会概念融合在一起,从正当性中探析相关因素,探讨规范与现实之间的张力,认为"它贯穿了德国自 19 世纪下半叶以来发展起来的整个德国国家法学的研究",这种学术判断有助于我们理解学术脉络复杂、学术派别林立的德国宪法学的基本主题。在规范与现实、实然与应然关系中,如何保持宪法学应有的价值立场是作者始终关注的理论命题。虽然作者认为这部分内容"对德国国家法学方法论的介绍更像是习作,那时候我仍在方法论问题上徘徊,不知走向哪里",但全部以第一手资料撰写的学术史对没有德国背景的学者和学生理解德国宪法是有帮助的。"宪法是政治法"的命题充满争议与不确定性,通过 1926 年学术争论背景,我们可以理解这一命题的具体场景,思考今日中国的学术命题。宪法的规范性高于政治性,在政治与宪法之间寻求合理平衡是德国宪法学的重要启示。

基于"文本、历史与现实"的逻辑,本书下篇重点探讨了宪法教义学对中国本土化的意义与实践中的命题,用"危机与挑战"也许表达了作者的学术思考与实践问题的关注。在这部分中,作者探讨了宪法学方法论的现状、中华人民共和国宪法发展内在逻辑、政治宪法学产生的背景、法治国家的内涵以及基本权利的社会功能等问题,对一些有争议的学术命题提出自己独立的学术见解。作为具有留德背景的学者,作者对中国宪法历史、文本与实践问题的观察是细微的,其分析是客观而理性的。中德两国在宪法发展上,具有不同的背景与过程,但在宪法学的相关命题上也存在共同点,如规范与现实、宪法与政治关系的边界与价值互动等方面面临着相同的课题,对这些问题作者提出了具有说服力的结论。

在作者看来,“规范的封闭性”与社会的开放性可处于相对平衡状态,实现宪法与社会现实的良性互动。从文字中可以看出,在这些问题上,作者也纠结,但基本学术立场是一贯的,即坚持“文本—历史—现实”的思考框架,力求使理论命题的设定与论证更加合理,实现价值与事实之间的有机统一。宪法发展的中国逻辑的探寻是作者始终关注的问题,书中引用了大量的中国历史、社会与文化的资料,拓展了宪法学知识领域。例如,在与制宪权、制宪权与主权、制宪权与宪法变迁等基本范畴的解释上,作者提供了专业化的分析框架与方法论。

总之,本书强调了宪法学的学术意识与实践功能,突出原理与经验的探讨,较完整地体现了“文本—历史—现实”的宪法学研究思路与方法论体系,是一部具有新意的学术作品。当然,对“之前的作品,其中有些论证和观点,今天看来,可能需要重新表述,保持学术脉络与风格的统一”。面对新的宪法实践,对过去的学术作品进行反思是学术创新的重要起点。在我看来,有些理论问题仍有进一步探讨的空间。如何建立以问题为导向的综合的方法论体系?如何以宪法文本为基础建构“不迁就政治现实”的规范世界?在社会转型或者宪法转型中如何保持其价值的连贯性与优先性?如何处理好中国宪法问题的研究方法与外国宪法学理论资源之间的关系?可以说,德国宪法学方法论对解释中国宪法问题的功能是有限的,应合理解决问题与方法之间的内在衔接问题。

本书的出版对于我们系统了解转型社会的宪法功能,从宪法文本与现实的视角分析宪法与国家、宪法与社会的内在逻辑具有重要的参考价值。希望李忠夏博士继续深入研究这一课题,拓展宪法学研究领域,为繁荣宪法学研究做出贡献。

是为序。

中国人民大学法学院教授　韩大元

2018 年 1 月 20 日

序二　宪法还是宪制，规范还是描述？

忠夏为这本宪法学方法论的著作设定了“功能分化”的视角，我觉得是富于洞见的，也切合立宪主义的本质与中国的具体实践。

忠夏注重以历史的视角思考方法论问题，认为我国现行的1982年《宪法》蕴含着一种多元主义的转折。在我看来，改革开放前的中华人民共和国，大体近乎施米特所言的“总体国家”。寸权尺柄，咸操于国家，斯之谓也。2009年，北大公法中心为了纪念改革开放三十年，组织编写一套“中国公法三十年”丛书，我承担了其中《公法的制度变迁》[1]的“国家与公民关系的演进”部分。在对经济自由做历史梳理时，改革开放初期国家对经济活动的全面管控给我留下了深刻的印象。国家直接干预国营企业的利润提留、生产责任、工资福利、内部管理。国务院以行政法规直接规定国家与企业之间的利润分成，规定工业企业必须完

---

[1] 韩大元主编：《公法的制度变迁》，北京大学出版社出版2009年版。

成产量、质量、利润和供货合同四项计划指标,才能提取利润留成。[1]已经开始实行生产经营责任制的国营企业也“必须保证全面完成国家计划,按社会需要生产,不能利大大干、利小不干,造成产需脱节。要不断提高质量,降低成本,提高经济效益。要进行全面考核,不仅要考核上交利润,同时还要考核产量、质量、品种、成本等指标”。[2] 甚至对企业的奖金标准、奖金发放、计件工资制等都会由国务院发文作出严格规定。[3] 此外,国家计划主导经济合同,严厉制裁“投机倒把”,国家直接干预物价,等等,都让人深刻感受到一个缺乏功能分化的国家是何等的僵化、缺乏活力,而个体在其中是何等的卑微软弱。

改变的重要节点就是1982年《宪法》。1982年《宪法》起草的背景之一是,经济自由开始萌动并逐渐演化为不可遏抑的趋势,民间追求经济自由、自发选择经济模式的事例一再出现。1982年《宪法》规定了“市场调节的辅助作用”、国营企业和集体经济组织的“自主权”。在此后的宪法修改中,私营经济获得宪法地位,“国营企业”改为“国有企业”,最终确立了“国家实行社会主义市场经济”。这个过程所展现的,正是忠夏所说的功能分化中的政治系统与经济系统的分化。中国的经济奇迹,端赖此也!时至今日,由宪法所确立的市场经济、私有财产保护等经济系统的基础规则植根已深,“使市场在资源配置中起决定性作用”被再四申说。美国人甚至说:“中国摘走了自由市场的花朵,却让美国走向了衰败”(班农)。回首当年,恍同异世。

忠夏的著作以宪法学的视角重新审视了此种功能分化,并赋予其方法论意义。在功能分化的视域下思考宪法学的恰当方向,具有回应现实的苦心和学术担当。当下中国的很多问题都还在于功能分化的不充分。权力干预一切,政治系统渗透其他各个系统,危及其他系统运作的基础

---

〔1〕《国营工业企业利润留成试行办法》,1980年1月22日。

〔2〕《国务院批转关于实行工业生产经济责任制若干问题的暂行规定的通知》,1981年11月11日。

〔3〕《国务院关于正确实行奖励制度、坚决制止滥发奖金的几项规定》,1981年1月16日。

符码的情况，依然存在。领导人强调“把权力关进制度的笼子”[1]“大道至简，有权不可任性”，[2]也是洞悉弊端而指向政治系统的自我规约，指向不同系统的功能分化。以此观之，宪法学的研究，如果仍然不反思整全而混沌、宏大而空洞的进路，不立足于法律系统与政治系统的分离（当然，也有耦合）而设定议题，或者还如陈端洪老师所批评的“下笔千言而胸无一策”，岂不谬哉？

循着“功能分化”的进路，忠夏还特别批评了将“宪法等同于治理”，“宪制（政制）”等同于“宪法”的混淆状况，并指出实践形成的、经验的“政治秩序”不能自动转换为具有正当性的宪法规则。对忠夏的这一批判性观点，我也是非常赞同的。这里涉及一个宪法学的根本性问题：宪法的概念。

我们知道，现代的中国学术，在相当程度上是在使用“半外语”进行思考，众多术语的含义，并非构成该术语的汉字组合的含义，而是作为移译源头的西文语词的含义。“宪法”也一样。众所周知，英语中的“Constitution”一词的本义是“制度”，而作为法律的“宪法”这个义项是后起的。要想兼顾这两个义项，“宪制”就成了一个不错的译名选择。与此类似，德语的“Verfassung”一词，既是“宪法”，也是“状态”。换言之，“一国政治关系的状态”和“规范一国政治生活的根本法”，都是“Verfassung”。由此，“宪法”就有两种不同的定义方向：经验性的和规范性的。

我们可以将一国政治生活的事实、政治关系的状态进行描述，并指称其为一国的“宪法”。这种经验意义上的宪法，可以讲是自有人类社会就有的。所谓“古代宪法”或者“古代宪制”就是这种描述的、经验意义上的概念。这种宪法甚至也可以是以法律规则的形式表现出来的，甚至也会对统治权力构成约束。例如，钱穆先生说：“中国历史上，无宪法，

---

〔1〕 习近平：《把权力关进制度的笼子里》，载中国共产党新闻网：http://cpc.peaple.com.cn/xuexi/n/2015/0721/c397563-27338646.html，最后访问日期：2015年7月21日。

〔2〕 李克强：《政府工作报告》，2016年3月5日。

有制度。政府中各种职权之分配,借由详密之规定。精细周到,远非西方宪法可比。所谓君权,在中国历代政府制度中,亦有种种规定,种种限制。”[1]但无论如何描述修饰,这都还不是现代意义的宪法。现代宪法,一定是法律化的,一定意味着以法律规范全面约束政治统治。现代意义的宪法,不是对政治状态的经验描述,而是试图对政治统治进行一般性规约的“高级法”和“根本法”。现代的、规范意义上的宪法,是将国家的统治视为宪法的委托。古代的政治统治已经有事先假定的正当性,而现代的政治统治却是由宪法赋予正当性的。现代宪法对于国家权力的限制,不再是偶然的、个别修正式的,而是全面的、基础性的。显然,规范性宪法不是自古就有的,而是产生于近代的“革命性断裂”之后。[2]

由此,如果我们声称自己在做宪法研究,就一定要说明自己所研究的是“经验性的宪法”还是“规范性的宪法”。毫无疑问,前一种研究在近期也开始变得活跃,其表现之一就是“宪制”一词被更为广泛地使用。对经验性宪法的研究,当然有重要价值,但若不谨慎界定,却会存在显然的危险:不仅在于混淆,还在于否定。我的意思是,如果研究者在对历史或者现实的政治状态进行经验描述后,认为这就是“宪法”,甚至是“真正的宪法”,有意无意之间,就可能用经验性的宪法概念混淆乃至驱逐了规范性的宪法概念。其理论风险可能是最终取消作为法律规范的宪法(典)的规范性,并最终背离“以高级法约束国家权力”的立宪主义精神。

而忠夏的研究,明确反对用经验描述(无论是对历史的还是现实的)来取代乃至取消宪法的规范性,反对没有道德规定性和文本依据的所谓“宪法”,反对将“宪制”和“宪法”等而视之,有着敏锐的学术眼光和坚定的价值立场。不过,“历史—经验”进路的“宪制”研究者,显然也意识到了这个问题。例如,章永乐兄在他的《万国竞争:康有为与维也纳体系的衰变》中明确界定:“本书所使用的‘宪制’一词,并非与民法、刑法

---

〔1〕 钱穆:《晚学盲言》(上),生活·读书·新知三联书店2010年版,第245页。

〔2〕 参见[德]迪特尔·格林:《作为新生事物的规范性宪法》,载格林:《现代宪法的诞生、运作和前景》,刘刚译,法律出版社2010年版。在格林看来,更为根本的是,有了功能分化,才有了宪法约束的对象。

等并行、作为国内最高法的宪法律（constitutional law），更不是形式意义上的成文宪法或者宪章，它指向的是从功能上将政治共同体整合（integrat）为一体的基本结构，其中最重要的当然是政治统治的形式，或‘政体’。只要存在政治统一体，不管是否存在载明这种基本结构的法律问题，都可以说存在宪制”。[1] 我想，不同进路的研究者，在基本概念上达成共识，或者至少明了对方在概念使用上与自己有何种差异，是展开学术对话的基本前提。忠夏澄清基本概念，意义非小。

以上只是我对忠夏著作的丰富内容的两点学习体会。实际上，在这本书涉及的众多宪法学课题中，很多是我很有兴趣而又力有未逮的，而在忠夏写过之后，又会觉得也就不必再写了。忠夏从德国洪堡大学博士毕业回国后，即以宪法学方法论研究者的形象示人。我曾经善意提醒他，不能只做方法论，而不做具体制度与权利的研究，不能“只有关于法教义学的文章，而没有法教义学的文章”。但看来我的担心是多余的。忠夏近来关于“国家所有”、农村土地流转以及同性婚姻、平等权等的精细研究，也展现出很高的水准。我想这不奇怪。萨维尼讲过，学术成就不仅仅取决于天赋（个人智力的程度）与勤奋（对智力的一定运用），还更多取决于方法，也就是智力的运用方向。[2] 方法的恰当，是优秀成果产出的保证。作为多年的学友，我乐见忠夏这本书的出版和更多作品的发表。

张翔

2018 年 4 月 18 日于人民大学明德法学楼

---

〔1〕 章永乐：《万国竞争：康有为与维也纳体系的衰变》，商务印书馆 2017 年版，第 5 页。

〔2〕 萨维尼：《萨维尼法学方法论讲义与格林笔记》，杨代雄译，法律出版社 2008 年版，第 67 页。

目录

下篇 宪法教义学在中国:危机与挑战

绪论:转型中国的宪法理论

——文本、历史与现实的三重融合

本书的写作主要基于以下考量:在今天中国,我们需要什么样的宪法学?

中华人民共和国成立之后,宪法的发展经历了“革命—改革—法治”的三阶段:如果1949年中华人民共和国成立、1954年制定《宪法》之后直到1982年,宪法实施仍处于革命话语的延续阶段,那么从1982年到2004年修宪,乃至党的十八届四中全会“法治中国”的提出,宪法实施则处于“改革—法治”的维度中。而未来中国宪法实施的目标则是从改革思维中走出来,进入真正的“法治国”阶段。

恰恰是在这么一个流动的发展过程中,我们才能清醒地认识到今日中国宪法实施所存在问题的内在原因,找到未来的发展方向,并从中发展出“转型中国”的宪法理论。可以并不夸张地说,今日中国宪法的诸多问题都具有这一转型期的特点。比如,官员的选任也介于权力任命和民主考核之间;宪法中的“国家所有”和“社会主义公共财产”条款也需立足宪法变迁,对之重新加以诠释。诸多宪法问题的解决都迫切要求建立起一种立基于中国宪法现实、尊重制宪传统与历史、回应社会转型和宪法变迁的“转型中国的宪法理论”。归根结底,我们究竟需要什么样的宪法理论?

正是对这一“过渡期”的判断,导致不同学者出现了分野。有学者赋予这一阶段以未加反思的正确性,试图从这一过渡期的政治实践中总结归纳出正在有效运行的政治规则,将之视为“不成文宪法”以及宪法实施的“中国模式”;也有学者试图对此阶段进行理论包装,从而归纳总结出宪法中的“根本法”,以此为出发点,赋予现实中与改革思维密切相关的“良性违宪”以正当性。以上就是中国宪法学近年来强势出击的“政治宪法学”。当然也有学者表示反对,认为今日中国当务之急在于确立宪法文本的权威地位,强调宪法之反事实的规范属性,通过宪法文本对政治现实进行评价和指引,这是针锋相对的“规范宪法学”。然而,在这两者之间,我们需要反思:应如何解释我们国家的宪法文本以使之具有实效性,在恪守规范性的基础上,如何理解我们现有的宪法文本和宪法状态,并进而作出宪法领域无论如何都回避不了的“价值判断”。这也要求现有的宪法学进行一场“方法论”上的反思:一方面,需要反思宪法学的根本方向;另一方面,则需要反思宪法解释的具体技术。在某种程度上,前者决定了后者。

中国的社会自1949年之后经历了剧烈转型,整个社会结构发生了天翻地覆的变化。现行的“八二宪法”,其文本屡经修改,文本的背景与文本制定时也完全不同,同样的条款在变迁的社会情势下,其规范意涵自然大不相同了。鉴于此,僵化的、静态的文本解释是行不通的,但无视文本和规范、直接面向政治现实的做法同样不可行。对于“八二宪法”的解释需进行历史、文本与现实的三重融合:一方面,需回到历史,对宪法规范的原初含义进行原旨主义的解读,厘清规范制定的初衷与目的;另一方面,又不能故步自封,恪守“祖宗成法不可变”,而枉顾社会现实的变化。如果不在历史与现实之间“目光流转”,忽视中国宪法的变迁,那么就很难真正理解《宪法》第12条的“社会主义公共财产”条款和第9

条、第 10 条的“国家所有”条款。这就需要在文本的基础上,将历史的视域与当下的视域融合到一起,在“宪法变迁”的视角下,讲清楚中华人民共和国成立以来社会转型的逻辑,并以此为基础对现行宪法进行解释。这恰恰是德国宪法学方法论在超过一个世纪的发展中所总结出来的教训:既不极端地偏向规范逻辑,又不极端地转向政治现实,而是在其中找到一条“中道”的解释道路,既顾及宪法文本的规范封闭性,又能面向社会变迁具有一种开放性(如同性结合对宪法中“婚姻”内涵的冲击)。目前需要有一种理论,能够兼顾宪法的相对恒定性与动态生长性,这是因为宪法既需要起到维持政治秩序稳定的作用,实现法的安定性和“稳定的规范预期”,又需要回应社会现实的变迁,具有适应能力。这就要求,以宪法为基础的法律体系既具有封闭性,又具有开放性。卢曼对法律系统“规范上封闭、认知上开放”的诊断,以及对“社会系统功能分化”的描述和分析,可以很好地回应这种要求。尤其对于中国而言,社会的转型要求宪法一方面要保持很大程度的连续性和安定性;另一方面又要回应社会的剧烈变迁,一种“以宪法变迁为基础的宪法教义学”和“迈向功能分化社会的宪法观”就成为转型中国宪法理论构建的基础。本书的工作也正是立基于此。

正是基于上述考量,本书以“宪法变迁与宪法教义学:迈向功能分化社会的宪法观”为题,试图对上述问题有所回应。

本书共分为两部分:

第一部分是以 19 世纪下半叶以来德国宪法学方法论的讨论为例,指出德国国家法学方法论发展的历程,从法学(律)实证主义迈向魏玛时期的正当性之争,再到基本法时代回归法律实证主义。但没有退回到概念法学和纯粹法学的极端,而是在法教义学框架内融入了价值考量。这一方法论的发展脉络具有深刻的时代背景与问题意识,对中国具有一定的警示意义。

第二部分是立足中国的政治现实,沿循中华人民共和国宪法发展的脉络分析其中内在的政治逻辑,并探寻未来的发展方向,从而寻找宪法教义学的生根发芽在转型中国所具有的内在条件。但宪法教义学在中国需要从内部进行方法论上的反思。

本部分共分六章。第二章梳理并评析了中国宪法学目前存在的规范宪法学与政治宪法学之争；第三章从制宪权入手探析了新中国宪法发展的内在逻辑，由革命话语下的政治决定论和政治一元论转向多元主义下的社会系统功能分化，新中国的宪法走过了“革命—改革”（救亡优于启蒙）的阶段，正处于迈向法治的过渡阶段；第四章对政治宪法学在中国产生的历史条件以及政治宪法学的问题意识进行了分析，指出在政治宪法学的特点及其内在不足，即对“政治”的界定存在分歧，而如何对待政治与宪法的关系，不仅导致政治宪法学的内部分歧，同样也导致了政治宪法学与宪法教义学之间的外部分歧；第五章则对法教义学产生的历史条件以及法教义学的转向进行了分析，指出在现代社会功能分化的背景下，宪法教义学的特点以及宪法教义学的工作流程，反思了传统宪法教义学存在的问题，指出宪法教义学应该面向新的社会形势而有所突破，呼应交叉学科和方法多元的发展趋势；第六章梳理了近代中国自清末立宪以来的范式转型，指出在社会功能分化的条件下，法治国的宪法内涵以及“八二宪法”的实质价值基础；第七章基于卢曼的社会系统理论，对基本权利的社会功能进行了梳理，并指出对于今日中国的意义。

引言：迈向功能分化社会的宪法观

此亦一是非，彼亦一是非。

——《庄子·齐物论》

一、分裂的国家观：主权与权利之间

梁启超先生尝言，“盖谓宪法者，一国之元气也”，[1]由此道出宪法之于国家的意义。传统中国是没有宪法的，或者说没有近代意义上所指的“Constitution”。近代意义上的宪法可分为两个要素：自由（权利）与政制（主权及主权之划分）。作为政制意义上的宪法不分古今中西，乃一国所必备。所谓“政制”，即一国之政治组织原则与制度结构，前者凝结人心，后者划分权力。古往今来，任何一国都需要此种意义上的“政制”以使国之为国，维持国家秩序，这其中包含主权正当性之来源、权力分配的制度化与合理化等，其背后则是维系“政制”运作的文化土壤。中

---

〔1〕 梁启超：《立宪法议》，载梁启超：《饮冰室合集》（第1卷），中华书局1989年版，第1页。

国古代的礼治、儒家伦理、“以礼入法”以及“作为制度的皇帝”[1]概莫能外,均属此种意义上的“政制”。但“政制”只是近代宪法之一面,近代宪法中融入自由、平等的权利理念,才使宪法之为宪法,而不仅仅是“政制”。近代立宪主义的兴起以及古今之别的分水岭就在于“权利”而非“义务”成为近代社会秩序的核心与起点。换言之,近代国家主权是建立在“天赋人权”的基础上的,而非来自“天授”;近代国家权力划分的目的在于保障权利;近代法律和社会秩序是以自由、平等为前提、而非以等级制为基础。[2]

然而,今天中国却更多强调一种“政制”意义上的宪法,梁启超先生口中的“立宪之国”成为“有政制之国”,而忽略了近代以来权利之于建构国家的意义,这与近代中国的立宪背景与历史转型休戚相关。自清末开始,中国知识分子的一缕忧思都集中在国家该何去何从的问题上。这一缕忧思绵延百年,直到今天仍未散去,原因就在于国家的救亡图存是近代中国的核心命题。在西方列强的坚船利炮之下,中国面临“数千年未有之变局”,从而促使中国人反思救国之道,立宪则顺乎潮流,众望所归。从一开始,“立宪”在中国就具有非常强烈的工具意识,其根本仍在“救国”。在此背景下,中国近代的立宪就是“救亡优于启蒙”(李泽厚)了,立宪在中国也着重于国家制度层面的静态建构,而缺乏从社会内在土壤中所生成的立宪之精神(自由、平等、独立以及私人财产不可侵犯的诉求)。

正是看到中国近代立宪根在移植而缺乏立宪必备的文化土壤,近代学人开始反思立宪所必备的“内生条件”,“造新民”“新文化运动”甚至如火如荼的社会革命莫不如此。也有学人开始基于中国现实反思国家建设之路,20 世纪 30 年代兴起的一场有关“民主还是独裁”的辩论[3]

---

〔1〕 苏力:《作为制度的皇帝》,载苏力主编:《法律和社会科学》(第 12 卷),法律出版社 2013 年版,第 153 ~ 192 页。

〔2〕 瞿同祖:《中国法律与中国社会》,商务印书馆 2010 年版,第 309 页以下。

〔3〕 智效农编著:《民主还是独裁:70 年前一场关于现代化的论争》,广东人民出版社 2010 年版。

便是出于此种考量,而孙中山基于中国现实所提出的“军政—训政—宪政”三阶段模式[1]也是此种尝试,这已明显有别于中国在最初倡导立宪时所存在的制度层面上的辩论(君主共和还是民主共和)。在救国的背景下,一种国家主义的力量不断凝结,“立宪救国论”和“国家主导立宪”开始成为主流,“民权”则退居次席。自清末以来,一直执国家与自由之两端的立宪国家论开始倾向于国家建设一面,而多少忘却了民权之保障。这期间,虽然不乏学人大力倡导自由主义(如胡适),但却越来越难与国家主义的立宪观念相匹敌。

这种以富国强兵为旨向的国家理论最终凸显了“独立主权”之于近代中国的意义,并影响了中华人民共和国成立之后的国家理论和宪法理论。尽管改革开放之后,有学者开始倡导人权之于国家的意义,并有学者提出“走向权利的时代”,[2]“尊重与保障人权”最终也写入宪法中,但国家与宪法理论中自由与国家之间的张力并未因此消弭。“国家发展”仍是改革以来的主导逻辑,改革一方面导致个体利益从集体、国家中分出,并日益需求法治的完善以保障个体权利;但另一方面改革的诸多措施都是通过政策的方式推动,甚至不惜采取“良性违宪”的方式。这由此衍生出改革的内在矛盾属性:改革酝酿了法治生长的土壤,但又与法治之间存在内在紧张。正是基于改革的这一特性,催生了宪法理论中的制宪权逻辑,并由此诞生了“政治宪法学”的理论图景。而改革与法治的内在紧张,也成为政治宪法学与规范宪法学之间争论的生活场域。面对中国独特的历史现实,也有学者试图在强国家与自由主义之间加以调和,[3]但理论上的努力显然无法完全回应现实的冲突。改革以来自由经济的兴起所催生的自由、法治、人权的需求明显增加,与此同时,传统

[1] 孙中山:《国民政府建国大纲》,载孙中山:《孙中山全集》(第9卷),中华书局1986年版,第127页。

[2] 夏勇主编:《走向权利的时代:中国公民权利发展研究》(修订版),中国政法大学出版社2000年版。

[3] 李强:《宪政自由主义与国家建构》,载王焱编辑:《宪政主义与现代国家》(《公共论丛》第7卷),生活·读书·新知三联书店2003年版,第19页下。

以来的国家主义思维仍然为国家干预持续提供正当性。中国百年来的国家建构仍未走出自由会消解国家、国家会限缩自由的怪圈。

二、迈向功能分化的中国社会转型

告别传统、走出帝制后的中国该何去何从,在今天仍然处于摸索阶段。“有中国特色的社会主义初级阶段”其内涵也仍在不断充实之中,这是一个“娜拉出走之后”的问题,也是关乎国运未来的问题。从历史来看,中国社会内部公民的参与度并不成熟,在此背景下,依循主权逻辑建构国家具有特定的历史意义,这也是“政治一元论”的标准辐射全社会领域的基础,在这个阶段,社会的一切(包含经济、文化、道德等领域)都需服务于政治以及国家建设的目标。

但我们不能无视改革开放以来中国社会的内在转型。改革开放之后的中国社会转型首先是由国家政策层面所推动,但却慢慢生成了“自生”的动力机制,最终脱离了国家政策所能控制的范畴。改革开放社会转型的结果是,之前高度同质化的中国社会(无论是传统社会,还是通过特定政策改造而成的社会)慢慢发展为价值多元的社会,民间社会的转型尤为明显。在市场经济的刺激下,个体与社会的自治得到了极大发展,传统的宗族社会与国家管控一切的父权社会几乎消亡,这也引发了道德、伦理、文化领域的价值重构。经济领域的转型更加明显,经济的标准取代政治的标准开始辐射至所有领域,并引发了诸多的社会问题。毫无疑问,中国已经进入多元主义的社会,社会的功能分化已经开始,没有任何一种独断的标准可以维系和整合整个社会秩序,每个不同的社会领域都有自己运行的标准,经济标准不能僭越到道德文化领域,同样也不能通过道德标准取代经济领域的特定标准,只有各社会领域依循自身标准独立运行并通过特定形式与机制实现不同社会领域之间的相互依赖,多元社会秩序的维系才能成为可能。

在新的功能分化的社会背景下,个体的权利意识不断增长,而国家主权的观念则不断消退。过去几十年,对国家干预社会的批评上升。此外,出于对改革以来日益增长的个体自由、权利加以保护的需要,对法治的需求也越来越紧迫,并且越来越被接受的一种观念为:只要国家权力退出一切领域,则权利即可得到保障;只要法治践行,中国社会的一切疑难杂症即可迎刃而解。但几十年来中国太关注于国家发展、经济突进而导致的发展模式,使中国社会呈现出异常复杂的态势。即国家与社会之间的缠绕冲突、地区之间以及阶层之间的贫富差距、新旧伦理道德观念的冲突、传统社会生活模式与新型社会运行规则之间的冲突、文化冲突等不一而足。所有这些问题的解决都不能简单归结为赋予自由、控制国家。相反,这些问题的解决都离不开国家的积极参与,甚至很多自由权的实现都需要国家创设前提。

因此,就不能简单地将对中国社会的美好期望完全寄望于权利的实现、法治的施行,正如我们也不能幻想中国问题的解决都可归结为国家通过政治手段的理性安排。就像卢曼所强调的,在功能分化的社会中,社会各领域都承担特定的社会功能,任何一种社会功能的消失或者遮蔽都可能导致社会秩序的失范,或许,"一切意外都源于各就各位"(萧开愚),只有社会各领域相互独立、相互制衡且相互依赖,复杂的中国社会问题才有逐步得以解决的可能。在社会系统的功能分化中,政治系统与法律系统的分化与耦合最重要也最典型,沟通两个系统的桥梁是宪法,因此有必要在功能分化的情势下对今天中国的宪法功能重新加以审视。

三、作为"框架秩序"的宪法:主权与权利的双重变奏

传统宪法的功能在于控制国家权力,宪法中的两大要素——权力分立与基本权利——都是为此目的服务。由于宪法固有的控权使命,并且由于第二次世界大战之后各国在国内、国际威胁方面都有所缓和,紧急状态不复出现,导致不受限制的主权理论逐渐从宪法学中退出,第二次世界大战之后的宪法理论也主要以法教义学的方式围绕基本权利部分展开。然而在国家与社会日渐融合的今天,个体、社会需求的实现都离不开国家的参与,并且在国际局势仍暗藏玄机的今天,完全抛弃主权理论也操之过急,这就需要法律系统与政治系统的相互配合。

在当代功能分化的社会中,政治系统与法律系统各有难以解决的困

境。法律系统难以解决“法”的终极根据(因此需要系统外的价值输入),而政治系统则难以解决权力的反复与滥用。因此,现代宪法的建构需要双重视角。首先,在功能分化社会背景下的宪法不能仅仅满足于对国家权力加以控制,更应该为国家权力的运作、国家对社会的积极参与提供正当性基础,即政治的民主化。毕竟国家主权的完全表达是不可实现之目标,因此只有通过特定的程序建构和制度设计,国家主权才能得以“规范式”的表达,而不是无限制的表达。这也是宪法之于政治系统的特定意义,即为国家权力的获取提供正当性保障(选举权),为国家权力的分立加以制度化规制,为主权的表达施以规范化的限缩,并为法律系统的运行提供动力机制。也就是说,宪法在法律系统中的解释与决定需要政治系统提供支撑,由于人民意志是常新的、时代的价值观念也处于不停的流动中,因此法律系统中的宪法决定就需要通过政治系统的民主化运转提供一种系统外的动力机制。或者可以说,法律系统中的宪法决定(如基本权利冲突案件中的价值决定)虽然可以来自道德、经济、历史等外在环境的要素,但归根结底却需通过政治系统的运作加以表达,并被特定的宪法审查机构以特定的方式转换到法律系统之中,如美国最高法院宪法解释中的原旨主义便是政治保守派的一种意志表达方式。除此之外,政治系统的民主化运作虽然可以为国家的参与提供正当性基础,但却无法彻底防止主权的绝对化、国家权力的滥用、多数人的暴政以及政治决定的反复与任意,因此需要从法律系统的角度,对宪法中的权力划分规则与基本权利规范加以具体化和制度化,形成一种能够面向未来长期有效的“预期机制”,从而实现“规范预期的稳定化”,并通过一种规范化的“框架秩序”(Rahmenordnung)对政治民主的决定加以限定,防止政治民主过程的异化和所谓的“多数人暴政”。

由此,可以看出宪法审查或者宪法解释机构本身所包含的法律化与政治化的双重属性。毕竟一方面,宪法审查机构在作出宪法决定时,并不是处于社会的真空之中,而是作为国家政治机构(以法院形式出现的违宪审查机构亦属政治机构)的一环,始终处于政治压力之下,并且任何宪法决定都需要考量相关的政治后果、社会效果等政治因素;但另一方面，宪法审查机构的目的在于维护宪法权威，因此不能任由宪法决定反复无常，所以必须以技术化的方式使抽象的宪法规范得以具体化，具有可操作性，在复杂的社会选择中作出决定，并使之在未来具有反复适用的可能，因此，就需要宪法解释在法学体系上的建构。在政治系统和法律系统分别展开、并为对方系统的困境提供解决模式的宪法，就围绕主权和（基本）权利形成了独特的双重变奏。政治系统主要体现主权及国家权力的运作，而法律系统则主要围绕基本权利的实现。二者不仅相互独立、封闭、具有自身的功能，而且互相支撑。主权建构为权利之实现提供积极保障，基本权利本身亦具有为国家授权、确保国家权力正当性的独特功能，从而使政治系统的封闭运行得以可能，德国在第二次世界大战之后基于基本权利"客观价值秩序"所发展的国家保护义务功能便可以为此提供最好的注脚。

反观今日中国的"八二宪法"，也可以为宪法在政治化与法律化之间的相互配合找到制度设计的空间。在宪法的法律化方面可表现为：最高人民法院的司法解释经常被诟病为僭越立法权限以及实践中存在的其他一些权限冲突的情况，《宪法》通过第 67 条所赋予的全国人大常委会的宪法解释权则可针对此种僭越和权限冲突加以宪法决断。而全国人大常委会所进行的宪法解释一方面存在政治运作上各方面进行政治施压的可能；另一方面又需要并有利于促进宪法在法学上的技术化建构和体系化建构。另外，在宪法适用方面，如果存在全国人大常委会最终解释宪法的可能，则法院通过"合宪性解释"进行法律解释的基础便得以确立。最后，全国人大常委会宪法解释权一旦启用，则会为基本权利的法学建构提供契机，从而有利于基本权利的保护与实现。在宪法的政治化方面可表现为：全国人大常委会释宪机构的人员组成可以为各种政治运作和政治压力提供制度空间；《宪法》第 67 条赋予全国人大常委会的"紧急状态决定权"也可预留下政治运作和主权表达的充分空间。

综上所述，我们所看到的不仅是宪法政治化的一面，也不仅是宪法法律化的一面，而是政治化的宪法与法律化的宪法既相互独立又相互制约与依赖的图景。在各自系统内部，主权与权利各自依循自有的逻辑展开,但其各自困境的解决又需要另外系统提供支撑,从而在宪法之内形成了主权与权利的双重变奏,其背后则是政治系统与法律系统的功能分化、运作封闭与交互依赖。在此种意义上,当代宪法就不仅是法律化的宪法、控制国家权力的宪法,而是维系政治系统与法律系统功能分化并实现"结构耦合"的宪法(卢曼)。从而不仅维系了政治系统的运作空间、扩展了国家权力的施展空间,而且扩大了个体与社会的自由度以及基本权利的实现范围。在功能分化的背景下,我们需要防范的是通过政治化的方式导致宪法的"去法律化",但也要防止以绝对法律化的方式抹杀宪法框架秩序之内的政治空间。

上　篇

正当性与合法性之间：德国的经验

第一章　域外经验:德国宪法学中的理论与方法之争

一、方法论问题的提出

今天人们基本同意,宪法学作为法学的分支应与哲学、政治学、经济学及社会学保持适度距离,这也使今天的宪法学教科书大多进行中立的评述,而不以灌输政治理念为目的。然而,宪法和国家法毕竟与政治密不可分,宪法从产生到实践中的适用莫不与政治密切相关。由此一来,脱离政治现实,乃至社会经济现实的"中立化"宪法学在实践中是否可行,就成为宪法学本身争论的焦点。

在中国,传统的宪法学研究仍然在恪守"文本主义"的宪法解释学和"围绕规范"的规范宪法学基础上展开。但"文本主义"和"围绕规范"面临着宪法条文本身的模糊性和概括性所带来的解释空间问题,而这种解释的空间使"文本主义"和"围绕规范"在很大程度上趋向统一,并面临同样的问题:如何在宪法文本或者宪法规范的解释空间内,将宪法的规范性和社会的现实性结合在一起。随着社会的变迁,同样的宪法文本甚至可以得出完全相反的解释。建立在文本和规范基础上的宪法解释仍然不可避免要与政治立场结合在一起,封闭的、逻辑上自足的规范体系很难真正得以展开,这也是为什么"文本主义"和"围绕规范"都提出在规范主义基础上保持一定开放性的原因所在。

与此相反,另有一些宪法学者开始从现实的角度对宪法学进行反思。这种反思不同于立足于实证法的规范宪法学和宪法解释学,而是立足于政治现实,这就是所谓的"政治宪法学"。政治宪法学从政治生存的角度对中国现行宪法进行解读,并试图通过制宪权的概念将规范与现实结合,将宪法与政治决断联系在一起,这种宪法研究的视角,从政治的形而上中走出,返回到政治现实中。这种学术路径,一方面通过对权力关系的解读呈现出自然主义国家理论的倾向;另一方面又试图为实证法寻求根基,这个根基来自于主权者、决断、人民或者制宪权。它试图通过施米特式的决断法理对当下中国宪法的根本政治决定进行解读,通过施米特所言的绝对宪法和相对的宪法律的区分,找到对中国宪法来说作为根本政治决定的绝对宪法。这种解读势必遭到规范宪法学的强烈反对,因为这种强烈的宪法政治化趋势与规范宪法学极力倡导的宪法的"规范性"存在激烈冲突。

完全相反的研究取向带来的困惑便是,宪法学应如何展开?教义学的研究和基于政治现实的研究,什么才是解决中国宪法问题的"正确"道路?中国的宪法问题很难通过法学自身得以解决,这是不争的事实。在很大程度上,宪法问题都与社会的变迁、政治的局势以及经济的发展息息相关,最终社会问题的展现和经济形势的变化都会成为左右政治决定的依据,而政治决定则关乎宪法问题的命运,宪法学者经常对此有无力回天之感。

在面对宪法问题时,通常会遇到的疑问最终会归结为:宪法学的方法应如何展开?从宪法文本出发,是否能以及如何"科学"地得出结论?纯粹形式的方式论体系能否保证得出实质正确的结论?"科学"或者"逻辑"的方式是否"能"完全排除主观的"价值判断"和政治立场?如何保证政治立场和价值判断不陷入空想和任意性中?如何协调各种价值观念之间的冲突?社会结构、经济发展以及政治状况的改变所带来的压力是否以及如何反映到宪法的适用中?通过何种方法才能保证在宪法的决定中"正确"地反映出这种变化?最重要的问题当然是,何种取向的宪法学研究,才能保证做出"正确"的决定?

对于上述问题,在今天中国宪法学的研究中仍很难找到令人满意的解答。但上述问题的解答不仅是中国宪法学所面临的问题,而且是近代以来宪法学史上几乎每个时代都会面临的共同问题。由于宪法学方法论在中国仍然缺乏一种真正历史上的争鸣,因而从发展史角度所做的研究就只能从域外寻找,而德国无疑是恰当的借鉴对象,这源于德国国家法学和宪法学自19世纪下半叶以来所存在的方法论上的连续性。19世纪中叶之后,每一代德国国家法学在理论与方法上的讨论都是站在前一时代的基础上展开,对自身时代的问题做出回应,这种方法论上的发展一直延续到今天。方法论上的过分精细化和严格化对宪法实践是否有利,在此暂且存而不论,但方法论发展中所遇到的问题无疑可以映射今日中国宪法学所存在的问题。

二、德国国家法学的前史:实证主义的萌芽

(一)国家法学的自然法基础及"普世公法"

德国国家法学的产生由来已久,如果要对19世纪中叶之前的德国国家法学进行一定的归纳与总结,无疑具有相当困难。一方面,因为德国自神圣罗马帝国开始一直处于分裂状态,神圣罗马帝国更被普芬道夫视为是一种"怪物",而不能称为统一的帝国,邦国林立导致国家法始终无法在统一的国家层面上形成;另一方面,则因为自启蒙时期开始至19世纪,自然法的影响相当强烈,人们更注重从哲学上思考国家的形态问题,导致国家学(Staatslehre)大行其道,国家法学则隐而不彰。

17世纪和18世纪可以被冠为"自然法的时代",自然法成为"1600~

1800 年的主流社会哲学”,[1] 并完成了从“基督教的自然法”向世俗的“理性自然法”的转变。16 世纪、17 世纪自然的意义及自然科学的地位得以极大提升,并与自然法思维结合在一起,逐渐实现了国家统治的“祛魅”“世俗化”以及“法律化”。[2] 除去格劳秀斯、斯宾诺莎和霍布斯等理性自然法的先驱之外,德国主要受普芬道夫、托马修斯以及沃尔夫等自然法学者的影响,自然法为抛开时代与地域特性的“普世公法”(*ius publicum univerale*)提供了哲学基础,依据自然法理论的普世性原则进而发展出普世性的“一般国家法学”,如胡博(Huber)、赫特(Hert)以及博默(Boehmer)等人均是受此影响。[3]

(二)帝国公法学

尽管自然法和一般国家学在十七八世纪盛极一时,但从实证法出发对国家法进行经验和历史分析的努力也一直存在。尤其是神圣罗马帝国期间,通过《威斯特法伦合约》、1653 年和 1658 年的选帝约(Wahlkapitulation)[4] 以及 1654 年的帝国最高法院规定(Reichshofratsordnung)所建立的帝国宪法,为国家法学提供了实证法上的基础。17 世纪下半叶,神圣罗马帝国发展出一个“巴洛克”式的帝国公法学(Reichspublizistik),以帝国的宪法和国家法为基础,将帝国宪法视为是历史的产物。鉴于 30 年战争(Dreißigjähriger Krieg)和《威斯特法伦合约》之后所实现的和平状态,在国家法的方法问题上也逐渐趋于一致,即仅仅在形式和术语上保持罗马法的影响,实质上则以实证的帝国宪法为根基,并不断发掘其历史基础,进一步加以体系化。

帝国公法学作为一个统称,仅仅表达了某一方面的共同之处,事实

---

[1] K. Luig, Zur Verbreitung des Naturrechts in Europa, Tijdschrift voor Rechtsgeschiedenenis XL(1972), S. 539.

[2] M. Stolleis, Geschichte des öffentlichen Rechts in Deutschland, Bd. I 1600 – 1800, München 1988, S. 271ff.

[3] M. Stolleis, ebd., S. 291ff.

[4] 神圣罗马帝国中选帝侯在选举皇帝时所签署的书面条约,以限制皇帝的权力,保证德意志各邦国选帝侯的政治地位以及对未来皇帝的要求。1519 年 Karl V. 大帝在选举时首次同意了选帝约,1711 年则形成了固定形式。

上在17世纪下半叶到18世纪末的时间里，所谓帝国公法学呈现出异常复杂的形态，这种复杂性更由于政治上的影响而加剧。当时，选择依附帝国还是邦国领主，直接反映到相应的国家理论中，这也导致帝国宪法被多样化地归为君主制、贵族制或者混合制等不同的国家形式。尽管帝国宪法具有一定的实证基础，但远未到体系化的程度，国家法学仍然受到历史、政治和哲学的强烈影响。早期的帝国公法学最主要的代表是康林（H. Conring）、普芬道夫（Pufendorf）以及莱布尼茨（Leibniz）。其中，康林将历史的方法引入国家法中，普特（Pütter）曾经总结道："他值得称颂的功绩主要在于，在德意志历史的启蒙以及我们国家法中备受忽视的方法方面，开创了全新的局面"，[1]康林的历史科学直接影响后期哈勒（Halle）和哥廷根（Göttingen）大学在公法方面的历史研究，将帝国历史和帝国宪法联系在一起。康林不仅局限于从历史的角度对国家法加以研究，而且是将历史、政治以及法学的视角联系在一起，而他的历史、政治和法学的思维都来源于共同的原则。在当时的背景下，这些原则可以从亚里士多德哲学的政治伦理、从自然法以及人本主义的历史思维中去发现，在这些原则基础上发展出的有关国家理性（Staatsräson）和主权的理论，在德意志帝国中直到17世纪晚期都难有人与其相提并论。[2] 普芬道夫和莱布尼茨与此相似，尽管从历史的角度对帝国的国家法加以体系化，并对当时实证国家法中所存在的问题进行分析，但均受到其自然法理论的影响。普芬道夫将经验—历史的分析彻底与他的自然法理论融合在一起。[3] 可以说，早期的帝国公法学与自然法理论并不排斥，虽然以实证的帝国国家法为研究对象，并从历史中寻找帝国国家法的基

---

〔1〕 J. S. Pütter, Historische Entwicklung des heutigen Staats-Verfassung des Teutschen Reichs, Bd. Ⅰ, S. 204.

〔2〕 D. Willoweit, Hermann Conring, in: M. Stolleis (Hrsg.), Staatsdenker in der frühen Neuzeit, München 1995, S. 129ff.

〔3〕 N. Hammerstein, Samuel Pufendorf, in: M. Stolleis (Hrsg.), Staatsdenker in der frühen Neuzeit, S. 192ff.；维亚克（Wieacker）同样指出，普芬道夫（Pufendorf）的公理化演绎的原则需借助经验素材才能得以支撑和补充，与此相反，经验—历史的材料则通过公理化的方法被推入为科学所证明的行列中，参见 Franz Wieacker, Privatrechtsgeschichte der Neuzeit, 2. Aufl. 1967, S. 308。

础,但根本上仍可以追溯到有关个体伦理或者宗教价值的普世原则。此时的德国国家法是以亚里士多德的政治学、经院哲学的社会伦理以及近代西欧的国家理论为基础,直到19世纪中期之前,国家法学在德国至少要披上某种哲学的外衣。[1]

(三)实证主义的初步兴起

国家法学依附于国家理论,并与哲学、历史相联系的状况在晚期的帝国公法学中发生了改变。最重要的代表是莫泽(J. J. Moser),他被摩尔(R. v. Mohl)称为"德意志国家法之父",[2]并将当时由帝国爱国主义所决定的国家法上的实证主义推向巅峰。[3] 莫泽实现了从贵族门人向独立学者的转变,从政治的依存关系中脱身出来,转向实证主义和功利主义,并将自然法的"假设"和陈腐的历史视为无用。在摩尔看来,他不仅仅是"德意志国家法之父、实证的国际法奠基人、他所处时代甚至可能是所有时代中著述最丰的作者,而且同样是其祖国宪法的忠诚信奉者,不屈从于任何其他意志"。[4]

莫泽秉承经验主义传统,严格以当时有效的帝国宪法为根基,其数十卷本的"德意志国家法"涉及当时帝国宪法的所有主要问题,并收集了几乎所有相关的文件、外交素材以及法院的判决。对于帝国宪法的理论问题,如围绕国家形式理论和主权等介于"政治"及"一般国家理论"之间的主题,莫泽都一概不理。与此相反,实践性、实证性以及实用性则充斥于其著作当中,可以说,莫泽的国家法学方法始终围绕事实的、规范的所有细节。同样,莫泽所形成的国家法体系也并非任意为之,而是严格恪守各种法律渊源的位阶以及有关帝国与邦国之间有机关系的传统

---

[1] H. Kuriki, Die Rolle des Allgemeinen Staatsrechts in Deutschland von der Mitte des 18. bis zur Mitte des 19. Jahrhunderts. Eine wissenschafts-und dogmengeschichtliche Untersuchung, in: AöR 99(1974), S. 557.

[2] R. v. Mohl, Die Geschichte und Literatur der Staatswissenschaft II, 1856, S. 402. Vgl. auch H. Schulze, Johann Jacob Moser, der Vater des deutschen Staatsrechts, 1869.

[3] M. Stolleis, Geschichte des öffentlichen Rechts in Deutschland, Bd. Ⅰ 1600 – 1800, München 1988, S. 258.

[4] R. v. Mohl, Die Geschichte und Literatur der Staatswissenschaft II, 1856, S. 402.

观念。[1] 莫泽在当时代表了国家法学中的一支,即完全拒斥自然法对国家法的影响,并在一定程度上排除了历史的影响。在他看来,历史作为法学的辅助学科尽管重要,但必须置于实证法的目的之下,从而得出“符合实际”的、平衡的,乃至正确的结果。莫泽实际上是当时一大批致力于资料汇集工作的学者中成果最丰的一位,但他的工作已经不再满足于将各种法律文件进行整理和收集,而是将其加工成一个整体,并排除那些在法律效力视角下不予考虑的法律素材。因此,莫泽的国家法学更接近于近代所谓的“法实证主义”。[2]

莫泽深刻质疑了自然法的理论思索,并且比同时代人更明确地认识到,根据所谓的纯粹基本原则推演发展的体系仅仅是对有效法律规范的抽象描述或者以自然法的方式所委婉表达的法律政策。在私法领域,由于一般性的法律作为成文理性(ratio scripta)与自然法之间的差距微乎其微,因此抽象推理的方法并无多大问题。但是公法却很明显有别于私法,带有很强的历史痕迹并且很不规则。在莫泽之后的年轻学者普特明确警告要避免在公法领域追求公式化的统一,由于帝国高等法院和帝国公务员所依赖的许多法律上的特殊性会被掩盖下去,所以这种方法具有很强的迷惑性。

(四)哈勒、哥廷根大学的国家法历史化

与此同时,由于理性自然法那种超越历史的普世性思维在18世纪上半叶逐渐被削弱,国家法学者开始尝试将自然法与历史和社会的事实状态相联系,相应法秩序的历史关联就进入研究的视野,这在受自然法影响的“普世公法”或者“一般国家理论”以及实证主义之外形成了当时国家法学研究的第三个路径,即国家法的历史学派。当时大学对国家法学的贡献颇多,尤其是哈勒大学和哥廷根大学的影响最为深远,其共同特征在于国家法研究中的历史化倾向,其中最为著名的代表是24岁即

---

〔1〕 A. Laufs, Johann Jacob Moser, in: M. Stolleis (Hrsg.), Staatsdenker in der frühen Neuzeit, München 1995, S. 284ff.; M. Stolleis, Bd. Ⅰ, a. a. O., S. 265ff.

〔2〕 M. Stolleis, Bd. Ⅰ, ebd., S. 265ff.

作为教授任职于哥廷根大学的普特。

18 世纪末期,德国的国家法学在方法上出现了三种不同的方向,所有这三个分支自始即存在。莫泽将以法院实践为目的的分支发展到顶峰,正如莫泽所认为的,学科的角色应该是服务于一般性的目标,但是它要独立于政治利益。按莫泽所言:"当我不想毁坏我们德意志帝国的真实宪法时,必须要根据纯粹的事实(Facta)"。[1] 第二个分支是自然法上的抽象化。它从一开始就具有很强的法律政治的特征,并保持了与政治理论的紧密联系,直到 1700 年,亚里士多德的政治学理论一直被奉为权威和经典。第三个分支是当时的真正主流,即在耶拿、哈勒和哥廷根等地在实践中围绕历史、统计以及警察学等公法素材,从而形成一个无所不包的国家学(Staatswissenschaft)学科。内特尔布兰特(Daniel Nettelbladt)甚至认为,德国国家法学仅存在两个分支,其中之一是莫泽所推动的实证主义,另一种是哈勒—哥廷根学派所致力发展的历史主义。在哥廷根,国家法学的发展呈现多样化的趋势,虽然在哥廷根,国家法的研究带有历史经验成分的实用主义特质,但并不局限于此,这里同时并存着非常强的历史化趋势、独立的自然法以及既包括以记录和材料堆砌为主也包括以抽象和体系化(以普特为代表)为主的实证主义。[2]

哥廷根大学在 18 世纪作为"最富成果、最现代、某种程度上带有享乐主义成分"[3]的大学而著称,并且这种声誉主要来自于法学院。哥廷根大学以学术自由闻名于世。"我们的教授绝对同意,纯粹按照自己的信念阐述国家法,而不论其理论是否与帝国统治阶层的利益相符,或者是否与宫廷的特殊利益相一致"。[4]

普特尽管表现出强烈的历史主义倾向,但仍不可避免地要受到当时占据主流的自然法影响,于是就产生了普特为"自然法学者"还是"实证

---

〔1〕 J. J. Moser, Neueste Geschichte der Teutschen Staats-Rechts-Lehre und deren Lehrer, Frankfurt 1770, S. 9.

〔2〕 M. Stolleis, Bd. Ⅰ, a. a. O., S. 267.

〔3〕 N. Hammerstein, Jus und Historie, 1972, S. 309.

〔4〕 W. Ebel, Der Göttinger Professor Johann Stephan Pütter aus Iserlohn, 1975, S. 15.

主义者”的质疑。[1] 事实上普特一直致力于帝国国家法的体系化，在这个过程中不可避免会出现实证法所不及的地方，于是就需要以自然法的原则加以补充。鉴于当时帝国宪法在实证法方面的不完善，因此在体系化过程中，从历史资料中寻求现行法律的基础也就成为不可避免的事情。普特极大改善了当时流行的有关帝国法的标准体系（Standardschema）。可以说，普特作为整个18世纪最为重要的公法学者并没有脱离历史和自然法的影响，尽管对于他而言，实证法才是国家法学的根基。与莫泽不同，他并非完全局限于对现行有效的实证法进行加工，而是增加了诸多历史和自然法的因素在内。[2] 普特将自然法的普世原则与实证的国家法结合在一起，在后来的历史中可以看到，自然法理论既可成为法国大革命，又可成为绝对主义国家的宣传工具，其不可避免会导致“正当性的意识形态”（Legimationsideologie）。为了将理想和现实结合在一起，在绝对统治和自然权利之间取得平衡，普特选择了一条中间路线，即主权的统治既需要绝对的国家权力，又需要自然法原则加以规训，这就不能仅仅从实证法当中寻找。相反，国家行为必须对某些基本原则，如“一般福利”[3] 负有义务，普特通过他的国家目的理论（Staatszwecklehre）将理性的一般国家学和实证的国家法连接在了一起。

事实上，这种自然法的理想与政治现实之间的张力在18世纪的德国表现得非常明显。诸多学者都试图在二者之间加以融合，在当时就呈现出一种“事实”与“规范”、“实然”与“应然”之间的对立。如自然法学者托马修斯（Thomasius）同样也在国家法领域转向某种意义的实证主义，主张将法律与伦理分开，并“在英格兰人的基础上，试图从实用性思维（Nützlichkeitsgedanken）中产生和建立如德行（Sittlichkeit）一样的法

---

〔1〕 Christoph Link, Johann Stephan Pütter, in: M. Stolleis (Hrsg.), Staatsdenker, S. 315f.

〔2〕 Ch. Link, ebd., S. 317ff.

〔3〕 J. S. Pütter, Beiträge zum Teutschen Staats-und Fürstenrechts, Bd. 2, 1777/79, Ⅱ, S. 336.

律”。[1] 而普特之后的帝国公法学者也都表现出一种自然法与现实经验的结合,如阿什瓦尔(G. Aschenwall)就同时提出了作为纯粹规范学科的自然法和作为经验学科的“国家智慧”(Staatsklugheit),[2]之后的施劳泽(Schlözer)、小莫泽(F. C. v. Moser)、哈贝林(Häberlin)等人作为最后的帝国公法学者逐渐开始向立宪主义思维转变,表现出越来越多的个体主义和自由主义倾向,并将国家与宪法结合在一起,从而逐渐将国家法学从一般国家学中脱离出来。

(五)浪漫主义唯心哲学对国家法理论的短暂影响

随着法国大革命和美国的立宪运动,立宪主义同样也影响到德国,但立宪主义的命运在德国与国家的政治命运紧紧联系在一起。在立宪主义早期,将个人权利与自由置于中心地位的自然法理论仍然占据主流,德国也出现一批国家法上的自由主义者。但随着神圣罗马帝国在1806年的解体,德国在形式上的统一也被打碎,于是“国家的统一”成为这个时期的主流呼声。随着法国大革命的失败,人们也开始反思自然法理论不切实际的假说以及自由、平等的理想在面对现实的国家权力时的脆弱,于是德国开始转向以费希特(Fichte)、谢林(Schelling)以及黑格尔(Hegel)为代表的浪漫主义唯心哲学,试图将理想与现实辩证地结合在一起,于是从自然法的逻辑机械主义转向国家的“有机主义”哲学。政治上的浪漫派同样影响到国家法,最重要的代表人物当属施塔尔(F. J. Stahl)。

施塔尔认为国家并非契约的产物,而是由上帝所创造的权威(Obrigkeit),国家作为人格体同个体一样致力于追求“道德”,国家也因此成为“道德王国”。通过国家的“人格性”,施塔尔将君主原则与个体的权利以及宪法的要求辩证地结合在一起,并冠之“保守的立宪主义”。这也与当时德国各邦国普遍存在的绝对主义国家理念以及社会中流行

---

〔1〕 K. Larenz, Sittlichkeit und Recht. Untersuchungen zur Geschichte des deutschen Rechtsdenkens und zur Sittenlehre, in: ders. (Hg.), Reich und Recht in der deutschen Philosophie, Stuttgart und Berlin 1943, S. 370.

〔2〕 M. Stolleis, Bd. Ⅰ, a. a. O., S. 316.

的立宪观念相吻合,将保守的邦国君主利益与市民的要求结合在了一起。[1] 法律的原则必须借助于国家与道德—社会的有机统一,而不是来自于法律体系内部的逻辑统一。

浪漫唯心哲学对国家法学的影响非常短暂,而且浪漫唯心哲学也很快由于现实的经验而变得声誉扫地。在德国国家法领域,一直存在自莫泽和普特以来的实证化和体系化传统,这种传统在很大程度上奠定了德国国家法学的方法路向,并缓慢地实现了"范式转化",进而发展出格贝尔(Gerber)的"科学的法实证主义"(wissenschaftlicher Rechtspositivismus)。传统的实证主义仍然保持了传统帝国公法学的风格,致力于法律素材的整理与汇编,并逐步形成了一定的教义结构。在普特的基础上,使国家法学进一步体系化,但这并不足以发展成后来格贝尔意义上的科学实证主义。自普特以来所追求的体系化以及他在国家法学所尝试的方法程式并未达到类似于 19 世纪的繁荣程度,也并未使他成为 18 世纪的格贝尔。其中,最重要的原因在于 18 世纪与 19 世纪在政治及国家法基础方面存在的不同。尽管普特视国家法为"一个国家及其最高权力所拥有的法及各种义务性规范的总括",[2] 并因此在国家法的视角中暗示了国家的法律能力(Rechtsfähigkeit),但政治现实逼迫普特并不能将皇帝或者邦国的领主贬为"国家机构"。[3] 19 世纪下半叶由格贝尔发展出来的科学实证主义方法绝非凭空诞生,除了私法上概念法学的渊源之外,从莫泽、普特以来的实证主义传统也造就了格贝尔—拉班德实证主义的诞生。普特之后直到 1852 年,如克鲁伯(J. L. Klüber)、扎卡里安(H. A. Zachariä)、措夫(H. Zöpfl)、小摩尔(R. v. Mohl)等人形成了传统国家法学的实证主义。这种传统的制定法实证主义(Gesetzespositivismus)尽管努力从实证法出发,但却很少可以形成实证法体系的自治,缺

---

[1] M. Stolleis, Geschichte des öffentlichen Rechts in Deutschland, Bd. Ⅱ (1800 – 1914), Verlag C. H. Beck, München 1992, S. 152ff.

[2] J. S. Pütter, Kurzer Begriff des Teutschen Staatsrecht, 2. Aufl., 1768, S. 1.

[3] W. Pauly, Der Methodenwandel im deutschen Spätkonstitutionalismus, Tübingen 1993, S. 54ff.

乏类似于"法学实证主义"的概念体系以及逻辑形式,内部结构也仍然缺乏一种严密的逻辑性,往往将各种法毫无体系地罗列在一起,[1]并且仍然将国家法建立在实质的、法学外的国家理论或者国家目的上,[2]国家法学作为独立的"科学"并未真正脱离历史和国家理论的羁绊。也就是说,传统的法律实证主义与格贝尔法学实证主义的最大区别在于,前者并非尝试从法的内部结构和形式范畴出发去加工实证法的文本,并没有产生一种由内部而来的体系化,这也是为什么在德国1848年"三月革命"之前,国家法学者都表露出鲜明政治倾向的原因所在。当时,鉴于德国社会政治利益的多元化,国家法学者也都或多或少表露出保守主义或者自由主义的倾向,这种倾向直接影响他们的国家法学体系和国家法概念。[3]

就此而言,尽管德国国家法上的实证主义真正开始于格贝尔—拉班德(Gerber-Laband),并真正有意识地展开方法论上的探索,但在这之前,德国就已经存在对实证法进行体系化加工的传统。只是格贝尔和拉班德将这种传统发展至极致,使其体系更完整、逻辑更严密、概念更清晰,从而使国家法学真正成为一种形式—逻辑上的科学,并真正摆脱了历史、哲学以及社会学的影响。伴随着1871年德国统一为一个民族国家,国家法拥有了实证法和成文法的基础,而不再是各种零散的资料汇集,也不再依赖于一种形而上的哲学,德国国家法学才最终摆脱理性自然法的束缚,从国家学中脱离出来,步向繁荣。在此后德国国家法的学说史中,方法论的发展大致经历了三个主要时期,即19世纪下半叶至《魏玛宪法》之前的实证主义时期、《魏玛宪法》时期的反实证主义阶段和基本法时期的宪法解释方法时期。

---

[1] P. v. Oertzen, Die soziale Funktion des Staatsrechtlichen Positivismus, 1974, S. 175f.

[2] W. Pauly, Der Methodenwandel im deutschen Spätkonstitutionalismus, a. a. O., S. 76.

[3] 如扎卡里亚(Zachariä)、莫尔(Mohl)等人均为自由主义者,参见 M. Stolleis, Bd. Ⅱ, a. a. O., S. 156ff。

三、实证主义方法的开端:格贝尔—拉班德时期的德国国家法学

依上文所述,德国国家法学在方法论上的努力始于格贝尔—拉班德学派,至《魏玛宪法》时期展开了真正的"方法与方向"之争。弗里德里希(M. Friedrich)曾经指出,魏玛时期的"方法与方向"之争缺乏一个真正的前史,[1]也就是说,俾斯麦帝国时期的国家法学虽然存在方法建构,但并不存在真正的"方法之争"。原因在于,格贝尔—拉班德体系在俾斯麦帝国时期的国家法理论中占据统治地位,特里佩(H. Triepel)曾经说过,拉班德的著作"完全统治了不止一代的德意志公法学者",[2]同时代虽然存在基尔克(Gierke)等人的批评,但直到1918年占据统治地位的仍然是格贝尔—拉班德的实证主义。

格贝尔(Carl Friedrich von Gerber)在1865年出版了《德意志国家法论纲》,[3]象征着国家法中法学实证主义的开端。1865年的德国尚未形成统一的帝国,正处于北德意志联盟这种松散的国家联盟统治之下,当时并没有统一的帝国宪法。即便如此,格贝尔仍然建构了新的教义学上的国家法学。之后,1876年和1878年拉班德出版的两卷本的《德意志帝国国家法》,[4]正式以"帝国国家法学"命名。1911年到1914年该书持续更新到第5版,并扩展至4卷本,1919年由奥托·迈耶(Otto Mayer)出版了最后一版,即第7版的《德意志帝国国家法》。[5] 在1865年到1919年长达半个多世纪的岁月里,实证主义一直在国家法中占据统治地位。

(一)国家法实证主义得以产生的社会—政治因素

实证主义出现在当时的国家法学中并非偶然,而是具有内在的社会

---

〔1〕 M. Friedrich, Der Methoden-und Richtungsstreit. Zur Grundlagendiskussion der Weimarer Staatsrechtslehre, in: AöR(Archiv des öffentlichen Rechts), 102(1977), S. 166.

〔2〕 H. Triepel, Staatsrecht und Politik, 1927, S. 8ff.

〔3〕 C. F. v. Gerber, Grundzüge eines Systems des deutschen Staatsrechts, Leipzig 1865, 2. Aufl. 1869; 3. Aufl. 1880.

〔4〕 P. Laband, Das Staatsrecht des Deutschen Reiches, 1. Bd. Tübingen 1876.

〔5〕 P. Laband, Deutsches Reichsstaatsrecht, Bearb. von Otto Mayer. -Neudr. d. 7. Aufl. Tübingen 1919, 1969.

政治因素。1848年革命的失败,使自由主义者意识到政治的残酷以及理想与现实之间的差距,于是自由主义者开始放弃激进的主张,谋求与保守的君主制度进行妥协。俾斯麦创建的政治秩序被普遍接受,新的政治关系需要通过法学的途径稳定下来,于是在实证法基础上构建概念体系和逻辑—演绎体系的方法逐渐从私法引入国家法学领域。可以说,概念法学和实证主义体系为保守主义提供了恰当的工具,但值得一提的是,实证主义并不必然与保守主义联系在一起。如拉班德就并非纯粹的保守主义者,他的国家法理论中同样存在自由主义成分,甚至俾斯麦本人就因为拉班德国家法中的反保守特征而对其大加批判。《魏玛宪法》时期的争执同样也证明了实证主义与保守主义之间并不存在必然联系,如安许茨(Anschütz)、托马(Thoma)以及凯尔森(Kelsen)作为严格的实证主义者,都是议会民主和自由主义的支持者,而反实证主义的埃利希·考夫曼(E. Kaufmann)、施米特、斯门德、黑勒等人则恰恰是自由主义锲而不舍的批评者。[1]

当时,俾斯麦帝国仍然是君民共治,一半是君主制、一半是民主制。这种君民共存的政治关系在当时的德国可以起到很好的平衡作用,达到各种政治力量的妥协。为维护这种既存的政治关系,在国家法理论中去除政治、社会的因素也就显得理所当然了,而且当时哲学上的混乱状态也导致国家理论和国家哲学的一片混乱。在这种情况下,国家法学要保持独立的状态,就需要从历史、政治和哲学的沉思中脱离出来。拉班德就曾在他的著作中,开宗明义地指出,"所有历史、政治、哲学上的沉思……对于具体法律素材(Rechtsstoff)的教义学(Dogmatik)而言并无意义"。[2] 可以说,国家法中实证主义的出现恰逢其时,为了在那些难以解决的政治纷争中保持中立,在君主制与民主制、人民主权和贵族主权之间独善其身,使法学不至于受到政治力量和各种正当性要求的左右

---

〔1〕 P. v. Oertzen, Die Bedeutung v. Gerbers für die deutsche Staatsrechtslehre, in: Staatsverfassung und Kirchenordnung. Festgabe für Rudolf Smend zum 80. Geburtstag am 15. Januar 1962, S. 186ff.

〔2〕 P. Laband, Das Staatsrecht des deutschen Reiches, 1. Bd. 4. Aufl. S. IX.

而失去其根本，实证主义可谓最好的选择，这也是所谓国家法实证主义的“社会功能”。[1] 对于历史方法的排斥，源于格贝尔看到了从世袭国家向现在的君主立宪国家转变过程中，国家法在德国的发展并不存在历史的延续性；而排斥国家哲学和政治哲学，在于这种理想化的抽象观念最终会成为毫无根基的“主观观念”。[2]

（二）格贝尔—拉班德实证主义的源起

国家法上的实证主义是对传统的延续，如前文所述，自17世纪开始，国家法中就存在一种实证主义的传统，对实证的帝国国家法进行加工并加以体系化。但国家法通常随着政治的变动而发生剧烈变化，无法如私法一样呈现一种时代的延续，因此在实证法的单纯编纂之外，就必须发展一套相对独立于实证法的概念体系。于是，格贝尔就将私法中潘德克顿概念法学的传统移植到国家法中，并将大量私法的概念应用到国家法中。格贝尔批评了旧有的实证主义仅仅进行素材汇编的做法，在帝国成立并颁布统一的帝国国家法之后，这种做法就显得陈旧和过时，并会导致各种实证法之间的冲突以及法律漏洞的出现。因此，在实证法的基础上建构一套严丝合缝的概念体系就非常必要。于是国家法上的实证主义就表现出概念法学的特征，延续了自萨维尼（Savigny）以来，经普赫塔（Puchta）和早期耶林（Jehring）而得以发扬的概念法学传统。[3]

另外，格贝尔—拉班德的实证主义又要与国家哲学的反思以及政治的考量保持距离。尽管“法学的方法”并不否认国家是通过法加以表达的政治秩序，但国家哲学和政治的考量并不能为实证的国家法和宪法的概念形成提供任何基础。对于实证法的关注则可以使国家法学更靠近现实，从而避免了国家法学的过度理论化以及脱离当下的具体现实，并避免国家法学沦为政治的附庸和意识形态的宣传工具，自然法以来的国

---

〔1〕 P. v. Oertzen, Die Soziale Funktion des staatrechtlichen Positivismus, a. a. O., 1974.

〔2〕 C. F. v. Gerber, Über öffentliche Rechte, 1852, S. 8ff., S. 25ff.

〔3〕 关于格贝尔—拉班德实证主义受当时私法方法论即概念法学的影响，可参见 W. Wilhelm, Zur juristischen Methodenlehre im 19. Jahrhundert. Die Herkunft der Methode Paul Labands aus der Privatrechtswissenschaft, 2. Aufl. 2003。

家理论就很少将法学从政治中脱离出来。如此一来,启蒙时期以来的国家哲学和国家理论逐渐隐退,而国家法学说则得以彰显,颇具讽刺意味的是,格贝尔—拉班德意义上的实证主义以“现实”为缘由排斥了自然法思维和国家哲学,但后世的批评者们同样以“现实”为由反对实证主义概念体系的抽象性以及对现实的脱离。

格贝尔—拉班德的国家法实证主义以及由此展开的逻辑—概念体系,较之于19世纪在私法中已经硕果累累的法学实证主义来说并无太大新意,最大特色莫过于其“激进性”。但对于拉班德在国家法中所引入的“法学”方式和思维体系来说,即便同时期的批评者也无法否认这一点,即“法学”的思维方式已经成为国家法学中绕不开的路径,其统治地位一直延续到魏玛早期。这种统治也要得益于当时的国家法还仅限于纯粹的国家组织法,基本权利尚未纳入宪法中,实践中宪法也尚不具备比基本法律更高的效力,也就是说,当时德意志帝国的宪法仍缺乏一种“高级法”的背景。在这种情况下,独立的宪法司法(Verfassungsjudikatur)就更谈不上了,帝国时期的国家法学也就很难影响实践,并为宪法争议提供解决方案,而更多是在实证法的基础上进行概念的构建和体系的内部统一。[1]

(三)格贝尔法学实证主义与拉班德法律实证主义之间的差异

尽管实证主义在当时的国家法学中占据主流,但国家法实证主义内部也存在诸多不同,如格贝尔和拉班德之间就存在细微差别。格贝尔以德意志各邦国新产生的宪法文件(Verfassungsurkunde)为基础,将其加工成科学的体系。在格贝尔那里,法学体系是定理(Sätze)与概念的体系,并不直接依赖于实证的法律规定。与此相反,拉班德的国家法则直接是新的帝国国家法的教义化,只在当时有效的实证法文本的基础上进行概念的加工。格贝尔从实证法中完成了概念和体系上的升华,并反而成为实证法的“对立图景”,而拉班德则将国家法退回到一种对于新的宪法

---

[1] M. Friedrich, Paul Laband und die Staatsrechtswissenschaft seiner Zeit, in: Archiv des öffentl. Rechts 1986, S. 200ff.

来说并无任何前提的建构体系。[1] 这不能不提到二者所处时代背景的不同。在格贝尔时代,统一的实证国家法并未实现,因此,格贝尔面临的任务便是从各邦国不同的宪法中提取共同之处,在法学上建立一套统一的科学体系,通过这套看似客观理性的科学体系,格贝尔可以将自身的政治观念和反自由主义的理念融入其中,从而反过来成为评价当时德意志各邦国实证宪法法的标准。[2] 由于1871年德意志帝国的统一和帝国国家法的制定,国家法的统一在实践中得以实现,不必依靠纯粹学术上的概念构想。出于对当时国家法所确定的政治状态的满足,将学术上的概念体系完全建立在制定法和实证法律的基础上就成为可能。因此,拉班德完成了从法(科)学(rechtswissenschaftlich)上的实证主义向一个通过科学加以引导的制定法实证主义(Gesetzespositivismus)的转变。不过格贝尔与拉班德之间的差距并没有想象中遥远,对于拉班德来说,在制定法之外同样存在实证的、有效的法秩序(Rechtsordnung)。[3] 对于格贝尔来说,一个完整的法秩序概念体系是其学术的主要追求,而实证法的整理则是服务于这个目标;对于拉班德来说,概念体系则仅是为了填补实证法中所出现的缝隙和漏洞。

(四)对实证主义的批评以及实证主义内部的自我修正

格贝尔—拉班德的国家法实证主义一直得以延续下来,经过安许茨和托马,然后一直到受新康德主义影响的汉斯·凯尔森。由格贝尔—拉

[1] M. Friedrich, M. Friedrich, Paul Laband und die Staatsrechtswissenschaft seiner Zeit, a. a. O., S. 204ff.

[2] 格贝尔恰好处于时代的转折期,19世纪50年代格贝尔因为动荡的政治形势和各种政治派系的争斗而怀疑是否可建立一个"最终和封闭"的体系。但60年代之后,政治形势逐渐趋于稳定,人们不再担心既存政治状态的崩溃,而是致力于如何保持既存的政治状态,政治的形势最终打消了格贝尔的疑虑,使其得以将其在私法中发展的方法移入国家法中,建构"最终和封闭"的国家法体系。对于格贝尔来说,法科学的思维方式也不过是对自身政治思维和国家理念的一种表达,方法的探究最终仍要服务于内在于一个时代社会关系中的法哲学潮流,方法的变迁决不仅是法理论上的问题,而且与政治情势紧密联系。关于格贝尔在科学的建构法学之后所隐藏的反自由主义政治理念可参见 W. Wihelm, Zur Juristischen Methodenlehre im 19. Jahrhundert-Die Herkunft der Methode Paul Labands aus der Privatrechtswissenschaft, 2., unveränderte Aufl. 2003 Frankfurt am Main, S. 129ff.。

[3] 关于格贝尔与拉班德的细微差别可参见 M. Stolleis, Bd. Ⅱ, S. 343ff.。

班德开始的实证主义一直受到同时代学者的批评,即使在俾斯麦时期,也存在不同意见。这种意见概括而言就是一种“实质的宪法思维”,与拉班德同时代的基尔克对拉班德的批评最具影响。基尔克坚持历史学派的法学传统,将国家视为“现实的社团人格”,在国家法中处于中心地位的不是概念体系,而是在历史上具体产生的共同体以及由此产生的共同意志。对于基尔克来说,议会主义的人民代表制、联邦国家以及基本权利应该在国家法的教义中占有一席之地。但在当时的帝国宪法中,并没有基本权利的规定,因此,基尔克的国家法理论并不局限于形式意义上的实证法,而是延续了传统帝国公法学的历史主义传统。而对于拉班德的实证主义来说,他将国家的概念与民法中的公司治理相类比的做法也受到了概念怀疑论者的批评,如施托克(Felix Stoerk)就认为私法容易类型化,因而概念的抽象化是可行的,而公法则完全不同,公法的本质因民族、历史以及经济情势的不同而具有截然不同的特征,概念的抽象化容易过分忽略具体时代法律图景(Rechtsgebild)的具体特征。[1]

对于概念法学来说,其优势在于确保法的统一及法治国的实现,但劣势在于严格的定位于国家实证法和抽象的概念推演,导致不能定位于国家的生活现实,因此一直被冠以“形式主义”的称号。传统法学上的实证主义一直致力于对法律素材(Rechtsstoff)进行加工,并试图确定现行有效的法定理(Rechtssätze),不仅拉班德通过对帝国国家法的系统阐述试图实现这一任务,其他同时代的法学家,如梅耶(Georg Meyer)、黑内(Albert Hänel)和安许茨等人同样致力于此。同时代中拒绝此项任务的著名法学家只有耶利内克和西德尔(Seydel),他们更倾向于契约理论。[2] 传统的国家法实证主义尽管具有共同任务,但并非所有的实证主

〔1〕 这种批评在保利(Walter Pauly)看来并不成立,因为拉班德仅仅用概念来弥补法律中的漏洞,而不是压制被研究的法律体系的具体特征,在他看来,拉班德同样关注现实的政治问题,但通过法学的概念将政治问题纳入法学领域。参见 W. Pauly, Der Methodenwandel im deutschen Spätkonstitutionalismus, Tübingen 1993, S. 237。

〔2〕 M. Friedrich, Zwischen Positivismus und materialem Verfassungsdenken-Albert Hänel und seine Bedeutung für die deutsche Staatsrechtswissenschaft, 1971 Berlin, S. 18ff.

义者都采用与拉班德相同的处理方式，事实上如黑内等人都采取了完全不同的处理方式，而不仅局限于传统实证主义的概念澄清和教义建构。相比拉班德，他们更关注实证的宪法法内容的异质性（Heterogenität）和不成熟性（Unfertigkeit）。[1] 在1871年帝国时期，黑内的著作对实证主义国家法学进行了相当程度的审视。魏玛时期，安许茨等人则继承了这一工作，即在实证主义的立场上对拉班德那种纯粹的概念推演和教义建构进行批判。正如安许茨在评价梅耶时所说的一样："如同他那个时代的大多数人一样，梅耶是典型的实证主义者……他的视角从来都集中于国家法的现实，他的观察方式实践性超过了理论性……我说这些不仅仅是围绕梅耶的观点，同时也是说我自己。"[2] 尽管这些实证主义者并没有寻求一种元法学的基础，但却尽力在文本的框架内进行语义上的扩充与解释，从而"策略式"地实现自身的政治理念，将自由主义理念灌输其中。

但实证主义内部对拉班德建构主义概念体系的纠正已经无法满足日益增长的对实证法的不满情绪，保守的帝国国家法随着1918年战争的失败彻底失去了其存在的基础。通过非法的革命所建立的魏玛共和国以及随之产生的《魏玛宪法》，也无法平息在国家法领域所不断增长的"正当性"（Legitimität）要求。事实上，魏玛前期的国家法学仍然建立在实证主义基础上，但进入20世纪20年代之后，对自由主义的逐渐不满和由此产生的社会问题引发了对实证国家法或者说立法本身"正当性"的追问，而在民主、立法、主权以及宪法司法等问题上所存在的争端，也引发了最终的方法与方向之争。

四、魏玛时期的实证主义

"规范"与"现实"之间的张力贯穿了德国自19世纪下半叶以来发展起来的整个德国国家法学的研究。在整个19世纪，经验主义的社会学研

---

[1] M. Friedrich, M. Friedrich, Zwischen Positivismus und materialem Verfassungsdenken-Albert Hänel und seine Bedeutung für die deutsche Staatsrechtswissenschaft, a. a. O., S. 20ff.

[2] G. Anschütz, Lebenserinnerungen, in: Ruperto-Carola. Mitt. d. Vereinigung d. Freude der Studentenschaft d. Universität Heidelberg, 9. Jg., Bd. 21 (1957), S. 37.

究充斥在法学领域，而自然法的余晖仍在，这同样影响到当时德国的国家法学研究。尽管自19世纪下半叶开始，拉班德和格贝尔的法律实证主义就在国家法学中占据统治，但1900年耶利内克的《一般国家学》已经反映出这种法实证主义的式微。[1]《魏玛宪法》本身建立在"违法"的基础上，更加剧了这种关于实证法"正当性"的讨论，法学界一时充斥着来自法学之外的各种包含社会学、政治理论甚至自然法在内的讨论，试图解决"正当性"问题。在此背景下，以法社会学和自然法为主要论敌的凯尔森建立起纯粹的法理，使法学成为纯粹的"规范科学"。几乎从这个时代开始，宪法学中围绕"规范"和"现实"之间的争论就达致巅峰。提到凯尔森就不得不提新康德主义，而恰恰是新康德主义承继自休谟、康德以来的关于"实然"(Sein)和"应然"(Sollen)的二分成为宪法学中"规范"与"现实"之争的源头。

(一)新康德主义的问题意识

自休谟以来，哲学中的绝大部分问题都围绕事实与规范的区分得以展开，这同样成为新康德主义法哲学的出发点。康德在先验范畴的基础上所建立起来的形式上的先验逻辑体系，成为新康德主义的共同基础，但新康德主义之间存在的巨大分歧似乎只有在"必须回到康德"这一口号中才能找到些许共同之处。[2] 在这一共同口号下，无论是马堡(Marburg)学派，还是西南德意志或巴登学派的新康德主义都鲜有共同之处。前者关注康德知识中的逻辑路经，因此追求科学知识的先验基础，以保障知识的纯粹性；后者则对价值和有效性理论(Geltungstheorie)的批判主义更感兴趣，致力于寻求适当的方法，以探讨文化现象的效力和意义结构。拉德布鲁赫(Radbruch)就深受西南德意志学派的影响，将法视为是文化科学上的价值联系，并将法哲学构建为法的价值思索。但新康德主义与法学一旦发生联系，其本质上就是一件"法学工作"，正如路特(Luther)

[1] G. Jellinek, Allgemeine Staatslehre, 3. Aufl. 7. Neudruck, Darmstadt 1960.

[2] W. Kersting, Neukantianische Rechtsbegründung: Rechtsbegriff und richtiges Recht bei Cohen, Stammler und Kelsen, in: R. Alexy/L. H. Meyer/S. L. Paulson/G. Sprenger (Hrsg.), Neukantianismus und Rechtsphilosophie, 1. Aufl., 2005, S. 23.

所言："如果一个法学家不再是法学家，实在是一件可悲的事情"。[1]

19世纪末20世纪之初，新康德主义的分歧也影响到国家法学领域。耶利内克和拉德布鲁赫都受西南德意志学派的影响，而凯尔森则主要受马堡学派影响。西南德意志学派主要关注法的价值维度以及在"应然"和"实然"的二分中加入混合的、以实现价值为导向的文化作为第三要素。马堡学派的先验主义者和形式主义者则确信法哲学的"证成理论"可以在康德的二分法中得以解决。其中，我们可以看到马堡学派新康德主义法哲学的共同任务，即试图通过由新康德主义者解读的康德在《纯粹理性批判》中用来建构数学—自然科学知识的概念—方法上的部分，去建立法和法学的科学基础。[2] 在事实与规范截然分开的前提下，马堡学派致力于对规范的科学演绎，从而与当时大行其道的各种社会实证主义——包括心理学和外在社会经验的实证主义——划清界限。

尽管新康德主义马堡学派内部同样存在分歧，但其问题意识却存在共同之处，即同样致力于排除自然法的影响，也同样试图纠正经验主义和历史主义导致的社会实证主义的影响。马堡学派在于建构一般法理论的哲学基础，即建构有关"实证法"科学的哲学。鉴于新康德主义法哲学处于概念法学和建构法学这种悠久传统的末期，[3] 因而新康德主

---

[1] R. Stammler, Die Lehre von dem richtigen Rechte (1902), Halle 1926, S. 27.

[2] W. Kersting, Neukantianische Rechtsbegründung: Rechtsbegriff und richtiges Recht bei Cohen, Stammler und Kelsen, in: R. Alexy/L. H. Meyer/S. L. Paulson/G. Sprenger (Hrsg.), Neukantianismus und Rechtsphilosophie, 1. Aufl., 2005, S. 27.

[3] 这种概念法学和建构法学与萨维尼、早期仍未转向目的论和利益法学的耶林、格贝尔、温莎伊德(Windscheid)以及拉班德紧密联系在一起，并与基尔克和耶利内克具有一定的关联。但值得注意的是，概念法学的产生首先来自笼罩整个19世纪对"科学体系"顶礼膜拜的基础上，体系的思维最早发源于自然法理论，之后又扎根于德国的唯心主义，直到新康德主义作为这种"体系思维"的终结。其间，法学建立在不同的基础之上，但没有改变的则是对体系和概念的追求，直到19世纪下半叶受经验主义和实证主义影响的利益法学的出现。关于概念法学参见K. Larenz, Methodenlehre der Rechtswissenschaft, 6. Aufl. 1991, SS. 11 – 35; A. Brockmöller, Die Entstehung der Rechtstheorie im 19. Jahrhundert in Deutschland, Baden-Baden 1997; Wolfgang Kersting, Neukantianische Rechtsbegründung. Rechtsbegriff und richtiges Recht bei Cohen, Stammler und Kelsen, in: R. Alexy/L. H. Meyer/S. L. Paulson/G. Sprenger (Hrsg.), Neukantianismus und Rechtsphilosophie, Baden-Baden 2002, S. 31。

义这种旨在通过“范畴”的形式建构法学中基本概念的尝试就不难得到理解。新康德主义法哲学试图将法学构建为“精神科学中的数学”,[1]回避一个“实体的绝对价值”就成为新康德主义法学的另一个共同点。然而,尽管排除了自然法意义上的“绝对实体价值”,新康德主义法哲学始终会遇到终极的“规范基础”的问题。也就是说,新康德主义所要求的“应然层面”的规范演绎、一般有效的认知条件,同样需要一个具有最终效力的支点,无论是斯塔姆勒(Stammler)的“法理念”(Rechtsidee),[2]还是科恩(Cohen)的“伦理”(Ethik),[3]以及凯尔森的“基础规范”(Grundnorm),都不可避免要提出一个最终的概念。这个终

---

〔1〕 科恩(H. Cohen)对凯尔森的影响之一就是他所提出的“科学的事实”,即“所有哲学依赖于科学的事实。对科学事实的依赖对于我们来说则是康德体系中的永久性。与数学的类比形成了法(科)学。法学应被视为精神科学的数学,特别对于伦理来说则应被视为法学的数学”。参见 Hermann Cohen, System der Philosophie. Zweiter Teil. Ethik des reinen Willens(1904),2. ,rev. Aufl. ,Berlin 1907,S. 66。

〔2〕 斯塔姆勒(R. Stammler)通过回答下述两个问题,即“什么是法,同样包括法应该是什么?”,以及“通过违法(如革命)而产生法是如何可能的?”,在康德的意义上区分了描述范畴的法概念和规范意义上的法概念。他认为,历史的法理(他对所有经验法理的称谓)不足以承担起这两个问题的回答,法必须具有一般有效的认知条件。一方面,斯塔姆勒将法与权力进行界分,法的概念来自于康德的先验范畴,由此区分于经验法学中仅仅来自于归纳而获得法概念,从而使法概念具有一般有效的特征;另一方面,斯塔姆勒区分了正当法与非正当法,即规范意义上的法理念(Rechtsidee),这区别于描述意义上的法概念。法概念尽管区别于经验上的法概念,而具有先验哲学的特质,但却是实证的法概念,因为法概念是道德中立的,其内容完全来自于对象的内容,即实证法,而不具有规范上的意义成分;但法理念同样不意味着回到自然法,法概念和法理念的区分并不能等同于实证法和自然法的区分,斯塔姆勒只是看到了现行有效的实证法与正当法之间的差距,但却拒斥“具有不变、绝对有效的法内容的理想法典”,而只是“试图寻找一般有效的形式方法,从而人们能够对受历史限定的法律中必要的、变迁的内容进行加工、定位和规定,以获得其客观正当的属性”。参见 Rudolf Stammler, Rechtsphilosophische Abhandlungen, Erster Band 1888 - 1913, Charottenburg 1925, 1 - 40; ders. , Die Lehre von dem richtigen Rechte (1902), neu bearb. Aufl. ,Halle 1926,94。

〔3〕 科恩的“伦理”概念并非来自一个实体的价值,尽管法扎根于伦理中,但伦理必须在法(科)学中探寻,并在法(科)学的基础上得以建立。具体而言,法在伦理中得以建立,而只有通过“法”我们才能实现伦理,但并非通过对现行法的分析,而是通过法(科)学的思考。也就是说,通过纯粹的、科学方面至为清楚的以及在范畴上占据优势的概念,这些概念来自作为经验和事实的实证法,但又通过“纯粹的方法”从经验的内容中净化出来。只有如此,先验的探究才成果斐然,在原先自然法中作为“法”的“法”,现在则被科恩称为法的“伦理”,在法和国家伦理之外的个体的道德观念在科恩理论中并无一席之地。参见 H. Cohen, Ethik des reinen Willens,70,225,227。

极的“规范概念”若不是与自然法纠缠在一起,就不得不重新陷入价值相对主义或者经验主义和社会实证主义的泥潭。[1] 新康德主义在其法哲学的出发点上会陷入一种内在的困境、一种循环式的论证,即法的概念需要寻求“正当法”的帮助,如果没有客观或者相对客观的“正当法”的概念作为实证法的标准,新康德主义法学很难得以展开。[2] 但“正当法”的观念在排除了社会学和历史意义上的实证主义以及自然法理论之后,又只能来自当下的共同体和赖以形成该共同体的法。新康德主义法学始终存在一种矛盾心态,即试图为“实证法”找到一个根基,但又试图将“规范性”建立在“实证法”的基础之上。如果想要摆脱这种“循环”,又有意无意间会陷入新康德主义所致力于批判的自然法中,如斯塔姆勒的法理念,从而不自觉地又脱离了新康德主义的科学性体系。凯尔森在很大程度上避免了这种矛盾,但最终并未也不可能彻底加以解决,从凯尔森的分析中就可看出,新康德主义下的法哲学最终并无能力解决“规范”与“现实”的矛盾,若要解决这对矛盾,就只能跳出马堡学派的框架。

(二)凯尔森纯粹法学的内在困境

在19世纪下半叶,新康德主义所做的努力是独立于经验和现实而科学地获取有关“法”的知识,试图保持康德的先验知识论进路。凯尔森在很大程度上受到了科恩的影响,并保持了马堡学派的新康德主义进路,同样试图在规范层面上建立起自足、独立和封闭的法学。与科恩和斯塔姆勒不同,凯尔森不再将法建立在伦理和法理论的基础上,法学彻底成为“实证法”的科学。这在一定程度上避免了马堡学派所陷入的

---

[1] 斯塔姆勒的法理念就经常被视为“具有变动内容的自然法”, vgl. H. Dreier, Rechtslehre, Staatssoziologie und Demokratietheorie bei Hans Kelsen, 2. Aufl. 1990 Baden-Baden, 75;而科恩的伦理概念并没有解决法(科)学中的科学特征问题,参见 K. Larenz, Rechts-und Staatsphilosophie der Gegenwart, 2. Aufl., Berlin 1935, 36ff.;凯尔森曾评价说,“科恩的法哲学,如同斯塔姆勒的法哲学一样,都是一个自然法理论,而不是实证法的理论……该实证法理论在康德哲学的理想体系中仅仅属于自然—经验理论的一面”,参见 W. Kersting, Neukantianische Rechtsbegründung, a. a. O., S. 13。

[2] Horst Dreier, Rechtslehre, Staatssoziologie und Demokratietheorie bei Hans Kelsen, 2. Aufl. 1990 Baden-Baden, S. 73.

"循环论证",从而将法学的"实证性"与"规范性"结合在一起,法学在"实证法"的基础上成为纯粹应然的学科。法在整体上虽然是社会的现实,是一定权力关系的产物,但法学的任务并不在于探究法产生的社会原因,而是探究法产生之后,即实证法内部的规范意义,也就是有关"应然之实存"(Sein des Sollens)的知识。[1] 从实然与应然的二元主义出发,凯尔森为保持现实世界中的事件与特定行为的法规范意义之间的差异,就需保持与因果科学(Kausalwissenschaft)之间的分界,[2] 凯尔森并不相信通过历史发展进程或者通过任何法的事实性(包括心理的内在事实和社会的外在事实)即可推演出法的规范"正当性"并作为法的效力基础。

从这个前提出发,凯尔森批判耶利内克的"事实上的规范力"[3] 就是理所当然的事情了。而建构规范上的"应然体系",不可避免会遇到法规范与道德规范、实证法与自然法的分界问题,凯尔森同样质疑了理性自然法的错误推论(从事实断言中推断出规范命题),[4] 排除了所有实证法以外的道德命令、伦理和宗教作为法的渊源。[5] 凯尔森从一开始就不仅是规范主义者,而且是实证主义者。

---

〔1〕 H. Kelsen, Der soziologische und der juristische Staatsbegriff, 2. Aufl., Tübingen 1928, 76。

〔2〕 对于凯尔森来说,法学保持与社会科学和因果科学的分界,并不是说,"法律人不能做社会学、心理学或者说历史的研究。与此相反!这些恰恰是必要的;只是法律人必须始终能够意识到,作为社会学家、心理学家或者历史学者,他会走上另外一条不同于能够获得特殊的法学知识的道路,他绝不能在其规范的概念结构中引入其观察的结果"。凯尔森并没有完全排斥法社会学和国家社会学,只是将他们视为社会学而已,对于他来说,就他当时所处的争论背景而言,他所关心的仍然是防止法学被当时所流行的社会实证主义所占领。参见 H. Kelsen, Hauptproblem der Staatrechtslehre, 2. Aufl., um eine Vorrede vermehrte Auflage, Tübingen 1923 (Neudruck der 2. Aufl. Aalen 1984), 42; Horst Dreier, Hans Kelsens Wissenschaftsprogramm, in: Die Verwaltung, Beiheft 7 (Staatsrechtslehre als Wissenschaft), S. 88, Fn. 44。

〔3〕 H. Kelsen, Das Problem der Souveränität und die Theorie des Völkerrechts, 2. Aufl., Tübingen 1928, 71. "事实性在法学上毫无意义。"

〔4〕 Horst Dreier, Rechtslehre, Staatssoziologie und Demokratietheorie bei Hans Kelsen, 2. Aufl. 1990 Baden-Baden, S. 39.

〔5〕 H. Kelsen, Hauptprobleme der Staatsrechtslehre, 2. Aufl., um eine Vorrede vermehrte Auflage, Tübingen 1923 (Neudruck der 2. Aufl. Aalen 1984), 7.

对于凯尔森来说，他的纯粹法学主要目的有两个：一方面是摆脱自然法的独断论影响；另一方面则是摆脱经验分析的社会科学影响，包括从内在心理实证主义的角度进行的分析和外在的社会经验的因果分析。后者被阿图尔·考夫曼（A. Kaufmann）称为社会实证主义，是一种归纳进路的实证主义，与凯尔森的规范—逻辑演绎的实证主义区分开来。[1]凯尔森的主要贡献是将法的实证性与规范性结合起来，法整体上作为经验事实，是一种应然体系，法的内部依照先验逻辑的方式展开，从应然过渡到应然，法秩序是一个金字塔般的层层推演的体系。这种应然与实然的二元区分，保证了凯尔森的纯粹法学与因果科学区分开来。[2]

但是凯尔森的规范体系必须面临一个问题，即实证法毫无疑问是一定权力关系的产物，是一定社会历史条件下各种政治、经济、价值观念相互斗争妥协的产物，而应然层面进行的规范演绎，为寻求逻辑上的自足，又势必需要一个最终的规范，即凯尔森所提出的"基础规范"。那么这个基础规范本身就很容易被理解为"权力关系的结果"，本身属于现实和"实然"的范畴。凯尔森的整个法学体系就变成从一个经验的前提中推断出来，这个基础规范不但不能成为凯尔森意义上连接实然与应然的关键点，反而动摇了凯尔森的整个"规范科学"。从这一点出发，也很容易理解凯尔森所遭受的有关法的"实证性"和"规范性"两种特质本身相互矛盾的批评。

凯尔森所面临的批评不止于此。凯尔森试图将法从社会、政治、经济以及其他社会关联中抽象出来，通过形式上的先验方法，即区别于因果关系的"范畴"——"归责"（Zurechnung）——使法前提和法后果连接起来。这种纯粹形式的方法使纯粹法学成为"毫无血色的外表"，导致

---

〔1〕 Kaufmann/Hassemer/Neumann （Hrsg.），Einführung in Rechtsphilosophie und Rechtstheorie der Gegenwart，7. Aufl.，Heidelberg 2004，S. 72 – 80，116 – 124.

〔2〕 Horst Dreier，Rechtslehre，Staatssoziologie und Demokratietheorie bei Hans Kelsen，2. Aufl. 1990，29.

了法的“去质化”和“空洞化”。[1] 纯粹法学既没有描述法的社会前提,也没有描述法的后果,只是想当然地将法这种复杂的社会现象消减为“从社会现实中抽象出来的规范逻辑”,[2]或者说,纯粹法的理论是“没有法的法(科)学”[3]和“没有国家的国家学”。[4] 过度强调方法的纯粹性,导致了法的现实性的消退。

另外,纯粹法学由于缺乏超实证价值的根基,而导致了对政治权力毫无抵抗能力,从而酿成政治上的恶果。这种批评尤其在1945年之后得到加强,魏玛共和国通过民主方式合法地转变为第三帝国的恐怖政权,为此提供了间接的证明。在这个视角下,凯尔森就成为“盲目的规范主义的狂热信徒”。[5] 这种“价值盲目”同样激起了第二次世界大战之后德国“自然法”的短暂复兴。

凯尔森无论是排除社会科学和因果科学的努力,还是排除自然法的努力,都遇到了各方面的激烈批评。凯尔森的这种困境主要来自其理论中两个前提:一方面,纯粹法学在于其严格的“客观科学性”和对法学中“人格化”的去除,目的在于使法学成为绝对的科学;另一方面,在一个多元主义和价值相对主义的时期,各种利益群体和价值观念均无法证明自身的唯一正确性,于是法学只能建立在实证法基础上。提到价值多元主义的问题,就不能不提到凯尔森的解释理论。对于凯尔森而言,法秩序不过是各种不同利益的妥协和反映,绝不存在一个可以超越所有局部利益的更高实体,也不存在一个可以从法秩序的程序和实体规则中脱离

---

〔1〕 Arnold Köttgen, Nation und Staat, in: Blätter für deutsche Philosophie 5 (1931), 194; Gerhard Leibholz, Zur Begriffsbildung im öffentlichen Recht (1931), 263; Hans-Peter Schneider, Rechtstheorie ohne Recht? Zur Kritik des spekulativen Positivismus in der Jurisprudenz, in: Mensch und Recht. Festschrift für Erik Wolf zum 70. Geburtstag, Frankfurt am Main, 1972, 117ff.

〔2〕 Martin J. Sattler, Hans Kelsen, in: Staat und Recht. Diedeutsche Staatslehre in 19 und 20 Jahrhundert, 1972, S. 100, 108.

〔3〕 Leonard Nelson, Rechtswissenschaft ohne Recht (1917), 2. Aufl., Göttingen-Hamburg 1949.

〔4〕 Hermann Heller, Die Krisis der Staatslehre, in: *ders.*, Gesammelte Schriften, Bd. Ⅱ, 2. Aufl. 1992, S. 3ff.

〔5〕 C. Schmitt, Hüter der Verfassung, Berlin 1985, S. 75.

出来的“公共福祉范畴”。就这一点而言,凯尔森是现代多元主义理论(Pluralismustheorie)的“早期先锋”和“真正的奠基人”。[1] 正是因为凯尔森将其规范实证主义的纯粹法学建立在多元主义的基础上,由于其“虚无主义”的价值观念而导向对实证法规范意义的关注,这里就必然要面临实证法的解释问题。

对实证法的解释恰恰体现了凯尔森法学体系中的内在矛盾。因为在法的解释中,以实证主义标榜的“知识的清教主义”最终都需要面临价值决断的问题,于是整个客观的规范体系最终就不可避免地沦为主观的决断。在凯尔森看来,法规范的整个体系构成了一个由高往低的位阶,但高位阶的规范从来不能完全决定低位阶的法律行为,“高位阶的规范不能在各个方面约束执行该规范的行为。或大或小的自由裁量空间始终存在,以至于高位阶的规范在与塑造该规范以及执行该规范的低位阶法律行为的关系中,始终存在需要通过这些行为加以填补的框架”。[2] 通过这种不确定性的规范解释和法律空隙理论,凯尔森显示了与19世纪传统概念法学的区别。[3] 在规范解释中,凯尔森保留了开放性的特点,任何法的适用同时也是法的塑造,并不可避免具有创造性的特征。高位阶法规范的解释始终部分是认知行为、部分是意志行为,既是认知(Kognition)、又是决断(Dezision)。[4] 凯尔森否认了存在“唯一正确的决定”,并认为这不过是“法安定性的幻想”[5]“客观性幻想”和“唯一性幻象”。[6] 这种出于价值相对主义的法解释理论,为凯尔森本

---

[1] H. Dreier, Hans Kelsens Wissenschaftsprogramm, a. a. O., S. 102.

[2] H. Kelsen, Reine Rechtslehre. Einleitung in die rechtswissenschaftliche Problematik, 2. Neudruck der 1. Auflage Leipzig und Wien 1934, S. 91f.

[3] 关于凯尔森对概念法学的拒斥,参见 H. Kelsen, Reine Rechtslehre, a. a. O., S. 99ff.; VVDStRL 5(1929), S. 119ff。

[4] D. Grimm, Zum Verhältnis von Interpretationslehre, Verfassungsgerichtsbarkeit und Demokratieprinzip bei Hans Kelsen, in: Ideologiekritik und Demokratietheorie bei Hans Kelsen. Rechtstheorie Beiheft 4, 1982, S. 149ff.

[5] H. Kelsen, Reine Rechtslehre, a. a. O., S. 99ff.

[6] H. Kelsen, Reine Rechtslehre, Mit einem Anhang: Das Problem der Gerechtigkeit, 2. Vollständig neu bearbeitete und erweiterte Auflage 1960, S. 354.

身所追求的中立—客观的纯粹法学论带来了困难,如何保障法规范解释过程中各种解释可能性不陷入主观任意中,就成为凯尔森必须完成的任务。但凯尔森将有权机构进行的法律解释视为是法政治,而非法(科)学。为协调作为法政治的法解释与法(科)学之间的紧张,凯尔森通过法(科)学的认知,从而确定所有可以设想的"解释变体",[1]法院和行政机构对于法的适用和解释不能偏离法(科)学上所确定的这些"变体的系谱",而通过法院和行政机构所进行的"正式的法律解释"同时又创造了新的有效的法,并具有规范力。通过这种解决方案,凯尔森挽救了其法学理论中的科学性,但不可避免又会遭遇到下述疑问,即"如何才能真正实现在复杂的规范关系中,列举出所有可以设想的解释变体?"[2]

对于凯尔森而言,法并不是正义的守护者。对于正义,不同的人会有不同的看法,来自上帝、自然或者理性的正义规范必然会排斥其他认为自身绝对正确的、与之相冲突的正义规范,也就必然会带来"知性的牺牲"(sacrificium intellectus)。因此,凯尔森的实证主义可以被冠为"相对主义的法实证主义",[3]由相对主义的前提出发促使凯尔森建立了实证法基础上的科学体系,但又使这种科学体系再次陷入主观意志和主观决断中。客观—理性在遇到对复杂规范体系进行解释时变得无能为力,鉴于此,在现行有效法的体系下发展出一套科学的解释体系,就成为战后宪法学发展的趋势,但无论如何,这种工作确确实实是对凯尔森体系的一种延续。[4]

凯尔森的纯粹法学是对其所处时代问题的回应,对当时法学沉浸在探究社会学上的因果律的一种回应,但凯尔森又并没有简单地退回 19

---

〔1〕 H. Kelsen, Reine Rechtslehre, 2. Aufl., a. a. O., S. 353.

〔2〕 A. Merkel, Das Recht im Lichte seiner Anwendung (1917), in: Die Wiener Rechtstheoretische Schule. Ausgewählte Schriften von Hans Kelsen, Adolf Julius Merkel und Alfred Verdross, Bd. Ⅰ, 1968, S. 1187f.

〔3〕 H. Kelsen, Reine Rechtslehre, 2. Aufl., a. a. O., S. 442; H. Dreier, Hans Kelsens Wissenschaftsprogramm, a. a. O., S. 114f.

〔4〕 相对主义和虚无主义才是卡尔・施米特对自由主义的中立法学进行激烈批评的关键,也是施米特对凯尔森进行批评的关键点,这种批评同样获得了列奥・施特劳斯的认同。如果要对自由主义进行彻底批判,就必须跳出自由主义所立足的"相对主义"和"虚无主义"的根基。

世纪的概念法学。凯尔森提出了法解释的问题,但并没有针对第二次世界大战之后大张旗鼓的"法官解释"提供一种详尽的解释理论,在他看来,这种法官释法已经面临一种脱离法学科学性的危险。凯尔森这种"规范"与"现实"相脱离的做法在魏玛时期已经显露出内在的矛盾性。与此同时,与凯尔森同时代的美国最高法院的大法官霍姆斯则提出了著名的"法律的生命不在逻辑,而是经验"的论断,而凯尔森也激起了德国国家法学上围绕"规范"与"现实"的激烈论争。

五、《魏玛宪法》时期的方法与方向之争

(一)"正当性"问题的提出

魏玛时期国家法学的论争最早可以追溯到耶利内克(Jellinek)在1900年出版的《一般国家理论》一书。[1] 耶利内克对国家学的二元主义建构,秉承了应然与实然的二元区分,以此区分社会学意义上的国家和法规范意义上的国家。[2] 凯尔森在此基础上,排除了这种二元化的认知路径,认为关于国家的知识(Staatserkenntnis)只能定位于"应然范畴",而排除了实然的因果范畴。但凯尔森的认知路径,遭到了来自各方

---

〔1〕 但真正挑起纷争的则是凯尔森,他在《国家法学的主要问题》一书中进行的各种批评在19世纪20年代初得到了回应,首先是来自埃利希・考夫曼(E. Kaufmann),并逐渐蔓延开来。参见E. Kaufmann, Kelsen-Auseinandersetzung in seiner „Kritik der neukantischen Rechtsphilosophie", 1921, wiederabgedruckt in Bd. Ⅲ(„Rechtidee und Recht") von dessen Gesammelten Schriften, 1960; M. Friedrich, Der Methoden-und Richtungsstreit. Zur Grundlagendiskussion der Weimarer Staatsrechtslehre, in: AöR (Archiv des öffentlichen Rechts), 102 (1977), S. 166。

〔2〕 社会的国家理论和规范的国家法理论根据各自的逻辑会导向不同的状态(Statusverschiedenheit),但对国家理论的法学研究必须服务于"能够在法律上评价事实上的生活"这个目的。在耶利内克看来,社会的国家理论和法学的国家理论都可以实现逻辑上的科学认识,只是规范的国家理论关注的是当下(Gegenwart),而非对国家的产生进行解释,也不是寻求国家的经验类型(与属于主观信仰范畴的理想类型相对)。关于耶利内克的国家理论方法论可参见Georg Jellinek, Allgemeine Staatslehre, 3. Aufl. 7. Neudruck, 1960 Darmstadt, SS. 25 - 52;在弗里德里希看来,受当时新康德主义的影响,可纳入西南德意志学派的耶利内克几乎没有对社会学的国家理论加以描述,而只是将其作为国家法理论的"补充",耶利内克的"一般国家之社会理论"仅仅是以"现实的文化因素"之名,对传统国家理论相关论题(如"国家的目的")的重描,耶利内克的国家理论完全缺乏国家社会学和宪法社会学的研究,尽管耶利内克本人已经认识到这个问题的存在。参见M. Friedrich, Der Methoden-und Richtungsstreit, a. a. O., S. 165, Fn. 7。

面的强烈批评,其中的代表人物包括特里佩(Triepel)、考夫曼、斯门德和黑勒,当然,也包括"难以定位"[1]的施米特。实际上,在当时,整个时代都陷入民族精神和保守主义的狂热之中。

魏玛时期在国家法学中出现的各种纷争,不仅局限于方法之争,而且可以称为"方向之争"。这个时期的争论更多还是脱离不了哲学的基础,仍然是法哲学意义上的纷争。魏玛时期的纷争并非偶然现象,而是与当时所处时代的转折、哲学上的茫然和所面临的政治、社会问题息息相关。[2] 如果在当代,法学的本质和任务已经或多或少达成一种共识,那么在当时,这个问题仍然悬而未决。"正当性"(Legitimität)问题是当时国家法学讨论的主题,人们从哲学、社会学的角度去探讨国家和实证法的正当性基础。魏玛时期在政治上处于一个转折期,人们刚从第一次世界大战的阴影和君主制的崩溃中走出来,对共和国的前途充满迷茫,因此对共和国政治形式的争论自然就充满动力和热情。在政治现实方面,魏玛帝国以"违法的革命形式"得以建立,魏玛共和国和《魏玛宪法》的正当性从一开始就受到质疑,成为讨论的热点。尽管魏玛共和国建立了民主自由的宪法秩序,但对于民主如何运行、主权如何实现、宪法的效力是否高于基本法律、可否对立法进行司法上的合宪性审查以及谁来守护宪法等问题都存在相当大的争议。再加上 20 世纪 20 年代德国深重的政治经济危机以及议会制的虚弱和无力决断,这些都加剧了对《魏玛宪法》进行根本性反思的"方法与方向之争"。由于没有建立起可以审查立法的宪法法院制度,很多问题并不能在个案中通过宪法解释的方法加以讨论解决,最后都上升为根本的宪法理论问题,这就是所谓的"方向

---

〔1〕 M. Stolleis, Geschichte des öffentlichen Rechts in Deutschland Ⅲ: 1914 – 1945, München 1999, S. 178.

〔2〕 如对于民主的态度,也与当时所处的议会危机有很大关系,越多的政党在州议会和帝国议会中失灵并且不能达成建设性的妥协,则对于系统可以自我修复的信任就会越低,而传统国家法上的实证主义进行自我辩护也就越困难,因此在当时"人民国家"(Volksstaat)、"真正的民主"等对于议会制民主的批评成为讨论的热点。当时,只有凯尔森和黑勒为议会制民主进行了辩护,而特里佩、施米特以及斯门德等人都对议会民主提出了质疑,并就"总统专政"(Präsidialdiktatur)进行了讨论。参见 M. Stolleis, Bd. Ⅲ, ebd., S. 182。

之争”，方法之争仅仅是“方向之争”的一个侧面。[1]

《魏玛宪法》时期的国家法学之争究其原因，根本在于不同学者对当时应对德国战后危机和深重地社会—政治危机的判断截然不同，从而造就了寓于威权、正义与秩序（安定性）之间的国家法学方法论之争。自1870年开始直到1914年在国家法学中占据主流地位的实证主义开始动摇。[2]在一个理想化的概念现实主义和自然科学的类比相混合的“建构法学”之后，对法中目的的探索、自由法学派、利益法学和日益发展的社会科学逐渐为当时的公法学者提供了新的方向。[3] 几乎整整一代的国家法学者试图摆脱潘德克顿法学的影响，试图摆脱法实证主义和法律实证主义，从而将国家法理论“政治化”（Politisierung），只是政治化的程度和开放度存在很大差别，而适用的方法和建立的基础也存在很大不同。在“贫瘠年代”（Zeit der Dürre）过后，人们重新发现了法的历史、哲学和政治基础。

人们在俾斯麦帝国后期已经逐渐认识到现行有效的实证法绝不是毫无漏洞的封闭体系，认识到国家法中的实证主义并不能完全使法规范对政治现实免疫，也认识到封闭的法实证主义会落后于社会现实的变迁。同时，宪法现实中权力因素的消减，也让人们开始认识到利用学说、理论影响政治的可能性，实证主义法学所担心的法学会受政治等法外因素干扰而丧失其科学性，以及对权力绕过实证法而损害形式法治国原则的担忧，随着政治民主的逐步实现，已慢慢开始消失；君主制消亡之后带来的人们对权威的重新思考，寻求新的正当性基础的社会心理因素也使得人们开始尝试从不同的角度去理解宪法与国家、规范与现实之间的关系。人们对魏玛共和国的政治现状开始不满，并试图能有所改变，在政治环境急剧改变之后，潜伏在旧有帝国之下的“离心运动”（M. Stolleis）[4]便

〔1〕 M. Friedrich, Der Methoden-und Richtungsstreit, a. a. O., S. 165.

〔2〕 凯尔森通过其《纯粹法学》和1925年出版的《一般国家学》驳斥了所有之前存在过的方法论，尤其是对由格贝尔和拉班德所代表的传统实证主义的批判、对当时受自然科学影响的社会科学和社会实证主义的批判以及对自然法的批判，使规范科学之外的其他方法都只能望而兴叹，这直接激发起了对凯尔森规范科学的批驳。参见 M. Stolleis, Bd. Ⅲ, a. a. O., S. 157。

〔3〕 Ebd., S. 171.

〔4〕 M. Stolleis, Bd. Ⅱ, a. a. O., S. 448.

导向了国家法上的方法和方向之争。[1] 在以“违法的革命方式”建构了新的合法性之后,对国家“正当性”的反思在魏玛时期就屡见不鲜,耶利内克所倡导的“事实的规范力”并无法消除这些声音,[2]这个时期的凯尔森就像身处一个孤岛,四周各种“反实证主义”的波浪不断进行拍击。但“反实证主义”的内部也充斥各种争议,甚至相互矛盾,如黑勒与斯门德之间。[3] 尽管仍然存在些许理论仍建构在自然法基础上,但大多则将宪法的“正当性”建构在所谓的超实证“价值”或者“民族精神”之上,这个时期的国家法学呈现出了与社会、历史、政治之间异常紧密的联系。

总而言之,那个时代是政治与宪法交织的年代,出于对现实的反思和自由主义危机的显现,当时的人们激烈地拒斥个人主义、世界观上的相对主义以及政党国家。《魏玛宪法》从一开始就饱受质疑,人们费尽心思试图找到一个“正确的法”,以此规定“正确”的政治形式,使国家建立在正当性的基础之上。国家法领域出现的“政治化”趋势受到指责,认为其损害了《魏玛宪法》的有效性,对于魏玛国家特殊的时代背景和政治条件而言并不是有益的尝试,而魏玛共和国悲剧性的命运似乎也为此提供了佐证。魏玛时期在国家学和国家法学上的纷争一如今日,存在完全截然相反的观念,尽管当时所讨论的问题要比今天更涉及政治制度的根本。具体到宪法而言,当时所讨论的问题不是今天流行的宪法的司法适用和宪法解释的问题,而是重大政治制度和政治原则的建构问题,

---

〔1〕 M. Friedrich, Der Methoden-und Richtungsstreit, a. a. O., SS. 161 – 209.

〔2〕 安许茨(Anschütz)曾借用耶利内克的这一概念作为实证主义的标签。但耶利内克本意却并非如此,只是借助“事实的规范力”表达一种社会心理事实,培育国家秩序作为法秩序而“此在”(Dasein)的信念有赖于此。另外也表明,人类共同体具有一种持续不断的、可实现的能力,即产生正义秩序观念的能力。耶利内克对“事实规范力”的承认与革命成功而形成的法并无关系,相反却具有一种保守的、反革命的倾向,根据耶利内克在社会心理方面的观察,革命所产生的法完全与之前权力情势下被贯彻实施的或仍在贯彻实施的正义秩序相悖。参见 H. Hofmann, Legitimität gegen Legalität-Der Weg der politischen Philosophie Carl Schmitts, 4. Aufl. mit einer neuen Einleitung, Berlin 2002, S. 18, Fn. 85;关于“事实的规范力”也可参见 G. Jellinek, Allgemeine Staatslehre, 3. Aufl. 7. Neudruck, Darmstadt 1960, S. 337ff.; E. K. Huber, Deutsche Verfassungsgeschichte seit 1789, Bd. 6, Aufl., 1981, S. 5 – 22; M. Stolleis, Bd. Ⅲ, S. 90ff.

〔3〕 M. Friedrich, Der Methoden-und Richtungsstreit, a. a. O., S. 163.

如议会主义、紧急状态、政党国家、法官的宪法审查权、单一制还是联邦制等根本性问题。[1]

(二)国家法中新方法的引入

魏玛时期的国家法讨论尽管更为激烈,但在基本问题上却与今天大体一致,都可还原到"规范"与"现实"之间的矛盾,需要在宪法的规范性和现实性之间进行取舍。魏玛时期在国家法上的争论主要集中为两种相反的趋势:一种是将宪法视为是"政治法",这并不是在宪法在针对政治利益时具有更强的支配力意义上进行,而是要求在宪法解释时,不能忽视其特别的规则利益和生效前提;另一种则是来自第一次世界大战之前由格贝尔和拉班德所代表的传统国家法学,以及魏玛时期建立在凯尔森规范理论基础上的"实证主义"立场。今天,人们会存在一种印象,即"宪法是政治法"这种立场或多或少会有一种"反魏玛"的趋势,并被其"实证主义"对手冠之以"对宪法不忠"。但也不能一概而论,对于斯门德、考夫曼和莱布霍茨(Leibholz)等人来说,他们并不缺乏对《魏玛宪法》的认真对待。[2]

1926 年在明斯特举行的德国国家法学者协会会议上,关于"宪法是政治法"的讨论首次得以展开。1927 年在慕尼黑会议中,该问题得以继续讨论。在明斯特,人们以"《帝国宪法》第 109 条意义上的法律面前人人平等"[3]为主题进行了讨论;在慕尼黑,主题则换作"帝国宪法中的法律概念"。[4] 这两次会议均引发了激烈论战,围绕"《帝国宪法》第 109 条意义上的法律面前人人平等",主要争执点在于:对于民主宪法而言具有根本意义的平等原则,是否应作用于立法,还是仅局限于法律适用上的平等。这个问题实际上又涉及"法官审查"的问题,并触及平等原则和其他基本

---

〔1〕 在魏玛时期,今天德国基本法中已经广为接受的原则和制度,如国家的统一、代表制民主、政党与议会的关系、联邦主义原则、帝国总统的地位和国家法院的作用都备受争论,人们讨论的是《魏玛宪法》中这些规定本身的"正当性"或者"适当性"问题,而不是在这些规定之下寻求"适当的"宪法解释。参见 M. Stolleis, Bd. Ⅲ, S. 100 – 124。

〔2〕 这里显然并不包括施米特,参见 M. Friedrich, Der Methoden-und Richtungsstreit, a. a. O., S. 173。

〔3〕 Vgl. VVDStRL, 3(1927).

〔4〕 VVDStRL, 4(1928).

权利背后所代表的特殊价值是否被贬低或者掩盖的问题,而这并不能通过简单的概念分析就可得出结论,只能试图将“法原则置于历史和政治—社会背景的广阔天地中”。[1] 对于“法律的概念”而言,直到今天仍占据主流的“形式”和“实质”的法律概念区分受到黑勒(Heller)的批评。在黑勒的报告里,主要针对当时的“形式法治国思维”,认为形式的法治国仅仅要求国家行为的合法律性(Gesetzmäßigkeit),并满足于“法律面前的形式平等”,并不利于保护市民的实质自由和自治。他进而超越“国家行为的合法性”(Legalität)提出了“实质法治国”的理解。[2]

1926年在明斯特,作为报告人的埃利希·考夫曼认为在已经发生改变的时代关系中,原来的实证主义已经“完结”。斯门德则要走得更远,在1927年的总结中明确表示自己信奉“新的国家法思维方式”。[3] 对此,霍尔斯坦(Holstein)在1926年的明斯特年会上就已经尝试在这个意义上对考夫曼的报告进行评价。[4] 但无论是考夫曼在1926年的报告,还是斯门德和黑勒在1927年的报告,都没有包含对新方法的详细描述。霍尔斯坦在对明斯特年会进行综述时指出,“实证的方法……通过其他引入更高秩序的方法而被加以克服”,[5] 对此霍尔斯坦将这种在考夫曼的报告中提到的“在内容上由法实证主义向法观念主义(Rechtsidea-lismus)的转变”,称为“与从概念上的形式主义向精神科学方法的转变具有同等意义”。[6] 遗憾的是,这种关于“精神科学的方法”并没有得到更为精确的描述。

---

〔1〕 U. Scheuner, 50 Jahre deutsche Staatsrechtswissenschaft im Spiegel der Verhandlungen der Vereinigung der Deutschen Staatsrechtslehre. I. Die Vereinigung der Deutschen Staatsrechtslehre in der Zeit der Weimarer Republik, in: AöR 97(1972), S. 372.

〔2〕 黑勒基于“宪法建立在民主的人民立法至上”的思维,通过政治和宪法史上的考量,建立了“统一”的、与民主相适的法律概念,这实际上涉及黑勒的整个国家理论和国家法理论,即在相互影响和辩证过程中的动态的“政治统一的形成”(politische Einheitsbildung), VVDStRL, 4(1928), S. 115。

〔3〕 VVDStRL, 4(1928), S. 96.

〔4〕 VVDStRL, 3(1927), S. 55.

〔5〕 AöR N. F. 11(1926), S. 28.

〔6〕 Ebd., S. 31.

(三)魏玛时期反实证主义的内部分歧

尽管如此,这实际上预示了魏玛时期在国家学和国家法学的讨论上,已走上了与传统的实证主义完全不同的道路。无论如何,实证主义那种内容空洞的中立化立场不能满足新的方法需求。尽管在对新方法的追求上,出现各种不同的趋向,但为实证法找到“正当性”基础和转向“实质法治国”思维的努力却是共通的。在自然法已经被否拒之后,这种法的“实质内容”和“正当性标准”不可避免地要来自现实(或者历史)。这种要求与当时流行的反自由主义结合,使当时人们倾向于将个体与整体重新建立在辩证的基础上,并致力于发展出一个不具有绝对内容、能够适应时代变迁和现实变化的“正当性”基础。这也是斯门德和黑勒所努力追求的,是当时狄尔泰作为生命哲学(Lebensphilosophie)的“精神科学”在国家法领域的延续。

总之,新的方法在内部并不能形成统一,而是建立在不同的哲学基础上,这些基础包括狄尔泰和李特(Litt)的精神科学方向、胡塞尔的现象学以及哈特曼(Hartmann)和舍勒(Scheler)在本体论和价值哲学上的研究。当时,国家法理论若没有引入精神起源、没有社会学上的基础以及其他政治利益上的关联,实在是一种不可想象的事情。[1] 当时的国家法学在方法上大多还依附在国家学之上,如斯门德的“整合理论”以及黑勒的“现实科学”和“文化科学”的国家学。但斯门德通过“精神的价值规律”指引下的“整合理论”,几乎是一种国家学上的描述,而不是真正意义上的“国家法学科的方法基础”,[2]并且能够揭示国家作为“精神—社会现实”本质的、从“自我”概念出发辩证地上升为精神世界整体的“整合进程”,[3]以及“精神的价值规律”也免不了被批评为缺乏科学研究所需要的概念上的精确性,[4]并陷入既来自经验、又超越经验

---

〔1〕 U. Scheuner, 50 Jahre deutsche Staatsrechtswissenschaft, a. a. O., S. 367.

〔2〕 M. Friedrich, Der Methoden-und Richtungsstreit, a. a. O., S. 193.

〔3〕 斯门德将其与雷南(Renan)的“每日公投”(Plebiszit)和卢梭的“公意”(*volonté générale*)相提并论,参见 R. Smend, Verfassung und Verfassungsrecht (1928), in: ders., Staatsrechtliche Abhandlungen, 2. Aufl. 1968, S. 182。

〔4〕 H. Kelsen, Der Staat als Integration, (Wien 1930), 2. Neudruckausgabe in einem Band, Darmstadt 1994, S. 26ff.

的悖论中。[1] 黑勒的方法综合论首先建立在黑格尔国家理论的基础上,视新康德主义"应然"与"实然"的分离为根本错误。黑勒将国家法置于国家功能和对社会整体关联(Gesamtzusammenhang)的依赖中加以论述,国家法仅仅是其整个现实科学(Wriklichkeitswissenschaft)的国家学的一部分。黑勒的理论也很难视为是解决"法学方法"的一条出路,而且黑勒的方法前提同样受到不清楚和过于折中的批评。[2] 特里佩将

---

〔1〕 凯尔森对斯门德的整合理论进行了激烈批评,认为斯门德的整合国家学,是将国家视为"超人",以嘲讽"对现实的整合"所出现的同时既是经验又是超经验的这种悖论,参见 H. Kelsen, Der Staat als Integration, (Wien 1930), 2. Neudruckausgabe in einem Band, Darmstadt 1994, SS. 29 – 39, 35;斯门德将社会生活视为"时间—现实的个人生活"以及"理想—无限的意义"的综合体(Komplexion),参见 R. Smend, Verfassung und Verfassungsrecht(1928), a. a. O., S. 138。

〔2〕 对于黑勒来说,国家并不只是规范秩序,而是人类文化的一部分,作为"文化内容"的国家"现实"不是纯粹的经验,而是融入人类现实经历和理解中的"主观精神"。所谓的现实,必然是融合了主观与客观的现实,因而国家法规范必须置于整个社会生活和社会联系的背景下理解。在此基础上,黑勒区分了国家的"意义形态"(Sinngebilde)和"社会形态"(Sozialgebilde)。国家作为社会形态是"现实形式"和"人类—社会的生活形式"。虽然国家可以作为意义形态加以理解,但同样需从属于现实科学的考察,不能超越现实的社会生活。通过"社会形态"和"意义形态"的区别,黑勒将其国家学说与教义论的法学在方法上和事实上区别开来。黑勒认为国家理论既不是纯粹规范的,也不是纯粹经验的,同时也不是"精神科学"的,而是对于历史和社会时代背景来说相对独立的"结构"。通过将国家理论视为"结构理论",从而可以将国家理解为历史的结构,并具有内在于具体的历史—社会组织整体(Totalität)的功能。如此一来,可以保证国家理论的相对稳定性,可以解释在不断的历史变化中国家的统一性。另外,国家作为"结构"必然是"开放的结构",为克服个别化的概念和一般化的概念之间的矛盾,黑勒采用了与整体相连的"完型"(Gestalt)来代替"类型"(Typus)的概念,从而将"实然"(Sein)与"生成"(Werden)辩证地联系在一起。实然与生成的区别只存在于意识中。在现实中,则只有"完型关联"(Gestaltzusammenhang)。在不断变化的社会关系中,通过由人类意志行为所创造的"完型关联",国家相对于政治和经济来说应具有自身属性。个体与组群(Gruppen)应通过形成一个共同的规范和价值层面而产生国家。但同时,作为"组织化的决定统一体和效应统一体"的国家,应该反过来调控社会的整体生活,尤其是通过实证法。而实证法不仅通过民主程序的协调得以正当化,而且需要通过——不是回到"自然法"的——道德、伦理原则和超实证的法,或者说正义原则的约束得以正当化。因此,黑勒的方法将国家理论限定于国家的社会功能之上,通过引入国家与正义理论(并非绝对的超越历史和社会)的联系,证明了其国家理论的方法不是一种实证的方法,但对于实证法的超实证基础则不属于"作为现实科学的国家学"的研究范围。关于黑勒的国家学可参考 H. Heller, Staatslehre, 6., revidierte Aufl., Tübingen 1983, SS. 44 – 81;对于黑勒的国家理论尽管存在批评的声音,如巴杜拉(Badura)认为黑勒在关于实然与生成的辩证关系中,混淆了概念的内容和概念的对象,从而造成了概念的模糊,参见 P. Badura, Die Methoden der neueren Allgemeinen Staatslehre, 2. Aufl. 1998, S. 197;但也有学者认为,黑勒的实质国家理论既有重建国家与社会现实之间联系的一面,也不能轻忽其规范的一面,其克服方法与政治之间分化的努力可能是魏玛共和国中最有意义的尝试,参见 M. Stolleis, Bd. Ⅲ, a. a. O., S. 183ff。

"目的论的方法"推荐为"适合法(科)学对象的方法"。[1] 但他却并没有详细论述这种推荐的理由,并没有回答为何能从自身对象的问题中推断出"目的论的方法"。而施米特尽管较斯门德和黑勒而言,更彻底地使"宪法理论"接近政治,从而使宪法的规范意义转向政治现实,但几乎没有就方法上的构想进行任何深入论述。[2] 施米特在方法问题上缺乏细致的讨论,也源于其政治化的思维方式,追求精密计算的技术统治和严密逻辑的方法论体系不是施米特所追求的,国家法和宪法理论并不能通过认识论上的先验逻辑所能认知,并得以满足,而是需要一个实质的正当性基础。[3] 这才是施米特轻方法、重实体的根源所在。施米特的宪法理论和政治理论最终根基是建立在实质正当性和信仰的基础上,而不是科学的认识论。施米特对霍布斯权威伦理国家的推崇,将总统专政和直接民主相结合的做法都是在这个基础上展开。施米特的宪法理论从来都是建立在实然和政治现实的基础上,他的思考方式也从来是属于法社会学的范畴,国家法和宪法的正当性也是建立在同质性(Homogenität)的人民民主(而非议会民主)基础上。施米特的宪法理论始终存有一种倾向,即通过质疑现存的法规范,而建立起"法的有效性",这就使得施米特同样面临如何从实然中表达出"应然"的难题。在施米特看来,同质性的人民民主不可能在现实中完全实现,也正因如此,

---

〔1〕 因为在他看来,"法不过是关于利益冲突的价值判断的综合体"。参见 H. Triepel, Staatsrecht und Politik, 1927, S. 37。

〔2〕 M. Friedrich, Der Methoden-und Richtungsstreit, a. a. O., S. 202. 施米特尽管不遗余力地对自由主义、议会民主和传统的实证主义进行了批判,但却没有在方法上展开论述,他更多关注哲学和政治理论上的前提,甚至有学者认为,施米特在宪法理论中的处理方式在很大程度上接近于"概念法学"的方式。参见 M. Friedrich, Der Methoden-und Richtungsstreit, a. a. O., S. 207;施米特对于市民法治国和魏玛时期政治权力现状的分析,非常"敏锐"(Scharfsinnig),但对于知识的获取,却缺乏严格科学方法的界定,今天的施米特也更多是作为"政治思想家"而具有超常的吸引力,参考 M. Stolleis, Bd. Ⅲ, a. a. O., S. 179ff.。

〔3〕 关于施米特反技术统治部分参见 John P. McCormick, Carl Schmitt's Critique of Liberalism: Against Politics as Technology, 1997, S. 1 – 83。

秩序会受到威胁,于是就需要专政(Diktatur)以应对例外状态。〔1〕专政的正当性来自隐藏在多元主义个别利益后面的"公意"(卢梭意义上)。公意与其说来自理性,还不如说来自感觉,通过主权的专政从而将应然与实然融合在一起。这意味着施米特希望通过寻找实质的正当性,对抗形式的合法性,并经历了数次思想上的转变。〔2〕当施米特追求其国家与法的实质正当性时,就已经超出了方法的视域,也远远超出了法学的范畴,并不可避免地会带有非理性浪漫主义的色彩。

由此可见,当时的国家理论和国家法理论尽管存在一个共同的对抗传统"实证主义"和凯尔森"纯粹法学"的新方向,但在内部却存在巨大的分歧。这种分歧不仅体现在理论的根基上,而且体现在对当时具体的政治问题和宪法制度的分析上,如关于议会民主、法律的概念和法治国原则、社会法治国问题、政党问题、平等原则和基本权利对立法的拘束问题、"宪法的守护者"和主权问题以及国事法院的地位和功能等问题的分析。〔3〕这种对新的方法和方向的迫切需要,并没有引领国家法学走出"规范"与"现实"的紧张。尽管存在各种政治上或者方法上的对立,

---

〔1〕在施米特看来,主权的专政与宪法相互排斥,但专政的目的不外乎重新建立宪法的有效性,专政只是一种临时状态,但却是决定性状态。"例外较正常情形更具吸引力。正常情形证明不了任何事情,而例外则可证明一切;例外不仅仅可以确认规则,规则从根本上来说只能来自于例外。现实生活的力量在例外中可以冲破在不断重复中僵化的机械化"(C. Schmitt, Politische Theologie. Vier Kapitel zur Lehre von der Souveränität, 9. Aufl., Berlin 2009, S. 21)。正由于例外状态的决定性,施米特专注于对可为例外状态下的专政提供正当化基础的实质价值进行探寻。

〔2〕霍夫曼(Hasso Hofmann)认为施米特经历了从早期(1912~1922年)的理性正当性、魏玛时期(1923~1933年)在"政治生存主义(Existenzialismus)"基础上的正当性考量、纳粹时期(1934~1936年)的种族正当性到战后(1937年起)向历史正当性的思想转变。参见H. Hoffmann, Legitimität gegen Legalität, Der Weg der politischen Philosophie Carl Schmitts, 4. Aufl. mit einer neuen Einleitung, Berlin 2002。

〔3〕所有这些问题的讨论,都与宪法理论和宪法方法的立场有关,涉及根本的法哲学问题。如关于议会民主、法律概念和法治国的讨论,实际上是围绕合法性与正当性产生的讨论,而更深层次则与是否坚持实证主义立场有关,最终则会涉及是持自由主义的价值中立立场、还是信奉实质的正当性基础(尽管这个实质的正当性基础在特里佩、斯门德、黑勒乃至施米特那里存在截然不同的表述)。至于平等原则以及由此衍生的基本权利能否制约立法者的问题,则与国事法院的地位、功能和法官审查问题密切相关,这里实际上又涉及基本权利的性质问题,即是来自于实证法,还是具有更本质的超实证法或者"自然法"的属性。

尽管不少学者对魏玛宪法表示出不满，但很少有人可以明确拒绝宪法秩序及其基础，这也是实证法学之所以能经历魏玛时期而得以生存下来的一个重要原因。魏玛时期各种反对“实证法学”的理论，并没有成功建立其足以克服“规范”与“现实”内在困难的新理论和新方法。当时以牺牲宪法的“规范力”而迁就政治现实的理论构思，并不符合今天宪法发展的要求。随着魏玛共和国走向纳粹独裁，魏玛时期在国家理论和国家法理论上的纷争也趋于安静，基本法的制定则开启了新的篇章。

六、价值理论在法学中的引入——由西南德意志学派到当代价值相对主义

（一）价值理论引入国家法学

魏玛时期，应然与实然之间的紧张关系，反映到国家法学中则成为“规范”与“现实”之间的内在矛盾。如果建立在新康德主义基础上的凯尔森的纯粹法学，存在内容空洞等各种内在困难，那么魏玛时期针对凯尔森的各式反实证主义者，所面临的问题则更多。概念上的不清晰、方法上的含糊不清以及最主要的是始终无法“科学”地回答实证法的“正当性”问题：斯门德和黑勒将其视为浪漫主义的“辩证进程”，但如何保证“进程”的正当性同样面临质疑；特里佩转向利益法学的“目的论”，但利益和目的如何证明自身的“正当性”同样是个“科学”上的难题。其他如追求心理学上证明等社会实证主义者，也同样需要回答如何“科学”地寻求“正当性”的问题，在规范与现实之间不可避免存在一条“科学”的鸿沟。所谓的“文化”“民主同质性”“民族同一性”“民族精神”这些在当时经常提到的大词，无不存在难以进一步澄清的困境。施米特对魏玛时期政治现状、对议会民主和自由主义的精辟分析虽然“敏锐”，但也要面临一个“正当性”的回答，这使施米特不得不回到政治的“神学”。另外，“价值”这种来自经济学上的术语成为一种新的实证法“正当化”的潮流，但“价值”的引入也无法从根本上解决“规范”与“现实”的融合问题，因为价值最终要陷入主观判断和不可知当中。

将价值理论引入法学中，目的是在价值中为实证法找到实质基础。

价值作为哲学上的范畴最早来源于古典的国民经济学,并由马克思建立了"剩余价值"的理论,但这里并不涉及哲学或者规范意涵,康德也提到过"价值"和"价值本身"(Wert an sich),但也同样不具有哲学论证范畴(Begründungskategorie)的特征。价值概念获得哲学意涵,是在古典哲学的自然概念消解以及形而上学终结之后出现的。随着现代自然科学的胜利,"自然"成为经验上可测定的、在因果科学上可推断的现实,自然也因此被对象化。这种来自英国经验科学的"自然"概念并不适合作为伦理—道德行为以及法的标准和规范基础,从"实然"中并不能认识到"善"(bonum)或者推断出"应然",这已经为休谟所论断。因此,对于不能从因果科学中认知和推断的现实领域,包括伦理—道德行为以及法的证立,必须寻找新的范畴和命题形式。"人"作为自由的本体并不能纳入因果律的进程中,人类行为和历史进程的主体意义并不能通过因果关系的分析得出。在这种情境下,"价值"一词便进入哲学领域,价值的概念也转换为哲学上的概念。[1]

(二)西南德意志学派——文化作为沟通规范与现实的桥梁

19 世纪的德国哲学面临一种转折,即传统形而上学的终结。为了克服历史主义的内在矛盾,既要考量历史的个别性,又要寻求历史当中的一般结构;既要将主体性纳入生活的整体联系中,又要保障一种超越主体的客观特征,于是"回到康德"成为一句流行口号。以新康德主义为代表的新理论,为法学提供了新的视角去寻找自然法之外的"正当性"标准,并提到了对"价值"的思考。

新康德主义的西南德意志学派(又称巴登学派或者弗赖堡学派),在"实然"与"应然"的二元论中引入了文化概念,将其视为"实然"与"应然"之间的过渡联系。李凯尔特区分了自然与文化以及自然科学与文化科学,认为二者的区别不在于其"质料"(Stoff),而在于人类思维和行为,以及文化现实所特有的价值关联(Wertbeziehung)。自然科学的目的

---

[1] E. -W. Böckenförde, Zur Kritik der Wertbegründung des Rechts, in: ders, Recht, Staat, Freiheit, Suhrkamp, 1991 Frankfurt am Main, S. 69.

在于发掘普遍化的规律,而这种方法对于价值关联的理解无能为力,因为作为“价值关涉”的文化是历史的个别现象,由此得出普遍化的自然科学与历史的文化科学之间的区分。〔1〕 文化与价值相连,因价值之故而获得意义与重要性。〔2〕 现实中,历史中的法也是“历史的文化发展的产物”,〔3〕历史上的法律生活(Rechtsleben)也就成为法学研究的对象。犹如所有其他的文化对象,法规范也具有价值性,法规范所表示的也就不是毫无“意义”(sinnindifferent)的“自然”存在(Sein),而是充满意义的、在文化上所传达的“应然”。〔4〕 因此,法作为文化现象之一种就成为连结“实然”与“应然”的纽带。

李凯尔特对法这一特殊价值的历史性和实体性与价值的一般性之间矛盾的解决,主要是通过将法的价值概念视为是“纯粹形式”加以规定。这就涉及李凯尔特的文化对象理论。在李凯尔特看来,文化对象有三部分组成:实质的根基、形式上的意义或者价值要素以及连接上述两部分的主体的有目的的行为。以油画为例,颜料和帆布作为实质的根基,通过艺术家的加工,而获得美学上的意义,其他主体的解释性的创造行为也涉及该艺术家的加工和由此而获得的意义。只有当艺术家和艺术理解者之间存在共同的基点(Orientierungspunkt)时,艺术品的意义在艺术家和艺术理解者之间的传达在逻辑上才能成为可能。在法学领域,这个共同的基点被李凯尔特理解为艺术领域的“自身价值”(Eigenwert)或者“价值形式”。〔5〕 如同其他的新康德主义者,李凯尔特同样运用康

〔1〕 Heinrich Rickert, Die Grenzen der Naturwissenschaftlichen Begriffsbildung, 1902, S. 620.

〔2〕 H. Rickert, Kulturwissenschaft und Naturwissenschaft, 1986, S. 38.

〔3〕 Rickert, Grenzen, a. a. O., S. 730.

〔4〕 文化对象(如法)的具有意义的前结构化(Vorstrukturierung)自维科(Giambattista Vico)以来就一直得到强调,并被用来指称精神科学或者文化科学。参见 Ernst Cassierer, Zur Logik der Kulturwissenschaft, 1971, S. 9; Eike Bohlken, Personale und transpersonale Sittlichkeit. Der Wertbegriff des Rechts in der Rechtsphilosophie Emil Lasks und Heinrich Rickerts, in: R. Alexy (Hrsg.), Neukantianismus und Rechtsphilosophie. Mit einer Einleitung von Stanley L. Paulson, 1. Aufl., Baden-Baden 2002, S. 286, Fn. 16。

〔5〕 H. Rickert, Grundprobleme der Philosophie, Methodologie, Ontologie, Anthropologie, 1934, S. 175ff.; ders., „Über logische und ethische Geltung“, in: Kant-Studie 19 (1914), S. 208.

德“超验哲学”的“分析路径”。“分析性的效力反思”(Geltungsreflexion)遵循以下两个步骤:首先,将特定的文化领域归类,并与其他文化领域进行界分;其次,探寻这些领域中独特的文化对象和文化实践,以找出其中的意义以及在这些对象中所显现出的效力请求(Geltungsanspruch)。法的绝对标准不是从实然中得出,而是只能在价值思考的框架内,在超验哲学的效力反思层面上实现。在这里,拉斯克(Lask)引入了理想的价值类型(Werttypus)概念,可以针对具体的文化事件,在不断的审查过程中经受住考验。就理想的价值类型,拉斯克引入了“超人格的价值”,从而与“人格的价值类型”区别开来。这种“超人格”的价值不可避免地要涉及超越个体伦理目的(Telos)的“社会最终目的”(Endzweck)。这就使得法的“自身价值”与社会的道德和社会伦理混同在一起。拉斯克在 1915 去世,导致他在这个问题上并没有深入下去。而李凯尔特则对社会伦理进行了哲学上的分析。李凯尔特的社会伦理与康德自治概念相连,并提出自治概念并不仅是伦理的中心概念,而且是整个文化哲学的核心部分,这样就将法与伦理、道德联系在了一起,但同时法也失去了其自身价值(Eigenwert)。李凯尔特对社会伦理的分析从人的社会性本质出发,并认为社会的自治或者说社会的道德(Sittlichkeit)不仅是因为社会的、在历史上发展的风俗(Sitte)得以遵守,而且是因为风俗的“客观有效性”。这种客观有效性来自于一个绝对命令(kategorischer Imperativ)的审查,即“任何人都有一种意愿,即他处于社会联系中的共同体中的所有成员都体现了伦理的基本价值,也就是说,正如他自己本身成为并保持自治的人格一样”。这个绝对命令要求所有共同体成员都承认“你”作为自治、道德的人格,这就成为一种相互的道德承认。具体到法的领域,就是正当的分配问题,也就是“超人格的正义”。

法的价值一旦与现实相连,就需回答一个问题,即法是不是历史上独特的?如果价值可以通过“纯粹形式”而普遍化和绝对化,那么历史中的法是否可以通过“无历史性”的绝对的价值在形式上得以正当化?现实对于法的“正当性”的意义在何处?如何保证不同时期的法,都能服务一个"法理念"?

拉斯克继承了来自文德尔班和李凯尔特的传统,在法的领域展开文化科学的构想。为了避免回到由绝对抽象的价值推演得出具体规范的自然法,也为了避免由毫无助益的、不断更替的历史进程的偶然性所带来的历史主义和实证主义,拉斯克最终将法定位于"超验(transzendental)的地方"。[1] 作为文化科学和价值科学的法理论(Rechtslehre),一方面要涉及应然的绝对理念,另一方面又要服务于实证法规范的系统加工。拉斯克因此区分了法哲学和法(科)学,前者以绝对的法的价值思考(Rechtswertbetrachtung)为对象,后者以法的现实思考(Rechtswirklichkeitsbetrachtung)为任务。对于拉斯克来说,尽管区别于传统的自然法理论,但经验上有效的、历史上生成的法要主张其效力,必须以文化科学的方式,与法的绝对意义——也就是绝对价值——建立联系。尽管西南德意志学派宣称其"批判的价值理论"仅仅涉及"思考方式的双层维度",现实的实然和非现实的应然之间的区分也因此是认识论上的,而非本体论上的。拉斯克明确表明反对理性自然法(Vernunftrecht),将"超经验的价值实体化而拥有现实、独立的生命力(Lebensmacht)"。[2] 在价值的认识上,李凯尔特和拉斯克运用康德"超验哲学"的"分析路径",并引入了"超人格"(transpersonal)的"价值类型"(Werttypus),[3]将价值与可经受"绝对命令"审查的特定社会关系中的社会伦理联系在一起。尽管如此,拉斯克将价值称为"绝对",并将历史的现实作为这种绝对价值的"舞台或者根基",[4]这种价值的经验依赖性仍会涉及价值的本体问题,超验的理由无法最终解决法的基础问题。

李凯尔特和拉斯克对价值的思索,是一种韦伯所描述的主体价值思

---

[1] E. Lask, Rechtsphilosophie, in: *ders.*, Gesammelte Schriften, Bd. 1, Tübingen 1923, S. 286.

[2] E. Lask, ebd., S. 280.

[3] E. Lask, ebd., S. 307.

[4] E. Lask, Rechtsphilosophie, a. a. O., S. 280.

维。尽管通过经验、文化标准以及伦理意识,可以从内容上规定主观价值判断的内容,但价值的特征仍来自主体的承认以及通过主体而赋予特定事务、行为或者行为目标以特定的价值关联。这种主体的价值判断可以通过康德认识论的先验形式而保证其科学性,但不可避免要追溯到主体的世界观。价值的多样性来自从个体中产生的各式各样的价值判断,这种主观的价值最终是在理性上无法证立的。主体的价值决定虽有理性动机,但却并非是理性认知的行为。作为李凯尔特的学生,韦伯在一定程度上认识到了这个问题,认为价值具有不可避免的主观性。旨在探寻因果关系的社会学,在经验取材和遴选事实方面都无法避免个人的主观判断,因此"客观性"没有办法绝对实现,能实现的只是"主观的充分性"。为保证学术的"科学性",韦伯运用"理想类型"的方法将主体的行为模式与意义结构类型化。相应地,韦伯也区分了个体价值和社会道德,试图通过社会对某一行为的评价而理解社会的道德,尽可能做到"价值无涉"或者"价值中立"。由于新康德主义主体价值思维的这种主观性,导致拉德布鲁赫在法哲学中不再追求"绝对"的价值,而是转向价值相对主义。

考夫曼在1921年出版的《新康德法哲学批判》中指出,新康德主义已经在法哲学中跨过巅峰,长期以来逐渐由法哲学上的其他方向,如胡塞尔的现象学、舍勒和哈特曼的"实质价值理论"以及"本体论"所逐渐代替。认识论的形式理性从现实的无尽多样性中抽身出来,隐藏了有关现实的绝对价值。[1] 新康德主义的方法立场并不能令人满意,而最终在20世纪20年代时转向了"新黑格尔主义"(Neuhegelianismus),主要代表是宾德、瓦尔特·邵菲德(Walther Schönfeld)和卡尔·拉伦茨。[2] 宾德将实证法与伦理原则——"法理念"(Rechtsidee)——相连。与斯塔

---

〔1〕 E. Kaufmann, Kritik der neukantischen Rechtsphilosophie, a. a. O., S. 98.

〔2〕 阿图尔·考夫曼认为,"由于显而易见的理由(权威的国家理论),新黑格尔主义卷入纳粹的厄运中,因此今日对'具体秩序思维'以及'具体——般概念'的探寻不再令人信服,尽管其中掩盖了某些睿智之处"。参见 A. Kaufmann, Rechtsphilosophie, 2., überarbeitete und stark erweiterte Aufl., München 1997, S. 36。

姆勒(Stammler)的法理念相区别,他所提到的法理念,不是仅仅作为"形式的"思维原则,而是具有内容上的要求。作为历史"既存"的法只有与法理念相连,才能真正被理解,这就走向了黑格尔哲学中的"具体——一般概念"。法学作为阐释性的科学只能是李凯尔特意义上的"特别化"的科学,法学中形成的概念也只能是历史的或者个别的概念(Individualbegriff)。[1] 对法的解释不是回到"立法者的历史—心理意志",而是要寻求"内在于法律规定当中的理论"。法的"客观解释"的任务不是寻求立法者在颁布法律时的目的观念,而是与生动的现实、与当下的经验关系以及目的理念相联系去理解法规范,进而与法理念相一致,并作为客观理性的表达。对于宾德来说,法理念意味着法作为生动的、精神的以及历史的进程,永远以新的形式得以展开的意义的堆砌,但法作为整体不是抽象—概念体系,而是与不断更新的目的(涉及引导性的价值和原则)相一致的目的论上的体系。这就接近了被他视为"自然主义"的利益法学的立场,并导向了"法律缝隙"理论,从而与当代法学方法讨论的立场更为接近,即反对严格意义上的"机械涵摄"(尽管法官的涵摄不可避免),从"法的精神中或者从法的目的论(Teleologie)"中填补法律缝隙。[2]

(三)客观价值思维

19世纪下半叶,德国哲学中同样出现了非理性化的趋向。这就是所谓的客观价值思维,即价值是自在(an sich)的,是理想的(ideal)、现象上的既存(Gegebenheit)。价值"自身"独立于对它加以理解的主体行为而存在。在这个意义上来说,价值是客观的,并独立于时间和空间而理想化的存在。这里遇到的问题是,单个的主体如何认知客观、前在的价值?客观的价值思维尽管从价值的"认知"中出发,但却并非是理性的

---

〔1〕 对此拉伦茨并不能同意,在拉伦茨看来,法教义学的任务不是寻求法概念的历史特殊性,而是寻求"一般"的解释,宾德所担忧的通过"更高"的、内容贫乏的抽象概念会导致意义内容的缺失,在拉伦茨看来可以通过与法原则(Rechtsprinzipien)的联系和"类型"(Typus)的应用得以补充。参见 K. Larenz, Methodenlehre der Rechtswissenschaft, 6. Aufl., 1991, S. 105。

〔2〕 K. Larenz, Methodenlehre der Rechtswissenschaft, 6. Aufl., 1991, S. 102－108.

认知,价值可以通过价值观测和价值感觉的形式被主体所理解。这里就涉及独立于商谈逻辑的非理性(irrational)行为、最终建立在好恶基础上的情感(emotional)行为以及依赖于直接直观的直觉(intuitiv)行为。如此获取的客观价值在因果现实领域之外,存在于可纳入价值思考的方法与逻辑中的自有的实存形式(Seinform)中,价值被假定为现象上的既存。舍勒认为,价值是"道德生活的独立事实",[1]价值不能被推导或者被证立,只能是"给定"(gegeben)的,这也符合反理性的、依赖于直观和情感经历的认知模式。

1. 狄尔泰生命哲学的价值思维

在新康德主义主体的价值哲学以及舍勒和哈特曼所代表的客观价值思维之外,另外出现了试图融合主体与客体、主观与客观之间矛盾的、以狄尔泰(Dilthey)为代表的生命哲学(Lebensphilosophie)和胡塞尔代表的现象学对价值的思考。当时,新康德主义的西南德意志学派和狄尔泰的生命哲学与精神科学(Geisteswissenschaft)面临同样的难题,即自然法理论式微之后,一种绝对的、实体的价值理论已经被排斥,价值要建立在历史的基础上,但又要超越历史而获得一种稳固性和普遍性。狄尔泰试图克服笛卡尔以来的主体与客体(外部世界)分离的哲学传统,秉承德国传统的唯心主义(Idealismus)。他认为客体在本质上是"意识的事实","在一定程度上,物是这种精神事实的组合"。[2] 对于狄尔泰来说,"意识"一词只可表现(aufweisend),而不能描述。他用"体验"(Erlebnis)一词作为内部世界与外部世界之间的连接,试图克服仅仅从理论理性出发的哲学,从而建立起主体精神与现实世界的联系。意识作为生命(Leben)和体验(Erlebnis),不再是孤立的、与外部世界分离的躯体(Leib)—精神(Seele)的二元主义。狄尔泰区分了自然科学与精神科学,精神科学是试图对历史—文化现象加以理解。狄尔泰继承了由施莱

---

〔1〕 M. Scheler, Der Formalismus in der Ethik und die materiale Wertethik, 1954, S. 198.

〔2〕 W. Dilthey, *Einleitung in die Geisteswissenschaften. Breslauer Ausarbeitung*. Gesammelte Schriften Band 19, S. 1ff.

尔马赫所发展的诠释学方法,并指出了其中存在的“诠释学循环”,即个体现象应该在与整体的联系中才能得到理解,但整体又可以从个体中推断出来。这种循环并非缺陷,而是不可避免的,因为所有的理解都必须建立在“前理解”(Vorverständnis)的基础上,而“前理解”受生活现实所制约,即“思维并不能返回到生活的背后”。[1] 由此,“体验”就成了诠释学的基础,而理解则作为在作者精神历程中的“移情”(Einfühlung)。心理学上的概念“表达”(Ausdruck)和“对表达的理解”(Ausdrucksverstehen)成为精神科学方法论的中心。精神科学的任务就在于澄清“体验”“表达”与“理解”之间的关系。

在这里,“表达”毋宁说是一般时代精神(其作为作者或者艺术家具体生命动力的表现形式)的客观化。这种“客观精神”体现在规则、行为方式、价值以及目的设定之中的“共同的生活的创造”。区别于黑格尔,客观精神不是“自身”存在的,[2]而是需要主体的展示(Manifestation)。尽管存在主体性,但客观精神又具有超越主体的特征,因为在历史进程中发展的事务并不受个体力量的控制。客观精神不是永恒的真理,而是历史的偶在,永远相对于它所嵌入其中的整体关联。狄尔泰克服了黑格尔的思辨理性,但又摆脱不了历史理性;狄尔泰坚持哲学的“科学性”,但又不可避免会陷入某种“非理性”中。胡塞尔就批评这种心理学上的“移情”并不能得出普遍的“意识结构”。伽达默尔也指出狄尔泰陷入了“历史主义的困境”,其关于历史意识的分析体现出了“科学与生命哲学的矛盾”,精神科学的任务“在于克服自身特殊时空立场的主观偶然性,从而达到历史认识的客观性”,[3]但狄尔泰却并没有明确回答历史意识

---

[1] W. Dilthey, *Gesammelte Schriften*. Vorrede zu Band V, S. 5. Auch Band VIII *Übersicht meines Systems*(1896/97), *S*. 184. und Briefwechsel zwischen Wilhelm Dilthey und dem Grafen von Yorck von Wartenburg, Halle 1923, S. 221.

[2] 黑格尔“从一般理性的意志中构建共同体。我们在今天必须从生活的现实中出发;在生活中精神联系的完全性(Totalität)中发挥作用。黑格尔在形而上学上加以构建;我们则分析既存(Gegebene)”。W. Dilthey: *Gesammelte Schriften*. Band 7, 1992, S. 150.

[3] [德]汉斯-格奥尔格·伽达默尔:《真理与方法:哲学诠释学的基本特征》(上卷),洪汉鼎译,上海译文出版社2004年版,第240页。

如何才能超越自身并获得客观历史认识的特征,以及如何克服历史的特殊性和偶在性而获得一种客观性。狄尔泰试图从浪漫主义的诠释学出发掩盖经验的历史本质和科学的认识方式之间的差别,这种诠释学的工作尽管不能令人满意,但却对海德格尔和伽达默尔产生了深远影响,并反映到战后德国的法学方法讨论中。无论如何,诠释学要服务于精神科学的任务,即更正确地描述精神科学内存在的经验以及精神科学所能达到的客观性。

以狄尔泰、李特和斯普兰格(Spranger)为代表的精神科学,同样对价值进行了思考。在生命哲学的背景下,价值一方面不是由个体所"自由"制定的(Gesetztes),另一方面也不能作为独立于个体认知行为(Erkenntnisakt)的、理想的实体(Entitäten)。毋宁说,它是从个体及其周围的世界这对立的两极出发。据此,作为客观—精神上"既存"的精神和文化世界作用于个体的价值体验(Werterleben)和价值判断(Wertbeurteilung)就联系在一起。同样,"最终打上非理性的世界观和信仰烙印"的个体体验在这里也创造性的参与进来。价值的客观化不会因为历史上存在的多样的世界观和哲学观所损害,狄尔泰对历史上存在的世界观进行分类,并认为任何一种世界观都遵循同样的原则、共同的结构和内在的思维形式。各种世界观和"价值方向"(Wertrichtungen)通过世界的意义关联(Sinnzusammenhang)交织在一起。人们通过对被认知事物的归类,鉴于其对生活过程的有用性而规定其价值,从而产生宽广的意义结构。这样,狄尔泰就从客观的、独立于人类生活关联(Lebenszusammenhang)的形而上学体系中脱离出来,并进一步抽象出他的世界观。其中,绝对的价值和原则(如善)得以确定,而生命(活)和行为的理想也得以建立。这种世界观因为跨越数代,因此是历史的产物。[1] 这种价值思维的结果就是包含在历史生成的生活世界之中,并被具体形式化为精神—文化的客观化(Objektivierung)。进而,生命哲学

---

[1] W. Dilthey, *Gesammelte Schriften*, (Weltanschauungslehre), Band VIII, Stuttgart 1960, S. 100ff.

的价值思考就介于设定价值的主观主义(Subjektivismus)和客观—普世的唯心主义(Idealismus)之间存在,是一种后唯心主义对黑格尔的继续发展,但又没有回到严格意义上的形而上学。

2. 转向价值相对主义

新康德主义的价值理论、客观的价值思维和生命哲学的价值考量具有一种共同特征,即排斥价值的相对主义,致力于寻求价值的存在方式和价值的位阶秩序。对于新康德主义来说,价值的效力(Geltung)存在于主体的"承认"(Anerkennung)和决定中。价值的效力来自于主观上由自身得出的优先体系,该等级体系不是客观的既在,而是一个价值判断的问题,依赖于从特定的基本价值观出发,个体价值会获得何种评价(Bewertung)。对于客观价值思维来说,价值的效力不是来自先验的演绎,毋宁说,任何理想—实存(ideal-seiend)的价值都会作用于现实(空间—时间)中的实存者(Seiendes),也就是说应该在这其中展开,价值的效力意味着一个理想的"应然之存在"(或者根据英文"ought-to-be"译为"应该是")(Seinsollen)。[1] 对于客观的价值思维来说,价值的优先系统是根据价值所属的不同领域的等级(Ranghöhe)客观上得出,如需求领域的有用性价值、科学领域的"真"、艺术领域的"美"以及宗教领域的"神圣"等,精神价值优于物质价值、文化价值优于经济价值、道德价值优于功利价值,不一而足。[2] 生命(活)哲学的价值思维使价值的效力依赖于在"自我"和生活世界的两极之间通过"体验"传达的"精神的价值规律性"(Wertgesetzlichkeit),这种思维在国家法中由斯门德所接受和

---

〔1〕 M. Scheler, Der Formalismus in der Ethik und die materiale Wertethik, 1954, S. 200ff.; N. Hartmann, Ethik, 1949, S. 170ff.; 参见 E.-W. Böckenförde, Zur Kritik der Wertbegründung des Rechts, a. a. O., S. 75ff。

〔2〕 M. Scheler, Der Formalismus in der Ethik und die materiale Wertethik, 1954, S. 107ff.; S. 125 – 130, 45 – 50.

承继。[1] 在生命(活)世界的价值思考中,价值的位阶依赖于"既存"的精神—历史的价值总况(Wertkonstellation),并打上时代的精神和文化价值意识的烙印。

无论如何,价值的思考无法回避一个问题,即价值冲突的问题。在此情况下,一个价值的有效往往以另一个价值的牺牲为代价,在价值冲突情况下也就不可避免出现价值判断的情况,由此就出现价值和价值判断的争斗,这已经由韦伯所证明。[2] 哈特曼和施米特都描述了所谓的"价值的僭政",[3]凯尔森在其《正义是什么》一文中也提到了正义事关个体的感受,而无法通过理性获得客观的知识。[4] 新康德主义法哲学的价值思维自不必赘述,虽然对先验的客观知识孜孜以求,但却始终摆脱不了个体的决定;客观价值思维仅给出价值的抽象位阶,但在具体的价值冲突中却难以担当权衡的基础,没有一种理论可以针对价值之间的基本关系以及就价值高度(Werthöhe)和价值强度(Wertstärke)之间的差别提供完美的方案。尽管不断有学者进行尝试,但最终无济于事,也无法提出一种可以超越"直觉"设定的、理性上可证明的解决方案。[5] 阿列克西曾中肯地指出,价值的等级秩序无论是以数量刻度(基本秩序)的形式,还是试图确定高位值(优先性)或者等值性(中立)的努力均不可行。[6] 尽管可以说,文化价值要高于经济领域的价值,但不能否认的是,文化价值要在经济基础上得以展开。事实上,在社会生活中,文化价

---

〔1〕 关于斯普兰格的价值规律性,以及狄尔泰生活世界价值的规范意义可参见 K. Rennert, Die „geisteswissenschaftliche Richtung" in der Staatsrechtslehre der Weimarer Republik, 1987, SS. 86–95;关于斯门德对"精神价值规律性"的继受参见 R. Smend, Verfassung und Verfassungsrecht, a. a. O., S. 224ff。

〔2〕 M. Weber, Gesammelte Aufsätze zur Wissenschaftslehre, hg. von Johannes Winkelmann, 1973, S. 587ff., 152ff.

〔3〕 N. Hartmann, Ethik, 1949, S. 574ff.; *C. Schmitt*, Die Tyrannei der Werte, in: Säkularisation und Utopie. Ebracher Studien, 1967, S. 53/54.

〔4〕 H. Kelsen, Was ist Gerechtigkeit? 2000.

〔5〕 阿列克西将客观的价值思维称为"直觉的价值理论",参见 Robert Alexy, Theorie der Grundrechte, 1983, S. 136ff。

〔6〕 Robert Alexy, Theorie der Grundrechte, 1983, S. 138.

值经常要让位于经济价值。德国在反恐背景下就能否对被恐怖分子劫持的飞机进行攻击所进行的讨论，也证明生命权的价值不能因多少而加以论定。至于生命（活）哲学将价值定位于时代的精神意识，尽管在一定程度上相较主观的价值设定（Wertsetzung），具有相当的客观化成分在内，但却随时代的潮流而动，具有相当的不确定性。[1]

尽管价值思维存在诸多问题，但在当代国家法学的讨论中，将价值思维作为法的理由（Rechtsbegründung）已成为普遍趋势。拉伦茨提到了“由利益法学向评价法学（Wertungsjurisprudenz）的转向”。[2] 德国联邦宪法法院也在著名的吕特案（Lüth-Urteil）中将基本法的基本权利体系定位成具有价值位阶的“客观价值秩序”，[3]并由此推断，该“价值体系”作为宪法法院的基本决定对法的所有领域有效。传统上作为针对国家而产生的作为主观权利的基本权利，也具有了客观的基本原则规范的特征，其规范效力不再局限于市民—国家关系之中，而是扩展到法的所有领域，包括私法。但基本权利在多大程度上能从“客观的价值秩序”推断出来却绝非显而易见。联邦宪法法院的态度迫使人们不得不去反思价值作为法的论证理由的可能性。在法学中引入理性上无法得以证实的价值，会使法学重新陷入魏玛时期的问题意识，即规范与现实之间的矛盾中。在伯肯弗尔德看来，价值作为法官判决的基础或者法的理由很容易使法沦为个体伦理—道德行为的附属品，从而使法学依附于政治学、伦理学等学科，导致法的道德化（Moralisierung），并且价值思维因为缺乏在商谈中确立的理性基础，最终会导致依赖于主观意识，进而导致实践中未经审查的主观意见的肆意。[4]

追求客观的价值体系在当代已被证明为理性上不可能完成的任务，

---

〔1〕 E.-W. Böckenförde, Zur Kritik der Wertbegründung des Rechts, a. a. O., S. 80.

〔2〕 K. Larenz, Methodenlehre der Rechtswissenschaft, a. a. O., S. 119ff.

〔3〕 BVerfGE 7, 198 (205, 215).

〔4〕 E.-W. Böckenförde, Zur Kritik der Wertbegründung des Rechts, a. a. O., S. 81ff.；施塔克（Christian Starck）则对法中引入价值作为理由进行了辩护，参见 C. Starck, Zur Notwendigkeit einer Wertbegründung des Rechts, in: *R. Dreier* (hrsg.), Rechtspositivismus und Wertbezug des Rechts, ARSP (Archiv für Rechts-und Sozialphilosophie), Beiheft, SS. 37, 47ff。

价值相对主义也就不可避免,这也是韦伯所提到终极价值之间的冲突不可能由人类理性加以解决这个前提。当人们认识到人的主观性或多或少要融入对客观对象的认知中时,传统的形而上学和自然科学对社会科学的影响已经开始动摇。哲学也逐渐从认识论(Epistemologie)转向存在论(Existenzphilosophie),海德格尔和伽达默尔发展的诠释学在法学当中得到广泛运用。同时哲学中的语言学转向也对法学产生了深刻影响,这些影响均体现在第二次世界大战之后的德国国家法学讨论中。

七、德国当代的国家法学方法讨论

(一)自然法的短暂复兴和拉德布鲁赫的方法三元论(Methodentrialismus)

战后自然法的复兴主要基于对纳粹时期法的不正常状态的反思。在纳粹独裁统治结束之后,对纳粹时期法律(Gesetz)合法(Recht)性的疑问自然流传开来。法实证主义基于纳粹的经验而被否定,鉴于当时的法律困境(Rechtsnot),除了重新回到古老的自然法模式,似乎没有其他选择,尽管事后看来,自然法的复兴被视为是一种意外,并缺乏观念史上的连续性。[1] 自然法的复兴首先表现于,当法院认为根据实证法会导向"不正确"的判决时,通常诉诸"自然法"。这些自然法上的判决并非毫无疑问,尤其当法院经常将明确有效的法律束之高阁时。当时存在于判决当中的自然法充满了多样性和相互矛盾,整体上处于一种混乱不堪的状态。[2] 值得一提的只有政治上天主教主义(Katholizismus)的代

〔1〕 U. Neumann, Rechtsphilosophie in Deutschland seit 1945 (1994), in: ders, Recht als Struktur und Argumentation. Beiträge zur Theorie des Rechts und zur Wissenschaftstheorie der Rechtswissenschaft, S. 257; A. Kaufmann, Die Naturrechtsrenaissance der ersten Nachkriegsjahre-und was daraus geworden ist(1991), in: *ders*, Über Gerechtigkeit, S. 224.

〔2〕 A. Kaufmann, Naturrecht und Geschichtlichkeit, Tübingen 1957, S. 6; auch vgl. P. Schneider, Naturrechtliche Strömungen in deutscher Rechtsprechung, ARSP (Archiv für Rechts-und Sozialphilosophie), Bd. 42, 1956, S. 98ff.

表。[1] 当时的自然法理论大多可追溯至神学的前提，无论是天主教自然法理论，还是在新教神学范围内对自然法问题进行的讨论，[2]都最终会导向多样化的价值观念，从中能够得到的收获则是进一步肯定了康德批判的重要性，即具有实体内容的自然法定律不可能建立起超越时空的普遍有效性，所有内容上的知识都只是后天经验的知识。伴随自然法的复兴随之而来的则是“法实证主义”的重生，即“新实证主义”。[3] 于是自然法与法实证主义之间的内在矛盾就重现闪现，自然法仅保留了一些有关正义原则的抽象描述，如平等对待、禁止损害、绝对命令，涉及具体内容时则被证明是具有时间性的。如何使法受制于其历史条件、但又不致沦落到相对主义中，又重新成为战后德国法哲学讨论的热点，阿图尔·考夫曼在其《自然法与历史性》（1957 年）一文中就针对这种状况进行了分析。[4] 自然法理论中超时间的永恒价值被最小化，而历史主义的影响一方面使法具有时代性，另一方面又致力于寻求历史中具有普遍性的“结构”。二者不可避免地结合在一起，从而形成了在历史的法律素材中隐藏的“符合事物逻辑（sachlogisch）的结构”（Hans Welzel）、“事物之本质”（G. Radbruch）以及在生存的本体论基础上提出的“历史的自然法”或者“生存之本质法”（Wesensrecht）（Max Müller）。斯普兰格也提到了“历史—弹性的自然法”。[5] 但问题不会通过一种术语上的界定

---

〔1〕 A. Kaufmann, Die Naturrechtsrenaissance der ersten Nachkriegsjahre, a. a. O., S. 224; U. Neumann, Rechtsphilosophie in Deutschland seit 1945 (1994), a. a. O., S. 260.

〔2〕 新教范围内的自然法讨论因为缺乏自然法的传统，无疑遇到的困难要大于天主教自然法理论，导致的结果则是“新教自然法讨论中令人困惑的多样性”，参见 F. Wiacker, Privatrechtsgeschichte der Neuzeit, 2. Aufl. 1967, S. 601; U. Neumann, Rechtsphilosophie in Deutschland seit 1945 (1994), S. 261; A. Kaufmann, Die Naturrechtsrenaissance der ersten Nachkriegsjahre-und was daraus geworden ist (1991), S. 225。

〔3〕 A. Kaufmann, Die Naturrechtsrenaissance der ersten Nachkriegsjahre (1991), a. a. O., S. 225ff.

〔4〕 A. Kaufmann, Naturrecht und Geschichtlichkeit, Tübingen 1957.

〔5〕 人们可能会回忆起斯塔姆勒的“具有变动内容的自然法”，但斯塔姆勒的“正当法”仅仅是一种思维形式，一种形式上的方法，其本身绝不能规定具体—历史的法内涵。参见 A. Kaufmann, Naturrecht und Geschichtlichkeit, Tübingen 1957, S. 11, Fn. 11; 其他可参见 E. Spranger, Zur Frage der Erneuerung des Naturrechts, Universitas, 1948, SS. 405ff., 409。

就得以解决，问题的关键在于如何真正克服法实证主义的困难。具体的法能否既受历史限制，又同时拥有实在的、客观的存续（Bestand），就这个问题而言，需要在历史主义的相对性和自然法的绝对性之间寻求另外一条出路。[1] 考夫曼将各种调和自然法与法实证主义之间矛盾的努力概括为位于自然法与实证主义“彼岸”（jenseits）的“第三道路”。[2] 单纯从自然法，或者单纯从实证主义出发，并不能解决传统的实然与应然的二元主义。传统的主体—客体分离模式并不能解决如何科学地认识“正当法”的问题。因此，转向融合主客体或者消融应然与实然之间鸿沟的努力就逐渐占据主流，拉德布鲁赫在其中发挥了重要作用。

拉德布鲁赫刚好处于由认识论向生存哲学转变的过渡期。他在方法上继承了新康德主义西南德意志学派的传统，但却具有现代性的问题意识，即致力于在自然法和历史主义之间寻求一条中间道路。无论是早期的拉德布鲁赫，还是晚期的拉德布鲁赫，思想中都蕴含了超越实证主义和自然法立场的成分。[3] 对于拉德布鲁赫的定位一直存在争议，通常认为在前期拉德布鲁赫是实证主义者，他在 1914 年出版的《法哲学的基本特征》和 1932 年的《法哲学》中都强调了“法官具有使法律（Gesetz）的效力意志（Geltungswillen）生效的职业义务，为权威的法命令（Rechtsbefehl）牺牲自身的法感觉（Rechtsgefühl）”。[4] 但在这个时期，拉德布鲁赫也否定了市民负有服从“不正当”实证法的义务，存在“（个体）良心拒绝服从的不良法律（Schandgesetz）”。[5] 对于拉德布鲁赫在 1932 年时是否是法实证主义者的问题，拉尔夫·德莱叶（Dreier）认为如

---

[1] A. Kaufmann, Naturrecht und Geschichtlichkeit, Tübingen 1957, SS. 8ff.; 14ff.

[2] A. Kaufmann, Rechtsphilosophie, a. a. O., S. 40ff.

[3] A. Kaufmann, Die Naturrechtsrenaissance der ersten Nachkriegsjahre (1991), a. a. O., S. 231.

[4] G. Radbruch, Grundzüge der Rechtsphilosophie (1. Aufl. 1914), in: ders., Gesamtausgabe, Arthur Kaufmann (Hrsg.), Bd. 2, 1993, S. 9 – 204, 182; G. Radburch, Rechtsphilosophie (3. Aufl. 1932), in: Gesamtausgabe, Bd. 2, 1993, S. 206 – 405, 83.

[5] G. Radburch, Rechtsphilosophie (3. Aufl. 1932), a. a. O., S. 83.

果将法实证主义定位于“法与道德、实证法与正义之间不存在必然联系”,[1]那么拉德布鲁赫在任何时候都不是法实证主义者。主要证据在于拉德布鲁赫在 1932 年的《法哲学》中就已经提出,“法是具有服务于法理念意义的现实”,而法理念则通过正义(Gerechtigkeit)、合目的性(Zweckmäßigkeit)以及法安定性(Rechtssicherheit)得以确定。[2] 鉴于纳粹政权,拉德布鲁赫在后期转向自然法,但在考夫曼看来,只是其正义理念中合目的性的重要性要超过法安定性,而其法哲学的核心部分则一直延续下来。

拉德布鲁赫仍然延续了新康德主义学派的方法二元论,即应然与实然的二分。他同样也继承了西南德意志学派在二元主义之间引入文化科学,将文化视为与价值关涉的现实。法作为文化现象是“服务于法理念的现实”。这并不意味着实然与应然之间不可相互推演的鸿沟得以弥补,而是说,作为现实的法并不仅是毫无意义的自然现象,而且是在与价值相关联后具有“意义”。由于在现实和价值之间引入“文化”,因此思考的方式就从二元论过渡到三元论,并使法哲学成为法的文化哲学。但这并不意味着三元论与方法二元论以及相对主义完全不符,而是说“拉德布鲁赫将方法二元论与三元论相互联系在一起”。[3] 法的理念不是来自实然,实然与应然之间的鸿沟仍然没有消失。对于拉德布鲁赫来说,其价值论是相对主义的。在他看来,任何价值判断的正确性都与某种价值观或者世界观相连,而这种价值观本身并无法通过科学的途径加以证立。[4] 拉德布鲁赫通过方法的二元论中支持价值相对主义,即应然的定律(Sollensätze)和价值判断不能以归纳的方式建立在实然的基础上,只能从同样形式的应然定律中演绎得出,价值不能从现实中衍生出

---

〔1〕 R. Alexy, Begriff und Geltung des Rechts, Freiburg/München 1992, S. 15ff.

〔2〕 R. Dreier, Gustav Radbruch, Hans Kelsen, Carl Schmitt, in: Staat und Recht. Festschrift für Günther Winkler, 1997, S. 202.

〔3〕 Lukas H. Meyer, „Gesetzen ihrer Ungerechtigkeit wegen die Geltung absprechen“-Gustav Radbruch und der Relativismus, in: R. Alexy/L. H. Meyer/S. L. Paulson/G. Sprenger (Hrsg.), Neukantianismus und Rechtsphilosophie, 1. Aufl., 2005, S. 331.

〔4〕 G. Radburch, Rechtsphilosophie (3. Aufl. 1932), a. a. O., SS. 11 – 2.

来,应然定律最终并不可证实,因此价值最终事关信仰。但拉德布鲁赫同时也认为,“科学的价值思考”是可能的,而“价值体系的数量是有限的”,“在特定社会形势中,建立一个有关价值判断的完整体系”是可行的。[1] 价值的相对主义在拉德布鲁赫的法哲学中也得到体现,在拉德布鲁赫的法理念要素中,平等原则(平等者平等对待、不平等者相应的多样化对待)仅具有形式意义,而作为实质内容的“目的理念”则是相对的。拉德布鲁赫将其分为三类价值:个体的、集体的和超人格的价值。这三类最高价值并无法通过理性确立其位阶。[2] 法安定性的意义则在于通过权威(autoritativ)确定法的内容,拉德布鲁赫之所以在早期显现出实证主义的倾向就在于对法安定性的过度强调,战后通过“法律不法”的无效性理论和“超法律之法”的理论,[3]拉德布鲁赫赢得了更多赞誉,后果便是对早期形成的法概念的修正,实质正义较法安定性被置于更高的位置,在考夫曼看来,拉德布鲁赫通过对正义理论的重新加工,一定程度上克服了早期的相对主义立场。[4]

可以说,拉德布鲁赫仍然没有摆脱主体—客体分离的传统认知模式。作为与价值关联、服务于法理念的现实,一方面应该从普遍的应然定律中演绎得出,另一方面又具有现实的特殊性。二者在主体—客体分离的模式下很难融合到一起;价值的相对主义对于各种价值相互冲突时应如何协调也并无确切答案,在价值冲突时得出的判断并无法从理性中得以证立,法也不可避免要寻求其他的“正当化”方式。

虽然拉德布鲁赫的法理论并不是诠释学上的,但实际上已经开始步入这条道路。联邦宪法法院所发展出的宪法解释方法也脱离不了上述的问题范围。由于联邦宪法法院的存在,魏玛时期的根本论争在很大程

---

〔1〕 G. Radburch, Der Relativismus in der Rechtsphilosophie, in: ders., Gesamtausgabe, Bd. 3, 1990 Heidelberg, S. 81.

〔2〕 关于拉德布鲁赫法最高目的三元论的详细内容可参见 A. Kaufmann, Rechtsphilosophie, a. a. O., S. 169。

〔3〕 G. Radbruch, Gesetzliches Unrecht und übergesetzliches Recht, in: SJZ 1946, S. 105ff.

〔4〕 A. Kaufmann, Die Naturrechtsrenaissance der ersten Nachkriegsjahre (1991), a. a. O., S. 231.

度上被还原为解释方法的论争,而宪法理论的关注点也转向具体的宪法案件,而非宏大的理论。但归根结底,宪法解释方法上的争论也可回溯到魏玛时期的方法与方向之争,仍摆脱不了"事实"与"规范"的二元对立,也仍然必须面对何者为"真"或者如何获取"科学"认知的根本问题。

(二)从认识论转向生存哲学——德国战后法哲学的讨论

1. 认识论转向生存哲学

考夫曼最终将解决自然法与实证主义困境的出路定位于诠释学中。就诠释学而言,无疑受到现象学的深刻影响。胡塞尔的现象学将事物的本质定位于"意向性"(Intentionalität),即一切"意识"都是关于某种事物的意识,任何超出我们直观和直接经验的事物都被"悬搁"(Epoché)起来,通过不断的体验得以证实。外部世界不是孤立于主体而"客观"存在的,而是我们意识本身的内容,为防止对事物的认识陷入随意的意识流中,现象学的任务因此就是找到事物中普遍不变的本质。在该任务实现之前,则需要在想象中对事物不断的"自由变体"(Variation)。胡塞尔要求回到"事物本身",但对事物的认识又超出容易失误的经验主义。现象学一方面要探索先验主体的深层意识结构,另一方面又没有完全回到康德意义上的先验逻辑和先验知性(Verstand),而是完全依赖于具有可靠性的"直观"(Anschauung)。这是对19世纪科学实证主义力图完全排除世界主观性的一种纠正。由于胡塞尔仍然受制于先验主体观和某种程度上的观念实在论,因此现象学尽管号称要回到活生生的世界,但要赋予人类知识以普世性和坚实基础的追求,却付出了牺牲历史性的巨大代价。现象学对"生活世界"的态度仍然是非历史性的。

海德格尔从笛卡尔以来的传统西方哲学的主观主义和科学性堡垒中脱离出来。尽管狄尔泰和胡塞尔都试图克服笛卡尔以来的主客观分离的认识论,但并未彻底摆脱通过中立的、不带偏见的意识以保证知识客观性的追求。一方面,海德格尔接受了狄尔泰关于世界关系的历史生成性(Gewordenheit)和偶因性(Kontingenz),脱离了胡塞尔关于先验意识的绝对有效本质;另一方面,海德格尔又摆脱了狄尔泰和胡塞尔都坚持的以科学方法论为基础的具有普遍性本质结构的纯粹我(Ich)思。如果胡塞尔致力于批判一切实体本体论的“客观主义”(包括狄尔泰),那么海德格尔则批判一切具有普遍本质结构的“主观主义”(无论是狄尔泰的返回到生命,还是胡塞尔的先验还原),从而颠覆了西方的形而上学传统,重新提出了“存在”问题。在海德格尔看来,导致现代科学发展的西方哲学传统是一个错误的定位,尤其在近代科学和先验哲学的笛卡尔主义和主观主义中达到顶峰。任何从独立主体出发试图超越历史的玄想都是一种不切实际的假想。存在也不再是本体论上的“现成事物”(Vorhandenes),而是“历史性”的,是对“此在”(Dasein)的先验分析。[1]这种先验分析是通过尘世的主体(人性化的人)取代胡塞尔的先验“自我”,从而与探索人的生存条件的生存哲学联系在一起。

对于海德格尔来说,理解则是“此在”的存在方式。海德格尔的基础本体论重新提出了存在问题并超越了迄今为止所有的形而上学,不仅成功避免了历史主义的困境,而且使“理解”获得完全不同的新立场,即诠释学不再单纯是一种方法,而是获得了本体论上的意义,这也成为伽达默尔诠释学进一步发展的基础。诠释学不是施莱尔马赫和狄尔泰意义上客观、中立地认识文本意义和作者原意的工具。海德格尔认为,在相应作者的意义上去理解文本的意义,意味着从一个对于自然科学来说具有重要意义、作为假设的认知理想(Erkenntnisideal)出发理解其自身的意义,这种认知理想对诠释学无疑是一种损害。通过海德格尔,在诠释学中消除自然科学的方法理想得以正当化,并为伽达默尔所接受。[2]从海德格尔开始,理解本身视为是此在的本体,理解不能仅仅局限于对作者原意或者所谓的客观文本意义进行消极地重现,而是要从此在的生

[1] 在伽达默尔看来,海德格尔的“转向”(Kehre),是对前期基础本体论和先验研究使命的一种执行,二者并不存在截然对立,参见[德]汉斯－格奥尔格·伽达默尔:《真理与方法哲学诠释学的基本特征》(上卷),洪汉鼎译,上海译文出版社2004年版,第332页下、第334页下;在汉斯·阿伯特看来,早期在《存在与时间》中的先验分析不过是戴着“先验的面具”,参见H. Albert, Kritik der reinen Hermeneutik, Tübingen 1994, S. 25。

[2] H. Albert, Kritik der reinen Hermeneutik, Tübingen 1994, S. 24ff.

存论结构入手,[1]从历史传统中发展理解的“前结构”。受权威、传统和历史制约的理解者的“前理解”对理解产生效应(Wirkung)和影响,理解也因此需要在理解者的世界和文本的世界之间进行“视域融合”。人类在整个活动当中的历史性,成为能够理解过去的根本条件,理解基本上是历史性的。在后期的海德格尔那里,逻辑和理性被置于一边,海德格尔对此在的分析与排斥“绝对者”(Absoluten)的生存哲学(Existenzphilosophie)联系在一起。[2] 伽达默尔追随海德格尔,历史、传统和前见获得了积极意义和重要地位,伽达默尔也因此蒙受缺乏科学性的指摘。

在哈贝马斯看来,海德格尔可以被视为哲学从现代走向后现代的一个分水岭。[3] 哲学从探寻主体的先验认知条件开始逐渐转向不断揭露主体理性的局限性。随着新康德主义的衰落,生命哲学、现象学都无法最终摆脱笛卡尔意义上的科学情结,但又无力承担这种科学建构。海德格尔实现了彻底的扭转。传统形而上学以知性(Verstand)为基础的纯粹“理性”(Rationale)已不再成为哲学的目标,扎根于启蒙时期的理性主义不再是唯一追求的目标。取而代之的则是对超越严格理性的“理智”(Vernunft)的追求,“理智的”思维并非是严格意义上的理性思维,而是超越理性。对于精神科学和哲学而言,知性(Verstand)的分析工作毋宁

---

[1] 海德格尔哲学在后期出现了所谓的“转向”(Kehre)。对“转向”有不同的解释,有学者认为早期在《存在与时间》中,海德格尔仍然没有摆脱形而上学和主体哲学的影响。但包括海德格尔本人在内的学者,如伽达默尔等人,却认为这种转向只是对《存在与时间》当中所提出任务的一种继续,只是方向有所改变。在“转向”中,主要以海德格尔对“真理”(Wahrheit)理解的变迁为主要标志。从《存在与时间》中的“生存真理”对此在(Dasein)进行的生存分析和对“存在(Sein)意义”的探寻转向透过“无蔽”(Unverbogenheit)对真理与存在进行思考。将真理的本质放在“去蔽”(Entberbung)的进程中。对于海德格尔来说,存在者整体的“无蔽”(真理)是不可知的,真理必然同时包含遮蔽和解蔽。某个方面的解蔽同时意味着其他方面的遮蔽,因此“开显”(Lichtung)只能寓于某种特定场所之中发生,这个场所就成为某个命题所传达真理的“前提”或者“先行条件”。

[2] 对于海德格尔来说,前期在《存在与时间》借助与范畴(Kategorie)相对应的“生存性概念”(Existenzialien)对此在的分析,在其后期哲学中,尽管并未被牺牲,却被重新定调、重新思考,并在涉及原始意义方面被加以扭转。参见 K. Löwth, Heidegger, Denker in dürftiger Zeit, Frankfurt 1953, S. 20ff。

[3] J. Habermas, Der Philosophische Diskurs der Moderne, Zwölf Vorlesung, 2. Aufl. Suhrkamp 1985, S. 158.

是不可或缺的,但却不能止限于此,尤其对于法学这种实践科学而言。分析知性并不能被绝对化和过度评价,如同数学和逻辑一样严密的纯粹理论科学对法学而言是不可行的。这就需要从传统严格意义上的"知性""理性"上升为"理智"。海德格尔之后的哲学大多以此为目标。[1] 通过相互承认和相互沟通理解的对话程序,"理智"得以实现,当代哲学的三大商谈原则,如论证原则(Argumentationsprinzip)、共识原则(Konsensprinzip)以及(知识的)偏差原则(Fallibilitätsprinzip)都来自于此。[2] 就此而言,无论是哈贝马斯通过"理性商谈"而构建的普遍语用学(Universalpragmatik),还是佩雷尔曼(Perelman)的道德论证理论、爱尔兰根学派的实践商谈理论,或是阿佩尔(Apel)所发展的通过沟通共同体取代先验自我的先验语用学(Transzendentalpragmatik),凡此种种,都与哲学的语言学转向相关。先验主体的理性能力被证明具有有限性,传统的主体理性就逐渐过渡为主体间性(Intersubjektivität)和交往理性。当代哲学在现代逻辑、语言学、语用学和对话理论的基础上试图重新恢复实践理性和建立起规范的有效性请求(Geltungsanspruch)。哲学不再是主体理性的自话自说,而是转向主体间性,所有这些都与重建理论的普遍性有关,并或多或少与先验哲学相连,尽管语用学和商谈理论内部在具体如何建构"普遍规则"和如何实现主体间性方面存在诸多不同。以伽达默尔为代表的诠释学则与各种语言哲学和商谈理论表现出不同的方向,对追求这种"终极理据"(Letztbegründung)不以为然。

2. 论题学的兴起

第二次世界大战之后哲学的转向自然对法学产生了深刻影响。在自然法的短暂复兴之后,法学中对方法理论的讨论逐渐占据上风。这段时期,法学逐渐由"利益法学"转向融入价值判断的"评价法学"。[3] 这种转变与哲学上的转变不无相关,在社会实证主义的经验归纳和自然法

---

〔1〕 关于"知性"与"理智"的区分可参见 A. Kaufmann, Rechtsphilosophie in der Nach-Neuzeit, 2., durch ein Nachw. erw. Aufl., Heidelberg 1992, SS. 14 – 16。

〔2〕 Kaufmann, ebd., S. 15.

〔3〕 K. Larenz, Methodenlehre, a. a. O., S. 119 – 125.

的逻辑演绎都逐渐褪去“科学性”的外衣之后,法学难以维系一种毫无矛盾的绝对体系。凯尔森试图将道德、伦理和价值与实证法体系相分离的做法,也被证明难以成功。法学在某种程度上需要在价值相对主义的框架下工作,需要在不同利益之间、不同价值之间进行衡量和评价。尽管价值最终是个体确信,并具有“相对性”,但在一定程度上限制价值的相对性却是可能的。法学的讨论在今天并没有与“正义”(Gerechtigkeit)脱离,“个案正义”在其中扮演了重要角色。这与其说是因为今日的“法官判决”获得了与立法者所制定法律同等重要、甚至更为重要的地位所致,毋宁说为了协调法的安定性与的法的价值基础之间的矛盾所需。实证法一方面需要伦理的基础,另一方面又必须保证法的安定性。在实证法与法的价值或者说“正义”关联之间,需要“个案正义”作为过渡和缓冲。“个案正义”并非完全抛弃对“正义”的体系化和一般性追求,一方面价值的实现需要与社会现实和生活关系紧密相连,另一方面又需要“适度”地剥离出其中普遍性的一面。

由于逻辑、绝对的价值认识在今天被认为难以实现,对法律文本的解释又难以找到唯一正确的理解,案件也不可能仅仅通过严格的逻辑涵摄即可解决,因此“论题学”(Topik)〔1〕的讨论在20世纪50年代进入法学就不足为奇。论题学的出现正是应运而生,相对应于法学一直所追逐的“公理体系”而出现,从或然性的命题中推出相关结论。论题学也因此成为法学修辞学(Rhetorik)、法学论证理论以及各种语言批判理论的助动力。〔2〕 论题学的主旨在于从各种不同的方向对相关问题进行讨论,从而不断发掘“既存”的理解脉络(Verständniszusammenhang)。论题学一直围绕问题展开,因此不会发展成为一个广泛的体系,但会导向“体

〔1〕 德国法学界对于“论题学”的讨论始于菲韦格(Theodor Viehweg)在1953年出版的《论题学与法学》(Jurisprudenz)一书,参见T. Viehweg, Topik und Jurisprudenz, 1953;对于论题学的详细讨论可参见舒国滢:《寻访法学的问题立场——兼谈“论题学法学”的思考方式》,载《法学研究》2005年第3期。

〔2〕 U. Neumann, Juristische Argumentationslehre, 1986, S. 54ff.

系的多元化”。[1] “法学思维是论题学的(topisch)”，意味着法学论点并不是封闭的、可以由严格的科学演绎证明的公理。相反，法学论点依赖于主流观点、经受住考验的学说和传统，应该对相应的意见进行同意或者反对，并且不遗漏相关重要的视角(Gesichtspunkt)，因而，对话与论辩是至关重要的。

论题学的讨论需要一个编排完整的“观点目录”，然而由于论题学的思维反对严密的逻辑理性，从这么一个“观点目录”中筛选出一种决定性的观点就很成问题。尽管菲韦格提到论辩在论题学中的重要性，但却远未就论辩规则和相关的“真理”问题展开论述，因此论题学毋宁只是一种研究的姿态和出发点，而远未能形成一种严密的方法体系。在这一点上，拉伦茨认为，如果“论题学”的作用仅限于收集法律上的重要看法和单纯的观点目录，其价值也就极为有限。[2] 阿列克西也认为法学中的“论题学”思维未能抓住法律、教义学和判例的重要性，相对来说，论题学的前提论证太过于一般化。[3] 尽管如此，“法学思维是论题学的”并不意味着一种非理性，从或然性的前提出发得出结论，仍然遵循一定的范畴甚至逻辑，而不是任意为之。在整个20世纪50年代，德国法哲学和法学方法中讨论的主要方向在于对抗法学的“公理式”思维，埃塞尔(Esser)便致力于从个案中推断出法律原则，从而反对严格的法律实证主义。[4]

3. 重建法的规范维度

自20世纪50年代德国法学界展开关于法学方法的讨论之后，关于法哲学的讨论逐渐过渡为法理论(Rechtstheorie)，德莱叶曾言：“法哲学(Rechtsphilosophie)已死，法理论犹存”。[5] 人们的关注点从传统法哲

---

[1] K. Larenz, Methodenlehre, a. a. O., S. 145ff.

[2] K. Larenz, Methodenlehre, a. a. O., S. 147.

[3] R. Alexy, Theorie der juristischen Argumentation. Die Theorie des rationalen Diskurses als Theorie der juristischen Begründung, 2. Aufl., Suhrkamp 1991, S. 39ff.

[4] U. Neumann, Rechtsphilosophie in Deutschland seit 1945, a. a. O., S. 271.

[5] R. Dreier, Was ist und wozu Allgemeine Rechtstheorie? In: ders, Recht-Moral-Ideologie, 1981, S. 17.

学的规范和价值本体问题,逐渐转向"通过形式上的分析或者社会科学上的分析在法教义学领域内为讨论的理性化做出贡献"。[1] 这方面的贡献包括以"法学逻辑"[2]"语言哲学"以及"法学的科学"为重点的形式—分析路向。语言分析法学通常被认为与诠释学对立。法的语言分析和逻辑分析无论如何发展都难以达到彻底的精确,无法承担起法语言(Rechtssprache)的社会功能和历史变迁。而这恰恰是诠释学所致力于承担的任务,即不是从传统本体论意义上寻求一个"正确的"文本理解,而是融合被诠释者的情境与诠释者所处的情境,寻求一种"视域融合"。在否定传统的真理符合论方面,诠释学与哈贝马斯的共识理论至少可以找到一种共同之处。但正如考夫曼所指出的,"并非分析的法理论应该受到指责(这将是最大的非理性),我们所要求的仅仅是,分析的法理论必须清楚地认识到它的单维性(Eindimensionalität),并从中认识到,它必须与其他的方向,尤其是诠释学,加以沟通。诠释学需要分析学,否则就是'盲'的。另一方面分析学同样需要诠释学,因为若没有诠释学,分析学就是'空'的"。[3] 在某种程度上,诠释学表面上具有某种非理性的特征,但实际却并非如此,因为各种程序理论、语言分析理论、共识理论和法律论证理论都可以对诠释学产生助益。考夫曼认为,诠释学与法律论证理论可以携手并进。但诠释学的目的并不在于"主体间性"和达成"共识"。考夫曼认为,"共识"一方面经常难以达成,另一方面又很难将"共识"与真理联系在一起,毕竟"恶"的共识也可能存在。对于诠释学来说,各种致力于达成共识或者设定理想商谈情境和理想听众的程序理

---

〔1〕 U. Neumann, Rechtsphilosophie in Deutschland seit 1945, a. a. O., S. 274.

〔2〕 继恩吉施(Karl Engisch)在 1943 年出版《法律适用的逻辑研究》和克鲁格(Ulrich Klug)1951 年的《法学逻辑》之后,20 世纪 60 年代中期以后围绕"法/法学与逻辑"展开了广泛讨论。一方面涉及法规则的逻辑结构理论,该理论区别于传统建立在本体论基础上的逻辑理论,不是在封闭的法秩序模式基础上展开(任何行为均可以通过法加以规制),而是保持开放的法秩序;另一方面则涉及法律推理或者说法律论证的逻辑结构。参见 K. Engisch, Logische Studien zur Gesetzesanwendung, 1943, 3. Aufl. 1963; U. Klug, Juristische Logik, 1951, 4. Aufl. 1982; U. Neumann, Rechtsphilosophie in Deutschland seit 1945, a. a. O., S. 274ff。

〔3〕 A. Kaufmann, Die Rechtsphilosophie in der Nach-Neuzeit, 2. Aufl., Heidelberg 1992, S. 11.

论,仅仅具有形式上的意义,而很难形成内容上的规范有效性。正如诺依曼(U. Neumann)所言:"共识与主体间性、论证和反思并非诠释学思维的领地。但不同于分析的法理,法律诠释学能够将这些要素与文本协调在一起。分析理论必定割裂文本的意义与主体间的相互理解,因为它仅仅能够根据一般语义学的规则规定文本的意义,而诠释学的思维则能够将文本纳入形成'正确'决定的主体间构造的进程中。"[1]

从传统的文本理解中跳出,诠释学与重新恢复法的规范维度的各种尝试并没有走上同一条道路。虽然各种理论之间事实上并不是那么截然对立,并且就某种程度而言甚至可以相互弥补,但对待问题的方式与态度以及最终的目标却存在天壤之别。首先在寻求"正确法"的努力中,是就价值判断问题和法原则展开的讨论。一方面,是关于价值的"理想存在"(ideale Existenz)和不具时间性的一般法原则的讨论;[2]另一方面,则是对行为后果的"渴慕性"(Wünschbarkeit)的讨论,从行为后果与社会的价值判断是否一致中判断价值的规范性。

重新恢复法的规范维度[3]的努力在德国主要归功于哲学的发展,尤其是哈贝马斯商谈理论的发展,在美国则要感谢德沃金和罗尔斯的努力。这实际又回到了传统法学争论不休的问题,即规范的可证立性(Begründbarkeit)、法实证主义与法道德主义(Rechtsmoralismus)之间的争论以及社会制度的正义等问题。在规范的可证立性问题上,哈贝马斯的共识真理论成为讨论的热点。共识真理论——反传统的符合真理论,将"真理"理解为命题的有效性请求(Geltungsanspruch),命题只有主体间性上被证明为是可证立的,才可被视为"真"。"真理"只能通过"理想

---

〔1〕 U. Neumann, Zum Verhältnis von philosophischer und juristischer Hermeneutik, in: Winfried Hassemer(Hrsg.), Dimensionen der Hermeneutik. Arthur Kaufmann zum 60. Geburtstag, Heidelberg 1984, S. 56.

〔2〕 拉伦茨尽管提出特定的一般法原则尽管就一定的文化领域而言是相对化的,但在一定的文化领域之内则是被承认具有无时间性的绝对效力,参见 K. Larenz, Richtiges Recht, 1979; *U. Neumann*, Rechtsphilosophie in Deutschland seit 1945, a. a. O., S. 287。

〔3〕 重新恢复法的规范维度部分主要参见 U. Neumann, Rechtsphilosophie in Deutschland seit 1945, a. a. O., SS. 286 – 293。

商谈情境”下达成的共识而获得。[1] 这与佩雷尔曼等人绕开“真理”问题,只讨论命题的“可接受性”大异其趣。“理想的商谈情境”保证更优论点(Argument)得以胜出,理性共识的程序理论作为“正当决定”的标准从而得出其加以支持的论点。就此而言,理性共识的程序理论同时也是“论证”的理论,以阿列克西为代表的法律论证理论在哈贝马斯实践商谈理论的支持下,将法律论证视为是一般实践商谈的特例,力图在法学中重建“实践理性”,寻求法律命题的真理性和规范性。法实证主义与法道德主义的争论受哈特与德沃金的争论影响甚大,法与道德的关系复刻至围绕法原则产生的论争,这里遇到的问题是,法院是否以及在多大程度上可以主张受到承认的法原则或者是超实证的正当法的标准?[2] 此外,尽管在传统上,正义问题总是以形而上的讨论和自然法的面目出现,但国际社会在论证理论的视角下将正义问题视为实践哲学的对象之后,正义问题在德国法哲学的研究中重新得以恢复。最有力的动因来自于佩雷尔曼,他的研究从正义理论,[3]跨越对价值判断的证立和道德论证问题,最后导向法律论证理论。[4] 罗尔斯的正义论是决定性的突破口,引起了德国法学关于正义的广泛讨论,在自然法理论和正义理论去神化的背景下,法与道德的问题又被重新提及。

直到今天,有关法的规范维度的讨论仍没有停止,这方面的讨论仍然是开放性的,并很难形成统一的意见。由于很难在一个逻辑上自足的体系下就法的规范性或者说法的“有效性”问题达成共识或者一致,因此对法的规范性问题的讨论一方面仍在继续,另一方面则转向社会学的讨论。在这方面,卢曼发展到极致,从系统论的功能主义角度出发考察

---

〔1〕 J. Habermas, Wahrheitstheorien, in: H. Fahrenbach (Hrsg.), Wirklichkeit und Reflexion. Festschrift für Walter Schulz zum 60. Geburtstag, 1973, S. 211 – 265.

〔2〕 U. Neumann, Positivistische Rechtsquellenlehre und naturrechtliche Methode. Zum Alltagsnaturrecht in der juristischen Argumentation, in: R. Dreier (Hrsg.), Rechtspositivismus und Wertbezug des Rechts, ARSP-Beiheft Nr. 57 (1990), S. 141 – 151.

〔3〕 Ch. Perelman, Über die Gerechtigkeit, 1967, S. 9 – 84; ders., Fünf Vorlesungen über die Gerechtikeit, ARSP 51 (1965), S. 167 – 229.

〔4〕 Ch. Perelman, Logik und Argumentation, 1979.

法律系统(Rechtssystem)的正义问题,[1]这与传统法哲学中的规范问题讨论截然不同,并引发激烈争论。[2]

(三)国家法的讨论状况——方法综合论和方法多元主义

对于宪法和国家法而言,由于与现实政治的密切联系,一种理想化的规范性探讨很难获得普遍认同,但又很难从社会的经验和现实中归纳出一般的原则,即便是卢曼的旨在消减社会复杂性的预期分析也饱受争议,如何在这二者之间进行协调,在具体的法官决定中,如何保证价值判断的理性和可证立性,以及需在多大程度引入经验的考量,始终是难以辨明的焦点所在。因此,时至今日,"规范"与"现实"的争论仍然在国家法学中占据核心位置。

战后德国国家法学不能不说吸取了魏玛时期和纳粹时期的经验教训,为避免过度的政治化和政治的滥用,国家法学先后将研究取向定位于自然法、斯门德的整合理论、美国的多元主义理论以及以社会科学为定位的经验探寻。除此之外,战后德国国家法和宪法学上的讨论与法哲学的发展趋势保持了非常紧密的联系,适时吸取了法哲学以及法理论的成果,兴起于20世纪50年代的论题学讨论、诠释学的勃兴与危机、美国法现实主义的影响、与凯尔森相联系的分析法理以及施米特的相关研究都与法学理论的发展趋势相符。

在国家法的方法讨论上,最终问题仍然聚焦在实证主义与自然法的道德哲学之间的对立上。但正如考夫曼所分析的,所谓的新实证论与自然法之间在思维模式上却具有令人惊讶的相似之处,都是从预设的前提中(自然法的前提是绝对的伦理原则,而实证主义的前提则是实证法)得出具体的法律决定,都是一种严格的逻辑推理和涵摄,而并没有将经验和现实包含在其中。[3] 因此,整个国家法的方法讨论仍然集中于"规

---

[1] N. Luhmann, Gerechtigkeit in den Rechtssystemen der modernen Gesellschaft, in: Rechtstheorie 4(1973), S. 131 – 167.

[2] 对卢曼的批评可参见 R. Dreier, Zu Luhmanns systemtheoretischer Neuformulierung des Gerechtigkeitsproblems, in: Rechtstheorie 5(1974), S. 189 – 200。

[3] 参见 A. Kaufmann, Rechtsphilosophie, a. a. O., S. 32ff。

范"与"现实"的矛盾之中。

尽管在根本问题上,目前基本法时期的争论仍延续了魏玛时期的讨论,但争论形式却发生了根本改变。这主要归功于联邦宪法法院的建立和影响。魏玛时期曾引发争论的一些根本问题——如宪法是否具有优先于一般立法效力的问题、[1]司法能否审查立法[2]以及基本权利是否可以约束立法[3]等——由于联邦宪法法院的建立而逐渐被接受。魏玛时期讨论的宪法正当性问题也逐渐转换为宪法解释的方法问题。基本法在整体上被接受和认可,而寻求在具体案件中找到"正确"的解释。在宪法解释方法的主题下,魏玛时期关于宪法法院意义与功能的争论得以复燃。[4] 在 1962 年举行的第 20 届德国国家法学者年会上,大家都认为,一种和谐的解释方法是必要的。但问题的关键在于,宪法判决是否需要一种将宪法理解为"统一体"(Einheit)的实质宪法理论,"宪法理论的前理解(Vorverständnis)"也因此成为中心议题。但对这一问题却很难有一个令人满意的回答,因为"前理解"既可以在心理实证主义的意义上应用,又可以如莱布霍茨(Leibholz)所主张的以反自由主义的方式以及决断主义的方式加以确定和解释。艾穆克(Ehmke)提出来的"所有理性和正义思维者在宪法法上的共识"也对此毫无助益。在 2007 年举行的第 67 届德国国家法学者年会上,"规范"与"现实"重新成为讨论的

---

〔1〕 在这个问题上,安许茨认为"宪法并没有超越立法权,而是处于它的控制中",参见 G. Meyer/G. Anschütz, Lehrbuch des Deutschen Staatsrechts, 7. Aufl., Dritter Teil, 1919, S. 743ff。

〔2〕 R. Thoma, Das richterliche Prüfungsrecht, AöR 43, 1922, S. 267; Verhandlungen des 34. Dt. Juristentages zu Köln, 1927, Bd. 2, S. 193ff., mit dem Bericht von G. Anschütz; H. Maurer, Das richterliche Prüfungsrecht zur Zeit der Weimarer Verfassung, DÖV 1963, S. 683; P. Badura, Richterliches Prüfungsrecht und Wirtschaftspolitik, in: FS Ludwig Fröhler, 1980, SS. 321, 328ff.

〔3〕 尤其对一般平等原则的讨论居多,参见 H. Triepel, Goldbilanzenverordnung und Vorzugsaktien, 1924; G. Leibholz, Die Gleichheit vor dem Gesetz, 1925; E. Kaufmann, Die Gleichheit vor dem Gesetz im Sinne des Art. 109 der Reichsverfassung, VVDStRL 3, 1927, S. 2; 对于安许茨来说,他坚持认为,平等原则仅仅作为对于法适用(Rechtsanwendung)而言的平等对待戒律而生效, G. Anschütz, Die Verfassung des Deutschen Reichs, 14. Aufl., 1933, Kommentar, Art. 109, Anm. 2。

〔4〕 E. Forsthoff, Die Umbildung des Verfassungsgesetzes, FS Carl Schmitt, 1959, S. 35; A. Hollerbach, Auflösung der Rechtsstaatlichen Verfassung? AöR 85, 1960, S. 241; P. Schneider/H. Ehmke, Prinzipien der Verfassungsinterpretation, VVDStRL 20, 1963.

主题,主题发言人黑格鲁勃(Hillgruber)和沃尔克曼(Volkmann)持截然不同的观点,表明这个问题时隔半个世纪仍然是宪法适用中的讨论热点。[1]

无论如何,直至今天,宪法仍在规范科学与社会科学之间摇摆。一个法律决定应该从规范—教义学的科学体系中得出,还是从经验—分析中得出,始终存有争论。但今天人们也基本同意下述结论:法的规范主张只有涉及现实问题时才能得以具体化,而这种现实性也共同规定了规范内容。[2] 出于实践的考量,国家法理论不能再退回到纯粹的规范科学。另外,法秩序在必要的情况下同样要审查和控制经验—分析科学上的知识继受。这里就势必回答一个问题,即是否存在某种方法,其对于科学的国家法学理论来说是建构性的(konstitutive)。就该问题而言,无论是单纯分析—逻辑的,还是经验—归纳的,抑或是精神科学的辩证方法都难以称得上是"唯一正确"。没有哪种方法论,或者没有哪种国家法理论是绝对正确的。在某种意义上,在具体宪法案件中适用的国家法理论作为案件判决的"前理解"而存在,其选择往往是与政治现实、案件事实以及可能出现的后果密切相关。今天的宪法学不再是从属于某种绝对的国家理论或者国家法理论,也不再是仅仅通过某种与"真理"相关联的方法论而通往"正当性"。毋宁说,它是通过一种循序渐渐的思维方法,达致最后的"正确"决定。尽管仍不免涉及价值权衡,但价值权衡仍能在个案中通过相应地"前理解"和法教义学上的建构得到一定程度的限缩,而最后的宪法决定又会置于广阔的商谈进程中进行争辩。这种思维模式在第二次世界大战之后的宪法解释中得到很好的诠释,第二次世界大战之后关于宪法解释方法的讨论也体现了宪法理论从根本正当性的讨论转向了技术化的解释方法的讨论。

---

〔1〕 C. Hillgruber/U. Volkmann, Verfassungsrecht zwischen normativem Anspruch und politischer Wirklichkeit, in: VVDStRL, 67, 2008.

〔2〕 F. Müller/R. Christensen, Juristische Methodik. Bd 1: Grundlage des öffentlichen Rechts, 9. Aufl. 2004, Rn. 15ff., 32ff., 230ff.

(四)宪法解释方法

1. 传统—解释学上的方法

这种解释方法恪守萨维尼以来发展的传统解释规则——语义、逻辑、历史和体系解释。采取这种解释方法的前提是将宪法与法律的特性等同起来,即宪法规范具有内容的确定性,宪法案件也可以通过逻辑涵摄的方式加以解决。采这种方法的代表人物是福斯特霍夫(Ernst Forsthoff)。他强调宪法的安定性和宪法解释的静态特征,认为宪法解释应适用法律解释的规则,在宪法解释中引入价值判断会导致一种司法国的出现,法官成为宪法的主人。[1] 这种解释方法备受批评,主要因为宪法规范作为具有实质内涵的原则并不总是意义清晰。实践中联邦宪法法院在很大程度上实际已经脱离了传统解释的方法,拉伦茨就批评福斯特霍夫的做法忽略了宪法本身应尊重特定价值和意义关联的要求。[2] 传统解释方法对于宪法而言仅仅具有有限的意义。[3]

2. 论题学的解释方法

论题学解释方法的产生,源于宪法的不确定性特征,因而有必要采取论题学式的、以问题为定位的方法,以弥补传统解释方法的不足。国家法学中有关论题学思维的讨论来自一般法理上的讨论。论题学的主旨在于从各种不同的方向对相关问题进行讨论,从而不断发掘"既存"的理解脉络(Verständniszusammenhang),论题学一直围绕问题展开。"法学思维是论题学的(topisch)",意味着法学论点并不是封闭的、可以由严格的科学演绎证明的公理。相反,法学论点依赖于主流观点、经受住检验的理论和传统,应该对相应的意见进行同意或者反对,并且不遗漏相关重要的视角。但论题学本身并未形成一种严密的方法体系。国家法学中论题学的解释方法也与共识联系到一起。要融合各种视角,就

---

〔1〕 Ernst Forsthoff, Die Umbildung des Verfassungsgesetzes, in: ders., Rechtsstaat im Wandel, 2. Aufl. 1976, S. 130ff.

〔2〕 [德]卡尔·拉伦茨:《法学方法论》,陈爱娥译,商务印书馆2003年版,第235页。

〔3〕 K. Hesse, Grundzüge des Verfassungsrechts der Bundesrepublik Deutschland, 20 Aufl., 1999 Heidelberg, S. 21.

需要达成一定的共识。艾姆克曾提到了"所有理性和公正思维者的共识"。[1] 科里勒(Kriele)尽管批判论题学,认为论题学未能有效避免宪法解释的开放性和不确定性,但他也属于在论题学的基础上最终定位于宪法政治的理性论证,[2]这种理性论证以商谈理性为前提。国家法学中对论题学讨论最极端的莫过于哈贝勒(Häberle)。他提出了宪法解释的开放社会,国家机构、所有公共力量以及所有市民都参与到宪法解释中,宪法解释是一种公共进程。根据哈贝勒的推论,宪法法院的法官仅是民意的中介,所谓的宪法解释也不再是解释,只是冠之以解释的标签。它永远进行具有创造性的宪法变迁,这种公共进程带来的必然是不确定性和任意性。[3]

3. 定位于现实(Wirklichkeit)的宪法解释

定位于现实的宪法解释主要来自斯门德的整合理论,该理论在基本法时期产生了深刻影响。斯门德主要针对的是,传统解释方法在适用宪法时所不能解决的问题。其解决途径是建立一个广泛的、定位于国家与宪法现实的整合理论,从而为个案的解释提供支持。对于斯门德来说,宪法的意义和宪法的现实才是宪法解释的基础与标准,而不是文本和教义的概念体系。宪法的意义来自于斯门德所构建的整合进程,在整合进程中,国家的生活现实(Lebenswirklichkeit)得以不断重新建立。宪法正是这种生活现实的表达,同时这种生活现实也在宪法中得以实现,与此相应,基本权利被视为一个民族特定的文化体系和价值体系。[4]

在整合理论的指导下,宪法解释的任务在于"理解"作为精神现实的宪法的"意义",从宪法的整体意义中推断出宪法规范的内容,这就需要通过精神科学上的、直觉的认知和理解,从而使不断变化的各种精神的价值感在宪法中汇集在一起,宪法因此需要在自身中接纳所处时代的

---

[1] Horst Ehmke, VVDStRL 20(1963), S. 71ff.

[2] Martin Kriele, Theorie der Rechtsgewinnung, 1967, S. 177ff.

[3] Peter Häberle, JZ 1975, S. 297ff.

[4] R. Smend, Verfassung und Verfassungsrecht, in: ders., Staatsrechtliche Abhandlungen, 2. Aufl. 1968, SS. 188 - 196.

各种价值观。从某种意义上来说，宪法变得柔软，从而可以将各种可能性设想在其中，宪法在很大程度上变成弹性的、自我补充以及具有变迁能力的体系。在斯门德看来，具体—历史的宪法现实从属于“客观精神”的自我运动，这是“它们内在的和不言而喻的意义”，[1]结果便是对宪法的理解必须包含可变迁性和可补充性。在某种程度上，斯门德的整合理论与社会学的方法相重合。宪法的规范意义和社会现实之间的二元对立通过整合理论消弭无形，宪法解释必须建立在社会学—现象学的知识之上，整合理论只是为社会学的宪法解释披上了精神科学的外衣，而本质上则与社会学的宪法解释暗通款曲。[2]

4. 诠释学上的宪法解释

诠释学的宪法解释主要以黑塞（Konrad Hesse）和穆勒（Friedrich Müller）为代表。二者的共同点是都尝试将规范与现实结合在一起。黑塞通过《宪法的规范力》一书重塑了宪法的规范性，并将宪法的规范性建立一种相对开放的体系基础上。黑塞认为宪法解释不能脱离解释者的前理解，而解释者的前理解又受制于具体的历史条件，对于前理解加以证立的任务则是宪法理论的任务。在这里需要通过论题学的分析，但为了避免论题学的多样性和不确定性，黑塞一方面将宪法解释严格局限于具体问题之上，另一方面则发展出宪法解释的原则，从而对各种观点和视角进行加工、遴选，这些原则包括宪法统一性原则、实践和谐原则、功能适当性原则等。[3] 穆勒通过宪法规范的具体化代替了宪法解释。在具体化过程当中，将规范与现实置于同等重要的地位。[4] 但规范与现实的目光流转并不能精确描述出规范的具体化过程，也不能确定性的得出具体的宪法解释，最终仍要依赖于不确定的论题学。也就是说，无

---

〔1〕 Smend, ebd., S. 191f.

〔2〕 E.-W. Böckenförde, Die Methoden der Verfassungsinterpretation-Bestandsaufnahme und Kritik, in: ders, Staat, Verfassung, Demokratie, Frankfurt am Main 1991, S. 73ff.

〔3〕 K. Hesse, Grundzüge des Verfassungsrechts der Bundesrepublik Deutschland, 20 Aufl., 1999 Heidelberg, S. 27f.

〔4〕 关于穆勒的方法论可参见 Friedrich Müller/Ralph Christensen, Juristische Methodik, Bd. 1: Grundlagen öffentliches Recht, 8. Aufl., Berlin 2002。

论是黑塞、还是穆勒的诠释学都需要一个宪法理论作为支撑，即便是在每个具体案件中进行具体解释，一种宪法理论都是必不可少的。这里就不再只涉及精细的方法论体系，而是价值决断。

5. 宪法解释方法的局限

从基本法时期所发展的解释方法中可以看出，宪法解释方法在遇到真正的宪法争议时所面临的困境。传统的解释方法不足以保证通过逻辑涵摄的方式即可将宪法规范应用到千变万化的现实中。在涵摄过程中，逻辑的严格性会因为宪法文本的不确定性和现实的复杂性所削弱。论题学的方式尽管描绘出一个客观的事实，即需要从多元化的视角对待宪法问题，但这种多元主义和相对主义论调又会导向所谓的“共识”真理论或者法律论证理论。这种理论的难处在于任何的宪法解释都不能在“理想的商谈情境”实现后完成，而法律论证理论的过分精细化的论证规则也无法在宪法法院的实践中应用。诠释学解释方法和斯门德学派“面向现实”的宪法解释，也都无法摆脱一种社会学的困境，即无法从社会的事实中去推导宪法规范的规范意义或者说应然意义，并容易陷入任意性的政治判断中。诠释学通过“前理解”沟通当下与历史两个世界的做法，着眼于“规范”与“现实”之间的交流，虽然具有理论上的吸引力，但实践中却很难发展出一套精细的方法以保证结论的“理性”和“科学”。

八、方法论之于宪法学的意义

本章围绕“事实”与“规范”的二元对立，对国家法学或者说宪法学的方法论发展进行了梳理。行文至此，一个问题也就浮现出来，那就是在宪法中发展一套精细的方法论体系是否可行？单纯依靠方法论体系，是否可以最终解决宪法中根本性的价值决断问题？在社会变迁的形势下，如何保持宪法的规范封闭性与社会开放性？后果考量在多大程度上会影响和冲击传统的法教义学？宪法教义学在新时代中应如何更新升级，以保持其生命力？对于中国而言，这个问题可化约为，如何基于中国宪法的文本，结合中国社会的政治—经济转型，发展出中国自身的宪法教义学体系，以及基于中国宪法文本和现实的“转型中国的宪法理论”。

对于上述问题的回答无疑是艰难的，正如伯肯弗尔德所言，“就特殊意义而言，国家法是政治关涉的法”，[1]“作为国家法学任务的国家法中教义—解释的工作，一方面需要政治意识，另一方面也需要受到一个安定的法学方法的约束，该方法根据理性的、主体间可沟通和可践行的客观准则及标准得以证立，并没有因此导向主观的任意性和任意可选择的前理解”。[2] 这实际上点出了当代宪法教义学体系的建构任务，并为中国提供了指引。

---

〔1〕 E. -W. Böckenförde, Die Eigenart des Staatsrechts und der Staatsrechtswissenschaft, in: ders. , Staat, Verfassung, Demokratie, 1. Aufl. 1991, S. 15.

〔2〕 Böckenförde, ebd, S. 26.

下 篇

宪法教义学在中国:危机与挑战

第二章　中国宪法学方法论争论的现状与反思

宪法学作为一门科学,应有其方法论体系。忽视对自身方法论体系的深入探讨,会损害宪法学的专业性,也会直接影响宪法的权威。在近几年宪法学方法论的讨论中,陈端洪教授的《论宪法作为国家的根本法与高级法》一文引发了中国宪法学中的“规范宪法学”与“政治宪法学”之争。[1] 这一学术争论牵涉法哲学上的规范与事实难题,对它的评述在一定意义上可以为思考我国宪法学方法论提供一个入口。

一、围绕“规范与事实”:政治宪法学与规范宪法学之争

自林来梵教授的《从宪法规范到规范宪法》一书

〔1〕 陈端洪:《制宪权与根本法》,中国法制出版社2010年版,第255页下。

以来,[1]“规范宪法学”风靡一时。与此同时,韩大元教授和张翔教授致力推动的“宪法解释学”以及宪法学的文本研究也渐成规模。[2] “规范宪法学”与“宪法解释学”之间虽存有不同,但都以宪法文本(规范)为根基,与政治宪法学划开界限。

规范宪法学与政治宪法学在方法论上的侧重点分别代表了哲学上的两个极端,即理想与现实这个自柏拉图和亚里士多德以来即存在于政治哲学中的二分。理想与现实的冲突提出了至关重要的问题,即政治哲学应该面向政治现实,还是应脱离现实而自成一理念体系。休谟以后,应然与实然之间架起一道无法逾越和沟通的鸿沟。康德虽然试图通过判断力将“超验”的知识应用到经验领域,但无法否认的是应然命题只能从应然命题中推出、实然命题只能从实然命题中推出。“应然”与“实然”的鸿沟反映到法哲学中便形成了新康德主义的问题意识,并对德国魏玛时期的国家法学产生了深刻影响。围绕“应然”与“实然”也形成了众多的法学理论,并奠定了德国魏玛时期国家学说和国家法学方法论的基础。这其中既有从纯粹“应然”的层面(如凯尔森的纯粹法学说),也有从纯粹“实然”(如黑勒的社会学国家学说)层面建构自身学说的努力,也包括各种试图沟通二者之间鸿沟的努力(如斯门德的精神科学)。在魏玛时期,更多学者是从法学外的角度,从精神科学、政治学、社会学或者历史等角度试图为宪法找到正当性基础。而在当代,宪法本身的正当性已被普遍承认,如何赋予宪法以有效性便成了当代宪法学之课题,在宪法学内部产生了新的方法论争议,即通过何种方式使宪法得以具体化,或者宪法解释应如何展开,而这种争议也均围绕“实然”与“应然”、“事实”与“规范”的二元体系展开。[3] 具体而言,问题集中于:宪法学是

---

〔1〕 林来梵:《从宪法规范到规范宪法——规范宪法学的一种前言》,法律出版社 2001 年版。

〔2〕 参见韩大元:《中国宪法学方法论的学术倾向与问题意识》,载《中国法学》2008 年第 1 期;张翔、韩大元:《宪法文本研究的自觉与反思》,载《法学家》2008 年第 1 期;张翔:《祛魅与自足:政治理论对宪法解释的影响及其限度》,载《政法论坛》2007 年第 4 期。

〔3〕 关于事实与规范二分对德国国家法学方法论的影响,参见李忠夏:《宪法学的教义化——德国国家法学方法论的发展》,载《法学家》2009 年第 5 期。

否应脱离现实而自成一套封闭的规范体系,还是应将宪法规范与社会、政治现实结合在一起,或者将宪法重新追溯到超实证的自然法中。在德国,围绕规范,相继出现了新康德主义法哲学、凯尔森的规范实证主义以及自然法理论的复兴,围绕事实,有各种社会实证主义者从外部的社会事实和内部的心理因素角度去探索法的正当性;此外,还存在许多试图沟通"事实"与"规范"之间鸿沟的努力,如诠释学、商谈理论。[1] 这些法理论背后的哲学基础和真理观决定了各种理论之间的差距绝非泛泛而谈,而要沟通事实与规范的鸿沟也非简单地通过"围绕规范""保持开放性"便能轻易解决。

事实与规范(价值)的二分作为方法论问题之前提在中国宪法学界也已被普遍接受,政治宪法学和规范宪法学便代表了两种不同的方法论倾向。不过,由于无法深入背后的真理观,讨论者容易仓促得出空洞的折中策略或某种出路,也容易导致二者空有名头而缺乏作为学派所必要的内涵界定。中国宪法学者纠结在规范文本与价值开放、社会(政治)现实之间的紧张关系中,既想将宪法学构建在文本基础之上,又试图保持宪法学作为规范法学的开放性,但如何保持开放——客观的社会(政治)现实或主观的价值判断如何引入宪法的规范意义中——已然成为一个老大难的问题。政治宪法学者的问题在于过于关切政治现实,而忽略了宪法作为法所应保持的安定性;规范宪法学者由于规范性一词的多重含义,而使自己的理论或多或少处于矛盾之中。

二、面向事实及政治现实的宪法学进路

在某种意义上,政治宪法学从政治现实角度寻找宪法正当性也属

[1] 关于德国法哲学的发展,如自然法、法律实证主义(社会实证主义与规范实证主义)以及沟通自然法和法律实证主义的第三条道路等参见 A. Kaufmann, Rechtsphilosophie, 2. Aufl. 1997, S. 19ff.;德国第二次世界大战之后的法哲学及法理论发展可参见 U. Neumann, Rechtsphilosophie in Deutschland seit 1945 (1994), in: ders., Recht als Struktur und Argumentation, 1. Aufl. 2008, S. 257ff。

于从社会学角度研究宪法学的分支,[1]其基础在于法社会学。因此,要对目前中国的政治宪法学进行评述,就不得不追溯至法社会学领域。

社会学的产生与近代自然科学的兴起紧密相连。由于价值判断之于人的主观性,导致价值客观性的丧失,力图“价值中立”的法社会学便应然而生,从经验的描述中寻求“理想类型”便成为韦伯所追求的目标。韦伯指出,“社会学应该称之为一门意在阐释性的理解社会行为、并借此在该社会行为的效应中对因果关系加以澄清的科学”。[2] 也就是说,社会学的任务在于理解社会现象,并在某种隐含的“规律假设”下对其中的因果关系进行澄清。[3] 要做到不掺杂任何主观价值因素、完全客观的理解经验已经被证明为不可行,对于社会学来说其最重要的莫过于“意义之理解”。根据韦伯,理解不仅包括对行为的现实理解以及一种描述性的现实复述,还需要对行为的动机、主观意向进行阐释性的理解,从而把行为理解为一种意义关联(Sinnzusammenhang),能够比较完整地理解做出一项行为的动机(出于理性,如命令;还是出于非理性,如愤怒),并理解行为做出之后的实际后果。此外,理解必须从中分离出不受非理性左右的行为进程和行为后果,如不因为愤怒、嫉妒等情绪而严格依照规律行为可能会产生的后果,从而构筑一个目的合乎理性的类型,也就是理想类型。任何社会学必然包含两项任务,对事实的描述以及阐释作为——行为有意义与否——审查条件的“理想类型”。

在法学领域,在自然法和体系化的概念法学式微之后,为实证法寻

---

〔1〕 一般认为,政治宪法学是从政治哲学角度对宪法加以反思,但中国的政治宪法学者(如强世功、陈端洪)却更关切政治现实的分析。本书认为对政治现实的关切也属法社会学的范畴。当然对此也有争论,因为被视为政治宪法学基础的施米特宪法学说便存在定位的难题,而且施米特更多是从政治神学的角度为其理论奠基,但在德国也有学者将施米特的政治国家学说纳入社会学的范畴中。参见 Vgl. P. Badura, Die Methoden der neuen allgemeinen Staatslehre, 2. Aufl. ,1998, S. 199ff。

〔2〕 M. Weber, Wirtschaft und Gesellschaft, 5. Aufl. , Tübingen 1972, S. 1.

〔3〕 J. Habermas, Zur Logik der Sozialwissenschaft, 1970, S. 83.

求正当性基础的讨论便登上历史舞台，之所以从社会学的视角对法进行反思，主要来自规范与现实之间的矛盾，法的规范有效性与事实有效性经常无法统一，即现行有效的法无法与变动不安的社会现实相适应。此时就会产生法学作为规范科学与法学作为社会科学之间的分野。法学作为规范科学探讨的是法的规范有效性，而不问现实中是否能被有效执行，其探讨的是应该发生什么，而不是发生了什么。[1] 法社会学则与此不同，认为法学不仅需要探讨法的规范有效性，同时还应该探讨法的事实有效性，必须反思法规范能否在事实上获得大众心理的认同与接收，从而使大众有理由去实现立法者的意愿。[2]

法社会学的视角在于对现实进行描述并分离出其中的因果关系，从而对实证法或者对法的适用产生指导作用。尽管完全客观的描述现实已被证明是无法实现的事情，但这并非法社会学受到指摘的重点，其饱受争议之处在于试图找到某种规律性，从事实中推导出应然，将实证法建立在某种利益、目的或者权力关系的基础之上。按照阿图尔·考夫曼的分析，经验实证主义中的利益既可以被视为法的原因，又可变成价值，成为评价实证法规范的标准，这种从事实上的原因到有效性标准的蜕变在利益法学那里并不能得到强有力的论证。[3] 法社会学将事实中的利益或者目的作为实证法的评价基础，不可避免地会带有某种任意性并损及法学的独立性。在考夫曼看来，法社会学的缺陷不是在于对社会事实的探究，而是试图取代法教义学的位置，通过规范之外的事实（利益、目的）去取代实证法规范。[4] 法学不可避免要考量“事实上有效的规范”，[5]因而法社会学对事实的描述具有重要意义，不过事实描述对法学的意义仍属补充的性质，不能据此以为法社会学可以取代法学，因为

---

[1] H. Kelsen, Über Grenzen zwischen juristischer und soziologischer Methode, 1970, S. 11.

[2] H. Albert, Rechtswissenschaft als Realwissenschaft, 1993, S. 19f.

[3] Kaufmann/Hassemer/Neumann (Hrsg.), Einführung in Rechtsphilosophie und Rechtstheorie der Gegenwart, 7. Aufl., 2004, S. 120.

[4] Ebd., S. 123.

[5] H. Albert, Rechtswissenschaft als Realwissenschaft, 1993, S. 10.

它们的任务和对象毕竟存在严重不同。

法学与法社会学之间不可能完全割裂,但也不能完全重合。法社会学的任务在于以理解的方法对社会的因果关系加以澄清,虽其中不可避免会暗含有某种价值取舍,但在最后的结论中并不做价值判断,保持一种表面上的价值中立。法学的任务则不止于此种类型的阐释,而在于为法律决定(包括法院判决)提供支持、做事先的准备。[1] 此种准备工作当然需要法社会学,但更需要法教义学发展出一套独立的法律解释的方法体系以及做好各种理论储备工作。卡尔·拉伦茨曾就此作出论断:"法学仍有其应遵守的界限,因为法学必须趋向于现行法秩序的基本原则,虽然这些基本原则本身具有发展可能性,同时会因历史的演变而受影响,在这个含义上,这些原则对于未来具有'开放性'。假使法学不想转变成一种或者以自然法,或者以历史哲学,或者以社会哲学为根据的社会理论,而想维持其法学的角色,它就必须假定现行法秩序大体看来是合理的。所谓的'批判理论',其认定现行法不过是片面'支配关系'的规定,也因此否定现行法的正当性,它不必费神审究个别规定、决定的正义内涵,因为消极的结论已经预设在哪儿。而这种工作却正是法学所应致力的。它所关心的不仅是明确性及法的安定性,还致意于:在具体的细节上,以逐步进行的工作来实现'更多的正义'。谁如果认为可以忽略这部分的工作,事实上他就不应该与法学打交道"。[2]

在中国宪法学方法论的讨论中,法社会学渐成规模。朱苏力教授和强世功教授无疑是其中的代表人物。朱苏力教授的社会学方法一以贯之,早年的《法治及其本土资源》,便以"秋菊打官司"揭开了官方法与民间习惯之间的冲突,[3]"违法"与"讨说法"构成了法的规范性与社会性

[1] H. Albert, Rechtswissenschaft als Realwissenschaft, a. a. O., S. 11.
[2] [德]卡尔·拉伦茨:《法学方法论》,陈爱娥译,商务印书馆2003年版,第77页。
[3] 苏力:《法治及其本土资源》,中国政法大学出版社2004年版。

之间的差异，在《送法下乡》中更列举出许多类似的例子，[1]这都体现了习惯与制定法之间的冲突。[2] 在宪法层面，朱苏力教授也遵循了法社会学的研究进路，如在"社会主义法治理念"的报告中，[3]便强调社会主义法治所必须遵守的各种前提，这些前提来源于一种经验的观察。这种法社会学方法的运用，对我国法秩序运行之因果关系的很多分析颇具洞察力，提出了法秩序运行中诸多为人所忽视的问题，然其问题在于，容易用"是什么"去取代规范的"应该是什么"，用经验中的实存作为法秩序运行的前提甚至直接"修改或者置换制定法"。[4] 这种由实然推出应然的做法其实潜藏了一种危险，即法作为维护社会秩序的安定性功能会屡屡遭到侵犯，从而使法学成为"任人打扮的小姑娘"。正如上文所述，法社会学的问题不是在于对社会现实的经验分析，而是其试图取代法教义学的危险立场，这种危险尤其表现在宪法学中。

强世功教授的《中国宪法中的不成文宪法——理解中国宪法的新视角》一文，[5]从宪法文本不过"装潢门面"这种事实判断出发，试图去寻求中华人民共和国成立 60 年以来政治运作中"看不见的法律规则"，或者说"看不见的宪法""隐蔽的宪法"。文章暗含将这些事实的宪法称为"真正的宪法"，同时将规范宪法斥为西方社会的产物，并认为规范宪法是对西方理念如人权、法治的盲目接受。就该文而言，一方面，我们固然要看到宪法的实效性问题，但中国宪法在实践中的失语，不单是宪法文

〔1〕 苏力：《送法下乡——中国基层司法制度研究》，中国政法大学出版社 2000 年版，第 127 页下。

〔2〕 苏力：《当代中国法律中的习惯——一个制定法的透视》，载《法学评论》2001 年第 3 期；苏力：《送法下乡——中国基层司法制度研究》，中国政法大学出版社 2000 年版，第 238 页下。

〔3〕 苏力：《社会主义法治理念与资本主义法治思想的比较》，载：http://news.xinhuanet.com/legal/2008-06/17/content_8386868.htm；苏力：《认真对待人治》，载《华东政法学院学报》1998 年第 1 期。

〔4〕 参见苏力：《送法下乡——中国基层司法制度研究》，中国政法大学出版社 2000 年版，第 238 页下。

〔5〕 强世功：《中国宪法中的不成文宪法——理解中国宪法的新视角》，载《开放时代》2009 年第 12 期。

本的内容出了问题,恐怕更多是一种宪法适用制度上的缺失,通过认定实证宪法的内容在中国不具实效性,而得出要通过“隐蔽的宪法”取代成文宪法的做法,在推理逻辑上显然存在问题;另一方面,通过这些政制(Constitution)运作中事实发挥作用的所谓“宪法”去补充或者取代成文宪法,其后果会导致政治与宪法的混淆。强世功教授将“三位一体的领导体制”“两个积极性原则”“商量办事原则”等视为不成文宪法,但并没有对不成文宪法的限制加以分析,也没有分析如果不成文宪法与实证宪法存在冲突时该如何,以及如果事实上运行的宪法惯例某一天突然发生变化该如何。如果“两个积极性原则”和“商量办事原则”可称为不成文宪法,那么其他广泛存在的、具有习惯规范意义的文件(如领导人文集)是否都可以称为宪法?一旦如此,成文宪法又有何存在的价值?依据何种原则,从这些文件中遴选出不成文宪法?这种遴选是不是具有一种主观上的价值判断或者政治上的任意性?宪法及法律的基本功能,即保证社会秩序的安定性和可预期性,又从何谈起?宪法规范的事实效力确实是值得研究的问题,但对该问题的研究决不能极端化,从而置成文宪法于不顾。宪法实证化的意义在于,通过成文法的方式将习惯中运行的政制运作制度化,防止政治上的主观任意,而保证政治运行的安定性和可预期性正是宪法的重要作用之一。协调规范与不断流动的现实之间的紧张关系虽然是法社会学的重要任务,但此项协调也必须通过相关程序(如立法程序、法院判决)规范化,更重要的是可以根据社会的变迁通过宪法解释赋予宪法规范以新的意义,而决不能直接以不成文宪法补充、修改乃至置换成文宪法。

在面向事实的进路中,陈端洪教授的政治宪法学进路值得关注。虽然没有明确表明其方法论基础,但其理论实际上是建构在施米特的“政治生存主义”之上的,试图通过政治决定来对抗“现实状态”(Status quo)。[1]

---

〔1〕 H. Hofmann, Legitimität gegen Legalitiät. Der Weg der politischen Philosophie Carl Schmitts, 4. Aufl., Berlin 2002, S. 87ff.

施米特关切的是被新康德主义作为“纯粹事实性”所拒斥的“现实”,其目的是将现实本身构建为“法的现实”,而他对宪法现实的考量,最终会追溯到一个生存主义哲学的“政治概念”。施米特最终思考的是宪法的正当性问题,这个正当性可追溯至“民主”,即“全民公决的正当性”。〔1〕在霍夫曼看来,施米特的国家法学主要存在两个方面的任务:一方面,对过时的政治意识形态之残余加以解构,揭开由空洞的、历史上过时的并因此而阻碍生活的由概念所调校的现实之伪装;另一方面,从最终的、仍然存留的“社会教义”中,从全民公投的正当性原则中对国家加以重构。〔2〕对由落伍的政治观念所支配的政治现实的批判主要来自《政治的概念》,其中对自由主义进行了有力批判;而对于政治现实的重构,则主要来自他在《宪法学说》中提出的“实证的宪法概念”以及帝国总统作为“宪法守护者”的学说。在施米特的著作中,《宪法学说》最受国内学者关注,但施米特的宪法学说在某种程度上被视为“政治概念”的对立面。在《宪法学说》中,最重要的莫过于区分绝对的宪法概念和相对的宪法律概念,〔3〕其中绝对的宪法可在两个方面加以理解,或者是凯尔森意义上的封闭的规范体系,是一个存在于理念的统一,或者是一个具体的生存意义上的统一,意味着“政治统一和秩序的全部状态”。〔4〕施米特所取向的明显是后者。尽管施米特也承认这个意义上的绝对宪法具有“历史有限性和相对性”,但仍然与魏玛的宪法律存在区别,毋宁说是构造了一个市民法治国宪法的“理想类型”。因此,尽管处于历史的制约下,实证的宪法概念仍然发展成一个抽象的一般概念。除去这种关乎人民政治意志统一之决定的绝对宪法,实证宪法中的其他具体规定,则被施米特视为是相对的宪法律。在例外状态下,绝对宪法不可修

---

〔1〕 C. Schmitt, Die geistesgeschichtliche Lage des heutigen Parlamentarismus, Berlin 1961, S. 39.

〔2〕 H. Hofmann, Legitimität gegen Legalitiät, Der Weg der politischen Philosophie Carl Schmitts, 4. Aufl. , Berlin 2002, S. 93.

〔3〕 C. Schmitt, Verfassungslehre, 9. Aufl. Berlin 2003, S. 3ff. , 11ff.

〔4〕 Ebd. , S. 3.

改,而相对的宪法律则可以被悬置。[1]

陈端洪教授基本上遵循了这个思路。他先分离出中国宪法的“五个根本法”,后将主权的决断或者说宪法的正当性又归于“制宪权”中,这几乎与施米特在《宪法学说》中遵循的思路暗合。“五个根本法”似乎对应于绝对的实证宪法概念,这就成了事关中国宪法生存的根本政治决定,也是人民统一意志的体现。析出“五个根本法”之后,陈端洪教授认为,在一个革命、改革的时代,任何经济体制上的所谓违宪实验都应该是允许的,因为这是最终会与“五个根本法”相吻合的“良性违宪”;那种学究式的法律实证主义不能满足现实的需要,其必须以稳定的社会秩序为前提,而中国目前需要的是“活的宪法”,能够具有适应社会变迁能力的政治宪法。陈端洪教授断言,中国宪法时代仍未到来、革命年代去时未远、改革年代正在进行,因而不宜提倡僵化的文本主义或者规范主义,而是应该用不断试验的结果即政策,取代法律。这种判断必然具有相当的危险性,政策中有些是良性的,有些是恶性的,政治和国家权力一旦失去宪法及宪法律的制约,则其绝对滥用是不待细论而自明的。即便上述所提到的施米特关于绝对宪法和相对宪法律的区分,也只是在事关生死存亡的例外状态时,相对的宪法律才可得以悬置,而固守绝对的宪法。可以说,施米特对例外状态的引入,主要目的不是证明事实对规范的优先性,毋宁说是体现了维护规范之于事实的优先性,通过例外状态来检验宪法的规范力。[2] 陈端洪教授的判断是,目前的改革时期处于“常态政治”与“例外状态”之间,因此不能拘泥于宪法文本,而是应该在实践中不断实验各种违宪的措施,一旦被认定为符合经济发展的需要,便可以通过修宪程序确定下来,[3] 即所谓的“良性违宪”。可是,如果过于轻视除去“五个根本法”之外的所有宪法律,那么又何必谈什么“良性违宪”呢?任何手段似乎都是不违宪的。

---

[1] C. Schmitt, Verfassungslehre, a. a. O., S. 3, S. 20ff.

[2] K. Hesse, Die Normative Kraft der Verfassung, 1959, S. 17.

[3] 陈端洪:《制宪权与根本法》,中国法制出版社 2010 年版,第 298 页下。

陈端洪教授认为，违宪的原因在于有些措施并不符合“五个根本法”，因此需要有个机构对此加以判断。与此同时，必须对宪法的正当性加以反思，即反思来源于人民意志的制宪权。但制宪权在这里是“永久的”“绝对的”，[1]作为制宪权主体的人民，无论是在常态政治下，还是在例外状态下，都在不停地复出、退隐、再复出，以保持宪法的新鲜活力，防止宪法成为统治者的工具。从其思路来看，人民出不出场，制宪权行不行使，取决于国家是否处于常态，但即便在常态下，人民也需要不断表达自己的意志。这里需要质疑的首先是，如果在介于常态与例外之间的情况下，可以除去“五大根本法”之外的其他宪法律，那么宪法存在的意义何在？如果人民可以在“代表制已经实现的情况下”仍然任意自由出场、退场，那么代表制的存在意义又何在？人民之意志形成是极其复杂的程序，一次制宪权的行使之后，便产生了一个新的政治统一，而该政治统一则通过宪法及宪法律的形式确定下来。即便在例外状态下，作为根本政治决定的“绝对宪法”也不能被碰触，否则便是制宪权的再度启用。而一旦再度启用制宪权，便意味着新的政治统一的出现，意味着宪法革命，而这是一个自发的过程，因人民的出场是矛盾激化的自然结果，而不是具有一种“永久性”。宪法的产生正是因为人民的统治不可能天天出现这一事实，每日公投是任何政治体都不可能实现的，基于此才会将人民之意志实证化为宪法，而实证宪法的出现也恰是一种法安定性的追求、人们对常态政治的一种渴望。如果所谓的宪法革命经常发生，那么宪法的生存也就面临严重挑战，所以安定性本身也具有一种生存论的意义。陈教授对规范宪法的诘难、人民制宪权的推崇、“良性违宪”的赞叹、宪法文本的轻忽，尽管出自对中国目前政治状态的一种反思，但这种反思存在的危险是显而易见的，容易将“制宪权”与“革命”常态化，将人民意志之形成简单化和理想化，而忽略一个国家生存的维系在于一个稳定宪法秩序的良性运作。陈教授至此已经完全偏离了施米特的路径。

---

[1] 陈端洪：《人民既不出场也不缺席——西耶斯的民族制宪权理论解读》，载《中外法学》2010年第1期。

施米特对宪法正当性的追问并不是要否定宪法律的运行及其作用,也不是寻求人民的直接出场,而是出于一种例外状态下主权决断的担忧,而陈教授却将这种例外状态常规化了。此外,政治宪法学过分强调政治现实和既存之权力关系,也被认为过分追求政治,而有忽视宪法规范性之嫌。施米特的理论,尤其是关于政治上区分敌我的理论,就被认为在没有黑格尔哲学的体系基础、没有具有担当和发展能力的宗教基础情况下,将不可避免地引向政治上的非理性主义,并成为毫无根基、永久例外状态的市民战争之意识形态。[1]

正是鉴于实证法和社会现实的多变之间存在的矛盾,法社会学者才会对法条主义和法教义学大加批判,转向对中国"法治本土化"的研究,[2]而将法条主义归为对西方宪政理想的继受。法社会学的这种判断,即规范与现实之间的矛盾,自不能忽略,但其对法条主义的批判却有失公允,这种批判只是基于一种对纯粹法条主义和法教义学的批判,如果仅基于此而否定实证法的规范意义,则不能不说是从一个极端走向另一个极端,也是对法之本质功能的漠视。

宪法与政治的关系非常密切,甚至可以说宪法的对象就是政治,但这并不意味着宪法就是政治、宪法学就是政治学,也并不意味着要用政治利益来评判宪法,毋宁说任何政治事件均应通过国家法或者说宪法加以评判。纯粹法学上的实证主义或者说凯尔森的规范实证主义,试图从国家法中排除政治,从而净化国家法的科学,在政治哲学和国家哲学中以"法学的建构"取代政治分析:法唯有从法中才能被理解,政治只被视为"材料",而不被视为"目的"。[3] 这种做法可以避免法学成为政治的附属品。但这种法学实证主义的抽象概念体系无法含括日益发展的政治现实,反而变得对政治失去了抵御能力。

从政治角度思考法学并不意味着要否定法学,而是为了使法学更加

---

〔1〕 Hofmann, Legitimität gegen Legalitiät, a. a. O., S. 110ff.

〔2〕 参见顾培东:《中国法治的自主型进路》,载《法学研究》2010 年第 1 期。

〔3〕 H. Triepel, Staatsrecht und Politik, 1927, S. 8.

具有适应政治现实的能力。就这个角度而言,魏玛时期对“国家法与政治”的反思并没有脱离法学的体系,其所否定的只是国家法学中的去政治化、表面上的价值中立化、过于形式而缺乏实质内容、概念太过抽象以及涵摄逻辑等概念法学残余。政治上对国家法学的反思更多出于一种担忧,即对法学上的概念建构与政治生活的现实之间的矛盾所表现出来的担忧。政治的运行偏离了法学的建构(如安序茨尽管在1913年在历史—政治上承认了普鲁士在德国的霸权,但却在国家法的意义上将其排除〔1〕)、时代的历史精神也与国家法的规定存在差异,这也是中国的政治宪法学者所担忧的。但尽管如此,正如特里佩(Triepel)所强调的,“无论如何,政治上的国家活动如同纯粹技术上的行政一样,不仅需要在合目的性视角下进行评估,而且需要在法的视角下进行评估。确实,国家法除了政治之外,根本不存在其他对象。国家法学者绝不能放弃,以公法的标准去测评政治事件或者政治意图”。〔2〕 国家法的对象是政治,国家法学者绝不能对政治事件或者政治意图坐视不管,但对此加以评估的只能是“公法的标准”。无论如何,政治及国家法是紧密联系的,完全排除国家法而对政治加以科学、独立的思考,如同完全排除政治而对国家法进行纯粹形式上的逻辑推演一样都是难以成立的。但政治学与法学之区别即在于,虽然考察的对象存在一致性,但其目标却存在差异,国家法学的任务便在于维护国家法的规范力。如果说法与政治之间存在差别,就在于法无论如何都需追求最低限度上的“规范有效性或者说正确性”,始终需反思何种规则才是“正当”的;而政治则追求以事实为基础的实效性,这也是法学具有应然性质的原因所在。

三、中国宪法学中的规范路径

若从事实与规范、实然与应然的二元主义这个前提出发,规范主义的本义在于强调规范的优先性,如应然优于实然,实践理性优于理论理

〔1〕 H. Triepel, Staatsrecht und Politik, 1927, S. 11.

〔2〕 Ebd., S. 12.

性。规范主义在初期多指代自然法理论,之后多用于道德规范、伦理规范等通过一个基础规范演绎的自足体系中。法的规范主义因此经常与理性主义联系在一起,在近代理性法祛魅之后,经康德的理性主义批判,通向新康德主义法学,使法学成为应然之学,与社会现实截然分开,并将法学的逻辑建立在康德纯粹的超验逻辑之上。这是一种形式—应然体系,与自然法及理性法的实质—应然体系相区别。不过,它只是与具实质内容的自然法割裂,而未与依超验逻辑推演的伦理及法理念完全割裂。法学作为形式—应然之学发展至极端便是凯尔森的纯粹法学。凯尔森进一步排除了法学与形式—逻辑上的伦理及法理念的关联,使之只与实证法有关。在凯尔森看来,实证法只是应然的内容,而非应然本身,"应然只是一种形式"。[1] 凯尔森试图通过一种应然的形式将实证法规范连接成一个逻辑体系,通过"基础规范"将规范性与实证性结合在一起,使之成为实证法的效力基础,确保了法的规范性,又不至于逾越实证性。[2] 由此可看出,"规范性"一词的多用是因不同的规范理论所致,如在新康德主义法学的规范性中,自然法规范便被排除在外,规范性只体现在先验的、形式主义的道德伦理规范中,而在规范实证主义中,这种道德、伦理规范亦被排除,规范性只体现于实证法规范的形式—应然联系之中。

规范宪法学认为自然法这种道德本体理论存在致命缺憾,并且会对实证法的安定性产生冲击,因此以"宪法文本"为基础和"围绕规范"成为其必然的选择。规范宪法学也承认法律实证主义的不足,并认为必须通过引入一定程度的价值判断加以纠正。在关于"规范宪法"的界定上,林来梵教授提到"从宪法规范向'规范宪法'的升华",[3]将"规范宪

---

〔1〕 H. Kelsen, Über Grenzen zwischen juristischer und soziologischer Methode, 1970, S. 9.

〔2〕 H. Dreier, Rechtslehre, Staatssoziologie und Demokratietheorie bei Hans Kelsen, 2. Aufl. 1990, S. 42f.

〔3〕 林来梵:《从宪法规范到规范宪法——规范宪法学的一种前言》,法律出版社 2001 年版,第 8 页。

法”视为宪法规范的一种理想形态,[1]从而试图赋予“规范宪法”一种规范性,即价值层面的应然含义。也就是说,规范宪法学有两种追求:一种是致力于对现行宪法规范进行解释;另一种则是在宪法解释中试图赋予宪法规范某种价值性或者说超实证性。

“从宪法规范向‘规范宪法’的升华”,表明规范宪法学所关切的是宪法规范内容上的应然有效性,而不仅是形式上的应然有效性,整体而言,其立场不是实证主义的,而是超实证主义的。

规范宪法学强调“围绕规范”,并坚持“规范宪法学的开放性”或者“法教义学的开放性”,在宪法规范的基础上适当引入价值规范,既试图避免政治宪法学过分关注政治现实而丧失对政治的抵御能力的危险,又试图避免陷入法律实证主义的封闭逻辑体系中。然而从方法论上说,这两种努力在两个方面令人生疑:首先,如果规范宪法学的最终目的是将宪法规范内所包含的价值规范化、体系化、逻辑化,那么这种既以现行宪法规范为基础又试图抽象出规范体系的做法就会使规范宪法学内部产生超实证意义上的规范性与实证性之间的矛盾。林来梵教授在《从宪法规范到规范宪法》一书中发展出以人权规范为基础的宪法价值核心,声称这是“目前我国的宪法学界正在不断形成的共识”,[2]但人权规范毕竟过于粗疏,即便林教授在其随后的人权分论中对宪法权利理论作了基本描述,但一个逻辑上严密的基本权利体系并没有因此产生,各种基本权利之间的关系并不清楚,基本权利出现冲突时其可能的位阶秩序也不明朗,中国的基本权利是以自由权至上还是社会权至上也未能有所交代。这就导致基本权一旦与宪法中的社会条款发生冲突时如何解决成为一种疑问。在后来的文章中,林教授将《宪法》第38条的“人格尊严”解释为整个宪法的根基,[3]试图效仿德国基本法将之作为统领宪法的

[1] 林来梵:《从宪法规范到规范宪法——规范宪法学的一种前言》,法律出版社2001年版,第9页。

[2] 同上书,第70页。

[3] 林来梵:《人的尊严与人格尊严——兼论中国宪法第38条的解释方案》,载《浙江社会科学》2008年第3期。

根本原则。但人格尊严毕竟也是内容空洞的价值表述。即便可以围绕人格尊严发展出一套基本权利体系,并通过理论的一以贯之而将基本权利与宪法中其他条款如各种社会条款以及基本权利内部的冲突一步步厘清,这种暗含了"理论预设"的做法也是值得商榷的,因为这种与价值关涉的基本权利秩序很难具有自明性,并难以脱离价值的主观性。

其次,在宪法规范的基础上引入价值规范,并不能解决宪法有效性与实效性之间的张力。林教授将规范宪法追溯到罗文斯登关于规范宪法的界定,认为规范宪法是"一种体现了立宪主义精神、并具有规范实效性的宪法规范","不仅具有最高法的效力,而且也具有最高法的实效性"。显然,兼具最高法的效力和实效性的规范宪法是一种理想状态,而由于规范宪法学的提出是基于新康德主义事实与规范(价值)的二分,其并不探讨作为社会事实的法,即法的社会/事实有效性问题,这种理想状态究竟如何达成,就不得而知了。即使"规范宪法学"做到了在规范层面上探究宪法规范的价值核心,使之成为拥有一定"理论内涵的知性体系",[1]最高法的实效性也无以保证。

规范宪法学重视法学的应然性,但这种法学的应然性不是纯粹形式上的,也不是形而上的伦理、道德等实体价值。国家法的规范力或者说国家法的价值定位是以现实为基础的,其有效性来自规范与现实之间的交互作用,既不是纯粹来自经验,也不是纯粹来自抽象的价值推演。也就是说,法学的应然性——法律规范内容的确定——来自规范与现实之间的融合与统一,而不是截然对立。所谓宪法的价值,也不是来自逻辑演绎,而是来自受时代制约的精神,来自宪法规范所蕴藏的价值与时代精神之间的交互影响。从当今中国宪法学致力于在现行宪法框架内发展宪法适用或宪法解释的可能性,可透视出规范与现实之间的不可隔离性,即宪法解释制度既不能与现行宪法规定相悖,又不能完全置现实之可行性于不顾,而对宪法解释制度的反思本身就来自一种时代精神的吁

---

[1] 林来梵:《从宪法规范到规范宪法——规范宪法学的一种前言》,法律出版社 2001 年版,第 9 页。

求。正如特里佩所言,“法之应然的规则永远是各种各样价值判断的表达,这些规则将其意义与那些被视为是特定目的实现之工具的客体联系在一起”。[1] 法规范尽管应作为“应然”——不问结果上能否在实践中有效执行——而生效,但在规范解释层面上则应尽可能地思索规范与现实之间的有效结合,从而通过规范解释保证最低程度的实效性和社会对法规范的接受程度。法学中应然之学却往往忽视了这一点,在对法规范进行解释时也过度强调法学的逻辑性、封闭性以及法规范的应然性(似乎法规范可以脱离现实而具有独立的、确定的意义),而忽视了现实对规范有效性的决定性影响,也造成了作为法学的宪法学被诟病为“脱离现实”。

当然,规范宪法学主张的“围绕规范”、“规范宪法学的开放性”或者“法教义学的开放性”具有不可否认的意义,这在同样重视宪法文本、围绕规范的宪法解释学中表现得尤其突出。今天人们已经意识到法的实践并不能仅仅通过形式和逻辑就得到解决,如言论自由内容的确定,其保护界限的确定,并不是先验的、事先给定的,或者仅通过形式逻辑的演绎即可得出,即便宪法可以为言论自由提供一个详尽的保护体系,但解释的空间依然存在。宪法解释学关注宪法文本,与规范宪法学一样试图抵制政治理论对法学安定性的侵害,但它同时意识到解释之于宪法实践的重要意义,规范宪法学所指称的“规范开放性”恐怕也隐含了相似的考量。

四、作为诠释学的宪法学

法社会学或者政治宪法学对社会现实的经验描述和把握具有重要意义,但它们不能取代法教义学。从文本出发、围绕规范,是宪法学的根基所在。然而,规范宪法学在事实与规范二分前提下,试图在规范基础上建构宪法的价值体系,除了导致超实证主义的规范性和法的实证性之内在张力外,也无力提供达致兼具有效性和实效性的理想宪法之路径。

---

〔1〕 H. Triepel, Staatsrecht und Politik, 1927, S. 20.

在事实与规范二分的前提之外,尚存在另一种对“规范性”的解读,即在承认事实与规范并非完全割裂而是可以融合的前提下,赋予“规范性”以新的意义。这种可以追溯至黑格尔的哲学路径,在德国的国家法学理论中具有相当重要的意义。弗里德里希·缪勒(Friedrich Müller)认为,“规范性标志着一个规范的动态属性,也就是说是一个以事物为特征以及结构化了的法之秩序模式,不仅使作为其基础的现实得以秩序化,而且本身即受该现实之限定”。[1] 因此,规范性应在后实证主义阶段被视为“结构化的进程”,[2]即规范性并非是规范文本的内在属性,而是法规范适用到具体案件的结构化过程。[3] 卡尔·罗文斯登(Karl Loewenstein)认为,只有那些与现实相契合的宪法才能称为规范的宪法,宪法必须是具有生命力的,宪法中规定的特殊的权力安排必须具有现实性,宪法规范不能只在法的意义上是有效的,同时也必须具有实效性。[4] 此种意义上的规范性,并非强调规范与事实(现实)对立,而是强调规范与事实之间的融合。

笔者虽然认同规范宪法学的法学路径,但对其坚持在事实与规范二分的基础上发展“价值应然之学”持保留态度。鉴于一个封闭的、绝对的价值体系难以建立以及无法纯粹将法的“有效性”建立在社会学的因果关系之上,宪法学因此需要在事实与规范之间建立某种联系,使其既不会脱离现实又不会丧失其价值根基。在这个意义上,作为理解之学的诠释学可以满足宪法学的此种需要。诠释学在德国经施莱尔马赫、狄尔泰、海德格尔,最终由伽达默发扬光大。受海德格尔生存主义哲学的影响,伽达默尔的诠释学完成了本体论上的转向。依本质而言,诠释学并非方法论,而是一种超验哲学,是关于“理解”的哲学,致力于“意义理解之可能性的各种条件”,其反对客观主义的认识概念,同样也反对主观主

[1] Friedrich, Müller, Ralph Christensen, Juristische Methodik, Bd. Ⅰ: Grundlage öffentliches Rechts, 8. Aufl. 2002, Berlin, S. 193f.

[2] Ebd., S. 193.

[3] Ebd., S. 195.

[4] K. Loewenstein, Verfassungslehre, 4. Aufl., 2000, S. 151f.

义。诠释学扬弃了主客观对立的认识模式，将理解视为主客观融合的产物。[1] 诠释学的出发点在于，“谁想要理解，谁就与那些通过语言之流传物形式出现的事物联系在一起，与传统建立起某种关联或者赢得某种关联，从传统中该流传物得以表达”。[2] 具体到法学中，所谓客观的事实与主观的规范性均无法完全实现，理解只能是事实与规范融合之产物，并包含在适用的过程中，理解并非是纯粹的“涵摄”过程，而是理解主体本身的自我理解(Sichselbstverstehen)，只有理解者带着“前理解”或者“前见”去理解文本，深入他所担当的传统中、理解视域中，他才有能力对他所预期的“暂时”结果加以证立。[3]

法学是“理解”之学，已毋庸置疑，在诠释学的理解中，事实上已经包含了适用，而适用是一切理解的一个不可或缺的组成要素。[4] 对此，伽达默尔甚至认为法学对于诠释学具有典范意义。对法规范不能仅仅客观还原历史的原貌(如立法者原意)或者仅仅语义上机械的理解，而必须通过解释使自身具体化为法秩序整体的有效性中，在每一个特定具体—历史的境况里，法律必须被重新理解。只有如此，法律才能被正确地理解，但对于这种重新理解又需通过现行法规范加以限缩。对法规范的解释不能强行划分解释者的主观性与解释意义的客观性，因为这二者是融为一体的。对任何法规范的理解都包含了解释者的主观性在里面，但这种主观性不能被过度强调，因为任何对法律的解释都是从现存的情况出发，并且为了现存的情况而去理解法规范的意义，在这里，只有对象才是具有决定意义的。解释者的主观性所可能出现的任意性则可以通过并非贬义的“前理解”所限制，而这种前理解是“既定的”，受制于历史和传统，以及时代的精神状况。

---

〔1〕 Kaufmann/Hassemer/Neumann (Hrsg.), Einführung in Rechtsphilosophie und Rechtstheorie der Gegenwart, 7. Aufl., 2004, S. 100ff.

〔2〕 H-G. Gadamer, Wahrheit und Methode. Grundzüge einer philosophischen Hermeneutik, 6. Aufl. 1990, S. 279.

〔3〕 Kaufmann/Hassemer/Neumann(Hrsg.), a. a. O., S. 102.

〔4〕 H. Gadamer, Wahrheit und Methode, Bd. Ⅰ, 1990, S. 314.

对法规范的理解必然包含两个部分:首先是对法规范的事先理解;其次是将法规范的理解与具体问题联系在一起。而在这两部分中,“前理解”都隐含地产生影响。在第一步中,法官或者法律人不能出于自己的任意对法律进行解释。事实上,法规范的意义在长期的法学实践中已经或者正在(目前中国即如此)发展出一个稳定的结构,解释者必须首先从规范的结构出发,对文本存在的解释可能性进行界定,但这个界定并非简单的“论题学”(topisch)思维,仅仅对各种可能性和观点加以简单罗列,而是需要发现一个引导性的视角,从具体的历史情境出发,从一个解释者所能接受的特定宪法理论出发,对法规范的整体意义进行预先构思,并不断对其进行证明、修正和修改,最终可以持续地靠近事物本身,其意义的统一性得以相对确定。第二步是根据现实的情况讨论是否有突破现存规范结构的必要性存在。法规范内容的最终确定与法规范适用到具体问题中是一个同一的过程,而在对问题的理解中同样依赖于解释者的前理解,即通过具体的问题去决定解释者的前理解,将与问题不相干的视角排除在外,这同样需要解释者在宪法理论上的证立。“前理解”是贯穿整个规范理解或者具体化过程始终的。这个步骤并不存在孰前孰后的问题,而是经常交织在一起,产生一种交互影响,也就是通常所说的“规范与事实的目光流转”,甚至将特定的事实涵摄到某个规范之下的过程,也包含有“前理解”的影响在内。这个思维的结构看似完善,但仍会出现问题,即法官需要在价值冲突的时候做出权衡,这个权衡很难依赖于理性的证立,而只能依赖于决断,此时起作用的也是事先给定的“前理解”。这种“前理解”可以表现为传统、判例或者已经经受住检验的理论,而在更多情况下,这涉及一种类似信仰的理论确信,这种确信往往会左右解释者最终的决定,但此种确信并非任意,因为现行宪法的文本可对此种理论确信加以限缩。

如此一来,通过宪法解释就能将“现实的宪法”和“规范的宪法”联系在一起,法学成为一个“与现实相关联的”规范学科。但如何使宪法通过解释在现实中具有实效性,必须深入整个社会的精神状况中,而这些精神上的规律又可成为宪法规范力的前提。宪法当然不能因不断变迁的社会现实的变化而任意变化，宪法必须将其规范性恪守在某些原则之上，无论现实如何变化，除非发生极端例外情形，这些宪法的本质内容应保持不变。宪法解释作为维护宪法规范力的最重要手段，其功效在于在规范意义的结构范围——如缪勒所言的“规范程式”[1]——内，随社会变化对其作出相应解释，甚至在某些情况下可突破这些规范的结构，实现一种宪法变迁。一旦宪法文本的界限已不足以包含这些社会变化，则需进行宪法修改。由此，宪法规范力的维持也要取决于宪法文本所具有的包容性。宪法文本内含的价值原则越广泛，越是多元化，则宪法的规范力越易实现。因而，宪法解释的首要任务在于对原则和规则的诠释。对规则的诠释可通过传统的解释规则加以确定，但对原则的诠释则并非总是确定，事实上需要通过实践对相应宪法原则的效力不断加以重新界定，其生效的范围和保护的领域在相关先例和理论的确保下保持相对稳定。最能决定宪法原则之本质的是原则冲突的情形，只有在冲突的情况下，一项原则的生存意义才得以显现。而鉴于冲突情形的复杂性，这种解释必须对实践中的各种情形进行全面考量，对各种原则所代表的价值、背后所隐藏的目的、利益加以分析。仍然难以作出价值上的衡量的，必须引入相应的理论作为前提。事实上，在解释过程中，这种理论，也就是“前理解”，是无时不暗含在解释中的，而理论则可以通过一种结构化的分析得以相对确定，其“基于具体的宪法秩序而获取，并在不断的案件实践中、持续的输出与引入中被证实或者修正”。[2]

黑塞（Hesse）认为，虽然法律决定最终需要实现一个“具有担当性的、理性上可证立和可审查的结果”，但任何法律决定都不能达到终极理性，毋宁说只能通过一定的方法指引，通过结构性的理论设定达到一定程度的“相对正确性”。法学并不能成为可以严格加以证明的自然科学，严格的科学化在法学领域不过是一种幻想。与绝对正确性相

[1] Friedrich, Müller, Ralph Christensen, Juristische Methodik, a. a. O., S. 193ff.

[2] K. Hesse, Grundzüge des Verfassungsrechts der Bundesrepublik Deutschland, 20. Aufl., Verlag C. F. Müller, Heidelberg 1999, S. 25.

对,法学要达到的是相对正确性,但这种相对正确性必然要富有洞察力、具有说服力并在一定程度上具有可预见性,也就是说,要实现有限的法之安定性。[1] 宪法作为政治统一之形成,既是相对静止的,也是不断流动的。相对静止在于一种结构上的稳定性,这就需要对宪法的价值核心进行预设。不断流动在于反映社会不断变化的事实关系,从而使宪法更能反映现实的需要。事实上,政治上的统一只是一种幻想,现实中各种冲突才是永恒的,因此需要在不断的冲突中去实现政治上的统一。这就需要一种整合的进程,这个进程不仅需要法律上所确保的各种程序,而且需要一个广泛的商谈机制,任何法律决定都需要置于这个机制的背景下接受质疑,并不断修正自己的论证,使之更具有正当性。

总体来说,诠释宪法学具有一种不是方法上而是本体论上的意义。诠释学的方法不是片面的分析,也不是片面的经验归纳,同样不仅仅是辩证的精神运动,而是多种方法的融合。确定规范的含义需要分析,对案件事实的把握需要经验观察,对时代精神状况的把握则既需要社会经验的判断又需要一种由部分上升为整体,再由整体反观至部分的辩证运动。但运用这些方法的目的不是一种方法上的折中或者综合论,而是通过这些方法在宪法解释不同步骤中的运用,使宪法规范得以具体化。正是规范与现实的一种"目光流转"可以在一定程度上保障在疑难案件中所出现的法律效果与社会效果不统一的问题,因为法官的"前理解"应该对案件的事实、社会的反映、判决可能出现的后果做一个大概的预先判断,但这种前理解式的"法感"并不能完全支配法律判决,尚需要严格的规范推理以及一种法律体系化的思考。黑塞认为,宪法解释需要遵循一定的原则,如"宪法统一性原则""实践和谐原则""功能适当原则""整合效应原则""宪法的规范力原则",[2] 从不同的理论视角入手分析可能

[1] K. Hesse, Grundzüge des Verfassungsrechts der Bundesrepublik Deutschland, a. a. O., S. 29.

[2] Ebd., S. 27ff.

出现的情况,并通过比例原则,对规范的要求和案件的事实加以调和,以达到最优的效果。所有这些,都需要教义学上的储备,这种工作的意义在目前中国正逐渐展现。

第三章　中国迈向宪法教义学的内在条件：中华人民共和国宪法发展的内在逻辑

一、问题之提出

中华人民共和国宪法的发展跌宕起伏，在60余年间，数度变更，宪法命运颠沛流离，直至“八二宪法”之后才逐渐平稳。但平稳并不意味着矛盾的消解。自1954年正式制定第一部《宪法》以来，就形式而论，中华人民共和国宪法经历了三次全面修改，迄今生效的1982年《宪法》也经历了五次修宪。中华人民共和国宪法的数度变动无疑是对制宪权理论的一次全面检视，是实践向理论提出的挑战，并从中透视制宪权理论的内在困境；而从制宪权理论出发，也可更清晰地洞察中华人民共和国宪法的发展逻辑，并把脉中华人民共和国宪法中一脉相承的政治逻辑，从而反思今天有关宪法方法的相关争论及其背后的理论根源，并为中国的宪法运行寻一剂良方。

自清末立宪以来，“救国”与“自由”之间的关系就成为中国立宪过程中所特有的问题。中华人民共和国宪法的发展在某种程度上延续了中国自立宪以来所存在的“高度政治性”〔1〕的国家主义思维，这种国家思维的影响一直辐射到今天，并构成今天中国宪法学界在主权与规范之间关系上争论的背景。时兴的“规范宪法学”与“政治宪法学”之争正是此种争论的集中体现。

如何处理主权与规范的关系是宪法学固有的难题之一。主权与(宪法)规范之间所无法解决的矛盾在于：主权系超越所有权力之权，而宪法则试图建构一秩序，将所有权力纳入该秩序之下，主权的特质在于建构、创设宪法秩序，必要时甚至可取消、悬置、打破宪法秩序，而立宪的目的则在于创设“持久而和平的秩序”，拒绝任何超越宪法之上的权力。二者截然不同的目的取向构成了二者之间持续的张力。如果立宪之后，主权者(无论是人民、君主还是国家)仍然继续存在并持续出场，实证法就会因为主权者的现实存在而经常性的遭遇挑战；〔2〕如果主权者在立宪之后便处于隐退状态，那么宪法便会拥有最高权威，〔3〕但这种宪法国家

〔1〕 汪晖先生曾提到“去政治化的政治”，事实上是将“政治”界定为政治观点之间的辩论以及理论上的根本争论，因此“去政治化”意味着这种政治激辩的取消，无论是通过一元化的意识形态取消，还是因为多元民主下政治观点趋同所造成。这里的争论实际上涉及如何界定政治的问题，参见汪晖：《去政治化的政治：短 20 世纪的终结与 90 年代》，生活·读书·新知三联书店 2008 年版，第 1 页下；关于汪晖先生对政治的界定可从第 16 页的一处标题中看出，“去政治化与理论辩论的终结”；而“高度政治性”背后的逻辑是，一切领域都必须要归结于政治上的某个标准，一切社会领域、道德领域、经济领域、法律领域都可以视为政治领域的流溢，最终都以政治领域中的标准为根本标准，这在施米特的《政治的概念》一书中可以清楚看到。毛泽东的《在延安文艺座谈会上的讲话》被视为文化理论的转折点，也开宗明义地提出“文艺是从属于政治的”，这种“高度政治化”的逻辑，在汪晖先生眼中恰恰是“去政治化”的，参见毛泽东：《在延安文艺座谈会上的讲话》，载毛泽东：《毛泽东选集》(第 3 卷)，人民出版社 1991 年第 2 版，第 847 页下、第 866 页；施米特将政治的标准界定为区分敌我，明确表明了一种政治决断的存在，并暗含了区分敌我的标准，这种区分事实上是否认了自由主义赖以存在的多元论与各社会领域的自主性，而将政治置于这些领域之上，参见 C. Schmitt, Der Begriff des Politischen, 8. Aufl., 2009 Berlin, S. 35ff.。

〔2〕 施米特曾强调在“例外状态”中，“国家的生存证明了其对于法规范有效性具有确凿无疑的优先性”，“在例外状态中，国家凭借其自我保存权而悬置了法”，参见 C. Schmitt, Politische Theologie. Vier Kapitel zur Lehre von der Souveränität, 9. Aufl., Berlin 2009, S. 18f。

〔3〕 关于主权在宪法国家中处于隐退的境地，可参见 D. Grimm, Souveränität: Herkunft und Zukunft eines Schlüsselbegriffs, Berlin 2010, S. 69ff. 即“潜藏的主权”。

的困境在于遭遇价值权衡、战争或者紧急状态时无力做出决断。[1] 正因如此,人们才会根本反思国家的权威或者正当性问题。

今天中国在宪法理论或者宪法学方法论上的争论实际已经超越了法学的范畴,而进入一种更为宏大的国家话语体系中。这种以国家命运为最终取向所引发的争论,实际上在某种程度上已经暗含在中华人民共和国甚至辛亥革命之后中国宪法发展的历史中了,即在国家生存的背景下,宪法的命运究竟该何去何从?这种争论甚至产生了很强烈的要求发现中国“立宪时刻”的呼吁,[2]其背后是为了找到中国宪法生存的“政治决断”或者“价值决断”。在立宪主义的历史上也不乏这种争论,围绕制宪权的争论便体现出这一点。制宪权问题恰恰可以解释中华人民共和国宪法的几次变动与转型。从制宪权角度对中华人民共和国宪法转型的解释也可以看到对立宪时刻的痴迷与寻找是否有助于或者在多大程度上有助于反思和解决我们今天在宪法理论上的争议。

制宪权理论[3]最早由法国学者西耶斯所提出,并区分出“制宪权”(pouvoir constituant)与“宪定权”(pouvoir constitute)的概念。顾名思义,“制宪权”为创设宪法之权,该项权力只能由主权者所享有;“宪定权”则为宪法所创设之权,此项权力由宪法所授予。[4] 制宪权理论在德国由施米特所发扬,当代则由德国的伯肯弗尔德和日本的芦部信喜进一步阐发。[5] 就制宪权而言,分歧主要集中在以下几方面:(1)制宪权究

---

[1] 施米特曾言,“主权者就是决定例外状态者”,其“区分敌我”的政治决断论明确表明了这一点,参见 C. Schmitt, Politische Theologie, a. a. O., S. 13;黑塞在《宪法的规范力》一文中曾言,宪法规范力最极端的测试就是政治、经济社会生活中的紧急状态,这些紧急状态并不能在规范的宪法权限基础上得以消除,这是施米特所言的例外状态,而基本法的规范力并未接受过此种例外状态的检验,参见 K. Hesse, Die Normative Kraft der Verfassung, Tübingen 1959, S. 22。

[2] 关于“立宪时刻”的反思,参见高全喜:《立宪时刻》,广西师范大学出版社 2011 年版。

[3] 在中国,最早系统研究制宪权理论的为韩大元教授,参见徐秀义、韩大元主编:《现代宪法学基本原理》,中国人民公安大学出版社 2010 年版,第 32 页下。

[4] 参见[法]西耶斯:《论特权 第三等级是什么?》,冯棠译,商务印书馆 1990 年版,第 59 页;陈端洪:《人民既不出场也不缺席:西耶斯〈第三等级是什么?〉中的民族制宪权理论》,载《中外法学》2010 年第 2 期。

[5] 参见[德]卡尔·施米特:《宪法学说》,刘锋译,上海人民出版社 2005 年版,第 84 页下;[日]芦部信喜:《制宪权》,王贵松译,中国政法大学出版社 2012 年版。

竟是始源性的、一次性行使之权力，还是具有常在性？[1] (2)制宪权的行使是否受特定规范与程序的约束，抑或不受任何约束？或者说，制宪权究竟为规范性的权力，抑或事实性的决断权力？[2] (3)宪法修改权究竟是制宪权，还是宪定权？[3] 这几个问题构成了西耶思与施米特的根本分歧。[4]

中华人民共和国宪法发展中的问题恰好体现了制宪权理论中的分

---

〔1〕 在这个问题上，西耶斯与施米特均承认制宪权的恒在性，在中国却分歧严重。比如，韩大元教授主张制宪权为一次性使用之权力，而陈端洪教授则认为制宪权具有常在性。参见[日]芦部信喜：《制宪权》，王贵松译，中国政法大学出版社 2012 年版，第 43 页；徐秀义、韩大元主编：《现代宪法学基本原理》，中国人民公安大学出版社 2010 年版，第 35 页；关于陈端洪教授的制宪权观念可参见陈端洪：《制宪权与根本法》，中国法制出版社 2010 年版。

〔2〕 关于制宪权的界限问题构成了西耶斯与施米特的根本分歧，虽然西耶斯和施米特都认为制宪权无法通过事先设定的程序加以规范，但西耶斯认为制宪权之行使受到自然法制约，或者说，所谓的人民主权、国民意志正是体现了自然法的要求，"国民存在于一切之前，它是一切之本源。它的意志永远合法，它本身便是法律。在它之前和在它之上，只有自然法"。而施米特则将其视为事实性的决断权力，芦部信喜总结之后认为，尽管"不否认宪法是决断的产物"，但"并不意味着一切决断本身都是宪法"，宪法决断本身需要特定的必备条件，如"言论自由和集会自由"。在中国，韩大元教授和林来梵教授都在一定程度上主张制宪权受到一定的规范限制，而陈端洪教授则从施米特立场出发强调制宪权的不受限制。参见[法]西耶斯：《论特权 第三等级是什么?》，冯棠译，商务印书馆 1990 年版，第 59 页；[德]卡尔·施米特：《宪法学说》，刘锋译，上海人民出版社 2005 年版，第 84 页下；[日]芦部信喜：《制宪权》，王贵松译，中国政法大学出版社 2012 年版，第 16 页下、第 40 页下；徐秀义、韩大元主编：《现代宪法学基本原理》，中国人民公安大学出版社 2010 年版，第 35 页下。

〔3〕 这也是施米特区别于卢梭和西耶斯的主要之处，卢梭和西耶斯都认为修宪权本身也是国民意志的表达，是制宪权的体现，其本身不应受到限制，其目的是寄望于通过修宪改变政治决断，从而避免革命；施米特则认为修宪权是宪定权，制度化的修宪权与制宪权的表现存在区别，最主要体现在制度化的修宪权应在既定宪法的框架内进行，无论在程序上还是内容上都受到实质限定；芦部信喜亦认为修宪权与制宪权存在本质不同，并且认为施米特区分的宪法修改与宪法废止具有启发意义。另外，据芦部信喜考察，即使有国家规定了全面修宪的程序(如瑞士)，但全面修宪本身也应在程序和内容上受到限定，从而难以视为制宪权的体现，参见[日]芦部信喜：《制宪权》，王贵松译，中国政法大学出版社 2012 年版，第 19 页下、第 42 页下；在今天中国学术界的讨论中，将宪法修改视为是宪定权已经成为一种通说，但也有学者在考察修宪权与制宪权的同质性，参见陈斯彬：《试论制宪权和修宪权的同质性》，载《华侨大学学报》(哲学社会科学版)2007 年第 1 期；关于宪法修改的界限可参见杜强强：《修宪权之"基本架构限制"——印度最高法院关于宪法修改限制的理论与实践》，载《法商研究》2006 年第 3 期；杜强强：《修宪权的隐含界限问题——美国宪法学理论关于宪法修改界限的争论》，载《环球法律评论》2006 年第 4 期。

〔4〕 关于西耶斯与施米特制宪权理论的比较可参见[日]芦部信喜：《制宪权》，王贵松译，中国政法大学出版社 2012 年版，第 33 页下。

歧,主要表现在:

(1)制宪权是否是在革命成功之后、中华人民共和国成立之时一次性行使的权力?中华人民共和国成立后,制宪权是否仍然以某种形式存在?(2)中华人民共和国成立后的三次全面修宪,其属性是制宪权的运用,还是宪法修改权的行使?(3)《中国人民政治协商会议共同纲领》、1954年《宪法》与之后三次全面修宪是否存在连续性,其连续性体现在什么地方?(4)宪法的断裂与国家的连续性之间存在什么样的关系?(5)宪法内容的正当性与制宪的正当性之间存在何种关联?所谓制宪,是否所制定宪法之内容无须包含任何规范性要素(如1975年《宪法》)?宪法的正当性是否需要人民意志的事后承认?

迄今为止,学界对于全面修宪性质的分析,更多是从宪法修改权的角度加以界定,或者从静态的概念分析入手加以探究,并未从全面修宪所凸显的政治逻辑入手对其性质加以分析。如此一来,就很难理解今天中国在改革与宪法之间存在的张力,[1]也很难理解"良性违宪"背后的国家建构逻辑及其对于今天宪法理论建构的影响,从而也难认清这种强调宪法之政治维度的主权逻辑,在社会情势发生变更的今天对于宪法权威和规范性本身所具有的危害。笔者尝试梳理此种逻辑,以史照鉴,其目光仍在当下,其目的在于认清今天社会转型的背景下,中国应拥有何种宪法观,应如何处理主权与制宪权的辐射影响。就此而言,就需从中国立宪的政治逻辑开始谈起。

二、立国、立宪与革命的政治动因

(一)关于"革命"

中华人民共和国的成立是建立在一场革命的基础之上的。正是对革命任务的认定,构成了中华人民共和国成立后立国、立宪以及宪法数

---

[1] 对此,林来梵教授曾提出过"坚持改革开放"与"维护宪法秩序"之间的二律背反,并对良性违宪背后所蕴含的规范与现实的冲突有过深入分析,参见林来梵:《规范宪法的条件和宪法规范的变动》,载《法学研究》1999年第2期。

度变动的政治动力。“革命”一词本身即包含一种“正当性”在内，即推翻旧制度、建立新秩序的要求。[1] “革命”一词虽有破旧立新之意，但在破旧与立新之间却存在一条裂痕。正如阿伦特所言，“解放和自由并非一回事；解放也许是自由的条件，但绝不会自动带来自由”。[2] 在革命中，只有通过“立新”，“破旧”中的武力革命才能获得正当性基础。因此，革命通常会与某种特定的目标或者美好的理想联系在一起，从而通过“必然性”为革命中的暴力辩护。恰恰在自由与必然性之间出现了难以弥补的裂痕，也导致了近代革命的诸多悲剧。为调和这二者，从黑格尔开始就发展出了将必然王国与自由王国结合起来的理论尝试，并经由马克思发扬光大。但近代革命在成功之后，却只关注必然层面上的革命任务，而完全忽略自由王国的实现，[3] 在必然层面的革命任务迟迟不能实现时，自由王国也就被抛诸脑后了。[4]

近代革命的另一项使命在于树立“人民主权”原则。当我们宣称“主权在民”时，实际上已经预设了一种取代上帝和君主的新的绝对权威，即“人民意志”或者卢梭所说的“公意”。这种新的绝对性建立在“人民可以为自己所欲（Wollen）的一切事情”这种观念基础之上。但宪法则不然，法律体系的本质特征在于“应然”（Sollen），旨在为行为提供标准。这种“应然的体系”，按凯尔森的观点，只能从一个奠基性的“基础规范”

---

〔1〕 英文“Revolution”一词也经历了从复古向革命的转变，关于中国“革命”话语的转变可参见陈建华：《“革命”的现代性——中国革命话语考论》，上海古籍出版社 2000 年版，第 1 ~ 182 页；英文“革命”一词的意义转变可参见［美］汉娜·阿伦特：《论革命》，陈周旺译，译林出版社 2011 年版，第 24 页下。

〔2〕 ［美］汉娜·阿伦特：《论革命》，陈周旺译，译林出版社 2011 年版，第 18 页；阿伦特也批判了将以解放为目的的叛乱与以自由为目的的革命混同起来的做法，第 125 页。

〔3〕 或者说寄希望于必然王国的实现而自然过渡向自由王国，必然与自由是一体的。如沃格林所言，“我们把马克思的专政定义为从强调革命的最终目标转向强调为革命做准备的策略。这种重心的转移之所以可能，是由于革命的目标——也就是自由王国的建立——被设想为革命经历本身的一个结果，因而是无法准备的。可以为之准备的只是必然王国之中的革命”。参见［美］沃格林：《没有约束的现代性》，张新樟、刘景联译，华东师范大学出版社 2007 年版，第 107 ~ 108 页。

〔4〕 同上书，第 95 页下。

中推演出来,[1] 而非“意志”,从而造成了“应为”(sollen)与“欲为”(wollen)之间存在一个难以填补的鸿沟。[2] 现代革命的悲剧大概就起源于人民意志如何转换为宪法应然的过程,也就是回归到我们上文所提到的革命之后的立国(解放)与立宪(自由)的衔接问题,而这二者之间的转换绝非浑然天成。正是由于体现“人民意志”的公意与应然的法秩序之间存在的鸿沟,才有学者提到了革命与法治之间的内在矛盾。[3]

(二)中国革命的任务:救亡优于自由

中国近代革命是一脉相承的,从一开始便具有一种很强烈的危机意识。这种危机意识源于近代中国的积弱与西方的侵略。国家存亡之际,“救亡”压倒了“启蒙”成为中国革命的原动力,[4] 尤其在清政府持续腐败与对外疲软的局势下,革命也就在所难免了。如果只是源于对清政府内部腐败的不满,那么中国社会内在革新的动力仍不会存在,反抗也仅限于“起义”与“造反”的不停循环。[5] 但如果是迫于外在侵略的压力,则对于旧体制之弊的反思就显得尤为迫切,并急切要求向西方列强学习以摆脱国家积弱的状态。这种“西学东渐”由技术层面始而最终扩展至经济层面、制度层面乃至文化层面的“全盘西化”,并与传统形成了激烈

---

〔1〕 尽管这种基于“基础规范”的法律体系推演,因凯尔森的新康德主义立场,而只能是形式的,缺乏实质内容,参见 H. Dreier, Rechtslehre, Staatssoziologie und Demokratietheorie bei Hans Kelsen, 2. Aufl., Baden-Baden 1990, S. 56ff.。

〔2〕 关于二者之间的关系可参见 H. Kelsen, Über Grenzen zwischen Juristischer und Soziologischer Methode, Tübingen 1970, S. 7ff.; ders., Hauptprobleme der Staatsrechtslehre, 2. Aufl. 1923, Nachdruck 1984, S. 97ff.。

〔3〕 强世功:《革命与法治——中国道路的理解》,载《文化纵横》2011 年第 3 期。

〔4〕 李泽厚先生曾提出过著名的“救亡压倒启蒙”的论断,并认为陈独秀等人率先提出“科学与民主”,并开展新文化运动,进行“国民性的改造”,但“启蒙的目标,文化的改造,传统的扔弃……仍然没有脱离中国近代的反抗外侮,追求富强的救亡主线。扔弃传统(以儒学为代表的旧文化旧道德)、打碎偶像(孔子)、全盘西化、民主启蒙,都仍然是为了使中国富强起来,使中国社会进步起来……所有这些就并不是为了追求‘天赋权利’——纯然个体主义的自由、独立、平等。所以,当把这些本来建立在个体主义基础上的西方文化介绍输入以抨击打到孔子时,却不自觉地遇上自己本来就有的上述集体主义的意识和无意识”。参见李泽厚:《中国现代思想史论》,东方出版社 1987 年版,第 7 页下、第 12 页。

〔5〕 梁漱溟曾说过,中国“循环于一治一乱而未有革命”,参见梁漱溟:《中国文化要义》,上海人民出版社 2011 年版,第 206 页下。

冲突，而传统也就站到了中国现代化的对立面，这种思维在“五四”时达到了巅峰。[1] 由此一来，中国传统那种内在于社会体系中的“超稳定结构”[2]就被打破了。

由于中国革命中蕴含着一种非常急迫的事关国家存亡的“救亡”与“富强”的意识在内，因此，自由就绝非中国革命最迫切的任务。[3] 这并非说自由在当时的中国知识分子心目中不重要，[4]只是“在集体危机的时代我们不免以‘富国强兵’为现代化的主要特征”，群己之界并无定分，时势不同则导致二者分量的畸轻畸重，也导致“现代的中国知识分子往复于集体个体两极”。[5] 在“救亡”背景下的制度反思中，立宪作为破除帝王专制与权力归民的手段得到了普遍认同，“立宪”在当时的中国，

---

〔1〕 有关“五四之批判到批判五四”，参见金耀基：《从传统到现代》（补篇），法律出版社2010年版，第105页下。

〔2〕 中国古代社会的经济结构和由此决定的家—国结构，并随之衍生出的配套伦理体系、政治结构可参见金观涛、刘青峰：《兴盛与危机：论中国社会超稳定结构》，法律出版社2011年版；金耀基：《从传统到现代》，法律出版社2010年版，第28页下；对中国社会的“差序格局”以及以此而发展出的中国传统伦理道德可参见费孝通：《乡土中国》，人民出版社2008年版，第25页下；其他可参见梁漱溟：《中国文化要义》，上海人民出版社2011年版，第30页下；瞿同祖：《中国法律与中国社会》，商务印书馆2010年版。

〔3〕 余英时先生在《中国现代价值观念的变迁》一文中也提到中国“五四”前后的个性解放以及个体自由的倡导是针对作为“万恶之源”的中国家制度以及“吃人的礼教”而言的，而在涉及国家与个体之间的关系上，则绝非提倡西方的个人主义，“然而这决不是说，他们所向往的是西方式的个人主义，而置国家民族的大群于不顾。相反的，他们都是在建立新的群体秩序这一大前提之下，倡导个性解放、个人自主的。中国文化的传统本偏于群体论——今天西方人称之为communitarianism；与西方近代主流文化之偏于个体论——individualism——恰成鲜明的对照。‘五四’的领袖虽然鼓吹西方文化，但是由于他们自幼受中国文化的熏陶，毕竟摆脱不掉那根深蒂固的群体意识”，这可以说明当时中国知识分子所追寻的更多是人的解放（包括经济和人性），而非相对于国家的那种个体自由，在国家利益之下，个体自由应有所牺牲。参见［美］余英时：《现代儒学论》，上海人民出版社2010年版，第101页下、第127页。

〔4〕 在《新青年》早期所表现出来的思想中，虽然仍隐含有“立人”之于“立国”的工具意义，但却极力强调个体的自主地位并表现出对个性的痴迷，使个体优于社会甚至国家，一改梁启超以来的国家观念，但后期这种立场发生很大改变，关于《新青年》中个人、社会与国家关系的流变可参见张宝明：《现代性的流变》，社会科学文献出版社2005年版，第115页下。

〔5〕 ［美］余英时：《现代儒学论》，上海人民出版社2010年版，第192页。

并非与权利、自由联系在一起,而是与革新和富强联系在一起。[1]

在这一争论过程中,“民”作为国家的正当性基础就浮出水面。[2]“主权在民”也标志着“政治合法性的重大转变”,[3]并作为立宪的基础,成为推翻帝制、破除旧制度之后的归属点和国家正当性所在,孙中山在革命过程中发展出“三民主义”理论也就顺理成章了。这种理论反思是由外而内的,即因国家生存而力图摆脱旧制度,从而奋起革命,发动战争,[4]并进而反思革命与战争的内在理由。因此,中国革命从一开始便具有外在与内在两种理由,从孙中山到毛泽东,革命的内在理由发展至一种极致,即将无产阶级从贫困与压迫中解放出来,并具有了优先性,“从贫困中解放先于以自由立国”。[5] 内外理由的结合以及二者之间相辅相成的关系构成了中国革命的任务,也构成了中国革命的主线。[6]

从上述的发展脉络中可看出,中国革命的特点在于“救亡”及“解放”优于“自由”,在前述任务和共产主义的理想远景之下,自由要让位于国家,或者个体自由要融入一个整体的社会、民族或者国家的概念之中(“群”的概念),进而实现一种更高层次的自由。这种自由是与社会正义和实质平等观念联系在一起的。对这种与国家相容的“自由观”或者“平等观”,中国的知识分子进行了各种不同的尝试,集大成者则是舶

---

〔1〕 如清末立宪以及辛亥革命之后围绕立宪所产生的“主权在民”抑或“主权在国”以及议会制抑或总统制的争论,都更多是从国家的角度而非从自由的角度谈论,参见章永乐:《旧邦新造:1911—1917》,北京大学出版社2011年版,第82页下。

〔2〕 王人博:《庶民的胜利——中国民主话语考》,载《中国法学》2006年第3期;当时对民主的理解与今日并不同,参见金观涛、刘青峰:《开放中的变迁:再论中国社会超稳定结构》,法律出版社2011年版,第200页。

〔3〕 汪晖:《革命、妥协与连续性的创制(代序言)》,载章永乐:《旧邦新造:1911—1917》,北京大学出版社2011年版,第26页。

〔4〕 而战争的正当性在于,“战争的目的在于消灭战争”,参见毛泽东:《毛泽东选集》(第1卷),人民出版社1991年版,第174页。

〔5〕 [美]汉娜·阿伦特:《论革命》,陈周旺译,译林出版社2011年版,第122页。

〔6〕 毛泽东在论述中国革命的任务时指出,“毫无疑问,主要地就是打击这两个敌人,就是对外推翻帝国主义压迫的民族革命和对内推翻封建地主压迫的民主革命,而最主要的任务是推翻帝国主义的民族革命”,“中国革命的两大任务是相互关联的……民族革命和民主革命这样两个基本任务,是相互区别,又是相互统一的”。参见毛泽东:《毛泽东选集》(第2卷),人民出版社1991年版,第637页。

来于西方的马克思主义,[1]进而自由、平等、权利、民主、国家的重建与复兴都纳入马克思主义所追寻的由经济基础所决定的历史必然规律的体系中。这一思路直接对革命成功之后的立国与立宪产生了深远影响。

(三)立国与立宪:政治主导立宪

革命之后的立国与立宪并非是同一的过程。从时间维度来看,中华人民共和国成立的标志是1949年10月1日的开国大典,而立宪则发生在1954年。也就是说,中华人民共和国的成立并非是以一部宪法为基础。立国的正当性就需要在宪法之外发现其他要素,即一种革命性的理论。具体在中国,就是体现人民意志的马克思列宁主义、毛泽东思想。而无论是共同纲领的制定,还是1954年的制宪,都是在这种革命理论指导之下完成的。近代革命的特点是将人民意志或者公意(卢梭)凌驾于一切权力和法律之上,这构成了一种新的绝对主义。[2] 结合中国革命的"救亡"与"富强"意识,与此相伴的就是人民的解放、社会幸福、公共自由以及国家的生存被置于个体自由之上,[3]并以此之名,"宣布大革命应永远进行下去"。[4] 在中国,立宪并非仅仅是对革命成功的一种承认和正当性描述,[5]而是革命进程的一部分,立宪并非意味着革命完成了,事实上是武力革命虽然完成,但社会领域的革命仍只是刚刚开始。

---

〔1〕 从《新青年》的发展来看可以明显透射出其后期对于马克思主义的引进与推崇。李大钊在《新青年》中连续发表的《庶民的胜利》、《布尔什维主义的胜利》(《新青年》第5卷第5号)和《我的马克思主义观》(《新青年》第6卷第5号)也被视为在中国引入马克思主义的先驱。

〔2〕 法国大革命与美国革命的不同在于,"美国革命是'有限君主制'的历史遗产,法国大革命则是绝对主义的遗产",在阿伦特看来,美国革命区别于法国大革命的另外一个不同之处在于,美国宪法的制定者并未将法律和权力归于同一个渊源,对于他们来说,"权力属于人民,但是法律的源泉将是联邦宪法,一部成文文献,一件持久的客观事物",从而将宪法与主观性的人民意志区分开来。参见[美]汉娜·阿伦特:《论革命》,陈周旺译,译林出版社2011年版,第140页、第141页、第149页下。

〔3〕 卢梭理论中所存在的公意与个体自由之间的紧张是显而易见的,如果说卢梭是将公意(平等)置于个体自由之上,那么康德则是重建了自由之于公意的前提意义(道德律)。

〔4〕 [美]汉娜·阿伦特:《论革命》,陈周旺译,译林出版社2011年版,第117页。

〔5〕 "世界上历来的宪政,不论是英国、法国、美国,或者是苏联,都是在革命成功有了民主事实之后,颁布一个根本大法,去承认它,这就是宪法",参见毛泽东:《毛泽东选集》(第2卷),人民出版社1991年版,第735页。

立宪虽然创设了新的国家机关和国家权力,但并没有塑造一种新的权威(宪法权威),而仍然从属于革命之后的政治权威。我们的革命是国家或者政府塑造了宪法,而不是宪法塑造了国家(政府)。正是基于这一区别,人民意志在中国就既成为国家权力的源泉,也成为宪法的源泉。二者同源的后果便是,来源于人民意志的国家权力是可以不受宪法约束的,或者可通过国家目的任意决定宪法的性质。从某种意义来说,中国的立宪从一开始就是政治主导的,这样一个立宪过程一直持续到1982年《宪法》的制定。

三、国家的正当性:制宪权角度的反思

(一)人民意志、国家与制宪

中国立宪进程的政治主导性首先体现在《中国人民政治协商会议共同纲领》(以下简称《共同纲领》)和1954年《宪法》的制定上。中国之所以在1949年时只立国而未立宪,其主要原因在于革命并未完成,条件尚不成熟。[1] 1949年,世界局势天翻地覆,上帝已死、君主已亡,"民主"是国家正当性的唯一来源,但何为"民主"却成为争论不休的问题。在国家理论中,存在两种倾向:一种是将"公意""民主"与自由或者自然法的原则结合在一起,试图通过"合意"或者"社会契约"导出客观理性的自然法原则;[2] 另一种则是强调"民族精神"以及"人民意志"中的精神性要素。[3] 前者试图通过一种理性的自然法则规范国家权力,后者则强调特定历史阶段的民族意志或者国家意志,从而将民族性融入"民主"概念中。概言之,前者侧重自由,后者则强调国家;前者构成了一种机械主义的理性国家论,后者则发展成为有机主义、浪漫主义的国家理论。

---

〔1〕"军事上,国民党残余军队仍未肃清,经济上千疮百孔,社会主义改造仍未完成,国际上备受孤立,军事威胁仍然存在,所有这些都使得立宪问题仍不能提上日程"。参见胡绳主编:《中国共产党的七十年》,中共党史出版社1991年版,第234页下。

〔2〕这在17世纪、18世纪的理性自然法年代中表现得尤其明显,参见F. Wieacker, Privatrechtsgeschichte der Neuzeit, 2. Aufl. 1967, S. 249ff.。

〔3〕这在德国的唯心主义和有机主义国家学说中体现得尤为明显,并体现在德国的"历史法学派"中,参见M. Stolleis, Geschichte des öffentlichen Rechts in Deutschland, Bd. Ⅱ, a. a. O., S. 121ff.。

由此可见,即使确立“人民意志”或者“公意”为国家正当性的基础或者国家权力的唯一来源,其问题仍未简化,而是更加复杂化了。当“公意”与“主权”结合成为“人民主权”时,其蕴含的内在矛盾也显露无遗,“公意”的形成是程序性的、而“主权”则是决断性的。[1] 其复杂性体现有二:一为“公意”是否是“同一”的(Identität)?二为谁是“人民”?围绕上述两个问题,国家理论产生了诸多分歧,尤其是在理性自然法式微之后,这种对“公意”的探求更加趋于多元化。其中,围绕“公意”是否“同一”的问题,就产生了政治(价值)一元论与多元论之间的区别。在某种意义上,国内学者目前津津乐道的施米特,其国家理论和宪法学说便是建立在政治一元论的基础上的,通过作为核心的政治领域中的政治决断或者政治的神学,[2]对所有其他领域产生影响。[3] 与之针锋相对的凯尔森,其纯粹法学的前提则是价值多元主义以及各领域的自主性,尤其是法律领域的自主性,并由此得出国家与法秩序的同一性。[4] 围绕“谁是人民”这个问题,则更具争论,其中施米特所言的“区分敌我”,则与其宪法理论中的人民的“同质性”是一脉相承的,而马克思主义中的阶级

---

〔1〕 在主权问题上,存在的争论是主权是否应受限制?主权与制宪权的关系是什么?施米特曾明确宣称,“主权者就是决定例外状态者”,并在论述国家与法律关系时明确是基于这种主权理论,“国家的生存证明了其对于法规范有效性具有确凿无疑的优先性”,“在例外状态中,国家凭借其自我保存权而悬置了法”,参见 C. Schmitt, Politische Theologie, a. a. O., S. 18f.。在施米特这里,主权仅在不受限制和最高的意义上来解读,而忘记主权概念本身所具有的规范性和正当性。黑勒则不同,黑勒虽然认同主权所具有的决断性以及国家意志统一的现实性,而法律系统的同一性以及特殊性是主权的国家意志的表达,但黑勒同时认为这种决断要受制于一般的法原则(Rechtsgrundsatz)以及国际法的原则,参见 H. Heller, Die Souveränität. Ein Beitrag zur Theorie des Staats-und Völkerrechts, in: *ders.*, Gesammelte Schriften, Bd. Ⅱ, 2. Aufl., Tübingen 1992, S. 99ff., 111ff. 141ff.。而如上文所述,凯尔森则看到这种“意志性”的主权论对于法规范的颠覆作用,因此主张从法理论中排除出来。

〔2〕 对于施米特政治理论中隐含的神学基础可参见[德]迈尔:《隐匿的对话——施米特与施特劳斯》,朱雁冰等译,华夏出版社 2008 年版,第 9 页下、第 47 页下、第 61 页下。

〔3〕 施米特认为,“例外状态”或者说战争作为“最极端的政治手段”决定了所有其他领域,因此政治是“权威性”的领域,而不是与其他领域并行的“自主”领域,“政治是宿命”。参见 C. Schmitt, Der Begriff des Poltischen, a. a. O., S. 35ff., 41ff.;[德]迈尔:《隐匿的对话——施米特与施特劳斯》,朱雁冰等译,华夏出版社 2008 年版,第 24 页下。

〔4〕 H. Kelsen, Reine Rechtslehre, 2. Aufl. 1967, S. 289ff.

划分也是在界定“谁是人民”,其目的在于确保“人民意志”的同一性,进而确保国家作为“政治的统一体”。[1]

中华人民共和国成立后的制宪行动集中体现了意识形态的主导性,[2]其体现出来的核心观念是“宪法是阶级力量对比关系的体现;宪法是国家的根本大法;宪法是社会的上层建筑的一部分”。[3] 这种宪法观念集中体现在制宪过程中,因此宪法的“政治性”就得到了特别强调,而宪法也被视为历史过程必然性中的一环,受外部的“阶级力量对比关系”和内在的“经济基础”的制约。根据马克思主义的历史唯物主义理论,人民意志是受特定时代社会内在结构所制约的,具有一种必然性,并在特定时代表现为一种客观同一性,而宪法则是这种同一性的体现。由此逻辑得出的结果便是,宪法的内容并非是人民随意可以加以选择的,而是由不同时代的经济结构所必然决定的,人民意志、国家与宪法是同一的关系,而非各自独立的结构。换句话说,人民意志的同一性是客观存在的,而国家权力和宪法都是这种同一性的体现。

(二)中华人民共和国的“立宪时刻”以及制宪权的行使

一般而言,制宪是一个标志,即通过制宪将新的国家秩序确认下来,并与旧的国家体制区别开来。从这个意义上来讲,我们可以从历史中找到区分新旧国体的标志性事件,而具体到中华人民共和国,则很难具体到某一个特定时刻,而必须将之视为一个动态的过程。1949 年 10 月 1 日的中华人民共和国成立具有一种继往开来的意义,更体现为一种“法统”的断裂以及“革命的开端”。从国家学的角度去分析,[4]无论是国

---

〔1〕 C. Schmitt, Der Begriff des Poltischen, a. a. O., S. 42.

〔2〕 韩大元主编:《中国宪法学说史研究》(上卷),中国人民大学出版社 2012 年版,第 449 页。

〔3〕 吴家麟编:《宪法基本知识讲话》,中国青年出版社 1954 年版,第 2~5 页。

〔4〕 黑勒的国家学就强调要从“社会全体”探讨国家的功能,而斯门德更是强调国旗等符号之于国家意志整合的意义,参见 H. Heller, Staatslehre, in: ders., Gesammelte Schriften, 1971, S. 195ff; *R. Smend*, Verfassung und Verfassungsrecht, a. a. O., S. 160ff.。

名、国旗、国徽还是国歌[1]的选择都体现了与旧政权的断裂以及革命的性质,从而体现了人民的政治决断,属于重要的宪法符号,并同样具有一种国家整合的功能在内。

中华人民共和国的成立是与其成立前夜所通过的《共同纲领》(1949年9月29日由中国人民政治协商会议第一届全体会议通过)紧密联系在一起的。《共同纲领》构成了新中国国体与政体的基础。现在的通说认为,《共同纲领》是一部新民主主义性质的宪法性文件。[2] 无论从制定主体、制定过程,还是从制定内容来看,《共同纲领》都是中华人民共和国国家(政权)机构得以设立和运转的基础,并且明确体现了与旧法统的断裂。[3] 从《共同纲领》的制定目的来看,其承载的功能也是临时宪法的功能。在社会主义改造仍未完成、中国社会仍处于新民主主义阶段、制宪条件尚未成熟的时刻,《共同纲领》就是当时社会阶段下的一种"政治决断",而这种政治决断是社会各方均能接受和认可的。[4]《共同纲领》中最重要的政治决断体现在序言中,即"中国人民解放战争和人民革命的伟大胜利,已使帝国主义、封建主义和官僚资本主义在中国的统治时代宣告结束",这句话立场鲜明地区分了"敌我",并宣布了旧时代的终结和新政权的性质,即"中国人民由被压迫的地位变成为新社会新国家的主人,而以人民民主专政的共和国代替那封建买办法西斯专政的国民党反动统治……中国人民政治协商会议代表全国人民的意志,宣告中华人民共和国的成立,组织人民自己的中央政府。中国人民政治协商会议一致同意以新民主主义即人民民主主义为中华人民共和国建国的政治基础"。在这份文件中,明确宣称"中华人民共和国的国

[1] 关于国号的争论以及由此体现出来的与旧法统的断裂,可参见许崇德:《中华人民共和国宪法史》(上卷),福建人民出版社2005年版,第34页下。

[2] 同上书,第42页下。

[3] 《共同纲领》第17条明确规定:废除国民党反动政府一切压迫人民的法律、法令和司法制度,制定保护人民的法律、法令,建立人民司法制度。

[4] 关于《共同纲领》的制定程序参见许崇德:《中华人民共和国宪法史》(上卷),福建人民出版社2005年版,第25页下;韩大元主编:《新中国宪法发展60年》,广东人民出版社2009年版,第5页下。

家政权属于人民”(第12条),并且在第13条中明确规定“中国人民政治协商会议为人民民主统一战线的组织形式”以及政协的组织成分,即“包含有工人阶级、农民阶级、革命军人、知识分子、小资产阶级、民族资产阶级、少数民族、国外华侨及其他爱国民主分子的代表”,明确了中国人民政治协商会议的权力,即“在普选的全国人民代表大会召开以前,由中国人民政治协商会议的全体会议执行全国人民代表大会的职权,制定中华人民共和国中央人民政府组织法,选举中华人民共和国中央人民政府委员会,并付之以行使国家权力的职权”。结合其第3条规定(“中华人民共和国必须取消帝国主义国家在中国的一切特权,没收官僚资本归人民的国家所有,有步骤地将封建半封建的土地所有制改变为农民的土地所有制,保护国家的公共财产和合作社的财产,保护工人、农民、小资产阶级和民族资产阶级的经济利益及其私有财产,发展新民主主义的人民经济,稳步地变农业国为工业国”),则会发现:各民主党派、私营经济、小资本家和民族资本家等均是联合而非斗争的对象。在《共同纲领》中,明确界定为斗争对象的只有序言、第1条、第3条提到的帝国主义、官僚资本和封建主义以及第7条中界定的“反动分子”,但第7条中仍然指出了将这些“反动分子”改造为“新人”的可能性。

中华人民共和国的“立宪时刻”是1954年《宪法》的制定。必须要看到的是,1954年《宪法》是对《共同纲领》的继承和突破,二者之间性质的不同是显而易见的。如果说《共同纲领》旗帜鲜明地提出了对旧时代的告别和旧法统的废除,那么1954年《宪法》就明确提出了建设社会主义的任务,并提出了过渡时期的总任务,即“逐步实现国家的社会主义工业化,逐步完成对农业、手工业和资本主义工商业的社会主义改造”。如果说《共同纲领》的性质是新民主主义的,则1954年《宪法》就是社会主义的。在《共同纲领》制定时，社会主义仍然是一个遥不可及的任务，[1]当时的共产党和领导人立足于政治现实，将新民主主义作为立国的基础，而并没有提出一个向社会主义过渡的明确任务。因此，在《共同纲领》的语境下考察，维护与现实相吻合的政治秩序就成为当时最迫切的任务。但1954年《宪法》的制定却一改《共同纲领》的初衷，明确提出了"社会主义改造"的任务。这其中蕴含的变迁在于，从被动反映政治社会现实到主动塑造社会主义形态，并塑造与社会主义相符合的意识形态与经济社会结构，进而确保人民意志的同一性，这与中华人民共和国成立初期所理解的马克思理论中具有必然性的历史规律密切相关。显然在这一改造过程中，社会主义的远景理想使人民意志的塑造不简单是人民的事情，而是必须在执政党的领导下进行，希望通过引导使社会转型成为社会主义的大同理想社会，并扭转人民的意识，这是所谓的"人民意志构造的先锋队"。[2]

从《共同纲领》到1954年《宪法》的蜕变可以看出，中华人民共和国的制宪是完全融入国家的目的、政治的决断或者人民意志的整合过程中了。在塑造人民意志、历史的必然规律与宪法之间，存在相当大的落差，

---

〔1〕 关于在《共同纲领》中是否写明社会主义前途的问题可参见许崇德：《中华人民共和国宪法史》（上卷），福建人民出版社2005年版，第35页下；尤其是刘少奇的一段话更能体现当时的这种政治决断，并体现与之后1954年制宪的某种不同，"有些代表提议把中国社会主义的前途写进共同纲领中去，但是我们认为这还是不妥当的。因为要在中国采取相当严重的社会主义的步骤，这是相当长久的将来的事情，如在共同纲领上写上这一目标，很容易混淆我们在今天所要采取的实际步骤。毫无疑问，中国将来的前途，是要走到社会主义和共产主义去的……但这是很久以后的事情，对于这些事情，中国人民政治协商会议很可疑在将来加以讨论。在中国采取社会主义的步骤，必须根据中国社会经济发展的实际需要和全国最大多数人民的要求。到了那种时候，中国共产党也一定要和各民主党派、各人民团体、各少数民族及其他爱国民主人士进行协商并共同地加以解决"。参见刘少奇：《刘少奇选集》（上卷），人民出版社1981年版，第435页。

〔2〕 张龑：《人民的成长与摄政的规范化：辛亥革命以来的人民意志建构及其先锋队》，载《中外法学》2012年第1期；在施米特看来，"人民是具有政治行动能力的政治统一体，达到了意识的自我同一性"（［德］卡尔·施米特：《宪法学说》，刘锋译，上海人民出版社2005年版，第71页），由此才能行使制宪权，而一旦人民不被视为具有政治行动能力，或尚未达到意识的自我同一性，则势必需要一种"训政"。

在制宪之后的各项改造运动中,经历短暂的克制之后,[1]违宪之举也就难免了。学界普遍认为1957年之后,1954年《宪法》基本被搁置,也恰恰证明了这一点。因此,中华人民共和国成立初期的国家现代化建设和政制建构就过于依赖党和国家领导人对形势的判断,[2]过于强调党领导下的人民意志的塑造以及各种社会经济改造,而忘记了这一过程可能会出现的异化,错将对人民意志形成的引导当成了人民意志本身。这就导致在实践中,尽管存在宪法,但具体的权力分配、中央与地方关系的演变以及经济文化教育政策的变化等却鲜与宪法有关,[3]因此1954年《宪法》制定之后直到1982年《宪法》的制定,仍然是一个高度政治化的年代。

四、制宪权视野中宪法的全面修改:修宪抑或制宪?

在《共同纲领》向1954年《宪法》的过渡中,我们可以看到1954年制宪背后的政治决断。但1954年《宪法》与之后三次全面修宪之间的关系却颇为值得玩味,如何看待其中的关系,涉及在理论上对制宪权问题的不同态度。比如,如果承认三次全面修宪的属性为制宪权的再次行使,则理论上就必须承认制宪权并非一次性行使的权力,而是具有恒在性,但接下来又会衍生出一系列的问题。即如果制宪权具有恒在性,那么制宪权应该在何时展现?制宪权的展现是否需要特定的条件?制宪权的行使与宪法规范本身之间的关系应如何处理?如此一来,是否需要在程序上和规范上对制宪权加以限制,从而失去其不受限制的特性?这是一个问题的链条,在某一个环节有所不同,就会导致整个制宪权理论的改

---

〔1〕 韩大元主编:《新中国宪法发展60年》,广东人民出版社2009年版,第92页下。"在实际生活中党和党组织往往处于宪法之上,不按照宪法的规定办事,结果只能使宪法虚置",参见刘政:《1954年宪法施行三年后为什么被逐渐废弃》,载《中国人大》2002年第14期。

〔2〕 苏力教授在分析中华人民共和国成立之后中央与地方分权的演变时也提到了这一点,但主要是从"合理性"的角度加以解读。参见苏力:《当代中国的中央与地方分权——重读毛泽东〈论十大关系〉第五节》,载《中国社会科学》2004年第2期。

〔3〕 如中央与地方关系的演变,参见苏力:《当代中国的中央与地方分权——重读毛泽东〈论十大关系〉第五节》,载《中国社会科学》2004年第2期。

观，并直接对当下的国家理论和宪法理论产生影响，如阿克曼所建构的“人民动议”程序本身就是试图通过特定程序实现对人民意志的表达。

因此，在制宪权问题上就容易陷入理论与实践之间的巨大差距。制宪权理论为实现理论本身的逻辑一贯性与自洽性，就容易受到实践的挑战，并使理论本身陷入困境，而中国立宪、全面修宪的过程恰恰可以暴露制宪权理论本身所隐含的困境。

（一）全面修改、制宪权以及国家的连续性

如果说1954年《宪法》是新中国历史上毫无争议的制宪权的行使，那么此后中国宪法的几次全面修改，其性质就饱受争议了。宪法的全面修改对于宪法理论的冲击是显而易见的，最核心的理论问题是修宪权能否视为制宪权的一种体现？在西耶斯的制宪权理论中，修宪权是制宪权的一部分；而在施米特的理论中，修宪权是一种宪定权，而非制宪权。[1]中华人民共和国宪法的修改出现过两种不同的形式：一种是全面修改（1975年、1978年、1982年），另一种是宪法修正案。从内容来看，宪法的全面修改不啻一次重新制宪；从形式来看，全面修改又是以宪法规定的修宪权为基础，这就为全面修宪的定性带来困难。如将全面修改定位于制宪，则可以明显看到的是，中华人民共和国虽经历几次全面修宪，但国家本身仍然存在延续性，其国际法的地位也未发生变化，国体并未发生天翻地覆的变化。但若将全面修宪仅定性为宪法修改权的行使，则又不能概括全面修宪所带来的根本差异。面对上述问题，就必须对制宪权理论重新加以反思。

制宪权行使的时刻或许是宪法学乃至国家学、政治理论中最难处理的时刻。因为这一时刻在实际政治生活中，不可避免地是一个事实性的时刻，而这一事实权力的产物却是一个规范体系，在二者的转换中就会出现理论上的困难。耶利内克早就提出了“事实的规范力”以图从心理学角度对此加以协调，而在1871年的德意志第二帝国向魏玛共和国转

---

〔1〕 二者之区别可参见［日］芦部信喜：《制宪权》，王贵松译，中国政法大学出版社2012年版，第21页下、第34页。

变的过程中,这一问题的争论更加激烈。[1] 在凯尔森的纯粹法学中,在制宪权行使的时刻,事实权力如何转换成为规范,意志如何切换成为应然,也只能通过“基础规范”的建构而变得语焉不详,或者说凯尔森从一开始就回避了这一时刻所具有的规范意义。[2]

不可否认的是,世界上任何一部宪法在制定之时,虽其制宪形式各异,但都无法体现人民的直接意志,都需要通过一个制宪机构完成,但这个制宪机构又不能完全表达人民的直接意志。人民的直接意志是不受任何程序以及规范事先约束的,正如施米特所言,“人民作为制宪权主体不是一个固定的、有组织的主管机关。一旦它被设立起来行使日常的、常规的职能,按部就班地完成公务活动,它就失去了人民的品质”,“只要人民拥有政治存在的意志,它就高高在上,不受任何形态化和规范化的影响”。[3]

人民意志的表达无固定的形态和程序,却要决定有关其政治形式和组织的根本问题,因此人民的意志表达很容易遭到误解、曲解或篡改。这种人民意志具有直接性,它要求能够在一切规定手续和程序之外获得表达,但“人民直接作出的政治决断的进一步实施和表述需要一个组织,一套程序,为此,近代民主制实践发展出一些特定的惯例和习惯”。[4] 比如,事先有某一个制宪机构起草《宪法》,事后由人民投票决定《宪法》通过的做法就屡见不鲜。如果从这个角度去分析,我国 1954 年《宪法》的通过过程就会面临理论上的困难。首先,制宪之时,制宪机关与人民

---

〔1〕 F. Sander, Das Faktum der Revolution und die Kontinuität der Rechtsordnung, in: Zeitschrift für öffentliches Recht, I. 1919, S. 132ff.;在这转变过程中,德国与 1949 年中国不同的地方在于,国际法上的一切义务都由魏玛共和国承担下来,国内法上,1919 年 3 月 4 日的暂行法律明确了国内法律的连续性。参见[德]卡尔·施米特:《宪法学说》,刘锋译,上海人民出版社 2005 年版,第 108 页下。而中国则情势完全不同,不仅新中国废除了一切国际法上的义务,而且宣布一切国内法律都被废除。但这一点经过 1972 年中国在联合国重新恢复合法席位而变得意味深长。

〔2〕 关于凯尔森通过基础规范连接规范性与实证性的意义可参见 H. Dreier, Rechtslehre, Staatssoziologie und Demokratielehre bei Hans Kelsen, a. a. O., S. 42ff.。

〔3〕 [德]卡尔·施米特:《宪法学说》,刘锋译,上海人民出版社 2005 年版,第 92 页。

〔4〕 同上书,第 93 页。

直接意志的表达之间存在差距;其次,因为1954年《宪法》是由第一届全国人大通过的,而全国人大则是由1954年《宪法》所创设的国家机构,[1]属于宪定权,而非拥有制宪权,这里面的悖论就非常清楚,《宪法》的通过是由一部尚未生效的《宪法》所创设的国家权力机关通过的,这个难题只能将《共同纲领》纳入制宪过程中,并最终将制宪过程融入一种革命的理论中才能部分得以解释。[2]

由于人民意志是流动、无常形且不受任何规范约束的,因此在宪法制定之后,人民仍然握有重新制宪的权力,但再次制宪的行使并不意味着国家延续性的断裂,因为按照施米特的说法,只要作为政治统一体的人民并未发生变化。换言之,只要制宪权主体并未发生变化,则国家的连续性就未遭到破坏。就这个角度而言,1954年《宪法》制定之后,中华人民共和国所经历的三次宪法全面修改就形式而言虽然是以宪法修改的形式出现,但本质上是制宪权的再次行使,[3]每一部宪法都是对之前一部宪法的否定和继承,至1982年《宪法》则完成了一个循环。[4] 如果用施米特的理论加以解释,则1954年、1975年、1978年、1982年的每一部《宪法》分别是对之前一部《宪法》的废止(Verfassungsbeseitigung),而非废弃(Verfassungsvernichtung)。在这个变化过程中,虽然原有的宪法被放弃,但掌握制宪权的主体并未发生根本变化,国家的连续性也并未遭到任何

---

[1] 尽管《共同纲领》规定了召开全国人民代表大会的任务,并在1953年3月由中央人民政府公布了《全国人民代表大会及地方各级人民代表大会选举法》,之后由第一届全国人民代表大会通过了《宪法》和《全国人民代表大会组织法》,但这个悖论仍然是很清楚的。即全国人大究竟是先于宪法存在的机构,还是宪法创设的机构;在《宪法》和《全国人民代表大会组织法》尚未通过的情况下,第一届全国人大组织产生的基础与合法性何在。《共同纲领》的通过与此类似,同样是由《共同纲领》所创设的中国人民政治协商会议这一组织形式所通过。由此可见,制宪这一形式并非是最重要的,而制宪之前的革命性理论才是关键的。

[2] 早在1940年,毛泽东在《新民主主义论》中就指出了中国未来的政权组织形式是建立人民代表大会制度。参见蔡定剑:《中国人民代表大会制度》,法律出版社1998年版,第58页。

[3] 这里需要反思的是修宪权的界限,围绕这个问题也存在诸多争论,参见[日]芦部信喜:《制宪权》,王贵松译,中国政法大学出版社2012年版,第82页下。

[4] 如均未否定国家的社会主义性质,同样承认"以工人阶级为领导,以工农联盟为基础"的社会主义国体并采用民主集中制等原则,这意味着在几次全面修宪中,对于1954年《宪法》确立的"根本政治决断"并未有否定。

阻滞,〔1〕全面修改只是制宪权的进一步行使,而非全面重新行使,国家的根本政治决断并未变化,而这也与国家和宪法的连续性并不矛盾。〔2〕如果将全面修宪视为制宪权的进一步行使,带来的问题是,如何将全面修宪(制宪权)与一般的修宪(宪定权)相区别,这里遇到的问题与视"全面修宪"为"一般修宪行为"而否认其制宪性质所遇到的问题是一样的,因为后者也需要界定"全面修宪"与"一般修宪"这二者如何能够相区别。不可否认的是,全面修宪所带来的是宪法在整体上的根本修改,甚至其内在的根基都会发生彻底的变化,如果仅将其视为是"一般修宪"显然是难有说服力的,〔3〕因此施米特在这里所概括的制宪权理论无疑可以更好地解释中国的宪法现实,全面修宪是制宪权的延伸,而非简单的修宪,但因为国体和制宪权主体并未根本变动,所以也绝非是重新制宪。

如果进一步考察中华人民共和国宪法与近代宪法之间的关联,则会发现,"中国人民"或者"中华民族"作为制宪权的主体并未发生根本变化,发生变化的只是以往盗用"人民"之名而制定出来的宪法逐渐退出了历史舞台。从这个意义上来讲,1949 年的中华人民共和国成立、《共同纲领》到 1954 年制宪等一系列行为与近代中国的立宪相比,就绝非是

〔1〕 关于宪法废止、废弃中制宪权主体与国家连续性的关系,可参见[德]卡尔·施米特:《宪法学说》,刘锋译,上海人民出版社 2005 年版,第 105 页、第 112 页下。

〔2〕 这与韩大元教授以"共和国整体和国家性质并没有变化"为理由而否定全面修宪是制宪权的行使,认为其是一种修宪行为的主张是不同的。二者均承认全面修宪虽然导致宪法发生了全面变化,但其中的根本政治决断却未变化,国家的连续性也未中断,并且全面修宪既不同于一般的修宪,又不同于彻底重新制宪,即"宪法的废弃"。参见韩大元:《宪法实施与中国社会治理模式的转型》,载《中国法学》2012 年第 4 期。

〔3〕 这里产生的另一个问题是,如果对宪法本身的"根本性条款"(如德国《基本法》第 79 条第 3 款的禁止修改条款和《日本国宪法》中的"和平条款"等;1993 年中国《宪法》将"社会主义计划经济"修改为"社会主义市场经济"是否属于对"根本性条款"的修改?)进行局部修改,那么这是制宪权的进一步行使,还是属于"一般修宪"?如果这二者都是同样的程序,那么是否存在区分的必要性?

革命性的断裂，[1]而是对辛亥革命精神和孙中山“三民主义”的一种内在的继承与发展，这也可以为近代以来，中国作为国家的连续性开启新的研究视野。虽然全面修宪从理论上存在将其定性为制宪权进一步行使的可能性，但却不宜过度夸大其作为制宪权的意义，因为制宪权理论内藏着一种现实的困境。

（二）制宪权理论的现实困境

虽然就理论而言，全面修宪具有制宪权的属性，但需要进一步反思的是：制宪权理论本身是否存在固有的困境？在今天，我们究竟在多大程度上需要制宪权的建构？我们能不能从中华人民共和国成立后的制宪行为中发现其中的政治决断，并进而影响到宪法学理论的建构？

比较而言，施米特的制宪权理论更为贴近政治现实。西耶斯从自然法规范角度对制宪权的行使予以规制，但从政治实践来看，制宪的权力很难受到自然法规范的规训，如果制宪行为恣意而行，并未受到自然法所规范，那么是否由此而制定出来的宪法就不具有正当性而需要重新制宪？由谁来决定制宪行为是正当、还是恣意？而制宪权如果是一次性的奠基行为，那么为何制宪权主体恰好在立宪时刻出现，但又迅疾隐退呢，前世制宪主体的政治决断又缘何能对后世人民产生持续的制约呢？西耶斯将制宪权主体界定为国民，但又认为制宪权的行使需要国民委任的特别代表进行，这也是进行制宪的国民大会或者制宪会议的正当性所在。在这里，西耶斯提出了“三个时期”的理论，[2]对自然法、制宪权与宪定权进行了分阶段的处理。其中，西耶斯将国民意志、共同意志或者卢梭意义上的公意在第一阶段进行了处理，认为共同意志中蕴含了“个体意志”与“相互承认”，也就是说，人民主权本身就蕴含了“自然法”的

---

〔1〕 尽管是以革命的形式发生的，但施米特在分析德国1871年帝国与1919年魏玛共和国之间的关系时认为，二者之间尽管经历了革命形式，但国家的断裂是以制宪权主体发生变化为标志，而非以国内法的断裂和国际上的主体变化为特征。参见［德］卡尔·施米特：《宪法学说》，刘锋译，上海人民出版社2005年版，第108页。真正革命性的断裂发生在1911年辛亥革命、退位诏书和《中华民国临时约法》的制定等一系列近代立宪的开启上。

〔2〕 对此可参见［法］西耶斯：《论特权　第三等级是什么？》，冯棠译，商务印书馆1990年版，第56页下。

理念。第二个阶段则是通过国民对特别代表的委任进入制宪阶段，这也是从自然法过渡向“人定法”的阶段。从中我们可以看到，西耶斯实际上也透视到制宪权的理想性与现实性之间可能存在的鸿沟，并试图对此加以弥补。西耶斯所界定的第二时期制宪阶段，也是试图为——通过国民大会进行的——事实性的制宪行为赋予一种正当性的规范意涵，试图将理想性的制宪权本身（an sich）与现实性的制宪权表达融合在一起。另外，西耶斯强调制宪的国民一定代表的是多数，这也是从当时法国独特的政治现实出发，试图以为数众多的第三等级排斥位居少数的贵族阶层和特权阶层，所以代表民众多数的国民大会履行制宪权，就具有了正当性。然而，社会局势到了今天已经发生根本变化，在今天价值多元的社会背景下，再用政治上的多数排斥少数，制宪权本身与制宪权表达之间的差距就显得尤为刺眼。所谓“国民意志”也很难像启蒙时期有一个明确的共同奋斗的目标，制宪权表达中的“规范性”在多元主义的背景下变得虚化和模糊，而且基于多数的制宪权表达如果被赋予一种正当性，则会在实践中经常性地被滥用和盗用，并且成为一种新的、形式上被赋予正当性的专权。就这个角度而言，西耶斯和综合西耶斯与施米特理论的芦部信喜二者所代表的“规范性制宪权”理论很难与现实相吻合，同时又缺乏应然的拘束力，从而失之空洞。在这一点上，施米特的制宪权理论似乎更契合政治现实。

但我们并不能满足于一种决断式的制宪权理论。施米特曾言，“制宪权是一种政治意志，凭藉其权力和权威，制宪权主体能够对自身政治存在的类型与形式做出具体的总决断”。[1] 这个概念中至少有几个问题是难以界定的，比如，“制宪权主体的政治决断”如何确定？“制宪权主体的权力和权威”从何处来？“制宪权作为政治意志”该如何发现？如果仅从政治决断的表现形式来发现制宪权主体的政治意志，那么这就会沦为对“事实权力关系”的过于屈从，并且中国近代史上如《钦定宪法大纲》《曹锟宪法》等都可以视为制宪权的行使，而这并非施米特的本

〔1〕［德］卡尔·施米特：《宪法学说》，刘锋译，上海人民出版社2005年版，第84页。

意。从施米特对制宪权的界定来看，那种将施米特制宪权理论中只关注“决断”、而缺乏任何“规范正当性”基础的部分[1]等同于施米特向纯粹权力屈服的论点似乎将问题过于简单化了。因为，结合施米特在《宪法学说》中继制宪权一章之后紧接着对“宪法正当性”的探讨可以得知，施米特反对的是任何事先的自然法、伦理道德规范等对于制宪权行使的事先约束，但制宪权的行使并非等同于赤裸裸的权力，内含于制宪权本身的正当性就在于它所体现的是人民作为制宪权主体的政治意志。通过这种方式，首先，施米特将自己的制宪权理论与西耶斯的区别开来，因为制宪权完全体现的是人民的政治决断，而不能受事先的（自然法）规范所约束；其次，施米特也将其理论与“事实权力关系”区别开来，因为制宪并非纯粹权力的结果，而必须体现真正的人民意志决断。

但如此一来，又会回到上文所提到的人民意志在形成过程所遇到的问题，即单纯制宪权力的运用与人民意志决断之间的差距如何弥补？没有一部法律的通过，甚至没有一部实定宪法的制定可以完全真正地体现所谓的人民意志。许多学者认为，人民意志这种所谓的“政治统一性”的体现本来就是不存在的、虚构的。事实上，政治观念是多元的，不断处于冲突中，很难形成真正统一的“人民意志”。施米特或许意识到将制宪权理论依赖于“政治决断”可能存在的问题，因此也强调宪法的正当性必须是制宪的权力和权威得到承认。[2] 通过强调“权力”与“权威”的区别，可以再次看出，施米特并未将之等同于“事实的权力关系”，正是看到政治决断与人民意志之间的非一致性，施米特才在《论专政》(Diktatur)一书中区分了主权的专政和委任式的专政，[3]试图化解这二者之间的矛盾。主权的专政不受任何既定宪法的约束，而是行使制宪权、创设宪法；而委任式的专政虽然不受具体法律的约束，但受制于专政的目的，即“捍卫并重建宪法秩序”。这种区分虽然可解释特定的历史

[1] [德]卡尔·施米特：《宪法学说》，刘锋译，上海人民出版社2005年版，第85页。

[2] 同上书，第98页。几乎每个国家在建立近代国家、制定宪法之后，都会面临宪法的正当性问题（注意这里与国家正当性之间的区别），如魏玛时期的德国、第二次世界大战后的日本。

[3] C. Schmitt, Die Diktatur, Berlin 1921.

现象,为特定行为进行事后的正当性追认,但问题仍然是如何事先构建主权专政或者委任专政的正当性,而避免专政权力的滥用,这几乎是不可能的。也正是基于此种逻辑,施米特才再次强调制宪权本身与接受委托行使制宪权(制宪国民会议)之间的区别,从而肯定了“制宪权”的常在性,因为受委任制定出来的宪法本身并不一定是真正制宪权的行使,也不一定是正当的,在这种情况下,制宪权的持续存在才是有意义的。然而,这又带来了新的问题,因为如果制宪权一直保持其自身的“自然”属性,不受任何规范约束,无法加以制度化,并且其政治意志始终无法通过一个组织化的决定加以认知,那么在立国、立宪之后,制宪权的持续存在就会成为一柄高悬于实定宪法之上的达摩克利斯之剑,既可以成为偶尔“良性违宪”的理由,又可成为政治权力滥用(人民意志被盗用)的理由。前者或许可以促进国家的改革与进步,后者却可能导致宪法秩序的崩溃(尽管施米特意义上的绝对宪法可能并不会遭到破坏,但宪法律的彻底破坏也已经足够致使宪法秩序崩溃了,如1975年《宪法》,作为“文化大革命”的体现,虽然其仍然保留了社会主义宪法的特征,或者说根本的政治决断特征,但宪法律却完全失去任何意义,甚至所谓的绝对宪法的保留仍然也只是政治上的装饰)。由此一来,施米特的制宪权理论就不可避免地会走向死胡同。[1]

(三)制宪权的历史本质

上文已经指出,如果将制宪权作为宪法的正当性依据,或者寄望制宪权解决现实宪法实施中的根本价值冲突和政治决断,不免有些过于高估制宪权的功能。对于制宪权的痴迷,就像对万能上帝的依赖一样,制宪的状态必须是完满的,必须是事实性与规范性结合在一起的状态:有事实性而无规范性,则制宪权无法承载宪法的正当性依据;有规范性而无事实性,则制宪只能停留在观念层面,无法具有实效性,正如伯肯弗尔

---

〔1〕 如果放宽视野,则施米特的这种制宪权理论是与其“政治的概念”联系在一起的。最终会走向“政治的神学”,但这种“政治的神学”本质上难道不是与“人民的意志”或者说“民主的正当性”相冲突的么?

德所说,也“无法获得现实的政治维度”。[1] 因为制宪权的行使具有一种谜一般的本体面相,就如“物自体”一样不可完全认知,因此就只能从不同的角度加以揭示,正如伯肯弗尔德所认为的可以从历史、法理、法哲学、政治理论、宪法理论以及宪法教义学等多个维度考察制宪权。[2]

一般认为,施米特之后,在国家法意义上对制宪权的探讨最为深入的是伯肯弗尔德。伯肯弗尔德在施米特的基础上,将制宪权界定为“制宪权是如下(政治上的)力量与权威,其有能力赋予、承载并且废弃宪法在规范上的有效性请求(Geltugnsanspruch)”。[3] 这体现了制宪权的双面特性:一方面,制宪权的行使是为了维护现有的宪法秩序,或者说“宪法的打破”“宪法的悬置”,甚至“宪法的废止”都是为了维护“宪法的生存”;另一方面,制宪权的行使也可能是为了彻底废除现有的宪法秩序。如果说施米特是从决定政治存在的角度分析制宪权,那么伯肯弗尔德则是从决定宪法的有效性角度分析制宪权,前者偏重于政治和国家理论,后者则是从国家法的角度。制宪权的双面性导致制宪权在实践的行使上存在“双刃剑”效果,既可能挽既存宪治秩序于即倒,又可能导致人民意志的恣意和滥用。基于这种情况,伯肯弗尔德认为从国家法意义上探讨制宪权具有重要意义。

他认为制宪权虽然可以从不同角度加以诠释,但国家法意义上的制宪权至少存在两方面的功能:一是作为正当性的概念,即建立宪法的有效性基础;二是具有教义学方面的意义,即稳定化已建立起来的此种宪法的有效性。在伯肯弗尔德看来,根本不可能将制宪权这种“国家法上的基本概念和边缘概念从政治中解脱出来”,但能够做到的是,同时也是

---

〔1〕 伯肯弗尔德认为凯尔森所假设的“基础规范”与自然法意义上的理想规范都是不够的,“基础规范”虽然可以阐释宪法规范有效性的事实基础,但对于解决正当性的根本问题却是空洞的,而自然法的理想规范却使得制宪权这一概念完全丢失其“政治维度”。参见 E.-W. Böckenförde, Die verfassunggebende Gewalt des Volks-Ein Grenzbegriff des Verfassungsrechts, in: ders., Staat, Verfassung, Demokratie. Studien zur Verfassungstheorie und zum Verfassungsrecht, Suhrkamp, Frankfurt am Main 1991, SS. 92, 93。

〔2〕 Böckenförde, ebd., S. 92.

〔3〕 Böckenförde, ebd., S. 94.

国家法最重要的任务是,“绝不可能被排除在外的制宪活动可以通过一定方式加以限制,并且通过适当的措施将制宪权的表达——当其出现时——融汇到已经为此备好的程序中,借此可以将之兜住并引导其生效,通过这种方式,同样在未来具有不断更新的可能性”。[1] 为了实现对制宪权的规训,伯肯弗尔德列举了几种解决方案,包括四种特定的程序(如国民大会、全民公投)等,这些程序也能在基本法中找到相应的位置。[2] 此外,伯肯弗尔德在讨论制宪权的法律条件时,也提到了制宪权的内在规范约束(如宪法这种现象本身的约束以及人民或者民族概念的内在要求),以及联邦宪法法院在判决中所提到的“超实证的法律原则”对制宪权的约束。[3] 但所有这些对制宪权的束缚,都不能保障权力的现实运行完全按照上述的规范性要求,并且任何程序也不能保证按照此种程序所行使的权力就是制宪权的真正行使,否则制宪权就失去了其自身的原生态、不受任何事前限制的特性,也会如施米特所言的一样,“失去人民的品质”。因此,虽然伯肯弗尔德的制宪权界定在一定程度上摆脱了施米特对制宪权的“决断性”界定,赋予制宪权以国家法教义学上的意义,但也在一定程度上丢失了制宪权的本质属性。

总体而言,制宪权的行使是行动的产物,是可以观察但却难以规范的,制宪权一旦形成,就是历史的,只能加以历史上的诠释。尽管制宪权的行使绝非是完全自由任意之为,而是要受制于具体—历史环境下的时代精神特质、伦理—风俗道德上的原则(而非自然法上的原则),但这种时代精神的发现也是困难的,我们只能有限而非完全地通过先定的方式预设时代精神,时代精神只能在行动中不断地得以自我揭示,制宪权同样如此。在这里,我们有必要区分制宪权本身与制宪权的表达。[4] 通

[1] Böckenförde, Die verfassunggebende Gewalt des Volks-Ein Grenzbegriff des Verfassungsrechts, a. a. O., S. 100.

[2] Böckenförde, ebd., S. 100ff.

[3] Böckenförde, ebd., S. 107ff.

[4] 制宪权本身的无程序性、不受约束性与制宪权表达所具有的程序性和规范性之间的张力已经足以揭示制宪权概念的内在困境。

过这种区分就可以发现，我们可以通过一定的时间距离去历史地观察制宪权，但却无法通过事先的程序、规范、理念去约束制宪权本身，能够限制的只能是制宪权的表达，毕竟制宪权必须通过特定的程序和方式才能得以表达。

对制宪权的界定有助于历史地分析某一特定的决断性事件是否是制宪行为。制宪权的表达绝非是简单的权力运行，而是需要符合特定的程序、内容上有特定的规范要求（尽管此种规范要求无法在事前确证）以及有特定的观察标准。宪法教义学上的建构对于制约制宪权的行使和表达并非毫无意义，只有通过宪法教义学上不懈努力，一种制宪权运行的程序意识和规范意识才会深入人心，并为历史事件的评定确立标准，同时可以将“人民的制宪意志”一点一滴地表达出来，尽管我们不能过于理想化地认为依此程序和规范运行的权力就是制宪权本身的真正体现。

（四）宪法存在的必要性：摆脱制宪权的理论困境

当我们试图用施米特的制宪权理论解释 1975 年、1978 年、1982 年这几部《宪法》全面修改的正当性时，就会发现，既有能够成功解释之处，又有不可克服的困难。我们确实赞同施米特所提到的制宪权之事实性与决断性的一面，但施米特的制宪权理论中所隐藏的不受约束的特性又不得不谨防，这就需要一种更为细致的梳理。

首先需要回到问题的起始点，即近代以来，国家的正当性毫无例外的建立在民主正当性的基础上。这里的关键问题就涉及如何理解民主以及民主与自由的关系。尽管近代以来，民主作为一种正当性基础已经备受承认，但民主为何物却备受争议。民主首先被理解为“代议制民主”。立宪主义以来，虽经历了卢梭直接民主制的冲击，但代议制民主、议会至上的观念却在很多国家树立起来，这种观念与当时流行的法律实证主义相结合，一时蔚然成风。议会至上思维是与法律实证主义思维紧密联系在一起的，但这种思维的问题在于假定议会是不会犯错的，而议会制定的法律同样是民意的真正体现，从而并不会出现所谓的违宪情况，宪法也并未拥有高于法律的效力等级。另一种民主思维，是建基于卢梭公意基础上的民主思维,认为在实定的法律体系之外存在可以对实证法产生实质影响的人民意志。而"国家理性"思维则来自下述预设,即认为人民意志本身难以认清,但又不信任代议制,也因此对实证法律体系并不信任,于是就在实证法之外预设了某种客观的国家目的,并由此决定了实证宪法的解释与适用。[1]

从中华人民共和国制宪和几次全面修宪的历史可以看出中华人民共和国成立之后的制宪逻辑,即将制宪和全面修宪融入人民意志的塑造与形成过程中,在这一过程中,宪法的自主地位就消失了,因为这一塑造过程不能由宪法加以约束,而是宪法必须体现这一塑造过程。

从另外一个角度来看,立宪的必要性不在于体现人民意志。因此,所谓的"人民意志"其中的人民就并非是"经验上的人民",这也是卢梭区分"公意"与"众意"的原因所在。宪法存在的必要性就在于防止人民的恣意与专断,防止人民意志的不受控制、无法认清或者民主同一性的无法实现,也在于防止人民意志转换为国家意志过程中所出现的异化。而制宪行为的本质就在于希望通过立宪对人民意志(以及由人民意志所赋予的国家权力)加以规范性的约束。因此,宪法一方面是对——理想性的——人民意志的不完全的确认;另一方面则又是对——经验性的——人民意志的规范性约束。这也是宪法在人民意志之外存在的必要性及原因所在。这就导引出近代宪法的功能以及近代立宪主义的本质,即近代以来,宪法所具有的控制国家权力的功能背后所隐藏的是对人民意志被滥用的约束,这才是制宪的真正意义所在。

---

〔1〕 这种客观的国家目的并非来自自然法,而是从特定视角去把握国家在特定历史阶段的目的与任务,如从社会学、历史学、经济学的角度去认识国家在特定时代的不同目的。黑勒从社会学角度提出了要认识"社会全体"(国家的整体关联),从地理、外交、国防、经济、文化各个角度分析国家在不同阶段的任务与目的,就这个角度而言,国家学是优于宪法学的。黑勒的国家学理论在遇到宪法中的价值冲突或者棘手案件(宪法解释中这种问题比比皆是)时具有相当意义,但问题是当国家外在于实证法的目的与实证宪法本身相冲突时,应该如何解决?但无论如何,对于黑勒而言,实证宪法只是国家学领域的一部分,承担其中的部分功能,并不能涵盖国家学的全部。黑勒的理论可参考 H. Heller, Staatslehre, a. a. O. , S. 325ff. ;其他视角的国家学可参见 P. Badura, Die Methoden der neuen allgemeinen Staatslehre, 2. Aufl. 1998。

在这个基础上，宪法中的规范性要素就起到至关重要的作用，即现代性语境下的自由与平等。自由和平等作为立宪的基础，并非来自一种虚构的自然法理论，也并非源于一种自由主义的政治理论，而是近代人民主权的必然要求。“人民”作为一种整体性的概念，必然预设了人的社会属性以及人与人之间的沟通，在沟通中，要真正体现“民主”的本质，则必然要求每个人的自我决定权，并拥有“平等的自由”，从而也构成了人民主权概念本身的规范性要素，[1]这些规范性要素也就构成了对“人民意志”或者以此为基础的“国家权力”的限制。尽管随着现代性危机的凸显，自然法受到质疑，而主体性价值观念也日益受到挑战，但自由和平等作为民主的基础却从来未受到过质疑。围绕着“自由民主的基本秩序”所建立的宪法秩序也就必然具有独立的属性，不受权力、意志以及某种客观的国家目的论的限制，如此才能抵御权力、意志的滥用，并维护近代国家赖以奠基的人民主权原则和内含的规范性要素。

从这个角度来看，中华人民共和国成立后包括《共同纲领》的制定、1954 年《宪法》的制定和几次全面修宪虽都具有制宪权的属性，但这些制宪权的行使无一例外都具有不完全性和不完整性（制宪权的行使也不

---

[1] 凯尔斯汀认为康德的道德律（“要只按照你同时认为也能成为普遍法则的准则去行动”）尽管在内容上缺乏“规定性”，但在程序上实际上已经包含了人与人之间的理性交往，即人与人之间必须在自由和平等的基础上展开沟通以及民主程序，因此绝对命令建构了一种程序上的要求。罗尔斯等人的进路则与此不同，仍然是延续传统自然法的进路，试图为当代社会政治理论重构“规范前提、绝对的根基以及正当化的观念”，其建构的正义论也是建基于自由的平等分配。参见 W. Kersting, Kant und die politische Philosophie der Gegenwart (Einleitung 2007), in: ders., Wohlgeordenete Freiheit: Immanuel Kants Rechts-und Staatsphilosophie, 3. Aufl. 2007, S. 24ff.; 梁漱溟在《中国文化要义》中也提到了对民主本身所蕴含的规范性的界定，梁漱溟将“民主”界定为“我承认我，同时亦承认旁人”，从这一点出发可以推及每个人都享有“平等的自由”，参见梁漱溟：《中国文化要义》，上海人民出版社 2011 年版，第 228 页、第 229 页；德莱叶认为，凯尔森民主理论虽然看似是形式意义上的，而非施米特式的预设了实质的前提，但凯尔森的民主理论仍然有其基础值，即自由和平等，并反对任何形式的绝对统治，包括“多数人的绝对统治”，基于此凯尔森就将其民主理论与美国的违宪审查制度结合在一起，参见 H. Dreier, Rechtslehre, Staatssoziologie und Demokratienlehre bei Hans Kelsen, SS. 251ff., 262ff.。

可能具有完全性)。[1] 因此,宪法的正当性就不能仅指望一劳永逸的制宪权行使或者"立宪时刻",而必须体现在宪法制定之后的运作和人民的可接受程度上以及对特定时代基本共识的反映上;另外,不是所有的制宪行为都可以归入制宪权的行使,因为宪法必须具备"人民主权"所内含的规范性前提——非自然法意义上的规范前提,而是具有历史性的现代性得以展开的前提共识——才能具备宪法的品质,而这也能够解释为什么1975年《宪法》很难被视为是宪法的原因。

就此而言,结合中华人民共和国的制宪经验并反思制宪权理论可以暂时得出以下结论:

1. 制宪权本身是难以洞察的物自体,能够进行观察的只有制宪权的表达,而制宪权的表达是一项事实权力,同样难以加以事先的规范化与程序化。

2. 制宪权表达虽然是一项事实权力,难以通过特定程序事先规范,但并不意味着制宪权的行使可以制定具有任何内容的宪法,宪法需要具有最低限度的规范性,这是近代人民主权的内在要求,也是立宪主义告别旧社会的根本标志,对制宪权表达的规范分析虽然在事先难以具有约束意义,却可以进行事后的审视与反思。

3. 宪法制定出来之后,再过度追溯至制宪权会存在难以回避的风险:对制宪权的尊崇(无论采纳何种制宪权理论)都存在以政治取代规范的倾向,中国在中华人民共和国成立之后的立宪逻辑方面与这种过度政治性的制宪权理论存在某种暗合之处。但这种立宪的逻辑在中华人民共和国成立和立宪完成之后就需要发生转变,而不能以紧急状态、国家生存等理由取消宪法的规范性和宪法不断自我证成的能力。

4. 政治性的制宪理念在当代中国社会转型、当代多元社会的背景

---

[1] 1954年《宪法》和1982年《宪法》之所以被普遍视为比较成功的两部《宪法》,就在于这两部《宪法》的政治属性最少,而法律属性最多。1954年《宪法》虽然表面上具有一定的法律属性,但之后的实践表明,这种表面的法律属性很快就被政治上的主导思维所压制。从这点来看,过于追求文本的完美是不可能且没有意义的,但也不能忽略宪法文本应具有最低限度的规范性要素,这是现代性和人民主权的必然要求。

下,需要过渡向一种“功能分化社会”的宪法理论,实现政治系统与法律系统既封闭运行又相互依赖的“耦合”状态,而宪法则是政治系统与法律系统实现“结构耦合”的形式,由此解决两个系统自身都存在的难以克服的困境。

五、“八二宪法”的转折:多元主义的生成与发展

由于宪法不能通过回溯到人民意志、一种一元化的政治理论或者“立宪时刻”而得以一劳永逸的正当化,而是必须进行持续不断的自我证成。因此,我们看到了中华人民共和国在宪法发展中的一种变化,这种变化在政治上是以党的十一届三中全会为标志,在宪法上则是以1982年《宪法》的通过为标志。这种转变意味着,从政治主导宪法向宪法自主运行以及自我证成的过渡,与之相应的则是一元化政治理论和革命理论的逐渐退场〔1〕以及对宪法文本成熟度的需求(这也构成了全面修改1978年《宪法》的背景)。〔2〕尽管这种转型仍未完全完成,但从中我们可以明显看到我们这个时代与之前时代的不同。我们的当下仍处于现代性进程中的一个阶段,这个阶段的特征是所有在不同时代中纷呈的特征的集中展现,这里既有对传统的怀思,又有对现代性的依恋,当然还有对现代性的批判和后现代的解构,同时还存在国家干预与社会自主性、自由主义与反自由主义等多种截然对立吁求的激烈交锋,正是这种“不同时的同时性”构成了当下中国的特征,也构成了“八二宪法”运作与转型的背景。

---

〔1〕 1982年《宪法》在制定时可以看到对于政治干涉宪法、权大于法的担忧,“在全民讨论现行宪法修改草案中,许多人流露出对宪法的落实缺乏信心:主要有三个担心:一是担心‘文化大革命’中‘无法无天’现象重演;二是担心宪法流于形式,‘束之高阁’,成为一纸空文;三是担心‘权比法大’的问题难以解决”。参见王汉斌:《王汉斌访谈录——亲历新时期社会主义民主法制建设》,中国民主法制出版社2012年版,第123页。

〔2〕 1982年《宪法》在制定时,参照的是1954年《宪法》,而不是1978年《宪法》,王汉斌曾回忆道:“在通常情况下,修宪应以前一部宪法即1978年宪法为基础。但1978年宪法没有完全摆脱‘文化大革命’的影响,有不少‘文革’遗留的内容,难以作为修改的基础。而且这部宪法比较粗,只有60条,许多应该作出规定的没有作出规定。当时,研究了1954年宪法……这部宪法有106条,比较完善。”参见王汉斌:《王汉斌访谈录——亲历新时期社会主义民主法制建设》,中国民主法制出版社2012年版,第65页。

(一)新民主主义传统的继续与超越

中国走向现代化过程中的代价无疑是深重的,从封闭的帝制王国转型为近代立宪国家,不仅是一部宪法所能解决的,而且需要与制度转型相配套的经济、文化、思想、政治等各个方面的转型,所谓“一转百转”。如果法治、民主所需的社会政治条件并未转型成功,则法的实证化或者法治仍然是遥不可及的梦想,并会衍生出诸多社会问题。在转型中存在两种进路:一种是社会的自主发展,因循社会内在的自生理性进行自发的转型与调节,但这种进路存在的问题是,社会内在的转型动力来自于何处?如果仅依赖社会的内在力量,中国的近代转型无论如何都难以完成,这与中国传统的社会机制、家—国制度、文化系统息息相关,因此,中国的近代转型必然需要一种外在的动力和牵引力量。这就构成了中国近代转型的第二条进路,即依靠理性的指引完成转型。鉴于中国传统文化与现代性之间的诸多不协调之处,因此,近代中国的现代化转型就主要依赖第二条路径,在这个过程中,知识分子的“西学东渐”和领袖的思想就起到了至关重要的作用,并最终形成了一整套以西学为基础、结合中国具体现实的政治思想,并成为中国现代化转型的指导思想。

1982年《宪法》之前,中国的现代化之路基本是按照这条路径前进。由于这条路径所具有的“塑造”色彩,导致这一过程具有很强烈的强制性色彩,并出于“公意”而不可避免地牺牲了个体与自我。鉴于历史的教训,1978年党的十一届三中全会对这一路径进行了全面反思,围绕“实践是检验真理的唯一标准”这一真理观的大讨论,也反映了这一点。1982年之后则完成了从国家塑造到社会自主的悄然转变(尽管并未、也不可能完全实现)。1982年之后的转变可以归纳为两点:一是工作重心从政治领域转变到经济领域;二是所有的国家政策都带有试验的性质,而不是“一刀切”地强行推动。前者的意义在于,中华人民共和国成立之后一直推行的政治决定论逐渐转向了经济发展,而经济发展的本身规律便具有一种自主性和“去政治化”的特质,后者的意义则在于一种必然性思维的去除。尽管“八二宪法”取消了“以阶级斗争为纲”的强烈意识形态式的规定,走向更加务实的经济建设道路,但仍然有国家干预的色彩在内，如农村土地改革、价格双轨制、经济特区、市场经济、分税制改革，这些都具有很明显的国家推动的特征。不过，此时的国家推动已不具有之前的强制性特征，而是具有“试验性”的特征，从家庭联产承包责任制开始，国家每一次推动新的政策，都是先行试点再全国推广，这意味着国家思维的转变。即承认在国家建设方面，并不存在预先设定的客观真理和绝对必然性，而是需要通过社会的接受度对政策的推行进行检验，表明了国家政策与社会内在结构的一种接轨，这与“真理观”的大讨论也密切相关。可以说，1982 年之后经过国家政策的推动激发了社会的自生能力，并同时反过来又构成了宪法自主性的社会条件。

由此可以看出 1982 年之后的国家建设思路，即国家推动与社会内生相结合，通过国家推动来激发社会内在的发展动力。这种思路体现在各个方面，并逐渐推动了 20 世纪 80 年代之后的中国社会转型。国家建设一旦将重心转向经济建设，社会各方面就会出现相应变化。与经济建设任务直接相关的是，人民这一概念内涵的扩大，在 1978 年之前的社会主义改造运动中，私营经济是改造的目标，相应地，私营企业主、民族资本家等都成为改造甚至阶级斗争的对象。1982 年之后，《共同纲领》中人民统一战线得以重新确立，新民主主义的政治联合重新成为可能，在这一点上可以看到，1982 年《宪法》不仅或者很有可能不是对 1954 年《宪法》的一种继承，而是更加体现了与《共同纲领》之间的传承。[1] 从理论术语来看，我们可以发现“新民主主义”与“社会主义初级阶段”之间的内在联系，即都强调“公私二元并存”。如果说“公私兼顾”的《共同纲领》仍保留了由私向公的发展和改造目标，那么“八二宪法”则更强调

---

〔1〕 1954 年《宪法》中明确规定了“国家在过渡时期的总任务是逐步实现国家的社会主义工业化，逐步完成对农业、手工业和资本主义工商业的社会主义改造”，以及“国家对资本主义工商业采取利用、限制和改造的政策。”而 1982 年《宪法》则承认“社会主义的建设事业必须依靠工人、农民和知识分子，团结一切可以团结的力量……中国共产党领导的多党合作和政治协商制度将长期存在和发展”，并在第 11 条规定，“在法律规定范围内的个体经济、私营经济等非公有制经济，是社会主义市场经济的重要组成部分”。二者对于非公有制经济以及资本主义工商业者的态度完全不同，前者以改造为主，保护为辅；后者则强调共存、有益补充和保护。前者强调统一性的改造，后者则承认多元化的现实。

二者的同等保护和二元并存。

(二)多元主义、价值冲突与社会自主性

1982年之后最具关键的变化是计划经济向市场经济的转变以及地方分权,尤其是地方自主财政权的完成(以分税制为标志)。这一转变的直接影响是,以前全面管控经济的政策转向更多依靠市场自发的加以调控,国家从社会领域中最重要的经济领域逐渐撤出,民间的力量逐渐生成。与此相伴随的则是社会复杂性的提升、社会分工的细化以及多元利益的分化,从而为价值多元主义奠定了现实基础。除了民间资本的增长之外,地方获得财政权同样具有多元主义的特征。随着国家管控力量的减弱,1994年的分税制使地方获得了独立的财税权,这一做法的意义在于使地方利益不断上涨,并且逐渐多元化,为了在多元化的地方利益中实现统一,就必须依赖地方与地方之间以及地方与中央之间的更多对话、力量博弈与讨价还价,这在某种程度上也增长了制度化中央与地方沟通程序的要求。

1982年之后,多元主义逐渐成为中国社会的现实。随着市场经济的推动和社会自生力量的不断发展,整个中国社会的分层越来越大,各个阶层开始涌现,并因此出现了利益分化,不同阶层的利益诉求不同,其冲突也就不可避免。随着社会的分化以及社会自主性的增强,民间的自由力量也不断积聚,导致的后果便是人们不断尝试新的事物,突破禁忌,旧有的价值观念不断被颠覆,传统的道德、伦理逐渐失去其正当性,一些传统上的非主流行为也逐渐为大众所接受,形成了新的道德伦理观。这些新型的伦理观念与仍然存在的传统观念之间就形成了鲜明冲突。正是由于价值多元主义的逐渐成形,社会复杂性程度的提高,与之相伴的利益分化、利益冲突与价值冲突也日渐剧烈,为保障日益增进的财产、自由与安全,法律作为“稳定社会预期”“降低社会复杂性”的自主规范体系,其作用才日益得以凸显,1999年《宪法》修改、将“依法治国”写入《宪法》也是在这个背景下的产物。

在国家推动与社会内在演进的双重路径下,随着社会复杂性的提高,对法治的需求也不断攀升。比如,随着经济发展,私人财富不断增加，就需要各种相应配套的法律来保障与市场经济相伴随的个体自由、权利以及预期的稳定性。对法治的需求使在过去30年间，中国的法律体系得到迅速发展。由于法治是西方文明的产物，所以在法制建设过程中，就不可避免地会出现法律移植的情况，这种移植与中国依然存在的强大民间传统与文化习惯存在明显冲突。此外，由于国家推动和社会内在演进的双重进路，使国家政策的目标本身、国家实现政策的手段都可能与社会内在的利益产生冲突，甚至与实证的法律体系本身相冲突，于是国家目标与社会利益、个体权益乃至形式法治之间就存在一种内在的紧张关系，这是改革的试验性特征所决定的。在某种程度上，改革是以"非法治"的方式——如政策、决议、行政命令——所推动，但随着社会的内在发展，又不可避免地导向了法治。

如果说1978年之前，中华人民共和国的建设是试图通过政治推动一切领域，并引发了一系列问题，则1978年之后的改革开放，是将经济目标置于一切领域之上，并引发了新的社会问题。[1] 在很多领域都出现了经济功能与所在领域特有功能的紊乱，如国有企业所承担的经济功能与公共（政治）功能之间的混淆、教育领域中出现的追求经济效应与教育目标之间的冲突，甚至宗教文化领域也出现滥用宗教伦理以追求经济利益的问题。除此之外，个性发展所导致新旧价值观的冲突、改革过程中的城乡不平衡、中央与地方关系的博弈等也都体现了国家推动与社会内生力量之间的矛盾。围绕物权法的争论则展现了另一种冲突形式，即社会主义的理想与当下社会主义初级阶段现实之间的矛盾，展现了改革过程中因为利益分化而出现的贫富差距和阶层冲突。这些矛盾和冲突，如果采取政治的方式或者经济的方式加以解决，无疑会加剧冲突的发展，可能的出路只能回到宪法文本本身或者说"法的实证性"，而这也

〔1〕 由于过于强调市场的自主意义以及经济自由，而忽略了法律自主性的重要性以及由此保障的政治自由。因此，中国在改革开放中呈现的自由主义实际上是一种畸形的自由主义，从而招致各方的批判。

是现代社会的前提。[1]

六、反思:立宪时刻、人民主权与宪法

回顾中华人民共和国的宪法史可以发现,中华人民共和国的正当性源于一种目的论的发展理想。1978 年之后的中国社会转型,不再沉迷于政治上的必然规律,而是采取一种不断试错的改革机制,使国家与社会形成良好的互动。这种转型意味着国家的正当性不再置于目的论的理想图景之上,而是建构在社会的内在承认上,即从实质的正当性追求转向不断进行的自我证成。[2] 如果将国家的正当性区分为"发生的进路"和"目的进路",那么几乎所有近代国家的产生都伴随着革命之后的承诺(自由、平等、独立与国家富强),以及对于一种美好社会理想的构思。近代革命之后的问题恰恰在于正当性的这两个方面(自由与社会理想)之间所存在的紧张关系。因此,虽然从发生学上,中华人民共和国的成立具有正当性,但这种正当性却不能正当化国家成立之后的所有行为,在国家的存续问题上,其行为需要持续的证成。

围绕国家的证成,当代哲学存在不同的进路,但大多认同了一种去实体理性的程序化建构模式。这些国家的道德证成进路大多存在理想条件与现实之间的差距,[3] 并会通过一种理想性的道德要求辐射所有社会领域,包括实证法。如果要避免这种证成进路所具有的不可实现的

---

〔1〕 关于"法的实证性作为现代社会的前提","法的实证性"的社会条件和法律系统分出的社会意义,参见 N. Luhmann, Evolution des Rechts, in: ders., Ausdifferenzierung des Rechts, Beiträge zur Rechtssoziologie und Rechtstheorie, Suhrkamp 1. Aufl. 1999, S. 11ff.; ders., Positivität des Rechts als Voraussetzung einer modernen Gesellschaft, in: Ausdifferenzierung des Rechs, a. a. O, S. 113ff.。

〔2〕 关于这二者的区别,可参见周濂:《现代政治的正当性基础》,生活·读书·新知三联书店 2008 年版,第 25 页下。

〔3〕 哈贝马斯的《事实与规范》一书意图通过建构理性的商谈程序来沟通这二者,并通过建基于实证法的各种程序来建构起理想的商谈程序,从而通过"合法性"实现"正当性",但问题是商谈程序和论证规则本身所具有的理想性就很难实现,参见 J. Habermas, Faktizität und Geltung. Beiträge zur Diskurstheorie des Rechts und des demokratischen Rechtsstaats, Surkamp1994, S. 541ff.。"通过合法性的正当性如何成为可能?"

理想要素,就必须将这种理性的沟通程序和论证规则建立在实证法的基础之上,但如此一来,这种理性就要打上一定现实的折扣。当社会复杂性逐渐提升时,各种摩擦也接踵而至,解决这些冲突的途径不能再返回到一种政治上的必然性、某种“国家理性”以及某些理想性的程序建构,而是必须立足于宪法本身,围绕宪法建构独立、封闭的法律系统,从而阻却宗教、文化、政治、道德、经济等因素对成文宪法权威的挑战,并构成了封闭的法律系统之于当代中国的社会意义。即经由宪法解决社会中的多元利益冲突,防止其矛盾激化。要使以宪法为基础的法律系统真正封闭起来,就必须建构一系列的程序,如基于民主程序所制定的法律、通过选举程序而选举的官员以及自治的法院系统等。其中,违宪审查制度具有特别的意义。违宪审查制度对于封闭的法律系统所具有的意义在于,可以通过违宪审查机构的宪法决定使对于代议制民主的不信任通过法律决定的方式表现出来,并进而以法律决定的方式消弭社会中存在的一些根本价值上的冲突。〔1〕

法律系统的封闭并不意味着法律决定完全与社会系统绝缘。事实上,正是通过违宪审查机构的宪法决断或者宪法解释使社会中的政治观念、经济分析、利益权衡以及价值评估与宪法规范〔2〕相结合,并转换成为宪法本身或者法律系统本身的决定,从而避免了任何政治机构对于宪法的僭越或者操控。虽然违宪审查机构本身会受到反民主或者反多数的质疑,但违宪审查机构同时也承载着“审议民主”的任务,〔3〕其决定构成了全社会理性讨论的平台,并搭建了一个共识形成的舞台。违宪审查

〔1〕 J. Habermas, Faktizität und Geltung, a. a. O., S. 338.“联邦宪法法院的法官应该作为当下已经停止的、在议会活动的繁文缛节中变得僵化的[人民]自决活动的守护者而替代性的发挥人民的自决权”。

〔2〕 宪法作为结构耦合的行使承载着法律系统与周围其他系统之间沟通的重任,而宪法中内在冲突但又高度一致的原则性规定为这种沟通提供了有效的平台。关于宪法作为结构耦合的形式沟通政治系统、经济系统与法律系统,但又不妨碍各系统操作的封闭性,可参见 N. Luhmann, Das Recht der Gesellschaft, Suhrkamp 1995, S. 452ff.。

〔3〕 共和主义者将“宪法法院的角色界定为审议民主的守护者”,参见 J. Habermas, Faktizität und Geltung, a. a. O., S. 335; S. 238ff. S. 292ff.。

机构的决定可能是错的,会受到众多质疑,但正是在这种互动以及全社会的压力中,才会促使违宪审查机构通过自身的决定修正其先前的宪法决定。由于权威的概念同时包含服从与理性,〔1〕因此,法律系统中的自主决定必须是以政治的民主化、公共理性协商平台的存在以及言论自由的保障为前提。如果缺少这些相应的机制,那么法律系统的封闭性也只是空中楼阁;如果一项权威的存在不能以其他的权威为前提,〔2〕那么宪法的权威就不能来自什么制宪权,只能来自宪法本身的规范属性,以宪法为基础的法律系统必须具有自主性,否则宪法的权威也难以真正树立起来。

总体来说,国家(主权)与宪法之间的紧张关系,其问题的关键点不是判断一个国家是否处于紧急状态的问题,而是源于一种根本性的理论差异,即是否承认(人民或国家)"意志"优于"规范"？是否承认权力—意志与规范的来源不同？是承认政治一元论,还是价值多元论(价值相对主义)？至少在今日中国,我们看到了在(形式意义上的)自由、平等这种在现代性的根本价值前提下多元价值并存的必要性,并由此看到社会系统的分化和法律系统分出的意义,从而拒绝回到一个统摄和整合全社会领域的"客观存在"。由于多元主义价值观念的不断发展,追逐一种政治一元理论的做法已经在当代中国受到极大阻滞,因此,为了消弭不断增强的社会复杂性以及由此产生的个体利益冲突、价值冲突、个体与社会的冲突以及个体、社会、国家之间的冲突,就需要树立新的权威,而这似乎非成文宪法莫属。在价值多元主义的现代,只有容纳了多元主义价值的宪法才能体现"民主"的真正意义,不是一种理想化的"公意",而是通过基于一定(沟通和民主)程序所做出的宪法决定保证"民主"的

---

〔1〕 关于权威中的理性与服从要素,可参见[法]亚历山大·科耶夫:《权威的概念》,姜志辉译,译林出版社 2011 年版。科耶夫将权威界定为社会现象,"是一个施动者对一些其他人(或者某个人)产生影响的可能性,这些其他人却不反过来对他产生影响,尽管他们能这样做";[美]汉娜·阿伦特:《何为权威?》,载汉娜·阿伦特:《过去与未来之间》,王寅丽、张立立译,译林出版社 2011 年版,第 86～135 页。

〔2〕 关于权威产生的自发性和有条件性问题,可参见[法]亚历山大·科耶夫:《权威的概念》,姜志辉译,译林出版社 2011 年版,第 28 页下。

前提免受破坏并在此基础上体现特定时代的民情、风俗和价值。在这个前提下，立法、行政以及宪法审查的决定都在沿着这个方向前进。

由此，我们可以反观“立宪时刻”的问题。当下宪法学界都在争论何时才是中国的“立宪时刻”，有人认为是《共同纲领》，有人认为是“五四宪法”，甚至还有人认为是 1947 年《中华民国宪法》，更有人追溯到《清帝逊位诏书》。这种对“立宪时刻”的寻找无疑出于一种急需为当下的宪法理论寻找价值决断的愿望。但遗憾的是，尽管承载政治决断和价值决断的“立宪时刻”具有重要的历史意义，却显然无法通过此一劳永逸的方案解决当下的根本政治分歧，并找到宪法真正的“正当性”基础。而且，那种认为存在一种理想化的“立宪时刻”的想法也无疑是天真的。很多人会认为在历史上的某一个时刻，就像存在天启一样，突然之间一个美妙的立宪时刻就此诞生。事实上，任何历史上的所谓立宪时刻都不是这么理想化的，立宪无疑是一个过程，需通过不断的实践、解释、判例、冲突与冲突之解决而不断得以丰满。宪法是不断需要自我证成的，因为每个时代都会遇到新的政治、社会问题以及新的价值冲突的形式，这就需要宪法不断做出价值权衡，在连续性与突破性之间、在秩序与决断之间不断保持平衡。

对人民主权和立宪时刻的痴迷都体现了学者们想要为宪法找到一种实质性的正当性根基的良好愿望，二者都体现了对于一种政治一元理论和决断理论的追求，在这里我们可以引用伯肯弗尔德的一句话加以概括，“在真正法律意义上的‘宪法的优先性’……是源于实质宪法国家思维的法律上的后果。但在这里却会产生人民的主权问题。是否在实质宪法国家以及宪法优位的框架下仍然为人民主权保留了存在的空间呢？对人民主权的吁求尽管可以导引出宪法的正当性，但在宪法之内或者在宪法的根基上，它却不再浮现”。[1]

在这个问题上，黑塞的一段话或许足以发人深省：“没有人会希望我

---

〔1〕 E.-W. Böckenförde, Geschichtliche Entwicklung und Bedeutungswandel der Verfassungs, in: ders., Staat, Verfassung, Demokratie, 2. Aufl. 1992, S. 44.

们在这里所暗示的宪法的规范化与政治、社会现实之间的张力会演变成二者之间的严重冲突。解决该冲突的出路绝不可能是确定的,因为即使是在冲突情势中宪法都能恪守其规范力的前提在我们当代国家的现实中仅能有限的得以实现。而有关我们国家未来的问题究竟是权力问题还是法律问题,则有赖于我们所有人都共同指向的宪法规范力及其前提——宪法意志——的恪守与强化。"[1]

---

〔1〕 K. Hesse, Die Normative Kraft der Verfassung, Tübingen 1959, S. 22.

第四章　政治宪法学产生的时代条件：以政治与宪法的关系为切入点

2010年是中国宪法学界的一个分水岭，在陈端洪教授赴清华大学演讲之际（演讲题目为"宪法学的知识界碑——政治学者和宪法学者关于制宪权的对话"），林来梵教授对之提出了批评，并形成了"规范宪法学"与"政治宪法学"的争论格局。[1] 此后，高全喜教授与陈端洪教授又先后进行了一系列讲演，发表了一系列论文，巩固了政治宪法学的阵营。如果结合强世功教授关于"不成文宪法"[2]的论述，则这一阵营更是清晰可见。政治宪法学从产生伊始便缺乏一个清晰且统一的学术框架，其内部也存在不同的问题意识和

---

〔1〕 尽管在这之前陈端洪教授就在2008年发表了《论宪法作为国家的根本法与高级法》这一反响强烈的文章，高全喜教授等学者也有意识地就政治、主权、宪法实施等方面发表过相关主题的著作与文章，但争论格局的正式形成仍应以2010年的争论为开端。陈端洪教授演讲的同名文章载于《开放时代》2010年第3期。

〔2〕 强世功：《中国宪法中的不成文宪法：理解中国宪法的新视角》，载《开放时代》2009年第12期。

学术立场,与规范宪法学或宪法教义学之间也存在一些不必要的误会。鉴于此,就需对中国的政治宪法学进行一个系统的述评。

一、"政治宪法学"因何而生

政治宪法学已经成为宪法学界的一个无法忽略的现象,虽然政治宪法学似乎仍然缺乏一个"学派"的气象,但在政治宪法学的大旗之下,已经凝聚了一批年轻的学者〔1〕为之摇旗呐喊。要理解"政治宪法学"的抱负,自然须了解政治宪法学在中国当代产生的历史机缘。政治宪法学的产生不是一个偶然,而是社会转型与学术发展的自然结果。

从社会转型来看,改革的深入使整个中国社会都面临各方面的转型,乡土社会、民间习惯、文化传统等相继发生改变,自中华人民共和国成立以来一直推行的政治控制(从经济、文化、思想到社会治理)的治理模式也开始出现松动。随着经济领域的市场化和自由化,社会各领域都出现了打破计划和政治管控的冲动,思想层面出现了"启蒙"的迹象,〔2〕自由主义的理念开始普及,西方现代性的思想开始渗入各个行业,法学领域亦不能例外。在宪法学界,西方价值的引入似乎更为猛烈,并形成了以西方标准透视中国宪法的状况。在自由主义和西方现代性价值彰显之时,中国的经济完成了飞跃,国力日强,思想层面的本土化意识与民族性也与日俱增,一种去西方价值的保守主义立场应时而生,并与西方现代性价值形成了知识竞争,构成了今日中国思想界的"古今中西之

---

〔1〕 典型如翟小波、张龑、翟志勇、刘刚、田雷、田飞龙等。相关文章可参见翟小波:《宪法是关于主权的真实规则》,载《法学研究》2004 年第 6 期;翟志勇:《人民主权是一种法权结构与公民行动》,载《学术月刊》2013 年第 10 期;张龑:《论我国法律体系中的家与个体自由原则》,载《中外法学》2013 年第 4 期;刘刚:《现代政治代表的历史类型与体系结构》,载《中外法学》2014 年第 3 期;田飞龙:《政治宪政主义:中国宪政转型的另一种进路》,北京大学法学院 2012 年博士学位论文。

〔2〕 甘阳在分析 20 世纪 80 年代文化讨论时曾提道:"问题的本质就根本不在于中西文化的差异有多大,而是在于:中国文化必须挣脱其传统形态,大踏步地走向现代形态。"参见甘阳:《八十年代文化讨论的几个问题》,载甘阳主编:《八十年代文化意识》,上海人民出版社 2006 年版,第 17 页。

争"。[1] 这种保守主义的立场具有三重面向:主张恢复传统的文化复兴论者;强调中国道路和中国模式的经验论者;主张从中国当代历史现实中发掘时代精神的价值论者。具体到宪法学领域,这三重面向也有其安身立命之处,虽然存在侧重点不同和理论差异,但都被统合到"政治宪法学"的名称之下。

在社会转型的大背景下,宪法文本内部也随着宪法修改和宪法变迁而形成了体系内的紧张,如宪法中的社会主义条款与自由主义条款。这暗合了现实中随着改革深化而激发的政治观点上的分歧,在改革过程呈现的改革(政治决策)与法治的内在紧张[2]也使这种分歧有了承载的现实平台。改革要求的效率和决断与法治所要求的权利保障和程序公正之间具有天然的矛盾,倾向何者就构成了转型中国的艰难抉择,这种社会转型的影响也波及学术发展。在宪法学界,1982 年修宪之后其学术脉络大致经历了三个阶段:20 世纪 80 年代宪法学者承继传统"政法学派"的路径,[3]将宪法理论建立在社会主义传统理论(马克思历史唯物主义)与阶级分析的基础上,虽然也有学者关注宪法学独立的学科意识,从修宪的讨论中对宪法条文进行逐条释义,[4]但宪法学基本未脱离传统政治理论的辐射影响,这也是中华人民共和国成立以来"政治决定论"的某种延续;[5]进入 20 世纪 90 年代,宪法学界开始关注宪法的适用,从制度层面寻求宪法解释、宪法监督和违宪审查机制的突破,并开始脱离传统的政治话语体系,建立学科的自足性与专业性;进入 21 世纪之后,宪法学开始经历"方法论的觉醒"(林来梵),[6]由此形成了方法论的

---

〔1〕 甘阳:《古今中西之争》,生活·读书·新知三联书店 2006 年版。

〔2〕 参见林来梵:《规范宪法的条件和宪法规范的变动》,载《法学研究》1999 年第 2 期。

〔3〕 关于"政法法学""社科法学""诠释法学"的分类可参见苏力:《也许正在发生:转型中国的法学》,法律出版社 2004 年版,第 12 ~ 15 页。

〔4〕 肖蔚云:《我国现行宪法的诞生》,北京大学出版社 1986 年版。

〔5〕 对此,可参见李忠夏:《从制宪权角度透视新中国宪法的发展》,载《中外法学》2014 年第 3 期。

〔6〕 林来梵:《从宪法规范到规范宪法——规范宪法学的一种前言》,法律出版社 2001 年版,第 8 页。

自觉意识以及“法学的祛魅”,[1]借由制度层面的争论(围绕“宪法司法化”的争论[2]),而转入方法论层面的深层对话,并最终形成了学派之争,即“规范宪法学”与“政治宪法学”的争论。在这一学术脉络的演变中,社会转型所带来的促动也是显而易见的。从某种意义上来说,宪法学界的方法之争暗含了一种对中国未来发展道路的反思与分歧,方法论反思的背后具有强烈的入世性。

二、中国化的“政治宪法学”:问题意识与知识资源

一种理论或学派总是为回应和解决现实问题而生的,政治宪法学亦不例外。要把握“政治宪法学”的共通之处,需要从以下三个基本属性入手:“历史性”、“中国性”(本土性)、“政治性”。19 世纪之后,德国大多公共知识分子、政治家、诗人等群体出现了反启蒙、反“西方之异化”以及“本土化”(bodenständig)的潮流,[3]并在文化、法学等领域提倡民族精神。中国今天的情况与此类似,也出现了“本土化”“中国道路”“中国模式”的趋势,[4]这种现象对于中国这种具有深厚传统的后发国家而言再正常不过,并且中国自改革以来的各项成就也为此提供了经验的土壤。

在此背景下,“政治宪法学”的一种共同价值诉求就是在宪法研究中植入“历史性”“中国性”“政治性”,其目标在于实现宪法路径选择中

---

〔1〕 林来梵:《法学的祛魅》,载《中国法律评论》2014 年第 4 期。

〔2〕 强世功:《宪法司法化的悖论——兼论法学家在推动宪政中的困境》,载《中国社会科学》2003 年第 2 期;王磊:《宪法实施的新探索:齐玉苓案的几个宪法问题》,载《中国社会科学》2003 年第 2 期;王磊:《宪法的司法化》,中国政法大学出版社 2000 年版。从该问题延伸出去而产生了“谁来解释宪法”“合宪性解释”等问题,具体参见强世功:《谁来解释宪法?从宪法文本看我国的二元违宪审查体制》,载《中外法学》2003 年第 5 期;张翔:《两种宪法案件:从合宪性解释看宪法对司法的可能影响》,载《中国法学》2008 年第 3 期。

〔3〕 K. -D. Bracher, Die Auflösung der Weimarer Republik, 4. Aufl., Ring Verlag 1964, S. 4f.

〔4〕 比如,强世功教授所提出的“中国模式”以及具体问题中的“中国模式”研究,参见强世功:《中国宪政模式?巴克尔对中国“单一政党宪政国”体制的研究》,载《中外法学》2012 年第 5 期。另参见苏力:《法治及其本土资源》,中国政法大学出版社 2004 年版;王人博:《法的中国性》,广西师范大学出版社 2014 年版。

的去西方化。“政治宪法学”从产生伊始就具有很强烈的批判意识——反对用西方的标准审视中国宪法，包括宪法文本和宪法的实施；反对在解释中国宪法时简单复制和移植西方的概念与理论；反对忽略国家建构和政治现实的法条主义思维。因为“政治宪法学”内部的侧重点不同，“政治宪法学”也出现了不同的路径选择。正如上文所分析的，保守主义立场的三重面向使政治宪法学出现了内部分野：〔1〕有主张在现行宪法秩序和法律体系中融入传统元素的学者，如“儒家宪治”〔2〕和宪制论者；〔3〕有总结自中华人民共和国成立和改革以来的政治实践、惯例和成功经验而归纳“中国宪法模式”的学者；有强调宪法文本中的根本政治属性，归纳“五个根本法”的学者；也有从历史哲学中发掘时代精神的学者。总体而言，上述路径有所交叉，存在共通性，分享相似的路径，〔4〕但也存在“重要的差异”，〔5〕并因自身需求而寻找各自的知识家园。〔6〕

（一）“历史性”的政治宪法学

强调“历史性”的政治宪法学主要可分为三个维度：中国传统文化

〔1〕　田飞龙将“政治宪法学”归为三类（陈端洪的“根本法”模式、高全喜的“宪制发生学”模式、翟小波的“公议民主”模式），认为强世功教授的“不成文宪法”尝试非政治宪法学范畴，而高全喜教授则将强世功教授以及姚中秋为代表的儒家立宪建国论和许章润为代表的基于国家理性的历史法学都纳入政治宪法学的范畴。参见田飞龙：《中国宪法学脉络中的政治宪法学》，载《学海》2013 年第 2 期；高全喜：《政治宪法学的兴起与嬗变》，载《交大法学》2012 年第 1 期。

〔2〕　姚中秋：《儒家宪政民生主义》，载《开放时代》2011 年第 6 期。

〔3〕　苏力：《何为宪制问题：西方历史与古代中国》，载《华东政法大学学报》2013 年第 5 期；苏力：《作为制度的皇帝》，载苏力主编：《法律和社会科学》（第 12 卷），法律出版社 2013 年版，第 7 页。

〔4〕　“我们仍然同属于政治宪法学，因为我们的问题意识是相同的，我们的方法论也是相同的，我们都把宪法视为一种‘政治宪法’，认为百年中国宪制体现着民族（国族）的政治意志与决断及其理性选择，中国的宪法学应该正视现代中国的人民主权，把握其隐含的人民、党与宪法的根本性关系，揭示其从‘生存的法则’到‘自由的法则’的演进路径。”参见高全喜：《政治宪法学的兴起与嬗变》，载《交大法学》2012 年第 1 期。

〔5〕　田飞龙：《中国宪法学脉络中的政治宪法学》，载《学海》2013 年第 2 期。高全喜本人亦有承认。

〔6〕　比如，强世功是从英国的宪法实践中寻求知识资源，以戴雪等英国学者的理论为基础，而陈端洪则以卢梭、施米特、黑格尔的理论为根基，高全喜则采精神科学的路径。

与宪法价值的结合,如“儒家宪治”以及有学者在现代宪法体系下讨论“家与个体自由原则”的关系;寻找符合历史理性的国家建构,并以国家理性为宪法的基础;发现时代精神的政治宪法学。这也符合历史哲学的不同路径,“国家理性”的建构是思辨历史哲学的体现,而“时代精神”的历史发现则因循分析历史哲学的路径。前者建立在本体论基础上,在历史运动中发现国家理性,是历史理性本身自我呈现的过程;后者则建立在认识论基础上,其目标不在于把握客观的、自我运行的历史规律和历史理性,而在于人们如何认识历史,即齐美尔所提到的“历史科学如何成为可能”这一康德式的问题,〔1〕一切历史问题都与人的认识能力有关,我们所看到的历史是人所“认识”的历史。

在分析历史哲学的维度中,“认识历史”又有还原历史与再造历史之分。如何认识历史,一直都存有争议。一派意见认为,需严格运用档案和史料,以还原历史真相,或透过文本理解,以“移情”(Einfühlung)〔2〕方式还原历史精神,德国传统的历史学家兰克、施莱尔马赫和狄尔泰等都持此观点,并强调历史为科学;另一派意见认为,历史真相无法客观还原,而是为史家所重建和再造之历史,如钱钟书曾言,“史家追叙真人实事,每须遥体人情,悬想时势,设身局中,潜心腔内,忖之度之,以揣以摩”。〔3〕这与克罗齐和柯林伍德观点相仿,柯氏名言,“史家必须重演往事于其心中”,〔4〕就是史学家再造历史的表征。此派观点认为追求历史真相必须融之以思想和主观判断在内,卡尔认为,所谓历史是不断互动的过程,是当下之史家与过去之史实间永无止境的对话。〔5〕甚至福柯

〔1〕 R. M. Burns、H. R. Pickard:《历史哲学:从启蒙到后现代性》,张羽佳译,北京师范大学出版社 2008 年版,第 269 页。

〔2〕 比如,狄尔泰曾言,“今人与古人,虽异代相隔,却具有同样的心灵世界”。参见[美]汪荣祖:《史学九章》,生活·读书·新知三联书店 2006 年版,第 188 页。

〔3〕 钱钟书:《管锥编》(一),生活·读书·新知三联书店 2007 年版,第 272~273 页。

〔4〕 参见汪荣祖对此的翻译,[美]汪荣祖:《史学九章》,生活·读书·新知三联书店 2006 年版,第 179 页;原文见[英]R. G. 柯林伍德:《历史的观念》,尹锐等译,光明日报出版社 2007 年版,第 165 页。“在他自己的心灵中对它们进行重新思想。”

〔5〕 E. H. Carr, *What is history?* Second Edition, Penguin Books, p. 35.

认为,科学均为意识形态所表现,所谓历史,均为政治和权力所背书,极端者,后现代主义认为历史与小说并无二异,“过去乃是今日之小说”,否定历史为科学,而将之界定为艺术。[1] 在还原与再造之间,历史就置身于过去与现在的双重视域之下,对历史的认识当然不能完全脱离对历史真相的追求,但也无法摆脱当下的视角和“前见”的影响。究竟历史真相是否可单独还原出来,还是解读历史必带有解释者的“前见”,以现代的眼光来解释历史,或者受今日价值观念的支配而“以今论古”,这是历史学乃至哲学诠释学备受争议的问题。在这一脉络中,今天宪法学中也存在一种回溯到中国近代立宪主义运动源头的“词源”考据,考察立宪之初中国所面临的问题意识以及立宪道路的选择,指出中国近代立宪“富强为体、民主宪治为用”的独特道路,并由此“物境”而生联想(对西方民主宪政与富强之间关系的想象)再回归记忆(传统的民本思想)的承接关系。继而对这一脉络用今天的眼光加以审视,试图找到继受西方宪法价值与面向中国独特宪法语境的中间道路,发现“宪治的中国之道”,这是一种寓于还原与再造、过去与现在之间的历史诠释学路径。[2]

中国“政治宪法学”中强调“历史性”与历史学的定位并不尽相同。历史学侧重对“历史”的认识,追求“历史真相”,强调当下的时代性与特殊性。“历史性”的政治宪法学强调从“历史现实”中寻找政治正当性,以作为今日宪法之基础。这种历史主义对抗的是“永恒的善”,指涉的是时代价值,既不存在一个永久的事物,也不存在一个“唯一的好社会”,对于现代价值的把握需一种历史性的视野,其正当性建立在变动不居的时代精神潮流之上。然而这种历史主义要么陷入发现历史规律的

---

〔1〕 对此可参见[美]格奥尔格·伊格尔斯:《二十世纪的历史学:从科学的客观性到后现代的挑战》,何兆武译,山东大学出版社2006年版,第1~15页。

〔2〕 这一路径是王人博教授所坚持的,具体可参见王人博:《宪政的中国语境》,载《法学研究》2001年第2期;王人博:《宪政的中国之道》,山东人民出版社2003年版;王人博:《宪政文化与近代中国》,法律出版社1997年版;王人博:《法的中国性》,广西师范大学出版社2014年版;王人博:《中国的近代性:1840~1919》,广西师范大学出版社2015年版。

"历史决定论"中,要么否定历史的进步性而陷入价值虚无中("唯人民意志是从"导致了1933年德国的悲剧)。这种历史主义的态度,在施特劳斯看来是古典政治哲学"真正的敌人",[1]侧重的是历史在今天的有效性以及这个时代具有正当性的价值观,也因此常与"民族性"联系在一起。"儒家宪治"是希望从中国儒家传统中寻找今天政治的正当性基础,并将儒家伦理与立宪价值结合,然而儒宪派遇到的最大问题源于传统儒家伦理如何能与现代宪法价值相协调,以及儒家伦理能否与现代中国人的生活方式相适,传统文化的复兴只能来自内在生活和精神的需求,而不能为了复苏而复苏。"国家理性"论者是从历史演进的规律中回答"为何要有国家""如何才有国家""国家应当如何"的问题,[2]然而"国家理性"究竟包含哪些要素?应如何实现?是否是在历史演进中徐徐展开?今日中国的"国家理性"应如何展开?对于今天中国宪法学的意义何在?诸如此类的问题仍需进一步展开。寻找"历史正当性"的政治宪法学则需要回答,如何从历史发现时代的"客观价值"这一精神科学的问题。但以上诸种历史主义的态度都需回到,如何避免历史主义所产生的价值虚无的悲剧这一根本性问题。

(二)"中国模式"思维框架下的"政治宪法学"

"中国模式"是强世功教授最先提出的,他在评介美国巴克尔(白轲)教授的"单一政党宪政国"体制的研究时提出这一模式,[3]并在之后反复强调了这一点。[4]这一模式的提出与强世功教授一直以来从中国政治实践和惯例中发掘"不成文宪法"的尝试一脉相承,[5]其目的在于

---

[1] 参见[美]施特劳斯:《什么是政治哲学》,李世祥等译,华夏出版社2011年版,第17页下。

[2] 许章润:《今天中国为何要省思"国家理性"》,载《战略与管理》2010年第9/10期合编本。

[3] 强世功:《中国宪政模式?巴克尔对中国"单一政党宪政国"体制的研究》,载《中外法学》2012年第5期。

[4] 强世功:《如何探索中国的宪政道路?——对白轲教授的回应》,载《开放时代》2014年第2期。

[5] 强世功:《中国宪法中的不成文宪法:理解中国宪法的新视角》,载《开放时代》2009年第12期。

从中国改革30余年乃至自中华人民共和国成立以来60余年的政治实践和政治惯例中归纳出"成功"的经验,并将之归结为"不成文宪法""中国模式""中国宪法秩序"等名号,这一研究路径的总体特点可归结为以下几方面。

1. 反对西方宪政的理想性话语体系以及宪法研究中的"西方中心主义"。强世功教授对此有明确界定,"在众多的宪政价值中,自由主义宪政所体现的价值随着二战和冷战的胜利而获得了某种普遍性,由此成为评判其他宪政体制的理想标准。不仅自由、人权成为宪政的核心价值,而且有限政府、三权分立、司法独立和违宪审查之类的制度安排,甚至民主选举、多党轮流执政之类的政治制度都成为理想宪政的标准。按照这个宪政标准,体现其他价值的宪政可能就不是宪政,甚至乃是反宪政(anti-constitutionalism)。于是,'宪政'概念就逐渐变成了操控意识形态正当性话语的手段"。[1]

2. 在宪法文本之外,以中国的政治实践经验为基础,反驳中国"有宪法而无宪治"的论断。[2] 在中国的宪法学研究中,一直以来存在的认识性前提是,在中国,宪法文本与宪法实践之间存在巨大的差距。在这一前提下,有学者得出结论认为,"中国有宪法而无宪治",但有的学者则持相反态度,认为应该改变这种宪法学界的"迷思"[3]和思维定式,转而研究实践中的政治规则,探寻"看不见的宪法""隐蔽的宪法"或者说"真正的宪法",[4]解决中国宪法研究中"看不见中国"的现象。强世功教授在《不成文宪法》一文中探讨了自中华人民共和国成立以来逐渐形成的

---

〔1〕 强世功:《中国宪政模式? 巴克尔对中国"单一政党宪政国"体制的研究》,载《中外法学》2012年第5期。

〔2〕 同上;田雷:《"差序格局"、反定型化与未完全理论化合意:中国宪政模式的一种叙述纲要》,载《中外法学》2012年第5期;冯象:《法学的历史批判——答〈北大法律评论〉》,载徐斌主编:《北大法律评论》编辑委员会编:《北大法律评论》(第13卷第2辑),北京大学出版社2012年版,第644~648页。

〔3〕 田雷:《"差序格局"、反定型化与未完全理论化合意:中国宪政模式的一种叙述纲要》,载《中外法学》2012年第5期。

〔4〕 强世功:《中国宪政模式? 巴克尔对中国"单一政党宪政国"体制的研究》,载《中外法学》2012年第5期。

政治运行中的“规范秩序”,也就是由规范性宪章、宪法惯例、宪法学说和宪法性法律所构成的“不成文宪法”。田雷教授也梳理了中国 1982 年以来“宪法模式”的政治推动力。然而正如作者本人所坦诚的,“本文的讨论也未能看到《宪法》”,这是作者在写作文章之际就已预期会遭受的批评,而强世功教授也明确提出了“超越成文宪法”的主张。然而这种批评并非是该文所“不能承受之重”,因为文章的意图本来就是建构另一种不同于文本解读的中国宪法话语体系。

3. 与超越宪法文本和西方中心主义相关的是反对“宪法司法化”,超越“法院宪法”。在中国传统宪法学的研究中,违宪审查制度始终是热门主题,也主要存在两种范式:一种以西方的司法审查制度为摹本;另一种则借鉴法国宪法委员会,结合我国特有的政治制度,思索在全国人大常委会中设立“宪法委员会”。以“齐玉苓案”为契机,学界展开了旷日持久的“宪法司法化”之争,“司法化”一时成为传统宪法学的标签。从外部视角来看,传统宪法学界对宪法的研究就是以法院为中心(包括对美国宪法的理解),这也被视为宪法学界被西方宪法理论殖民的明证,正如田雷所指出的:“我们的宪法理论却沦为欧风美雨的智识半殖民地甚或殖民地,我们作为中国宪法的研究者难道不应该反思吗?”[1]在新近的研究中,也有学者批判了宪法教义学以中国宪法文本为包装对西方理论进行盲目的引介和移植。[2] 但值得注意的是,即使宪法学界内部,也对“宪法司法化”持保留态度,并不完全赞同在中国赋予法院以违宪审查权,而是在尊重《宪法》第 67 条全国人大常委会释宪权的基础上寻求制度上的突破,并区分了法院可以援引宪法的“合宪性解释”案件与中国法院无法承载的“违宪审查”案件。[3]

总体而言,以宪法实施的“中国模式”为目标的政治宪法学超越宪

---

〔1〕 田雷:《“差序格局”、反定型化与未完全理论化合意:中国宪政模式的一种叙述纲要》,载《中外法学》2012 年第 5 期。

〔2〕 凌斌:《什么是法教义学:一个法哲学追问》,载《中外法学》2015 年第 1 期。

〔3〕 张翔:《两种宪法案件:从合宪性解释看宪法对司法的可能影响》,载《中国法学》2008 年第 3 期。

法文本,立足中国政治现实,反对西方中心主义和法院宪法。根据强世功教授的总结,这种路径"采用一种基于历史—经验的功能分析方法来研究'实效宪法'(effective constitution)。当然,这不是为了描述一个历史经验现象,而是从中发现在现实政治生活中真实存在的宪法规则或宪法规范。这种方法并不是在形而上学意义上追问'宪法应当是什么',也不是在法律形式主义的意义上追问'宪法文本的含义究竟是什么',而是在坚持'价值中立'的社会科学立场上,具体地、经验地考察中国的政治运作中'哪些规则实际上发挥着宪法的功能',从而构成中国'真正的宪法'"。[1]

如果从改革开放30余年,中国作为大国治理的气势磅礴和纵横捭阖来讲,政治宪法学的研究或许更具吸引力,但却存在诸多不尽如人意之处。"中国模式"所遭受的最为典型的批评在于:如何从中国的政治经验和政治实践中归纳出"真正的宪法";通过何种标准才能识别或确定所谓的"不成文宪法";[2]从经验到规范的鸿沟如何克服;不成文宪法与成文宪法相冲突时应如何处理等。另外,"中国模式"的研究果真如强世功教授所言是"价值中立"么?从政治惯例和规则中总结"宪法"的过程,本身就包含了价值预设在内,因为实际运行的政治惯例、规则是千变万化的,而"宪法"只能从中识别,这一识别过程必然包含"何谓宪法"的判断,包含什么样的规则是"好的"或者说"有效的""正当的"这一判断。就此而言,这一路径又岂能真正地做到"价值无涉"?概观这一模式的文章,对于1982年《宪法》之后的中国30年政治实践基本持一种先入为主的正确判断,似乎这30年的实践一切都是"美好"的。因此,改革之后的政治逻辑就突然显示出一种未加论证的正确性,但"政治治理的

---

〔1〕 强世功:《中国宪法中的不成文宪法:理解中国宪法的新视角》,载《开放时代》2009年第12期。

〔2〕 详见李忠夏:《中国宪法学方法论反思》,载《法学研究》2011年第2期。对于强世功教授以英国"不成文宪法"经验为基础进行的建构工作,也有学者进行了批评。参见翟志勇:《英国不成文宪法的观念流变——兼论不成文宪法概念在我国的误用》,载《清华法学》2013年第3期;何永红:《政治宪法论的英国渊源及其误读》,载《清华法学》2014年第3期。

有效性”或者实践形成的“政治秩序”不能自动转换为具有正当性的宪法规则,否则就会出现将“宪法”等同于“治理”、“宪制(政制)”等同于“宪法”的情况。[1] 古往今来,任何一个城邦、国家、政治共同体都需要一个“宪制”作为政治组织原则,钱穆先生也曾对这种现象进行了论述,并指出了中国古代围绕皇权和相权所产生的一系列分权、组织和制衡的制度。[2] 然而,并非只要是“宪制”就等同于“宪法”。“宪法”一词必须植入启蒙和现代性的语境下才具有区别性的意义,才能显示出“Constitution”“Verfassung”这一词的古今之别。在这里也就涉及宪法与政治的关系,正是在这一个问题上所持观点的迥异,造成了当下理论界的明显分野。从强世功教授与田雷博士的理论脉络来看,政治与宪法是统一的;而在传统的宪法学者来看,这二者却应分离,因为宪法是规范,而规范是反事实的,其功能就在于评价现实,而不能反其道而行,简单从现实推出规范。

(三)“政治”维度中的政治宪法学:以正当性对抗合法性

这是陈端洪教授所试图建构的宪法学研究路径,陈端洪教授是迄今为止最早旗帜鲜明提出“政治宪法学”这一口号的学者。田飞龙博士将陈端洪教授的“政治宪法学”界定为“根本法”模式。从文本来看,这一模式的政治宪法学宗旨在于,“试图提供一种模式,作为民族自我理解其政治生存的解释框架,既真实描述活生生的宪法,也为反思政治生活提供一套规范概念”。[3] 由此可看出政治宪法学所具有的“描述”与“反思”的双重任务,其关键在于将现实中的政治规则提升至规范层面的“宪法”这一过程。这一模式的政治宪法学所要解决的问题,主要集中于制宪权、主权、公意、根本法、例外状态、政治决断等。迄今为止,所寻

[1] 苏力:《何为宪制问题? ——西方历史与古代中国》,载《华东政法大学学报》2013 年第 5 期。

[2] 钱穆:《国史新论》,生活 · 读书 · 新知三联书店 2001 年版,第 83 页下;具体可参见钱穆:《中国历代政治得失》,生活 · 读书 · 新知三联书店 2001 年版。

[3] 陈端洪:《宪法学研究中的政治逻辑》,载《法制日报》2012 年 12 月 12 日,第 9 版。

求的知识资源包括卢梭、施米特、阿克曼与黑格尔。[1] 简单来说,陈端洪教授的政治宪法学可以归结为两点,即对正当性的追求与对自由主义的批判。

在韦伯看来,现代性的一个特点就是正当性(Legitimität)化约为合法性(Legalität)。随着理性的祛魅和自然法的衰落,国家统治的正当性只能建立在实定法的基础上,理性只能经由形式主义的合法性才能得以展开。然而,现代人并不满足于此,重建规范性和正当性的努力从未停止。正当性所要解决的是"国家统治的正当性",韦伯在其《经济与社会》一书中对统治"正当性"进行了界定,即"统治的'有效性'(Geltung),也就是说公务员对统治者的服从请求以及被统治者对上述二者的服从请求,可建立在何种最终的原则之上",[2] 在韦伯看来,正是基于"正当性的信仰",统治才能得以存续。[3] 在霍夫曼看来,"当我在这里提到正当性时,我首先指的是——遵循流行的语言习惯而不去进行概念史上的讨论——通过一个唯一的、最终的以及具有一般约束力的原则在整体上对国家高权行为(Hoheitsakt)的证立,以及在此之外对国家统治秩序的证立"。[4] 合法性是正当性形式之一种,其所追求的目标是规范的有效性,将国家统治的正当性建立在一个抽象演绎的实定法规范体系之上,甚至将国家直接化约为法秩序。[5]

---

[1] 前三者是陈端洪教授与高全喜教授在文章中明确援引的,黑格尔则是近来政治宪法中的一种准备性的转向,参见田飞龙:《主权、制宪权与中国宪法的根本法结构——对陈端洪政治宪法学思想的一个解读》,载《中国法律评论》2014 年第 4 期。

[2] M. Weber, Wirtschaft und Gesellschaft, 5. Aufl., J. C. B (Paul Siebeck) Tübingen, 1976, S. 122.

[3] 在韦伯看来,任何统治都不会仅仅满足于纯粹"实质的(materiell)或者情绪的(affektuell)、价值理性(wertrational)的动机作为其存续的机会","任何统治都需试图唤醒及呵护'正当性'的信仰"。Weber, ebd., S. 122.

[4] H. Hofmann, Legitimität und Rechtsgeltung. Verfassungstheoretische Bemerkung zu einem Problem der Staatslehre und der Rechtsphilosophie, Berlin 1977, S. 11.

[5] H. Kelsen, Der soziologische und der juristische Staat. Kritische Untersuchung des Verhältnisses von Staat und Recht, 2. Aufl., Scientia Verlag Aalen, 1981, S. 75ff.; H. Kelsen, Allgemeine Staatslehre, Österreichische Staatdruckerei, Wien, Nachdruck 1993, S. 16ff.

正是在正当性与合法性的问题上，宪法学界呈现理论的分歧。在政治宪法学者看来，对于宪法的研究不应仅仅拘于对宪法规范的理解或解释，而应将视野扩大至国家统治或者政治的正当性层面，由此解决宪法作为规范体系本身所具有的逻辑性有余、正当性不足的问题。在魏玛时期，德国国家法学界存在激烈的思想争论，除了延续格贝尔、拉班德传统的国家法实证主义以及凯尔森的纯粹法学之外，许多学者都对这种实证主义的规范法学进行了批判，其中最为著名的包括卡尔·施米特、鲁道夫·斯门德和赫尔曼·黑勒。他们都不约而同地提到了“国家学的危机”，[1]在当时的国家法学者看来，国家法学中的实证主义方法“并不想承认任何政治上相关的合目的性，也不想承认任何社会与个体之间存在界分的价值判断”。根据逻辑—法学的要求，其决定无非“从貌似‘客观’的概念中推演出来，事实上依赖于一些自我创设的、绝对化了的定义，先验的来自‘从概念中’推导出来的教条”。[2] 国家法实证主义的这种“价值空洞”不可避免地导致了国家法学在“方法上的危机”，[3]从而使当时的国家法学者无不反思治愈该危机的方法、反思国家和国家法建立的“正当性”基础，通过某种“新的国家法学思维”[4]的引入，从而为实证法找到价值上的指引。在通往正当性的道路上，黑勒从社会学和现实科学的立场，施米特从政治生存主义的立场，而斯门德则承继生命哲学的传统引入精神科学的知识，反思国家法中的正当性问题和价值问题。其路径虽异，却殊途同归，都是旨在反思宪法规范所赖以建立的正当性基础，将“宪法”视为一个“政治统一和秩序的全部状态”或“一种特殊类型的政治和社会秩序”或“政治共同体的动态生成原则”，[5]并将之视为

---

[1] Vgl. H. Heller, Die Krisis der Staatslehre, in: *ders.*, Gesammelte Schriften, Bd. Ⅱ, 2. Aufl. 1992, S. 3ff.；在斯门德看来，不仅涉及“国家理论的危机”，同样也涉及“国家法理论”的危机。参见 R. Smend, Verfassung und Verfassungsrecht, in: ders., Staatliche Abhandlungen, 2. Aufl., Duncker & Humblot, Berlin 1968, S. 121ff.。

[2] Heller, ebd., S. 13.

[3] Heller, ebd. S. 14f.

[4] R. Smend, Schlusswort, in: VVDStRL, 4(1928), S. 96.

[5] C. Schmitt, Verfassungslehre, 9. Aufl., Berlin 2003, S. 4f.

宪法规范所赖以存在的精神或价值基础,从而为宪法注入实质的价值根基或政治根基。

施米特在界定"绝对意义上的宪法"时,也区分了两种不同的"绝对宪法"。一种是政治存在主义意义上的"绝对宪法",是一个具体的、存在的政治统一体;[1]另一种则是凯尔森"基础规范"意义上的"绝对宪法",将宪法视为一个抽象的规范体系。这体现了魏玛时期,宪法学中存在的正当性与合法性的分野,而这实际上延续了哲学传统中事实与规范关系的不同脉络。中国的政治宪法学也走在追寻"正当性"的道路上,陈端洪教授所提炼的中国宪法中的"五个根本法",其直接理论资源来自施米特,其目的在于发掘宪法文本背后的、能够体现当下时代政治决断的"绝对宪法"。在霍夫曼(Hofmann)看来,施米特的国家法学主要存在两个方面的任务:"一方面是对过时的政治意识形态之残余加以解构,揭开由空洞的、历史上过时的并因此而阻碍生活的概念所调校的现实之伪装;除此之外,从最终的、仍然存留的'社会教义'中,从全民公投的正当性原则中对国家加以重构。"[2]陈端洪教授所提出的政治宪法学的目的也与此相当。建构这一复杂理论的初衷当然不是将政治决断与政治生存状态简单化约为"事实性的权力",而是为了在一个"例外状态"下为政治的决断提供一个正当性基础。要从既有的宪法文本中分辨出具有"政治正当性"的"绝对的宪法",就需要回到制宪时刻,探讨制宪时的政治决断以及制宪权的问题,[3]并将之与开启现代性的人民主权联系在一起,[4]回溯到卢梭的"公意"理论。[5] 在这个意义上所理解的"民主"原则就与代议制民主区别开来。施米特认为《魏玛宪法》可区分为民主原则与法治国原

---

〔1〕 施米特在这里区分了三种不同的情况,意味着这一路径本身存在的分歧。Vgl. C. Schmitt, ebd., S. 4ff.

〔2〕 H. Hofmann, Legitimitätgegen Legalität, a. a. O., S. 93.

〔3〕 陈端洪:《宪法学的知识界碑:政治学者和宪法学者关于制宪权的对话》,载《开放时代》2010年第3期;陈端洪:《制宪权与根本法》,中国法制出版社2010年版,第183~254页。

〔4〕 陈端洪:《宪治与主权》,法律出版社2007年版,第45~198页。

〔5〕 陈端洪:《政治法的平衡结构:卢梭〈社会契约论〉中人民主权的建构原理》,载《政法论坛》2006年第5期。

则两个要素,前者解决正当性问题,后者解决合法性问题。施米特指出,“事实上,法治国尽管具有法律性以及规范性,但始终是一个国家,并且在特殊的市民—法治国的构成要素之外始终包含一种其他的、特别的政治成分……没有任何一部宪法完完全全是个体对抗国家的法规范系统。政治不能从国家——人民的政治统一体——中分离出来,所谓国家法的去政治化不过是国家法的去国家化”。[1] 施米特由此区分了近代宪法的两种构成要素,一种是“法治国的要素”,另一种则是“政治的要素”,前者包含着自由的要求,而后者则在近代以来体现了民主的要求。

宪法这两类要素是统一而非割裂的,施米特最终将其奠基在统一的“政治概念”之上。施米特认为“政治”是所有领域之上的概念,而非近代启蒙以来自由主义政治理论和多元主义所秉持的多元领域的自主性。在所有领域中,“政治”是基础性的,宗教、道德、经济等今天已经看似中立化和去政治性的领域都是“政治性”的。“任何宗教、道德、经济、种族或其他领域的对立,当其尖锐到足以有效地把人类按照敌友划分阵营时,便转换成了政治对立。”[2] 对于施米特来说,政治领域是具有根本性的领域,而不是一个与其他领域并列的“自主性的领域”,政治是权威性的,“国家的概念以政治的概念为前提”。[3] 对于施米特而言,政治就是“区分敌我”,意味着一种紧张关系,政治决定了一切,能够体现政治决断的是战争(包括内战和国家间的战争)以及由战争所产生的可能性,“政治并不存在于战争本身之中,因为战争拥有自身的技术、心理和军事规律,但是,政治却存在于由战争这种可能性所决定的行为方式之中。这种行为方式也取决于它能明确地权衡特定的局势,因而能够正确地区别谁是真正的朋友,谁是真正的敌人”。[4]

施米特运用政治的概念所反对的是自由主义的政治哲学。在施米

---

[1] C. Schmitt, Verfassungslehre, a. a. O., S. 125.

[2] [德]卡尔·施米特:《政治的概念》,刘宗坤等译,上海人民出版社2003年版,第153页。

[3] 同上书,第128页。

[4] 同上书,第153页。

特看来,自由主义使社会划分为不同的领域,每个领域都是“自主的”,缺乏一个中心,从而将宗教、道德、经济等事务都变为个人的“私事”,这种从个体出发的自由主义政治哲学只会导向政治的虚无,根本没有能力作出政治决断,无力应对国家面临生死存亡的时刻。在施米特看来,国家在危急时刻基于自我保存而作出的决定才是真正具有决定性的,“主权者就是决定例外状态者”。[1]

从施米特以及整个魏玛国家法学界的出发点来看,国家法学中的正当性潮流都与反自由主义的政治哲学密切相关,都反对自由主义的以个体为中心的“原子论”。魏玛时期,德国国家法学界试图扭转启蒙以来的自由主义国家理念,在宪法学中重新发现国家,处理个体与社会整体之间的有机关系,寻找规范背后的精神力量和政治决断,解决当时德国所面临的国家危机。要理解魏玛时期的思想潮流,同样要将目光扩展至魏玛时期的政治背景上,德国当时正值第一次世界大战失败,面临内忧外患,《凡尔赛合约》使德国国家主权陷入困境,不仅在国际法上面临危机,而且在国内法层面,由于通货膨胀等因素,国内政治也动荡不定。《魏玛宪法》的结构使政府更迭频繁,无力应对国际国内的紧张局势,德国在主权受损的危急时刻,急需政治上的决断能力,但同时又需为之找到正当性基础。因此,从个体(自我)到整体(共同体)的整合能力(斯门德)、社会—政治的整体秩序(黑勒)以及国家的政治决断能力(施米特)成为国家法学者探讨的目标。从根本上来说,所探究的问题可归结为,什么是正当的“政治”,如何既保障国家的决断能力,又不失其正当性基础。

魏玛时期的国家法学者毕竟处于现代性中,从宪法层面对政治正当性的探寻也只能追溯至民主原则,但他们对民主的理解不局限于代议制,甚至普遍对当时的议会制持批评态度。在他们眼中,民主意味着人民主权,要么是从“自我”出发辩证地上升为整体的精神价值的“整合进

---

〔1〕 C. Schmitt, Politische Theologie. Vier Kapitel zur Lehre von der Souveränität, 9. Aufl., Duncker & Humblot Berlin, 2009, S. 13.

程”,[1]要么是基于“人民意志”的政治决断。这都体现了国家法理论中的去个体化以及在民主范畴中对共同体意志的强调。就此而言,中国的宪法学者面临与此相似的问题,中国的立宪史也是在“救亡优于启蒙”[2]“富强为体,宪治为用”[3]的背景下强调民族和国家。[4] 一方面要摆脱旧传统,另一方面还要在继受西方与面向中国之间进行挣扎。“政治宪法学”在某种程度上也是这一脉络的延续。中国自近代起,一直处于国家危机中,在这一背景下产生出来的立宪思维,自然无法脱离中国的语境而直接照搬西方的现代性和自由主义理念。为了向政治现实(国家富强的迫切需要)妥协,中国改革开放以来比比皆是的“良性违宪”也就变得可以理解,毕竟为了实现特定的政治目标,改革时期的政治决断不能受宪法文本的简单束缚。对此,施米特的理论受到青睐也就变得顺理成章,因为他提供的是一种基于国家自我保全,甚至可以说是基于保全宪法而产生的宪法理论。[5]

三、如何理解“政治”:政治宪法学的内在分歧

以上所总结的“政治宪法学”内部也存在不同的路径与思想分歧,

---

[1] 斯门德将其与雷楠(Renan)的“每日公投”(Plebiszit)和卢梭的“公意”(*volonté générale*)相提并论,参见 R. Smend, Verfassung und Verfassungsrecht, a. a. O. , S. 182。

[2] 李泽厚:《中国现代思想史论》,生活·读书·新知三联书店 2009 年版,第 21 页下。

[3] 王人博:《中国近代的宪政思潮》,法律出版社 2003 年版,第 10～30 页。

[4] 参见李忠夏:《从制宪权角度透视新中国宪法的发展》,载《中外法学》2014 年第 3 期。

[5] 如果说霍布斯是基于个人“自我保全”而产生的政治哲学理论,那么施米特就是基于国家和宪法的自我保全而产生的政治理论和宪法理论。在美国,林肯在南北战争期间也曾言,“宪法并非是自杀的契约”,但美国是依据一部宪法而建立一个国家,德国、法国、中国等具有历史传统的国家则可出现有国家而无宪法的情况,虽然施米特在理论建构上,将绝对意义上的宪法等同于国家。比如,他在界定第一种意义的绝对宪法,即“宪法 = 一个特定国家的政治统一体和社会秩序的全部具体状态”时强调“不是说国家拥有一部国家意志‘据此’形成和运转的宪法,而是国家即宪法,也就是说国家是基于存在的既存状态,是统一体和秩序的状态。如果宪法,或者说,统一体和秩序不存,则国家亦将不存。宪法是国家之‘灵魂’,是国家实在的生命及其个体的生存”,然而施米特在这里所指涉的“宪法”,与林肯所指涉的“宪法”恐怕不能等同视之,前者是超越宪法文本的,后者则指的就是制定出来的美国宪法典,虽有不同,然二者之间指向的问题意识却具有共同性。参见 C. Schmit, Verfassungslehre, a. a. O. , S. 4;[美]理查德·波斯纳:《并非自杀契约:国家紧急状态时的宪法》,苏力译,北京大学出版社 2009 年版。

高全喜教授提出了一个相对折中的思路,这一折中方案体现在高全喜教授想要借由"政治宪法学"兼顾历史性、中国性与政治性。就历史性和中国性而言,高全喜教授高度重视中国宪法学研究中的"历史主义",认为对今天中国宪法的理解,离不开对近代中国革命与制宪的探究。在他看来,"理解中国乃至西方诸国的宪法只有置于它们各自的历史场景中,置于各个现代国家的人民革命制宪和光荣复辟的宪法结构中,才能真正理解宪法的实质和精神,才能理解规范的生成与宪制的改良与进步,才能获得司法立宪主义的生命之源。正是基于此,我高度重视西方早期现代的宪制发生学,力图展示西方诸国立宪时刻的历史场景和他们制宪建国的战争、革命与反革命的宪制秘密。与此同时,我的政治宪法学也进入中国的现代立宪史,我认为现代中国的立宪时刻充满着政治宪法的蕴含,其宪制的构建远没有为宪法学家和历史学家所了解和消化"。[1] 循此逻辑,高全喜教授也对革命、制宪、中国的立宪时刻进行了深入分析,并将中国立宪的历史转型归结为"革命的反革命"(revolutionary counter-revolution),指出中国宪法从"生存"到"自由"的内在逻辑,这与汉娜·阿伦特在《论革命》中所分析的革命与自由的关系一脉相承。在阿伦特看来,法国大革命失败之处即在于,革命之后只谋求建国和解放,却忘却了自由,"解放和自由并非一回事;解放也许是自由的条件,但绝不会自动带来自由"。[2] 高全喜教授认为,正是这一点构成了他和陈端洪教授的区别,在他看来,陈端洪教授建构的"五个根本法"仍然停留在"生存法则"层面,而未达至"自由",但基于他的"历史主义"立场,他也并不否认这一阶段存在的必要性。[3] 也正是基于此,使他主张的政治宪法学

---

〔1〕 高全喜:《政治宪法学的兴起与嬗变》,载《交大法学》2012 年第 1 期。

〔2〕 [美]汉娜·阿伦特:《论革命》,陈周旺译,译林出版社 2011 年版,第 18 页。阿伦特也批判了将以解放为目的的叛乱与以自由为目的的革命之间混同起来的做法,参见该书第 125 页。

〔3〕 "这个宪法毕竟是一个重大的改革宪法之开启,其中孕育着走向未来的种子,是中国宪制从'生存'到'自由'、从党制到宪制的一个重大转机,是共产党从革命党到执政党到宪政体制的一个重大转机,因此,将其视为一个第三时间层次的开端,尤其是从保守改良主义的宪政演进路线来说,则是十分必要的,尽管它还仅仅是一个开端或序曲,真正波澜壮阔的场景或正剧还在其后。"参见高全喜:《政治宪法学的兴起与嬗变》,载《交大法学》2012 年第 1 期。

具有了“规范性”,并将之界定为“规范主义的政治宪法学”。在他看来,政治宪法学的“规范性”不同于规范宪法学的“规范性”,不是来自宪法文本以及抽象的宪法价值,而是来自历史结构所限定的政治状态以及“革命的反革命”之宪法转型所衍生的规范价值,所以其规范性就具有一种历史相适性和历史的目的性(Finalität)。在最近的一篇文章中,高全喜教授更是将其研究进路定位为“立宪主义的政治宪法学”,强调对立宪主义价值的追求,但这种以自由民主的规范主义立宪价值为旨归的进路必须结合中国自民国以降的百年立宪背景,高全喜教授将之归结为“历史规范主义”的方法论。[1] 在高全喜教授的“政治宪法学”中,历史主义和规范主义就成为区别陈端洪教授的关键词,也成为区别儒家立宪主义与宪制中国模式的关键所在。不仅如此,通过这一定位,高全喜教授也将他的政治宪法学与传统的宪法研究模式(规范宪法学和宪法解释学)区别开来,但高全喜教授通过对1982年《宪法》及四个修正案的考察,得出的“新的宪法精神”,并以此印证他所设定的“革命的反革命”的宪治逻辑,同时也带有某种文本诠释与解读的印迹在内。

从方法论角度来看,高全喜教授采“生命—结构主义”的方法论。从高全喜教授的论证脉络上,可以推知这种方法论立场应该源自狄尔泰的生命哲学与精神科学,其关键在于发现从个体意志上升为共同体意志的“精神之价值规律”,将国家视为一个动态的意志形成过程,定位于特定的历史结构为之找到国家的时代价值基础。在狄尔泰看来,从个体到整体是一个生命体验的过程,并成为理解特定历史时期“客观精神”的关键,这种“客观精神”来自体现在规则、行为方式、价值以及目的设定之中的“共同的生命的创造”。[2] 如果说陈端洪教授的政治宪法学主要依循的是施米特的路径,那么高全喜教授则似乎不自觉地依循了延续至斯门德的“精神科学”的路径。但是从高全喜教授的整体研究来看,他

---

〔1〕 高全喜:《政治宪法学:政治宪法理论,抑或政治立宪主义?》,载《清华大学学报》(哲学社会科学版)2015年第5期。

〔2〕 W. Dilthey, Gesammelte Schriften. Band 7: Der Aufbau der geschichtlichen Welt in den Geisteswissenschaften, Aufl. 8, 1992, S. 150.

主要沿着英美早期立宪主义的脉络,并结合中国独特的历史现实展开,笔者限于学识,无法对英美自洛克以来的政治宪法进路进行详细评述,更多是在德国的知识语境下展开论述,这也不能不说是一个缺憾。

总体而言,虽然高全喜教授将"历史主义"和"规范主义"界定为他所代表的政治宪法学的特征,但其根本特征仍然是"政治性",这也是政治宪法学的共同特征。政治宪法学内部所存在的诸种差异,其关键在于对"政治"的理解不同,政治宪法学与规范宪法学存在的根本分歧也在于对政治与宪法关系在认识上的不同。这从高全喜教授对与陈端洪教授之间区别的述评中可以看出端倪:〔1〕"由于政治宪法学内部的思想性张力,关于何为'政治宪法'之'政治性'与'宪法性',何为'生命—结构主义'方法论的现实性与规范性,还是呈现出很大的不同。例如陈端洪对于'政治'的理解就与我的理解有很大的差异,对于'现实性'与'规范性'的着重点,我们也有很大的分歧,由此导致我们关于'政治宪法'的一系列观念、价值取向,甚至政治宪法学的整体性认识存在着严重的歧异,用我的话来说,我们两人分别代表着政治宪法学的'左'和'右',我们之间的差别,从某种意义上远远大于我们与规范宪法学及宪法解释学之间的差别。"另外,高全喜教授在《政治宪法学的政治观》一文中也区分了两种政治观,在他看来,陈端洪教授对政治的理解是施米特式,而他对于政治的理解则是英美式的,前者在于区分敌我、确立根本法,后者则在于确立自由,这构成了他与陈端洪教授的主要区别。〔2〕

对于政治宪法学者而言,从政治角度研究宪法的原因是,宪法是政治法,宪法与政治密切相关。对于这一前提,几乎无人加以质疑,但究竟什么是"政治"呢?对这一问题,政治宪法学者却语焉不详,然而其内部的分歧显示出"政治"一词所具有的歧义。总结来说,对"政治"的理解可分为古典意义上的政治观念以及近代以来所产生的正当性意义的政治观念和世俗化的政治概念。

---

〔1〕 高全喜:《政治宪法学的兴起与嬗变》,载《交大法学》2012 年第 1 期。
〔2〕 高全喜:《政治宪法学的政治观》,载《中国法律评论》2014 年第 4 期。

1. 古典意义上的政治观。古希腊时期,亚里士多德将政治与城邦联系在一起,所谓政治,是指城邦公民的活动。古典时期,政治的目的在于追求"至善"和"美德",在施特劳斯看来,"所有的政治行动本身都指向了关于善的知识:关于好的生活或好的社会。因为好的社会是完整的政治的善"。[1] 当时,政治哲学和政治科学并没有分开,政治生活中的统治技艺不像现代一样变得技术化和中立化,而是将思辨、美德与政治知识、政治生活、政治智慧与政治技巧融合在一起。只有近代以来随着科学主义的兴起,世界祛魅、思辨退却,政治科学才以客观知识和逻辑科学的态势登上舞台,人们试图以实证的自然科学的方式为政治提供科学的基础。在施特劳斯看来,这是徒劳的,而且"'科学的'政治科学实际上与政治哲学水火不相容",[2]"科学和历史,现代世界的两大力量,最终成功地毁灭了政治哲学存在的可能性本身"。[3] 在施特劳斯看来,政治哲学需要回归古典,这与他一直以来对现代性的批判有关。在他看来,现代性的危机源自社会各领域普遍出现的技术化与中立化的趋势,也就是海德格尔所关注的现代科学和认识论所导致的"技术世界观"的全面宰制。[4] 科学主义与自由主义共同构成了对古典政治的瓦解,近代社会科学为追求科学性和客观性,试图在任何领域取消价值判断,但在施特劳斯看来,价值判断是无处不在的,[5] 所谓的"中立化"并不存在,在价值判断存在的地方,政治哲学就有用武之地,所以回到古典的"政治"才是正道。

当然,在古典政治的界定上,也存在争议。比如,在阿伦特看来,古

---

〔1〕 [美]施特劳斯:《什么是政治哲学》,李世祥等译,华夏出版社 2011 年版,第 2 页。

〔2〕 同上书,第 6 页。

〔3〕 同上书,第 9 页。

〔4〕 甘阳:《政治哲人施特劳斯:古典保守主义政治哲学的兴起("列奥·施特劳斯政治哲学选刊"导言)》,载[美]列奥·施特劳斯:《自然权利与历史》,彭刚译,生活·读书·新知三联书店 2003 年版,第 72 页。

〔5〕 同上书,第 13 页下;对"非政治化"和"技术统治"的非难,参见[美]列奥·施特劳斯:《〈政治的概念〉评注》,载[德]迈尔:《隐匿的对话——施米特与施特劳斯》,朱雁冰等译,华夏出版社 2008 年版,第 205 页下。

典的政治意味着城邦的生活和“共和主义”。自古希腊开始,政治就是与公共生活相关的事物,政治存在于城邦中,而不存在于家庭。构成政治的要素是行动和语言,而且行动越来越需要通过言语的修辞和劝说来推行,而不是通过暴力。从这个角度来说,阿伦特对亚里士多德的著名论断“人天生是政治动物(Zoon Politikon)”进行了重新诠释。〔1〕 基于对这种古典“政治”观念的重新发现,阿伦特认为随着“社会领域的兴起”,〔2〕人们将生存的依赖从家庭扩大至社会,“社会”只是扩大了的私人领域,并非城邦意义上的公共领域,国家只是承担了社会的特定功能,也无法与公共领域相提并论。对于阿伦特而言,政治只存在于公共领域中。受阿伦特影响,哈贝马斯将公共领域与市民社会联系在一起,意味着理性的商谈,〔3〕这也构成了其交往行为理论的基础,这种脉络下的政治观念就意味着存在于公共领域之中的理性商谈,政治与修辞、语用学联系在了一起。

2. 近代以来,政治与国家行为密切联系。随着近代民族国家的兴起,“政治”在很大程度上与国家联系在一起,卢曼认为,“自 19 世纪以来,政治的概念就仅被理解为国家相关的活动”。〔4〕 近代社会是建立在国家与社会二分的基础之上,一般来说,涉及国家的活动是“政治性”的,而与社会相关的事务则是“非政治性”的。在施特劳斯看来,自霍布斯以来,政治哲学的一个基本出发点就是认为人的本性是“非政治的”动物,〔5〕政治逐渐成为与国家相关的事务,而与私人无关,公共权力垄断到君主手中,而社会领域及其内在的思想争议都成为私人领域而变得中立化。

将政治与国家联系在一起,最常见的方式是从权力角度加以界定,

---

〔1〕 [美]汉娜·阿伦特:《人的境况》,王寅丽译,上海世纪出版集团 2009 年版,第 14 页下。

〔2〕 同上书,第 23 页下。

〔3〕 J. Habermas, Strukturwandel der Öffentlichkeit. Untersuchung zu einer Kategorie der bürgerlichen Gesellschaft, Suhrkamp 1990, Frankfurt am Main, S. 142ff. , 161ff.

〔4〕 N. Luhmann, Das Recht der Gesellschaft, Suhrkamp 1995, Frankfurt am Main, S. 416.

〔5〕 [美]施特劳斯:《什么是政治哲学》,李世祥等译,华夏出版社 2011 年版,第 172 页。

韦伯就是如此。在韦伯看来,政治可以是一个非常宽泛的概念,“我们如何理解政治呢?这是个极为宽泛的概念,一切自主的领导行为,都可纳入其中。人们谈论银行的通货政策、中央银行的贴现政策、工会的罢工政策,也谈论大城市和城镇的教育政策、某个志愿团体主持人的政策,甚至谈论一个精打细算的妻子试图支配其丈夫的政策”。[1] 但韦伯并不打算如此宽泛地理解政治,而只是想从国家这个政治团体角度界定政治,也就是所谓的政治“是指争取分享权力或影响权力分配的努力,这或是发生在国家之间,或是发生在一国之内的团体之间”,对于“政治”的界定而言,起决定性作用的是“权力的分配、维系以及转移中存在的各种利益”。[2] 从这个角度来说,近代民主国家中一切致力于权力的获取、维持以及导致权力转换的活动,都可称为政治活动,包括竞选、政党的活动等。在卢曼对社会系统分化的前提下对政治系统的界定,也是基于权力这一符码。[3]

如果就广义的角度而言,政治就是国家的活动,如伯伦知理(Bluntschli)将政治界定为对国家的领导以及对国家事务施加影响,即“自觉的国家实践”,[4]包括官僚体制的运行、权力的获取、权力的执行、权力的丧失等都可以归为政治活动。但对于与权力相关的国家活动而言,又可区分出不同的层次。比如,有学者从“国家的自我保全”(最经典的国家目的之一)角度对政治加以界定,在他们看来,“政治”的国家是指“能够维持其自身生存的国家,将生存的需要与法律上的应然对立起来”,[5]也就是说政治活动是处理国家紧急状态的活动,这种对政治的界定也与施米特主张的“区分敌我”联系在一起。还有一种区分是将政治活动与技术化的行政区别开来,认为“政治”的活动领域是“统治的

---

〔1〕 M. Weber, Politik als Beruf(1919), in: *ders.*, Gesammelte politische Schriften, München 1921, S. 396.

〔2〕 Weber, ebd., S. 397.

〔3〕 Luhmann, Das Recht der Gesellschaft, a. a. O., S. 420ff.

〔4〕 Zitiert von H. Triepel, Staatsrecht und Politik, Berlin und Leipzig, 1927, S. 11.

〔5〕 C. Bilfinger, Betrachtungen über politisches Recht, in: ZaöRV I/1(1929), S. 59.

领域”,〔1〕政治性的国家活动与技术化的行政不同。前者界定的是国家的本质,是国家意志形成的过程(包括议会的活动、政府决定的形成);后者则在于通过技术化的手段实现特定的功能和目的。然而在特里佩看来,斯门德所建立的这种区分并无太大的意义。〔2〕

3. 与法律相对立的“政治”。正是基于上述的区分,对于政治的界定就不仅仅限于法律所规定的国家机构的活动以及政治权力在法律框架内的活动,而是在某种程度上,“政治”甚至成为“法律”的对立面,是指“法律上不受约束的意志权力与形成性权力”,〔3〕而法律则是政治无涉的。今天我们在提到“政治”一词时,也经常指代法律之外的权力运行规则、权力秩序、领导意志等,政治和法律截然分开。德国的国家法实证主义在宪法学中开启了这种“去政治化”的趋势,凯尔森则将这种政治与法规范的区分发挥到极致,视法的运行为一种规范上的应然,而不受政治权力和政治意志的干涉。政治按照权力的逻辑运行,法律则按照规范的应然逻辑运行,政治具有实然性,而法律具有应然性。在凯尔森看来,法学之科学性在于建立一个形式—逻辑上的认识论,法学本质上是一个关于“规范”的知识体系,通过归责(Zurechnung)这一“范畴”(如同自然科学中的因果律)将不同层级的法律规范联系成为一个整体。在法学的科学性中,需要去除掉一切有关“政治”的因素,包括对规范内容的认知,也就是说当规范出现不确定需要“解释”从而涉及政治判断时,就涉及政治,而非科学。同样,就政治而言,作为科学的政治是“一个在判断(Urteil)中所表达出来的知识体系”,〔4〕政治的任务不在于寻求什么是最好的国家,这属于伦理的组成部分,是“道德的知识”,政治不在于定向于规范的正确性或规范的法则,政治指向的是技术,即“社会的技

---

〔1〕 Smend, Verfassung und Verfassungsrecht, a. a. O., S. 79.

〔2〕 Triepel, Staatsrecht und Politik, a. a. O., S. 12.

〔3〕 J. Isensee, Verfassungsrecht als “politisches Recht”, in: J. Isensee/P. Kirchhof (Hrsg.) Handbuch des Staatsrechts, Bd. Ⅷ, 1992, Rn. 19ff.

〔4〕 H. Kelsen, Allgemeine Staatslehre, Nachdruck 1993, Wien, S. 27.

术,以及指向手段—目的关联的因果法则”。[1] 在凯尔森看来,涉及伦理—道德的价值判断并无法得以证立,不同的价值之间相互冲突,并且同样有效,在这种“诸神冲突”的视域下,需要克服一种“最高原则的形而上的绝对化”,[2] 必须将社会各个领域技术化、中立化。科学涉及的是知识,而非价值判断,法学作为科学必须是知识性的,而不能融入价值判断和政治判断。凯尔森的目标在于建构一种纯粹的法理,“纯粹的法理是实证法的理论(Theorie);是彻底的实证法,而非特殊的法秩序(Rechtsordnung)的理论。它是一般的法理,而非特别的国家法或者国际法规范的解释……它仅视其对象为理论,尝试回答何者为法以及如何为法的问题,而非回答法应如何或者法应如何被生成的问题。它是法科学(Rechtswissenschaft),但非法政治”。[3] 法学一旦涉及政治判断或价值判断,就不再是科学的认知,而属于政治的范畴,政治是法学的对立面。

卢曼在凯尔森的基础上更进一步,卢曼接受了凯尔森多元社会的前提,但卢曼的目标不是建构社会系统每一个领域的“科学知识”,而是将社会系统视为一个功能分化的系统,这是现代社会的一个“事实”,而非科学的建构。社会各个子系统各自承担不同的功能,每一个子系统都依循系统自由的符码运行,并构成了封闭的自创生系统,不同系统之间构成了系统与环境的关系,可以通过“结构耦合”产生激扰,但环境对系统的影响只能是间接的,必须转换为系统自身的符码才能进入系统内部。政治系统与法律系统就属于社会系统的两个子系统,前者以权力(享有/不享有)为符码,涉及“政治的民主化”;后者则以合法/非法为符码,涉及“法的实证化”。二者之间结构耦合的形式就是“宪法”,所以宪法不存在一个单独的系统之中,而是存在于两者之中。从政治系统与法律系统分化与耦合角度出发,“法治国”这一概念就需要得到重新理解,“法治国”作为政治(国家)与法的统一构造在历史上是可以理解的,尤其在

---

〔1〕 Ebd. ,S. 28.

〔2〕 Ebd. ,S. 28.

〔3〕 H. Kelsen,Reine Rechtslehre. Mit einem Anhang:Das Problem der Gerechtigkeit,2. Aufl. 1960,Unveränderter Nachdruck 1967,Verlag Franz Deuticke Wien,S. 1.

法律实证化的过程中需要借助于指向国家的法源理论才能得以贯彻实施。在这一过程中,政治系统赢得了自身活动的领域,并以此对抗守旧的封建国家结构,在这里,政治是"作为集体有约束力之决定的持续过程化"来践行的。当这一过程完结之后,"法治国"中法与政治的统一视角就失去了公信力,在"法治国"的形态中,法律系统在没有主权者的前提下自主运行,而政治系统则将主权纳入其中,政治问题与法律问题出现了分野,真正的政治问题(涉及主权的决断/不决断问题,如德国的重新统一、美国南北战争等)不能放到法律系统中解决,而法律问题则不能通过政治的方式解决。虽然现代以来,许多国家行政事务都得到了法律化(如预算法),但涉及权力的追逐、决断等方面仍存在广泛的政治空间,[1]政治问题法律化的边界可以通过社会系统的功能分化而得以相对化的界定(当然也不能武断地宣称政治问题绝对不能进入法律系统,因为政治问题的边界本身就难以界定,需要通过法律系统加以选择)。就这一点而言,政治与法律是相对应的,而非从属或统一的概念。

4. 作为"正当性"基础以及国家和宪法概念前提的政治。近代以来,政治被限缩为国家活动时,似乎政治就仅仅与权力联系在一起,被视为"赤裸裸的权力关系",从而使政治丢失了其正当性的维度。但在政治中重建正当性的努力从来没有消失,将政治、道德与法统一而非分立起来的观念也一直存在。在政治与道德的关系上,康德认为,"如果不捍卫道德,真正的政治将寸步难行,尽管政治本身是严肃的艺术,但政治与道德的联合却绝非艺术;因为这将本应缠绕在一起的结一分为二,致使二者相互抵触"。[2] 所以在康德看来,政治与道德本就不应分开,政治中就蕴含着道德,在某种程度上这是古典政治哲学传统的延续。近代政治哲学从霍布斯开始,将政治的正当性基础建立在国家契约之上,并由此发展出了理性自然法的体系,卢梭则将之发展为基于社会契约的公意,

[1] 上述政治与法律的关系可参见 Luhmann, Das Recht der Gesellschaft, a. a. O., S. 416ff.。

[2] Zitiert von J. Haberma, Strukturwandel der Öffentlichkeit. Untersuchung zu einer Kategorie der bürgerlichen Gesellschaft, Suhrkamp 1990, Frankfurt am Main, S. 179.

实现了从理性向人民意志的转型。哈贝马斯则从康德的脉络中找到了"公共性"(Publizität)原则作为沟通政治与道德的桥梁,从而使公共意见、理性讨论和商谈成为政治的基础。[1]

在近代以来的正当性脉络体系下,"政治"成为一种基础性的概念,意味着一种权威和影响力。比如,施米特将政治界定为"区分敌我",马克思认为"一切阶级斗争都是政治斗争""政治就是各阶级之间的斗争",斯门德将政治概念扩展为"共同体精神意志形成的过程"。从前述古典意义的政治观念出发,"政治"也被赋予一种理性的、规范性的意涵。从这个角度来说,政治就与国家的"正当性"联系在一起,要么是一种政治秩序或一种政治状态,要么是一种客观的社会规律,要么是一种客观精神。政治的概念也成为决定性的概念,并成为整个社会领域的中心。这种"政治"的观念,其目标在于为国家找到价值基础,从这个基础上发展起来的政治理论也具有了决定性,尤其对法学理论、宪法理论具有决定意义,从而形成一种"政治决定论"。所以在施米特和凯尔森的争论中,根本性的分歧在于,施米特认为法学中的去政治化是不可能的,宪法也无法做到真正的中立化,政治判断在宪法决定中是无处不在的。[2] 政治概念不仅是国家概念之前提,而且对于施米特的绝对宪法概念来说也是奠基性的,即对于施米特而言,国家和宪法概念与政治概念是绑定在一起的。施米特区分了绝对宪法、实定宪法和理想宪法,其中,绝对宪法是生存意义上的政治统一体,是整体的政治状态、政治统一意志的形成过程;[3] 实定宪法是政治统一体,也就是《魏玛宪法》的政治决断;[4] 理

---

[1] Habermas, ebd., S. 178ff.

[2] 施米特并没有将政治判断等同于价值判断,政治的决断与价值判断是不同的,这从他对"价值"一词的批判中即可看出,施米特对价值的批判也影响了基本法时期伯肯弗尔德对宪法学中"价值证立"的批判,参见[德]卡尔·施米特:《价值的僭政》,朱雁冰译,载刘小枫选编:《施米特与政治法学》(增订本),刘锋等译,华东师范大学出版社2008年版,第23页下;E. W. Böckenförde, Zur Kritik der Wertbegründung des Rechts, in: *ders.*, Recht, Staat, Freiheit, Suhrkamp 1999, Frankfurt am Main, SS. 67 – 91。

[3] C. Schmit, Verfassungslehre, a. a. O., S. 4ff.

[4] Schmitt, ebd., S. 20ff.

想宪法是市民法治国的理想类型。[1] 这三者之间的关系是实定宪法的概念来自于绝对宪法，并导致了宪法与宪法律概念的区分。[2] 理想宪法的概念在施米特看来是“不可想象”的，因为被理想宪法所审查和控制的国家本身，或者说政治统一体本身，必须是既存的或者说同时是被组织起来的，市民法治国的宪法只是展开了国家宪法的一部分，却放弃了国家的政治存在形式的实定决断，也就是放弃了政治。[3] 就此而言，施米特的《宪法学说》就并非是《政治概念》的对立物，而是不遗余力地在《魏玛宪法》中寻找魏玛共和国的政治决断，一种建立在人民意志基础上（而非仅仅体现权力关系）的政治决断。

“政治性”使政治宪法学具有共同的特征和问题意识，但“政治”一词的歧义性导致了政治宪法学的内在分歧，也暴露了中国目前的政治宪法学所存在的某些问题和不足。源于对“政治”一词在理解上的不同，政治宪法学与规范宪法学（宪法解释学、宪法教义学）也平添了许多误会并变得难以交流，在某种程度上，二者的分歧就在于对政治与宪法关系的不同理解上。

四、面向未来：宪法学中政治与宪法关系的展开

站在政治宪法学的立场，对规范宪法学（宪法教义学）的一个重要批评是规范宪法学无法处理“政治”，缺乏政治视野，通过规范或者法条解释这种技术而“取消政治”。[4] 宪法教义学对此的回应是，宪法是一种“框架秩序”（Rahmensordnung），在此框架秩序内，政治仍然存在“形成自由”，宪法教义学就是对权限的框架秩序进行界定，因此不会取消政

---

〔1〕 Schmitt, ebd. , S. 36ff.

〔2〕 这一区分的后果是，宪法是绝对不可以放弃和触碰的，宪法律却可以在例外状态时得以悬置，参见 Schmitt, ebd. , S. 26。

〔3〕 Schmitt, ebd. , S. 41.

〔4〕 [德]卡尔·施米特：《政治的概念》，刘宗坤等译，上海人民出版社 2003 年版，第 158 页、第 195 页。“如果这种统一体消失了，哪怕是潜在地消失了，政治本身就将不复存在”；“伦理与经济的两极导致的非政治化”。

治。[1] 正如迪特·格林(Dieter Grimm)教授分析的,“现代宪法的意义在于,所有公权力都全面(umfassend)被法律化了。在宪法之内,国家权力的设立和行使需存在一个普遍有效的(durchgängig)、从一系列基本原则中推导出来的规制系统。但这里的‘全面’和‘普遍’并不意味着彻彻底底的法律化(Totalverrechtlichung),宪法使政治法律化,但并不意味着使其多余。彻彻底底的法律化意味着使政治沦为宪法的执行,从而剥脱了其政治内容;而全面则是指宪法上的规制必须全面,这意味着,无论是统治权限的立宪外主体,还是统治执行的立宪外途径或手段都是不被允许的”。[2] 这里的区别是,宪法为政治规定了权限和主体,但在法律规定的权限范围内,政治仍有广泛的裁量范围和存在的余地,但政治不能超越宪法行事则无可置疑。宪法是“政治法”的原因在于,宪法规制的是“集中于国家的政治决定权的进路”,“规定该权力行使的程序并确定其边界”,[3] 所以宪法规定的内容直接与政治权力相关,规制政治意志形成的过程,与其他部门法不同,具有直接的“政治相关性”,[4] 特里佩认为,“国家法除了政治之外,压根不存在其他的对象”。[5] 然而,从上文对“政治”一词的分析来看,宪法是“政治法”至少还存在另外一种解读,即宪法需回答政治的正当性问题,也就是国家的实质正当基础,这是一种国家理论,而不仅仅是国家法理论。

宪法教义学在这里指涉的“政治”是一种涉及国家事务的日常政治,并不是施米特意义上的“政治”,也不是古典政治传统之“正当性”维度中的“政治”。对“政治”的理解不同,在某种程度上决定了对政治与宪法关系的理解分歧,并在某种程度上决定了宪法学上的理论与

---

[1] 张翔:《宪法教义学初阶》,载《中外法学》2013年第5期。

[2] D. Grimm, Souveränität-Herkunft und Zukunft eines Schlüsselbegriffs, 2009 Berlin, S. 70.

[3] E. W. Böckenförde, Die Eigenart des Staatsrechts und der Staatsrechtswissenschaft, in: ders., Staat, Verfassung, Demokratie. Studien zur Verfassungstheorie und zum Verfassungsrecht, Suhrkamp 1991, Frankfurt am Main, S. 15.

[4] Ebd., S. 15.

[5] Triepel, Staatsrecht und Politik, a. a. O., S. 12.

方法分歧。[1] 如果从国家日常事务角度理解“政治”,那么格林教授的总结相当到位,即政治需在宪法的规范框架内进行,用“宪法之内的政治”可以解释在这种视角下政治与宪法的关系。卢曼则给出了更为细致的界定,也就是在宪法的规范框架之内,政治系统有自身运行的符码(权力),并依据权力的逻辑实现政治系统的封闭与自创生,这不仅没有取消政治,而且将政治系统与法律系统进行了界分,并将宪法视为政治系统与法律系统的“结构耦合”,两个系统之间通过“宪法”能够形成“激扰”。[2] 在政治系统与法律系统分化与耦合的图景中,也可以更好地理解中国宪法实施中的“双轨制”,[3] 解决双轨运行中可能出现的政治并轨法律的危险。

如果从“正当性”维度理解政治,则“政治”就成为一个辐射所有社会系统的中心概念,具有决定性。“政治所决定的宪法”是这种政治观念下政治与宪法的关系。从表面来看,这种分歧源于对“政治”的理解不同,但从深层次来看,对“政治”理解的不同源于对现代性的不同诊断:第一种意义上的“政治”观,是看到世界自启蒙以来,理性不断祛魅的过程,自由主义带来了价值多元主义,在多元化的世界中,并不存在一个奠基性的“政治”概念,因此需要退回到“实证法”,取代理性和自然法成为社会秩序的基础,并以实证宪法作为政治和国家的基础,而“政治”则只意味着世俗意义上的日常政治,这是一种置身于启蒙和现代性语境下的自由主义政治观和法律理论;[4] 后一种意义上的“政治”观,则对现代性持批判态度,认为自由主义和多元主义带来了价值虚无主义,现代社会丢失了美德和政治的秉性,国家也失去了其自身的价值基础,退回

---

〔1〕 参见陈爱娥:《宪法作为政治之法与宪法解释——以德国宪法学方法论相关论述为检讨中心》,载翁后生教授祝寿论文编辑委员会编辑:《当代公法新论——翁岳生教授七秩诞辰祝寿论文集》(上册),台北,元照出版有限公司 2002 年版,第 718 页。

〔2〕 Luhmann, Das Recht der Gesellschaft, a. a. O., S. 440ff.

〔3〕 翟国强:《中国宪法实施的双轨制》,载《法学研究》2014 年第 3 期。

〔4〕 如凯尔森、卢曼等都是基于这种多元主义的前提,参见凯尔森关于正义的态度。参见 H. Kelsen, Reine Rechtslehre. Mit einem Anhang: Das Problem der Gerechtigkeit, 2. Aufl. 1960, S. 357ff.。

到“实证法”的法律实证主义解决不了根本性的政治决断问题,因此需要通过政治来守护宪法。[1]

以上分歧导致了政治宪法学与规范宪法学(宪法教义学)之间的分歧,对于规范宪法学、宪法解释学、宪法教义学而言,政治不是奠基性的,规范才是核心,政治系统与法律系统是功能分化的平行关系,而不是决定与被决定的关系。由此而衍生的分歧在于是否要以实证的宪法文本以及由此而衍生的规范体系为基础,是否承认和树立宪法文本的权威,还是在宪法文本之外寻找政治和国家的正当性基础。就此而言,中国的宪法学之争更多是一种“理论之争”或者“方向之争”,而非典型意义上的“方法之争”,这也是后世学者将《魏玛宪法》时期的国家法争论定位于“方法与方向之争”[2]的原因所在。狭义的“方法之争”指向的是宪法解释方法的争论,是宪法解释学的内部事务;广义的“方法之争”则涉及“方向之争”,解决的是“正当性”问题。然而“方向之争”与“方法之争”并非毫无联系,因为在“方向”上的定位不同,同样会影响到对宪法解释方法的选择。[3] 比如,基本法时期的施米特学派与斯门德学派,在诸多问题上产生了分歧。

从这个意义来说,“政治宪法学”的内部至少存在两种定位,一种是以文本外的宪法秩序为探讨对象,要么从经验归纳的角度,要么从理性建构的角度,旨在解决宪法文本的缺乏实效性或缺乏实质的价值基础等问题。对于这种“政治宪法学”而言,至少需要交代清楚的是,该种意义上的“宪法”与“政治”“政制”“自然法”的区别是什么?这种意义上的研究与实证意义上的政治学或者超然意义上的政治哲学之间研究的界限何在?这是一种外部视角的研究,还是一种内部视角的研究?如果是

---

〔1〕 [德]卡尔·施密特:《宪法的守护者》,李君韬、苏慧婕译,商务印书馆2008年版。

〔2〕 M. Friedrich, Der Methoden-und Richtungsstreit. Zur Grundlagendiskussion der Weimarer Staatsrechtslehre, in: AöR 102(1977).

〔3〕 比如,黑塞在斯门德理论的基础上,突破了传统解释方法,纳入了新的宪法解释方法,参见 K. Hesse, Grundzüge des Verfassungsrechts der Bundesrepublik Deutschland, 20. Aufl., Verlag C. F. Müller, Heidelberg 1999, S. 20ff.。

一种外部视角的宪法研究,那么是否可以定性为"宪法学"? 更为重要的是,这种宪法研究的路径从根本而言在于建构一种"政治理论"或者"宪法理论",而理论需要体系化,因此就需对其对象、方法、路径以及如何应用于具体问题有深入分析,这至少需要一个坚实的哲学基础。施米特的理论,尤其是关于政治上区分敌我的理论,被认为如果没有黑格尔哲学的体系基础,没有具有担当和发展能力的宗教基础,将不可避免地引向政治上的非理性主义,并成为毫无根基的、永久例外状态的市民战争之意识形态。[1]

但中国的"政治宪法学"并非总是要超越宪法文本,至少目前有部分政治宪法学者并不否认要以宪法文本为基础,而是试图将某种政治理论融入宪法文本的规范体系中。对于这种"政治宪法学"而言,似乎已经进入宪法学的内部视角,进入"方法之争"而非"方向之争"的脉络体系中,或者至少说"政治宪法学"与"规范宪法学"形成了某种交汇而非对立。这一方面源自"政治宪法学"向宪法文本的靠拢,以及宪法文本权威的逐渐树立。德国魏玛时期的国家法学在理论争论上狂飙突进,进入基本法时期后则出现了激情的消退,激烈的方向之争退回到基本法时期的方法之争,国家法学中的理论之争植入了宪法学的内部,并通过对宪法文本的解读而展现出来。导致这一转向的原因固然与联邦宪法法院的设立有关,但政治秩序的现实也对宪法文本权威的树立产生关键性的影响。二者交汇的另一方面源自国家法实证主义的发展,凯尔森在魏玛时期所坚持的知识论意义上的法科学和纯粹法学以及格贝尔—拉班德传统的法学实证主义在基本法时期经过了改良和升级,不再那么纯粹和逻辑封闭,而是承认宪法决定过程中的政治判断与价值权衡,转入拉伦茨所言的"评价法学"。[2] 这一转向意味着,魏玛时期新康德主义所主张之事实与规范二分这一前提的崩塌,同时也意味着方法论之清教主义的淡出,凯尔森所追求的"纯粹法学"以及"科学的认知"也失去了基

〔1〕 H. Hofmann, Legitimitätgegen Legalität, a. a. O., S. 110f.

〔2〕 K. Larenz, Methodenlehre der Rechtswissenschaft, 6. Aufl., 1991, S. 119ff.

础,“价值判断”的普遍存在并成为法学的对象使法学容纳了凯尔森所言的“法政治”,而非仅仅是纯粹的“法科学”,[1]“方法上的综合”(Methodensynkretismus)[2]似乎也就不可避免。基本法时期的德国宪法学,本质上已经不再是施米特与凯尔森之争,而是如何在法学内进行价值判断,进入施米特与斯门德论争的领域,基本法时期的争论也证明了这一点。[3] 就宪法实践而言,这意味着需要探讨宪法决定过程中的价值前提,也就是突破传统的法律解释方法,追求“实践之调和”和“最优之判断”(黑塞),[4]按伯肯弗尔德所言则是需要一种“宪法理论”。但这种“宪法理论”并非是宪法文本之外的正当性追求,而是“合乎宪法的宪法理论”,即“基于基本法的宪法理论”。[5] 该理论的建构不是来自超然的价值诉求,而是立基于宪法文本、历史与现实。从这个角度来说,高全喜教授的工作也是通过“政治定位”对现行宪法展开解释(而并非是通过政治权力意志决定宪法,或者将政治蜕变为宪法),如对“八二宪法”复调结构的强调等。这种“政治定位”可以视为中国百年立宪视野下的一种“宪法理论”,是中国宪法学的“前理解”,通过对中国宪法革命式变迁的理解来为宪法解释找到一个定位点。而这一工作与目前开放的宪法教义学似乎并不冲突,[6]只是侧重点各有不同。值得注意的是,这并非是一种“政治决定论”的延续,而是对宪法规范背后的历史因素、

---

[1] H. Kelsen, Reine Rechtslehre. Mit einem Anhang: Das Problem der Gerechtigkeit, 2. Aufl. 1960, S. 348ff.

[2] 对方法综合主义的批判可参见张翔:《走出“方法论的杂糅主义”——读耶利内克〈主观公法权利体系〉》,载《中国法律评论》2014 年第 1 期。

[3] 也有学者认为施米特学派与斯门德学派之争体现的并不明显,很多学者既非施米特学派,也非斯门德学派,而是与魏玛时期的论争保持距离,参见 C. Möllers, Der vermisste Leviathan. Staatstheorie in der Bundesrepublik, Suhrkamp 2008, Frankfurt am Main, S. 33。

[4] K. Hesse, Grundzüge, a. a. O., S. 28f.; auch vgl. *R. Alexy*, Theorie der Grundrechte, Suhrkamp1986, Frankfurt am Main, S. 75f.

[5] E.-W. Böckenförde, Die Methoden der Verfassungsinterpretation-Bestandsaufnahme und Kritik, in: ders., Staat, Verfassung, Demokratie. Studien zur Verfassungstheorie und zum Verfassungsrecht, 2. Aufl. 1992, S. 64ff.

[6] 对于宪法教义学的开放性以及如何开放,宪法变迁在宪法教义学中的地位与功能等,可参阅本书第五章、第六章。

时代因素以及价值因素——或者统称为“政治因素”——进行挖掘，为宪法解释提供一种理论上的可能性，正如凯尔森所强调的，法律规范的解释本质上是“法政治”的工作。

从这个角度来说，中国的“政治宪法学”需要对自身定位有一个清醒的认识，无论何种路径都是在知识上值得追求的，但需要建构一个完整的、体系化的“政治理论”或“宪法理论”。对于后一路径的“政治宪法学”者而言，需要理性反思其与规范宪法学（宪法教义学）之间的关系，因为后者并不否定一种宪法理论的建构，而是强调理论建构与问题定向（个案解决）之间的互动。基于不同的宪法理论，对于宪法规范的认知路径、对历史与现实的诠释、对事实与规范之间关系的定位或有不同，但共同的前提则是“围绕宪法规范”，[1]实现文本、历史与现实的交互影响（Wechselwirkung），在文本解释基础上发展出不同的宪法理论，在文本的框架内实现中国宪法学的历史性、中国性与政治性，而这一理想的实现需要所有宪法学者的共同努力。

---

〔1〕 林来梵、郑磊：《所谓“围绕规范”——续谈方法论意义上的规范宪法学》，载《浙江学刊》2005 年第 4 期。

第五章　宪法教义学在中国：基于社会系统理论的反思

一、引言：社科法学与法教义学之争

中国法学界正经历一场方法论之争，或者说，立场之争，这关涉中国法学的未来走向。中国今天的方法论之争探究的并非仅仅是"法律解释"和"法律适用"的技术性方法，而是直接指向"什么是法"这个元问题。无论是社科法学和法教义学的论争，还是政治宪法学与规范宪法的论争都并非简单的知识争论，而是在中国社会转型背景下具有某种程度的必然性，其争论的根源可以追溯到中国社会结构变迁背景下所衍生的两方面问题。

（一）乡土中国的现代性

中国传统的乡土秩序发生了两次根本性的变化：一次是1956年开始的土地改革等一系列政治运动改变了传统乡土社会"亲亲尊尊"的宗族格局以及与之相应的伦理与秩序，通过习惯进行治理的乡村受到政治的渗透；另一次则是1978年之后的改革开放，经济的发展使得中国的现代化进程加快,城市化的扩张迅速打破了原有的“熟人社会”的格局,习惯与政治并存的乡村治理和社会治理开始接受制定法的规训。由熟人社会的习惯转向契约社会的实定法约束是共同体向现代社会过渡的必然,但转型过程却并非是可以一笔带过的简单过程,而是充满了冲突与不安定性。在这个过程中,有学者敏锐地看到了中国乡土社会在遭遇现代法治时所表现出来的不安与不习惯,由此形成了民间法与制定法的冲突,也因此形成了“社科法学”这一学术群体的研究起点。

(二)宪法学中的政治之维

自辛亥革命以来所一直延续下来的救国思维,一直影响至今,导致国家主权的观念深入民心。自中华人民共和国成立之后的社会改造,是“救亡”思维下政治主导的结果。而改革以来所取得成就,基本上仍是政治推动的,这成为中国改革成功的经验,但政治与法律之间又存在天然的、不容忽视的矛盾。强调主权决断、政治现实与历史精神,并与以宪法文本为基础的规范宪法学和宪法教义学形成了二元分歧的知识结构。

从上述两个方面来看,社科法学与法教义学的冲突是中国的本土性遭遇现代性之后所衍生的问题。有学者敏锐地看到了,在转型过程中制定法的推行由于与现实的疏离,而导致缺乏实效性,从而看到了转型过程中现实与规范之间巨大的张力。事实与规范之间如何取舍就构成了法教义学与社科法学争论的起点。在某种程度上可以说,社科法学与法教义学的分歧存在两个层面:一个是从根本上对待实证法的态度问题,这也是法教义学经常批判社科法学的地方,法教义学认为社科法学太过于轻慢,甚至无视实证法;另一个则是如何解释实证法,如何填补实证法的缝隙以及进行法的续造的问题,社科法学将法教义学斥之为法条主义,只知法条逻辑,而不知社会现实。

社科法学有感于中国问题在遭遇西方法治思维时的无力,可以说,社科法学的关怀是紧扣中国现实的。中国自 1978 年以来的社会转型是有目共睹的,这种转型类似于从以乡村和熟人为主体的“共同体”(Gemeinschaft)向以契约为纽带的陌生人“社会”(Gesellschaft)的转型。

在转型过程中,几乎每个人都受社会环境改变的影响,制定法与民间习惯的冲突在转型初期是显而易见的,近代法治理念不可避免地遭遇到了“水土不服”的问题。在这个背景下,“秋菊的困惑和山杠爷的悲剧”就不可避免了。对于这种社会变迁,法学界开始作出回应,并从法理层面反思未来的中国社会秩序这个宏观的命题。由于在转型过程中,中国乡土理念的固守、文化的传统以及国民的习俗,都与正在发生的“现代性”格格不入,中国社会内部强大的文化惯性导致看似美好的西方理念无法与中国实际真正实现“无缝对接”。相反,法律移植导致的问题却层出不穷,一些在国外运转良好的制度到了中国变得“完全不是那么回事儿了”。一个又一个中国问题的特殊性动摇了学界继受西方法治理念的信心,并反思中国未来的法律秩序该“何去何从”,所有这些都构成了社科法学者探讨问题的出发点。也就是说,社科法学者从一开始就有一种摆脱西方法治话语、重构中国法律秩序的学术抱负,希望从中国本土的问题出发构建解决中国问题的法律秩序。

社科法学者更多是从“中国的社会秩序何以得以形成”这一霍布斯式的问题出发,并在这一问题的辐射之下探讨中国法律秩序中的形成以及存在的问题。在这个过程中,我们可以看到的是“转型的社会结构”成为探讨中国法治道路与中国法律问题解决的“前见”,中国法律问题的解决需要与这个“转型的社会结构”相适应。这使中国的社科法学者从一开始就不满足于描述性的社会学,而是带有强烈的价值介入,通过对中国未来道路或社会秩序的判断来探讨与之相适的法律制度,探讨制定法的实效性,必要时探寻制定法之外的“活法”。因而也就有了从中国改革开放以来的社会生活和政治实践中,推导出“习惯法”“民间法”“不成文宪法”,乃至“中国模式”的做法。这种现象与改革初期制定法体系并不完善或者成熟有关。在改革初期,制定法尚不完善时,确实需要从实践中摸索出能够长期有效并被反复适用的规则,也就是说,规则的形成也需要“摸着石头过河”,需要通过现实的检验(具有实效性)之后再上升为规则。因此,改革的措施总是先于立法而行,这种思维惯性一直延续到今天。然而这种思维模式带来了朝令夕改等许多负面效应,也使这一模式与今天急需形成稳定化规范预期的法治中国建设显得越来越格格不入。法教义学这一术语在中国的引入或者兴起,正是为了针对现实中越来越多的悖法治而行的现象,以及越来越多的将这种悖法治模式理论化的学术倾向。

二、中国宪法教义学的挑战

学界目前关于法教义学的讨论已有很多。[1] 在宪法学界,继政治宪法学与规范宪法学之争后,[2] 法教义学与社科法学的争论又粉墨登场。[3] 与政治宪法学和规范宪法学之间的学术冲突一样,这一论争同样涉及名分之争,虽然各自流派都尚未真正成熟,[4] 却多多少少体现了转型中国

---

〔1〕 关于法教义学的讨论主要可参见焦宝乾:《法教义学的观念及其演变》,载《法商研究》2006 年第 4 期;许德风:《论法教义学与价值判断:以民法方法为重点》,载《中外法学》2008 年第 2 期;许德风:《法教义学的应用》,载《中外法学》2013 年第 5 期;白斌:《论法教义学:源流、特征及其功能》,载《环球法律评论》2010 年第 3 期;张翔:《宪法教义学初阶》,载《中外法学》2013 年第 5 期;张翔:《形式法治与法教义学》,载《法学研究》2012 年第 6 期;李忠夏:《宪法学的教义化:德国国家法学方法论的发展》,载《法学家》2009 年第 5 期;杜强强:《法学方法与我国宪法学研究的转型》,载《法学研究》2012 年第 4 期;金可可:《民法实证研究方法与民法教义学》,载《法学研究》2012 年第 1 期;冯军:《刑法教义学的立场与方法》,载《中外法学》2014 年第 1 期;冯军:《刑法教义学的先行思考》,载《法学研究》2013 年第 6 期;张明楷:《也论刑法教义学的立场:与冯军教授商榷》,载《中外法学》2014 年第 2 期;陈兴良:《刑法教义学方法论》,载《法学研究》2005 年第 2 期;陈兴良:《刑法知识的教义学化》,载《法学研究》2011 年第 6 期;雷磊:《法教义学的基本立场》,载《中外法学》2015 年第 1 期;凌斌:《什么是法教义学:一个法哲学追问》,载《中外法学》2015 年第 1 期;白斌:《宪法教义学》,北京大学出版社 2014 年版。

〔2〕 关于这场争论的评述具体可参见李忠夏:《中国宪法学方法论反思》,载《法学研究》2011 年第 2 期。

〔3〕 社科法学最早由苏力提出,参见苏力:《也许正在发生:转型中国的法学》,法律出版社 2004 年版,第 12 ~ 15 页。作为与法教义学对立的概念,探讨社科法学与法教义学关系的文章可参见谢海定:《法学研究进路的分化与合作:基于社科法学与法教义学的考察》,载《法商研究》2014 年第 5 期;"社科法学"在中国是一个外延甚广的概念,包含实证研究、社会学研究、经济学研究,甚至神经元法学的研究,关于这方面的文献相当之多,许多学者都对实证研究方法在各自学科领域进行了研究(如左卫民:《法学实证研究的价值与未来发展》,载《法学研究》2013 年第 6 期),最近系统性的关于"社科法学"的论述可参见侯猛:《社科法学的跨界格局与实证前景》,载《法学》2013 年第 4 期;侯猛:《社科法学的传统与挑战》,载《法商研究》2014 年第 5 期;陈柏峰:《社科法学及其功用》,载《法商研究》2014 年第 5 期。其他在讨论具体问题中对社科法学方法的运用,如苏力、桑本谦、成凡、贺欣、刘思达、李学尧、程金华、郭春镇、王启梁、陈柏峰等学者的文章,恕不能一一列举。

〔4〕 关于社科法学与法教义学的关系及各自所存在的问题。参见谢海定:《法学研究进路的分化与合作:基于社科法学与法教义学的考察》,载《法商研究》2014 年第 5 期。

的特定时代问题。可以确定的是,无论何种知识路径都应服务于中国当下现实问题的解决,在这一功能定位下,就需穿透法教义学乃至宪法教义学之“名”,深入背后的“实”,也就是宪法教义学所要解决的问题本身。

目前,中国宪法学面临的最大问题,是如何规训转型时期的政治决定,以及如何处理社会价值变迁和由此所带来的价值冲突。中国立宪之路一直有“富强为体,宪治为用”的色彩。〔1〕改革以来,这一色彩仍在,但内在却潜移默化地发生变化。改革之后的宪法变迁具有国家推动与社会内在驱动的双重性质:国家通过政策推动改革,激发了社会转型的内在驱动力,反过来又进一步促动了国家政策的改变和改革的进一步发展。在这一模式下,政策起到了重要的助推作用,并与实践中日渐增多的有意识地以宪法文本为基础所构建的政治权力运行模式一起,构成了中国宪法实施的“双轨制”,〔2〕即政治系统的宪法实施与法律系统的宪法实施相并行的模式。然而“双轨制”更多是一种描述,无法给出规范上的指引,无法解决并行不悖的双轨一旦出现交叉或冲突的情形。当政策推动先于立法或宪法修改时,就会产生宪法文本与宪法(政治)状态之间的不一致,即所谓的“良性违宪”或违宪的“宪法变迁”问题。在中央与地方权限分配、经济制度转型、国企改革等多个领域都存在政治先行再修宪的路径。

上述现象反映了改革以来中国以宪法为基础的法律系统,应如何规训和回应社会环境(法律系统之外的其他社会系统)的转型与变化这一根本性的问题。改革是一个整体性的制度转型,涉及整个社会的方方面面,可谓一转百转。在计划经济向市场经济、国家管控向个人自治的转型过程中,中国人的思想观念、生活方式和习惯都发生了相当大的变化。在这一背景下,法律系统尤其是宪法如何置身于社会急剧转型的浪潮中,呼应社会变化的各种要素,就成为法学乃至宪法学必须解决的问题。

在这一社会转型的过程中,需要回答的是,制定法能否适应中国复

---

〔1〕 参见王人博:《宪政的中国语境》,载《法学研究》2001 年第 2 期。

〔2〕 参见翟国强:《中国宪法实施的双轨制》,载《法学研究》2014 年第 3 期。

杂的乡土民情？习惯法/民间法是否应“置换和取代制定法”成为独立的“法源”？习惯法、与宪法文本不一致的政治惯例、不成文宪法、良性违宪等现象所存在的分歧背后，深刻的根源是“中国问题意识”乃至“本土道路”意识的增长。在很多“社科法学”学者看来，单纯依循规范的逻辑解决不了中国的实际问题。从西方继受来的理念会遇到“水土不服”的问题，而中国一些看似没有规范逻辑、不符合近代法治理念的“土规则”却具有“实效性”并符合中国的现实逻辑，能够解决中国所特有的问题。基于此，“社科法学”与“法教义学”之争就演变为方向之争。前者倾向于将中国乡土和政治实践中存在的有效规则认定为“法”，反对西方普世主义。后者则坚持从实证法文本出发，认为法律不能屈就现实，而应规范和评价现实，因此又被冠之以“法条主义”的称号；同时，由于这部分学者每每以西方眼光审视中国法治，从而与社科法学之间构成了中国法学界另一种形式的“中西之争”。

传统法学仅强调对法律概念的解释似乎是不够的，法律不仅要解决合法性问题，还应从实效性、效率、正当性等角度回应“正确性”问题，也就是实质法治的问题。[1] 行政法层面就出现了“行政正确取代行政合法”的“新行政法”趋势，[2]德国在国家法层面也曾出现过“合法性与正当性”的讨论。对于宪法，不仅要解决国家的正当性问题，还需要在社会层面解决价值冲突的问题，需要通过宪法的“价值辐射”功能将社会环境中的变化引入法律系统中，需要适度引入后果考量，实现法律系统对社会系统的“知识和信息的开放性”，同时也将法律系统的决定传递到社会中。随着时代问题的变换，宪法教义学本身需要一次更新换代和认

---

〔1〕 比如，行政法中关于实质法治问题的探讨，参见何海波：《实质法治：寻求行政判决的合法性》，法律出版社2009年版；沈岿：《因开放、反思而合法——探索中国公法变迁的规范性基础》，载《中国社会科学》2004年第4期；沈岿：《公法变迁与合法性》，法律出版社2010年版；王锡锌：《行政正当性需求的回归——中国新行政法概念的提出、逻辑与制度框架》，载《清华法学》2009年第2期。

〔2〕 黄舒芃：《“行政正确”取代“行政合法”？初探德国行政法革新路线的方法论难题》，载《“中研院”法学期刊》第8期；李洪雷：《中国行政法(学)的发展趋势——兼评“新行政法”的兴起》，载《行政法学研究》2014年第1期。

知上的转型,即法学的"社会学启蒙"。[1] 问题在于,宪法应如何回应社会的转型与变迁?宪法教义学能否以及如何在教义学体系内引入后果考量,实现学科之间的交叉与科际整合?这种学科交叉的研究应通过何种方式实现"规范上的封闭、知识上的开放"?对上述问题的回答首先需要回溯到法教义学产生的时代背景与时代变迁情势下法教义学的转向。

三、法教义学的前世:法学与科学的汇流

需指出的是,法学方法论之争并不仅是与社会绝缘的纯粹知识之争,不同时代的方法论之争都与特定时代的政治问题息息相关。对法教义学的最大质疑,不是如表面上所看到的来自对法条主义的质疑,而在于其背后的自由主义、科学主义和现代性技术价值观的背景,这是今天宪法教义学备受质疑的内在原因。[2] 法教义学从产生开始便与科学主义的时代背景密切相关。

"教义学(Dogmatik)是有关教义(Dogmen)之科学"。[3] 根据通说,法教义学最早可追溯至神学教义学。但也有学者考证,法教义学继受神学是一个长期存在的误解。教义学这一概念的意义最先在医学领域得以奠定,之后才过渡至法学,"法律人从医学上采用的经验科学之科学理论中将教义学的概念接收过来"。[4] 神学之"教义"由来已久,但有关教

---

〔1〕 参见泮伟江:《法学的社会学启蒙——社会系统理论对法学的贡献》,载《读书》2013年第12期。

〔2〕 比如,苏力教授就提到所有疑难案件的判决都涉及"政治性判断",是政治先定的,参见苏力:《法条主义、民意与难办案件》,载《中外法学》2009年第1期;政治宪法学对规范宪法学的批判一部分也来自施米特对自由主义的批判,参见高全喜:《政治宪法学的兴起与嬗变》,载《交大法学》2012年第1期;对"非政治化"和"技术统治"的非难参见[美]列奥·施特劳斯:《〈政治的概念〉评注》,载[德]迈尔:《隐匿的对话——施米特与施特劳斯》,朱雁冰等译,华夏出版社2008年版,第205页下。

〔3〕 F. Hubert, Dogma, Dogmen, Dogmatik: Eine Untersuchung zur Begründung zur Entstehungsgeschichte einer theologischen Disziplin von der Reformation bis zur Spätaufklärung, LIT Verlag, Münster 2001, S. 13.

〔4〕 M. Herberger, Dogmatik. Zur Geschichte von Begriff und Methode in Medizin und Jurisprudenz, Frankfurt am Main 1981, S. 5.

义的“教义学”却肇始于17世纪。有学者对神学领域的教义学产生的动机进行考证后认定，神学中的教义学也是近代产物，与宗教改革之后对天主教“教义”的批判和重新诠释有关，受近代科学的兴盛影响至深。[1] 就此而言，教义学是对“教义”的体系化和科学化加工，这一概念本身就蕴含了“科学性”在内。时至今日，对法教义学概念的理解基本限定在由历史法学所奠定的法学框架之内，也就是凭借科学手段将法稳定化为一个体系。[2] 就今天而言，则是对“现行法的体系化—科学化加工”，[3] 其目的在于法律的适用。

尽管存在此种共识，学界对于“法教义学”一词的界定却众说纷纭、难以统一。[4] 法教义学界定上的分歧主要体现在与法学方法之间的关系上。有的学者认为“传统上法教义学通常与‘法学方法’等同”。[5] 而有的学者则将法教义学与法学方法相对，认为法学方法论是关于程序的思想见解，教义法学则是有关现行法的思想见解。前者关涉的是法律发现的“程序”，后者则是有关“现行法”的教义。法教义学等同于法学，而法学方法则是教义化法学的方法。[6] 法教义学存在双面性，“德国的法教义学概念一方面指涉对现行法进行体系化—科学化加工的活动，另一面指涉该活动的产品或者说对象”。[7] 法教义学究竟是方法还是法学本身，其关键在于法学涉及对现行法的理解和加工，而该项工作势必要涉及特定之方法。如果通往科学理解的方法是唯一的，那么教义学就意

---

〔1〕 F. Hubert, Dogma, Dogmen, Dogmatik, a. a. O., S. 30ff.

〔2〕 J. Rückert, Savignys Dogmatik im System, in: A. Heldrich et al. (Hrsg.), Festschrift für Claus-Wilhelm Canaris, Bd. Ⅱ, 2007, SS. 1263, 1289ff.

〔3〕 U. Volkmann, Veränderungen der Grundrechtsdogmatik, JZ 2005, S. 262.

〔4〕 J. Esser, Dogmatik zwischen Theorie und Praxis, in: F. Baur (Hrsg.), Festschrift für Ludwig Raiser, 1974, S. 533ff.

〔5〕 E. Schmidt-Assmann, Verwaltungsrechtliche Dogmatik, Mohr Siebeck, Tübingen 2013, S. 11.

〔6〕 J. Schröder, Recht als Wissenschaft. Geschichte der juristischen Methodenlehre in der Neuzeit (1500 - 1933), 2. Aufl., C. H. Beck 2012, S. 1f.

〔7〕 N. Jansen, Rechtsdogmatik im Zivilrecht, in: http://www.enzyklopaedie-rechtsphilosophie.net/inhaltsverzeichnis/19 - beitraege/98 - rechtsdogmatik-im-zivilrecht, 2011. 4. 8.

味着这唯一的科学理解方法,顺理成章地,借此方法而实现的体系化以及对现行法的理解或者说“思想见解”(Aussage)自然也就是法学的核心,方法与实体是合一的,而法学方法与法教义学也是统一的。需要注意的是,当德国法学界开始使用“Rechtswissenschaft”一词指涉“法学”时,实际上已经进入近代科学主义的范畴和语境,通往科学之路的法学就是法教义学。法教义学意味着理解、加工现行法的方法以及借由此方法而实现的有关现行法理解的“知识体系”。

19 世纪中叶,德国学者讨论的主题之一便是“法学(Jurisprudenz)能否成为一门科学(Wissenschaft)”。1847 年基尔希曼(Kirchmann)以“论法学(Jurisprudenz)作为科学的无价值性”为题进行了主题演讲。[1] 耶林于 1868 年在维也纳大学的就职演说中演讲的主题是“法学是一门科学么?”[2] 由此,我们可以看到一个很明显的分水岭,19 世纪中叶之前,法学更多使用的是“Jurisprudenz”一词,之后,“Rechtswissenschaft”一词则被广泛使用。前者是有关法律的智慧(prudentia),而后者则是有关法律的科学。柯莎克(Koschaker)看来,“Rechtswissenschaft”一词是德国历史学派的发明;[3] 德莱叶(Dreier)则认为,这一点并不能得到证实,而且对术语的探究意义不大,“比术语更为古老的是由此所标示的问题”。[4] 在 16 世纪时,就出现了有关法学自觉性(作为“scientia”还是“prudentia”)的争论。“scientia”和“prudentia”的区分来自亚里士多德,前者作为科学是指从存在的原则中导出的有关理解存在的方法论知识,其对象是现象变换中的恒在之物;后者则指向实践智慧,指涉在具体情势下权衡利弊作出善的选择,亚里士多德将立法、司法和法律建议统统归入后者。[5] 然而,亚里士多德对科学的界定开启了法学作为科学的

---

〔1〕 J. H. v. Kirchmann, Die Werthlosigkeit der Jurisprudenz als Wissenschaft, 3. Aufl., Springer Verlag, Berlin 1848.

〔2〕 [德]鲁道夫·冯·耶林:《法学是一门科学么?》,李君韬译,法律出版社 2010 年版。

〔3〕 P. Koschaker, Europa und das römische Recht, 4. Aufl., München und Berlin 1966, S. 210.

〔4〕 R. Dreier, Zum Selbstverständnis der Jurisprudenz als Wissenschaft, in: *ders.*, Recht-Moral-Ideologie. Studien zur Rechtstheorie, Suhrkamp Verlag, Frankfurt am Main 1981, S. 49.

〔5〕 R. Dreier, Zum Selbstverständnis der Jurisprudenz als Wissenschaft, a. a. O., S. 49.

尝试，这一科学之路是自然科学意义上的，并在理性自然法阶段得到彰显，使法学成为哲学意义上的科学，但这一进路在日后却被视为非科学而被排除在法学之外。[1]

总而言之，术语的变化与自然科学兴盛的时代关系密切。据有学者考证，德国在17世纪之前主要是对罗马法的继受与加工，这只能称为“在德国的法（科）学”。只有自17世纪才开始有意识建构“德国的法（科）学”，[2]这种建构主要目的，在于将零散的法律素材通过学术加工成为一个逻辑融贯的体系。这一法学的科学之路始于历史法学派，其一大部分的工作在于“建构体系化的民法学”，之后形成了德国的概念法学时代，并由私法过渡至国家法。概念法学时期，法学的科学性主要受自然科学影响，保证科学性的途径在于“逻辑”，如拉班德认为，法学之方法，舍逻辑而无它，教义学的任务即在于“建构法律秩序、探究具体的法语句背后更一般的概念，并借由此概念推导出结论”，“所有历史、政治、哲学上的沉思……对于具体的以法律素材为加工对象的教义学而言并无意义”。[3] 概念法学试图建构一个类似于“自动售货机”一样的概念体系，将所有的现实都纳入概念中，构成一个逻辑涵摄的概念金字塔。其结果是，投身于自然科学的法学逐渐丢失了其实践哲学的品性。

四、法教义学转向与科学性的变迁：法教义学的双重体系

对“科学”的不同理解，同样影响了法学的思维。在科学主义兴盛之初，自然科学思维大行其道，科学的方法即在于逻辑。但法学毕竟不像自然科学一样冷酷，而是需融入人之智识。德国在19世纪开始出现“回到康德”的思想潮流，康德将科学性限定如何建构理性的人类认识。在理性认知层面，以认识自然为对象的理论理性与以认识人类实践为对

---

〔1〕 R. Dreier, ebd. , S. 49f.

〔2〕 R. v. Stinzing/E. Landsberg, Geschichte der deutschen Rechtswissenschaft, Abteilung 2, R. Oldenbourg Verlag, München und Leipzig 1884, S. 1.

〔3〕 P. Laband, Das Staatsrecht des deutschen Reiches, 1. Bd. 4. Aufl. S. X.

象的实践理性存在截然不同,狄尔泰由此发展出与自然科学相对的精神科学(Geisteswissenschaft),而李凯尔特也提出了文化科学(Kulturwissenschaft)的概念。如果说自然科学是通过逻辑思维认识世界,那么社会科学就需要通过"理解""体验""价值"来认识人类活动并指引人类行为。在法学层面上,新康德主义的科学观对法学影响至深。

(一)知识的清教主义:完全排除价值判断的法学

新康德主义学派内部又可区分为马堡学派和西南德意志学派,[1]前者关注康德知识中的纯粹理性(出自先天原则的认识能力),追求科学知识的先验基础,以保障知识的纯粹性;后者则对价值和有效性理论更感兴趣,因此致力于寻求适当的方法,以探讨文化现象的有效性和意义结构。凯尔森深受马堡学派的影响,其"纯粹法学"理论的根基便是建立在马堡学派的新康德主义基础之上。[2]凯尔森的目标在于建构一种纯粹的法理,"纯粹的法理是实证法的理论;是纯粹的实证法,而非特殊的法秩序之理论。它是一般性的法理,而非特别的国家法或者国际法规范的解释……它仅视其对象为理论,尝试回答何者为法以及如何为法的问题,而非回答法应如何或者法应如何被生成的问题。它是法科学(Rechtswissenschaft),但非法政治"。[3]对于凯尔森而言,法学的"科学性"在于建构一个科学的认识体系,这个认识体系并非是有关法规范内容的体系,而是关于法规范之形式法语句(Rechtssatz)的体系。在凯尔森看来,只有通过超验的方法连接起来的体系,才是科学的体系,对于社

[1] 二者的共同点似乎只存在于"必须回到康德"这一口号之中。参见 W. Kersting, Neukantianische Rechtsbegründung: Rechtsbegriff und richtiges Recht bei Cohen, Stammler und Kelsen, in: R. Alexy/L. H. Meyer/S. L. Paulson/G. Sprenger (Hrsg.), Neukantianismus und Rechtsphilosophie, 1. Aufl., 2005, S. 23。

[2] 关于新康德主义对凯尔森的影响可参见张龑:《凯尔森法学思想中的新康德主义探源》,载《环球法律评论》2012 年第 2 期。

[3] H. Kelsen, Reine Rechtslehre. Mit einem Anhang: Das Problem der Gerechtigkeit, 2. Aufl. 1967, Verlag Franz Deuticke Wien, S. 1.

会学而言,这一范畴是因果律,对于法学而言,这一范畴则是“归责”(Zurechnung)。[1] 对于法规范而言,其表现形式都是通过假言判断(如果……则……)的方式呈现,通过归责这一范畴,法的前提与法的后果就联系在一起。法学就是通过归责这一范畴将法语句联系在一起的认知体系,透过法语句这一形式,法规范最终结合成为一个层次分明的、体系化的法秩序。[2] 对于凯尔森而言,法规范的内容是什么、应如何被解释并非是法学的内容,纯粹的法理解决的是法规范在认知层面如何结合为一个体系,所以法规范的解释在凯尔森那里属于法政治,而非法学。

在凯尔森看来,法规范存在各种“不确定性”,在其框架内存在多种“适用的可能性”,[3] 因此“解释”是不可避免的。所谓能够保证得出唯一正确结论的解释方法,在凯尔森看来并不存在,也没有意义,所有的解释方法都不过得出一种可能的结果,而非唯一正确的结果,不同的解释方法甚至可能得出完全不同的结果。当涉及规范冲突时,所谓的利益衡量也不过是空洞形式,无助于解决问题。在凯尔森看来,解释的必要性在于从规范所包含的多种可能性做出“决定”,以此来确定何种利益具有更高价值,该决定只能通过有权的国家机构(如法院)做出。[4] 凯尔森进一步区分了正式解释(authentische Interpretation)与非正式解释,所谓正式解释是指能够创设新的法规范的解释,是由相关国家机构作出的具有法律效力的解释,如法院和行政机构在适用法规范过程中所进行的解释,这种解释在凯尔森看来是一种“政治上的价值判断”。[5] 所谓法官的“判断”(德语中与“判决”一词同为“Urteil”)并非是语词逻辑意义

---

〔1〕 在纯粹法学第1版中,凯尔森强调“应然”作为法学的范畴,但在第2版中,则转向以“归责”为范畴建构规范认知体系,其关注的重心也从法规范转向法语句,参见 H. Kelsen, Reine Rechtslehre. Einleitung in die rechtswissenschaftliche Problematik, 1. Aufl., Scientia Verlag Aalen 1994, S. 20ff.; *H. Kelsen*, ebd., S. 79ff.。

〔2〕 关于法规范与法语句的关系参见 H. Kelsen, Reine Rechtslehre, 2. Aufl., a. a. O., S. 73ff.。

〔3〕 Kelsen, ebd., S. 348ff.

〔4〕 Kelsen, ebd., S. 349.

〔5〕 Kelsen, Reine Rechtslehre, 2. Aufl., a. a. O., S. 353.

上的“判断”,而是一种“规范”的创设,即限于具体个案的规范。[1] 这种能够产生新规范的“解释”并非科学意义上的解释,因为这里涉及法律适用者在“规范可能性”框架中的“意志行为”,所以正式解释无法成为法理论的问题,而只能是法政治上的问题。与此相区别的是非正式解释,即对法律规范的意义进行纯粹认识论的确定。不同于国家机构的正式解释,这里不涉及法律的创设,这种法科学意义上的解释只能对法律规范所存在的“适用可能性”加以描述,而无法填补所谓的法律漏洞,也无法在多种可能性中做出决定,当然也没有能力得出“唯一正确”的结论。[2] 在这里,凯尔森完全看到了法律适用的特点,甚至凯尔森的判断与作为“自由法学派”的康特洛维奇等人也并无不同。在凯尔森眼中,存在法学意义上的判断与政治上的价值判断两种,这也符合今天法教义学的双重特性,即形式法治与价值判断。只是凯尔森将价值判断排除在法学之外,认为只有对法规范加以描述的法语句之间关系的探究才属于科学的范畴,规范的具体适用则是法政治的问题,这个过程来自通过法律程序所保障的“决定”,而不是科学认知。

凯尔森的纯粹法学可以说是格贝尔—拉班德传统脉络下国家法实证主义的升级版本。二者的共同点都在于去“价值判断”,拉班德主张要将历史、政治、哲学的因素从法学中去除,而凯尔森也将价值判断视为是法政治。二者的不同在于,格贝尔—拉班德的国家法实证主义属于概念法学一脉,主张通过无缝隙的概念建构将现实生活涵摄在内,将概念的理想强加于现实生活之上。而在凯尔森看来,实证法规范体系并非毫无漏洞,规范的解释也不如概念建构一样逻辑严密,凯尔森不是要建构一个以实证法规范为基础的概念体系,将法规范内容设计的逻辑井然、浑然天成,而是要构造以法语句为形式的法规范的知识体系。二者在科学性方面所存在的不同在于:前者依托逻辑;后者则依托超验的方法建构理性的认识体系。

---

〔1〕 Kelsen, ebd. , S. 20.

〔2〕 Kelsen, ebd. , S. 352f.

(二)法教义学的双重体系:知识体系与价值判断

法学区分两种体系的做法其来有自。在法实证主义时期,一直存在学术概念体系和实证法概念体系。在法典编纂之前,法学实证主义(Der rechtswissenschaftliche Positivismus)占据主流,其目的在于通过学术的中立性对抗政治的影响,并将散乱的法律素材统合到一个逻辑严密的学术体系之下。〔1〕 即使德国的国家法从法学实证主义过渡向法律实证主义(Gesetzespositivismus)之后,一个学术的概念体系依然存在,作为实证法概念体系的依托。〔2〕 在维亚克(Wieacker)看来,法学实证主义要区别于法律实证主义,其原因在于法学实证主义来自康德认识论批判的形式主义,因此应被称为"法学的形式主义",〔3〕但维亚克似乎忽视了概念法学与凯尔森的纯粹法学之间的区别。在实证法尚未成熟之时,法学实证主义具有特别的意义,在实证法制定之后,法学实证主义势必转向法律实证主义。但一个独立于实证法规范的学术概念体系仍然具有意义,其意义在于通过学术化的概念加工将实证法中略显散乱的法律素材凝结为一个整体,如拉班德关于形式法律与实质法律的区分,德国基本法时期在基本权利规范之外所建构的"客观价值秩序""基本权利三阶审查模式""基本权利限制""限制之限制"等都是学术化体系的典范。如果规范体系为建筑材料,学术体系则为支柱,只有二者结合,法学的大厦才告建成。

随着时代的变迁,一个时代所面临的政治问题也随之发生变化,传统的法实证主义所需回应和解决的政治问题已成为过去式,新的政治形势需要新的国家法思维和法学理论。概念法学为特殊时代之产物,德国国家法上的实证主义得以发扬的主要原因在于时代的需求。1871 年的

---

〔1〕 F. Wieacker, Privatrechtsgeschichte der Neuzeit. unter besonderer Berücksichtigung der deutschen Entwicklung, 2. Aufl. , Göttingen 1996, S. 430f.

〔2〕 "拉班德的法律实证主义很大程度复制了格贝尔的法学实证主义",参见 W. Pauly, Der Methodenwandel im deutschen Spätkonstitutionalismus. Ein Beitrag zu Entwicklung und Gestalt der Wissenschaft vom Öffentlichen Recht im 19. Jahrhundert, J. C. B. Mohr, Tübingen 1993, S. 187。

〔3〕 Wieacker, Privatrechtsgeschichte der Neuzeit, a. a. O. , S. 432.

德意志第二帝国处于君主制与民主制之间,意识形态的竞争异常激烈,为了保障法秩序乃至整个国家的稳定,就需要在国家法层面排除来自历史、哲学、政治等因素的过度介入。在维亚克看来,法学实证主义本身就包含了一个价值判断的原则以及社会伦理和政治方面的决定,也就是让实证法成为正义的替代品,在司法决定中排除社会、经济方面的利益冲突。[1] 学界通常将法学实证主义与法律实证主义等同视之,但维亚克认为这二者之间的差别显然被低估了。[2] 从法学实证主义向法律实证主义的过渡,一方面是法典编纂的后果,另一方面则是学术让位于立法的后果。[3] 首先,实证法的编纂使立法层面的学术影响逐渐减弱。其次,尽管“学术体系与法学概念、成文法秩序的无漏洞性以及法官受学术方法的约束,并且司法裁判通过科学性实现政治上的中立化”等法学实证主义的信念,仍然影响至19世纪末。这一过渡期可以称为“学术化的法律实证主义(wissenschaftlicher Gesetzespositivismus)”,[4]但法律实证化之后,这一传统却并未做好用学术抵抗政治意志权力和不负责任的立法的准备,法学学术化(包括立法、司法受学术体系的影响)的趋势逐渐被立法机关代表的“共同意志”所取代,先定的法律原则和概念体系让位于不断生成的立法者意志及其背后的人民意志和民族精神,立法和法律适用不再由学术化的法律体系加以规训,而是服膺于政治判断,学术让位于政治成为必然。这一范式转变也与时代转型密切相关。在君民共治的状态逐渐向议会民主制倾斜之后,通过学术抵御政治的必要已经不复存在,取而代之的是人们对“民主”的绝对信任,通过概念建构所保障的科学性被民主的正当性热情所取代,传统的法学实证主义传统则逐渐被贴上僵化、保守、反现实的标签。

在这一范式转换的背景下,法学的重心开始转向,从学术化的概念和体系加工转向实证法规范的具体解释和法的续造等工作,这一工作最

---

〔1〕 Wieacker, Privatrechtsgeschichte der Neuzeit, a. a. O., S. 439f.

〔2〕 Wieacker, ebd., S. 439f.

〔3〕 Wieacker, ebd., S. 458f.

〔4〕 Wieacker, ebd., S. 460.

终突破法学内的概念体系,延伸至法学外的价值体系,在国家法层面甚至导向了对宪法正当性(Legitimität)基础的追问。在被凯尔森视为法政治的"解释"和价值判断之处,许多学者却将之视为法学不可回避且大有可为之处,并自19世纪下半叶开始逐渐被纳入科学的范畴。

(三)对"科学"的不同理解:法学作为科学的可能性

耶林在回答"法学何时能作为科学"时认为,法学的任务在于把握概念背后的"各种正义目的",[1]在他看来,"生活并非为了概念的缘故,应该说概念是为了生活的缘故而存在"。[2] 耶林将法学的科学性定位于法律的生成和演进中,"法学就是在法律事物中的科学意识",只有当法哲学(解决终极基础)、法律史(解决法律的生成)、教义学(解决法律素材的科学认识)能够融合为一,法学的科学性才能得以保障。[3] 耶林对法律目的和正义的探讨从概念实证主义转向了事实性、历史性与目的性,开启了法学中对利益、目的、价值的探索。耶林也由此区分了低层次的法学与较高层次的法学,前者是传统法教义学概念建构的层次,后者则是通过法哲学、法律史的工作进行法的续造和价值判断的场域。

耶林之后,价值判断逐渐扩展为法学的一项工作,法学的科学性也得以扩展。德莱叶认为,法学除了"scientia"的两个维度,即对法官判决进行经验上的描述(法官法实证主义)以及对主观的立法者意志或客观的法律内在意志进行探究(法律实证主义)之外,还应包含第三个维度,即属于"prudentia"范畴的法政治维度,也就是法官造法的法律续造维度,[4]或者可以说进行价值判断和价值权衡的维度。这一法学科学性的界定使法学摆脱了自然科学的统治,进入精神科学领域。在伽达默尔看来,自然科学与精神科学的区别不在于方法,而在于认知目标,精神科学的认知目标是对传统进行理解性的为我所用(Aneignen),这种为我所

---

〔1〕[德]鲁道夫·冯·耶林:《法学是一门科学么?》,李君韬译,法律出版社2010年版,第4页。

〔2〕同上书,第76页。

〔3〕同上书,第8页、第86页。

〔4〕R. Dreier, Zum Selbstverständnis der Jurisprudenz als Wissenschaft, a. a. O., S. 55f.

用的过程并非通过现代自然科学的方法论概念场域,而是应该通过回溯到教化、道德上的洞察力和判断力、技巧以及实践智慧等人本主义的典范概念去加以理解。[1]

在拉伦茨看来,"如果将科学的概念仅仅狭隘地理解为独立于经验之前提的纯粹逻辑和数学,或者说自然科学……那么法学自然很难被视为真正的科学,正如任何其他的社会科学一样。我认为这种狭隘的科学概念——作为科学特定发展阶段的产物——是不正确的;毋宁说,我认为,科学就是每一个理性上可以经受住审查的工作流程,这一流程借助于特定的、依凭对象发展而来的思维方法而试图获得秩序井然的知识。在这个意义上,法学同样是一门科学"。[2] 在他看来,真正的问题在于,法学——按照特定方法运行的、对实证法在思维上的理解和加工,即包含了法律比较、法学方法论和一般法理论的法教义学——对于实践的法律活动,对于法官和立法者等的活动究竟会产生何种影响。拉伦茨认为法学的任务有三个:法律解释、法律续造(根据内在于法秩序中的价值标准以及存在于其中的思维之可能性)和法律素材的统一化。[3]

在这种与自然科学相对立的精神科学和人文科学的氛围之下,概念法学回避、凯尔森将之排除在法学之外的价值判断慢慢扩展为法学的一个范畴。传统意义上的科学意味着一种逻辑的方法,主张方法上的纯粹性或者说"知识的清教主义",[4]但价值判断的引入却打破了方法论的局限,使之不再仅仅局限于逻辑,同时也带来了方法论上的革新契机,法学一改以往的封闭性特征,从而具有了开放性。然而,需要指出的是价值判断的引入一方面扩展了法学的领地,另一方面也带来了危险,在德

---

〔1〕 R. Dreier, ebd., S. 58.; H.-G. Gadamer, Wahrheit und Methode. Bd. Ⅰ: Grundzüge einer philosophischen Hermeneutik, 6. Aufl., J. C. B. Mohr 1990, S. 9ff.

〔2〕 K. Larenz, Über die Unentbehrlichkeit der Jurisprudenz als Wissenschaft, Berlin 1966, S. 11.

〔3〕 Larenz, ebd., SS. 11 – 12.

〔4〕 R. Dreier, Zum Selbstverständnis der Jurisprudenz als Wissenschaft, a. a. O., S. 60.

莱叶看来,正是因为在解释进程中混合了知识与意志性的成分在内,导致了对法学科学性的质疑。[1]

在这个意义上,要想将价值判断纳入法学的体系中,就必须正视“价值判断”科学性的问题。正如历史学界认识到,不进行价值判断的事实描述是不存在的,“没有对于在其中敞露出来的价值生动鲜活的感受,是不可能描述和阐明在文化上重要的事实的”,[2]法学也同样如此。而这就需要尝试走出新康德主义的风景,埃里希·考夫曼20世纪20年代在批评新康德主义时,正是看到了这一问题的关键所在。在这个背景下,摆脱事实与规范的二分,走向事实与规范的融合就成为科学范畴的另外一种路径,并同样对法学影响至深。在这一路径中包含了法社会学、精神科学传统、新黑格尔主义以及受海德格尔影响的伽达默尔的诠释学等。

五、法教义学的科学之殇:价值判断

(一)法学中价值判断的不同路径

将价值判断纳入法教义学的范畴,不可避免地要面临能否以及如何理性获得价值判断的问题。法学中对价值判断的探寻,基本存在两条路径:其一是新康德主义西南德意志学派的“价值关涉”路径;其二是从生活现实和精神塑成过程中发掘价值的现实科学和精神科学路径。前者属于理性的范畴,坚持事实与价值二分的“方法论二元主义”;后者则属于智性范畴,认为事实与价值(规范)是融合的,无法截然分开。在阿图尔·考夫曼看来,价值判断的获取方式导致了形式理性与实体理性的分野。[3]

新康德主义西南德意志学派认为法既不属纯粹的规范范畴,也不属

---

〔1〕 R. Dreier, ebd., S. 55.

〔2〕 [德]弗里德里希·梅尼克:《历史主义的兴起》,陆月宏译,译林出版社2010年版,“德文版导言”,第23页。

〔3〕 A. Kaufmann, Die Rechtsphilosophie in der Nach-Neuzeit, 2. Aufl., Heidelberg 1992, S. 16ff.

纯粹的实然范畴,而是“与价值关涉的现实”。法作为价值与现实的结合使其摆脱了自然法的普世性,从而具有了时代性和本土性,使其扎根于特定的生活基础和文化根基。通过价值关涉,也可以解决抽象的法律概念如何适用到具体事实之上这一根本性的难题,拉斯克(Lask)主张在这一过程中需融入“目的论”的考量。[1] 在李凯尔特和拉斯克看来,目的论概念的形成不是为了历史学家或法学家本身作出价值判断,而是将历史事实、法律判断与价值联系在一起。法学中的形式建构固然重要,但法学不限于此,拉德布鲁赫进一步将法哲学定位于“法之价值的思考”,[2]在方法论二元主义的基础上建立其与价值关涉的法哲学,法律解释不仅探讨立法者的精神,而且需探求法律内在的意义,将解释者本身作为立法者,基于此,拉德布鲁赫认为法学混合了“理论与实践、认知与创造、复原与再造、科学与超科学、客观与主观的要素”。[3] 在这个基础上,拉德布鲁赫提出了法学对法律素材的“双重加工”:其一是“范畴式”(或“形式上的”)的,“将法描述为法律概念及其中所包含的法律范畴的实现”;其二是“目的论式”的,“将法视为实现法理念(Rechtsidee)的尝试”。[4] 由法学的双重属性出发,拉德布鲁赫导出法学的四个阶段:生活之侧面的把握;于法律而言重要之事实的分离;纳入具体法规范之下;转入或定向于作为最高法价值的法理念。与此相应,法学的概念形成过程是,首先是法学外的概念形成,然后考量其法律上的重要性,将生活中的概念进行“目的论上的转换”,[5]如生活中的“住宅”必须在考

---

〔1〕 这里需解决的问题是,“目的论”的考量是不是将利益等事实成分作为法律判断的来源,“正如拉班德所敏锐强调的,是否目的存在于教义性法律概念的‘彼岸’,并因此只能落入社会理论的范围,或者是否这里涉及元法律的—社会的要素植入法律的概念形成之中”。参见 Vgl. E. Lask, Rechtsphilosophie, in: ders., Fichtes Idealismus und die Geschichte. Kleine Schriften, Dietrich Scheglmann Reprintverlag, Jena 2002, S. 270ff.。

〔2〕 拉伦茨认为 Radbruch 实现了从“形式的价值哲学到‘实质’价值哲学的过渡”。参见 K. Larenz, Methodenlehre der Rechtswissenschaft, 6. Aufl., Springer Verlag 1991, S. 98。

〔3〕 G. Radbruch, Rechtsphilosophie, 3. Aufl., 1932, in: ders., Gesamtausgabe, A. Kaufmann (Hrsg.), Heidelberg 1993, S. 345.

〔4〕 Radbruch, Rechtsphilosophie, 3. Aufl., a. a. O., S. 352.

〔5〕 Radbruch, ebd., S. 353f.

量宪法上重要性（如“合理的隐私期待”）的基础上才能转换为宪法概念，二者并不必然一致。

对于西南德意志学派的法学理论而言，获取理性的、可证立的价值判断并非最终目的。[1] 法学的目的在于客观发现法作为文化现实与价值的关联，发现法律素材的价值关涉，然而其最大的问题在于试图通过抽象的、无实体内容的价值关涉解决具体的价值判断问题，通过将抽象—形式的价值原则具体化到特定的现实之上从而得出具体—历史的实体价值。这一“目的论”方法以及正义观念（法理念）的引入难免危及方法论二元主义的基本立场，造成价值与现实的融合。而非二元并立，在拉伦茨看来，“拉德布鲁赫事实上已经跨越了二元主义”。[2] 在埃里希·考夫曼看来，新康德主义的时代已经过去，新康德主义试图通过建构一个超越现实的绝对价值王国的努力是失败的，因为其“隐藏在一个认识论-形式的理性主义之中”，并未“在经验实证主义的对面冒险提出任何积极的形而上学”。[3] 一言以蔽之，新康德主义通过形式主义的理性建构并不能真正解决实质的价值判断问题。

法学的视野因此从纯粹形式的规范思维转向社会现实和“存在”（Seiend），如自由法运动的代表人物康特洛维奇认为，“如果说存在于民族之中活生生的价值判断具有重要意义并且其本身就是社会生活的事实时，那么需要重点考虑价值判断的要求就不是某一理论学科（如社会学）的准则，而本身是实证法之科学以及法哲学的要求”。[4] 在这一前提下，康特洛维奇批评了耶利内克所主张的“方法论二元主义”，认为法教义学和法社会学均是法学不可或缺的两个组成部分，“没有社会学的

---

〔1〕 对于拉德布鲁赫而言，价值相对主义是其法哲学的前提。Radbruch, ebd., S. 235.

〔2〕 K. Larenz, Methodenlehre der Rechtswissenschaft, 6. Aufl., Springer Verlag 1991, S. 100.

〔3〕 E. Kaufmann, Kritik der neukantischen Rechtsphilosophie. Eine Betrachtung über die Beziehung zwischen Philosophie und Rechtswissenschaft, Tübingen 1921, S. 98.

〔4〕 H. Kantorowicz, Rechtswissenschaft und Soziologie, in: Verhandlungen des 1. Deutschen Soziologentages vom 19. bis 22. Oktober 1910 in Frankfurt am Main, Sauer u. Auvermann 1969, S. 302.

教义学是空洞的,没有教义学的社会学是盲目的”,[1]从而解决法学中知识体系与价值判断的并存,将“scientia”与“prudentia”融合在一起。但康特洛维奇同样强调,“只有当社会生活中与法律规范相关联的部分被加以研究时”,[2]才是法社会学,“法社会学绝不能从法教义学中解放出来,而必须始终是专业法律人的任务”。[3] 宾德(Binder)虽然借用了拉德布鲁赫的法理念,但却将之视为“存在者的内在原则”。[4] 这意味着,法理念并非存在于先验的认识结构中,而是需从社会的内在结构中去寻找,需要发现社会不断更新的目的与历史精神,这因而从前在的、既存(gegeben)的精神、价值转向流动的、不断生成(aufgegeben)的价值整合过程,法学中的价值决断不再来自抽象、先验、形式的思维原则,而是来自“事物之本质”(Natur der Sache)。价值蕴含在“此在”中,这就需要对社会结构以及内在的历史精神进行诠释,精神科学本质上成为一种“理解性”的科学,“理解”也成为精神科学的关键词,并由此形成理解过程中结构与过程、个体与共同体、部分与整体、“前见”与理解活动本身之间的诠释学循环。理解活动本身充满了辩证性,并且由对象和事物本身所决定,价值和意义只能在理解过程中展现。这无疑打破了新康德主义的二元对立,将事实与价值融合到“事物本质”之中。

(二)法学的挑战:合法性与正当性

法学在追逐价值判断的道路上尾随哲学的步伐,亦步亦趋,终于超出了法学的范围。在实证法之外寻找实体价值作为法律中价值判断的基础削弱了法学的独立性,使法学过于依赖非法学的价值、伦理、社会学、经济学等方面的知识和建构。法学中关于寻求客观、理性之价值判断的努力从未消失,交往商谈理论、法律论证理论等德国第二次世界大战之后“重建规范性”的尝试都有志于此。美国近年来所兴起的法经济学、神经元法学不仅试图通过一种科学的模型描述某种法律现象,更多

---

[1] Kantorowicz, ebd., S. 303.

[2] Kantorowicz, ebd., S. 276.

[3] Kantorowicz, ebd., S. 278.

[4] Larenz, Methodenlehre, a. a. O., S. 106.

是希望通过一种类似自然科学的方式获得法学中客观、科学的价值判断。[1]

在探寻价值判断的道路上,上述理论不仅试图为个案的价值判断提供依据,而且试图为整个法律体系寻找正当性基础。在合法性对抗正当性的博弈中,合法性最终让位于正当性,并导致了法学自主性的流失,这尤其体现在20世纪20年代魏玛时期的宪法和国家法领域。在法学领域,强调精神生成和法的精神的新黑格尔主义开始占据主流。在国家法学领域,以斯门德(Smend)为代表的国家法学者接受了精神科学的熏陶,强调"精神的价值规律性"以及不断生成的价值整合,使宪法从属和服务于从自我到整体的价值之生成,从属于具有历史性的时代精神。事实上,魏玛时期国家法领域,除凯尔森之外,如施米特、斯门德、黑勒等人都在宪法文本之外寻找国家的正当性基础,这与时代转型有关。君主制向民主制的转型,使法律实证主义的思维与议会至上的观念联系在一起,法律系统与政治系统直接绑定在一起。对议会民主政治的怀疑同样也导向了对实证法的批评,为实证法寻找基础的正当性理论在魏玛时期的勃兴也就不足为奇了。

法律实证主义本为抵御政治而生,却成为议会民主政治的附庸。学界流行的正当性理论,本为了反对国家法实证主义的"空洞化"(防止"没有法的法学"),为立法本身提供正当性基础,但在纳粹时期,尊崇"公意""人民主权""时代精神"的正当性理论却反而为某些恶法(如排犹法案)提供了理论支持。[2] 实践中,对民主正当性的狂热通过议会立法得以释放,议会不再成为公共性的、理性的讨论平台,[3]而成为政治意志的平台,人民意志吞噬了议会民主和法治国原则。法律实证主义在

---

〔1〕 通过认知神经科学对经济理性和道义理性的对接可参见郭春镇:《法律和认知神经科学:法学研究的新动向》,载《环球法律评论》2014年第6期。

〔2〕 比如,施米特经历了正当性理论的数次变迁,最终将正当性建立在种族基础之上,参见H. Hofmann, Legitimität gegen Legalität. Der Weg der politischen Philosophie Carl Schmitts, 4. Aufl., Duncker und Humblot, Berlin 2002, S. 168ff.。

〔3〕 C. Schmitt, Die geistesgeschichtliche Lage des heutigen Parlamentarismus, 7. Aufl., Duncker & Humblot Berlin 1991, S. 8ff.

魏玛共和国时期的失败意味着正当性对合法性的胜利,其背后深层的政治动因则是自由主义和多元主义的政治哲学、现代性的“技术世界观”在魏玛时期的全面失败,魏玛时期国家法领域的正当性探讨是对现代性危机的一次全面回应,〔1〕是实体化的民族精神、政治决断和政治意志的胜利。由此可见,无论是法律实证主义,还是与之针锋相对的正当性理论,都会导致法律本身和法学的危机。〔2〕

鉴于历史教训,法学如今虽然逐渐摆脱了对如人民意志、民族精神的狂热追求,但对法学本身能否提供“正确性”答案的质疑声音反而越来越大。法学中价值判断的标准仍然在法学之外寻找,法经济学、法社会学、国家学的复兴,政治哲学在法学领域的兴盛,法律与道德关系的争论都在于通过一种“科学或理性的方式”为法律本身或者法律适用提供一种“正确性”的依据,甚至希望将之重新“自然科学化”,如引入统计学、大数据、经济模型、认知神经科学等方面的科学分析。然而,每一种理论都面临各种各样的难题——经济学帝国主义无法解释所有的社会现象,法经济学无法让成本—收益的功利主义标准应用到所有类型地疑难案件中;法社会学对事实的诊断固然重要,但仍然难以直接从事实当中得出价值判断;各种数据分析也并不总是那么科学;国家学的复兴试图在法学,尤其是宪法学当中重新发现国家或者说国家意志,为政治判断提供依据,但却很难找到发现国家意志的程序;政治哲学对规范性的重建仍然摆脱不了过于理想化的弊端;法律判断中的道德立场无法绕开现代社会道德多元的事实。法学将价值判断包含在内,最终却无法用科学的方式得出终极理性的价值判断,法学在扩展了领地之后,却使法学本身陷入了困境。

---

〔1〕 在施特劳斯看来,现代性的危机源自于社会各领域普遍出现的技术化与中立化的趋势,也就是海德格尔所关注的现代科学和认识论所导致的“技术世界观”的全面宰制。参见甘阳:《政治哲人施特劳斯:古典保守主义政治哲学的兴起(“列奥·施特劳斯政治哲学选刊”导言)》,载[美]列奥·施特劳斯:《自然权利与历史》,彭刚译,生活·读书·新知三联书店2003年版,第72页。

〔2〕 这并不是说如果有违宪审查,纳粹的悲剧就可以避免,违宪审查只是在议会民主运行良好的基础上作为一种纠错机制,纠正“法律的不法”,但无法挽救整个议会民主失灵的状况。

六、社会变迁中宪法教义学的功能定位

(一)宪法的双重功能:法律系统封闭与开放的"控制阀"

今天,法学处于法律实证主义与正当性(正确性)理论的夹缝之间徘徊不定。在某种意义上,绝对的法律实证主义和外部正当性理论对于法律系统自主性的破坏具有共同性,即造成政治对法律的直接冲击,前者在于防御性不足,后者则具有直接的破坏性。

实证法的产生是时代的产物。随着世界的祛魅,上帝死亡之后世界陷入价值的"诸神冲突"之中,多元主义成为不可逆转的现实,进而导致了社会秩序的"去中心化"。实证法的应运而生是整个世界持续祛魅的后果,理性自然法则、政治决断论、经济决定论都试图取代上帝的位置,但均无功而返。价值判断领域虽然存在理性主义进路的延续,但实证法体系之内的"祛魅"在所难免。实证法从宗教、理性自然法的体系中脱离出来,变成无根之木,也使实证法丢失了其正义或者说真理性的内容,实证法的功能首先不是为了实现正义,而是在价值多元主义的前提下实现法的安定性或者说形成"行为预期的一般化和稳定化"。[1] 这也意味着法学从确定性(理性自然法和概念法学)的幻境中摆脱出来,面向不确定、复杂和充满偶然性的社会现实,并在不确定的社会中形成稳定化的规范预期,实现法的安定性。这也是法律系统得以分出并自主运行的社会原因,即"不确定社会中的安定性保障"。

一方面,实证法需要独立于道德、政治、经济等领域承担独立的功能,建立自身运行的标准;另一方面,社会在变迁,实证法不能游离于社会之外而生存于真空之中,法律领域内的价值判断无法通过法规范本身的演绎而自足,需要借助于其他领域的知识。时至今日,关于法律与道德、经济、政治之间关系的争论仍经久不衰。然而,政治、经济、法律、宗教、道德等领域都承担各自特定的功能,既无法相互隔绝又无法相互决定,只能形成一种"结构性"的相互依存,但各自又独立运行。现代社会

---

〔1〕 N. Luhmann, Rechtssoziologie, 4. Aufl. 2008, Opladen, S. 40ff.

并不是一个价值统合或者存在先定的统一价值前提,而是逐渐分化为各种不同的功能,由不同的社会子系统承担,这一过程就是社会系统功能分化的过程。[1]

在法律系统与其他社会系统保持界分并适度保持对社会系统变化的回应方面,宪法具有不可取代的作用。在法律系统内部,实证的宪法规范成为"超越法律之法",通过宪法,法律系统能够抵御议会政治的直接渗透。在法律系统外部,社会系统的变化可以通过宪法传递到法律系统内部。宪法成为一个沟通法律系统与环境的中转站和节拍器。在法律系统中,由于宪法在整个法律体系中处于金字塔尖的位置,外部环境中的重要变化都是通过宪法对整个法律体系产生影响,宪法学中引入"价值"这种包容性很强的概念也是为了将外部环境的变化转换到法律系统之内。简言之,宪法的功能在于,价值的输入(与外部环境的关系)以及价值的辐射(法律体系内部的统一性)。

(二)法教义学的功能变迁:从确定性至可能性

宪法需追溯至价值,但又不意味着要建构一元化的价值观或政治观。现代社会的价值多元意味着不可能建构一个逻辑层次分明、位阶秩序井然的价值体系,社会并不会按照一个预先设定的结构、路径发展,也不会根据一个奠基性的价值准则演绎出一整套的规则体系。社会的发展不是线性的,而是充满了复杂性和不确定性,其中,每一个行动、每一个决定都包含了多重可能性,每一个选择都具有偶然性,都会影响社会的走向。从这一前提出发,想要通过发掘价值根基的做法来保证法律决定的"唯一正确性"就不是法教义学的任务,也是不可能实现的任务。法教义学应该置身这种不确定性之中,合理安排多重的规范解释可能性,安排规范与事实之间的双重可变性,[2]"提高可承受的不确定性"。[3] 在法律系统中,几乎每一个法律决定都面临着多种选择的可能

---

[1] N. Luhmann, Rechtssoziologie, a. a. O., S. 132ff.

[2] N. Luhmann, Rechtssystem und Rechtsdogmatik, Verlag W. Kohlhammer GmbH, 1974, S. 15ff.

[3] Luhmann, ebd., S. 16.

性,文本中并不总是包含一个固定的、“唯一正确”的含义,宪法文本尤其如此。

尽管法律系统总是存在多重选择的可能性,但在遇到法律争议时,法律系统必须在多重可能性中作出选择。法律系统中的决定每时每刻都面临着双重可变性,即规范程式与决定的双重变量。[1] 一方面,法律规范的适用前提与适用范围可以通过法教义学以抽象的、类型化的方式得以确定,这一过程确定了规范意义的辐射半径,确定了“可能性”的范围,这一规范解释的过程存在偶然性;另一方面,在作出具体决定的过程中,在规范程式所确定的可能性范围内,在可能性转变为现实性的过程中,又存在择其一而决的偶然性。

对于法教义学,其首要功能在于限制这双重偶然性的“任意性”。传统的法教义学以逻辑确定性为主要任务,其概念形成以三段论式的“逻辑涵摄”为主。今天,法教义学的概念形成则要保证一个更高程度的抽象性,将规范可能性所及之处都涵括进来,法教义学的任务就是确定规范可能性的边界,也就是前文所提到的被凯尔森视为法政治的法律解释工作。法律系统中的决定存在偶然性并不意味着任意性,为了实现法律系统所承担之“稳定化规范性预期”的功能,法教义学的功能之一就在于“一致性控制”,也就是将相关法律决定形成判例,并使之具有拘束力,确保“同等者同等对待、不同者不同对待”这一平等原则的实现,即“同案同判”,多元主义语境下法律系统中的正义只能是形式化的平等要求,而不能是任何实质的价值。[2] 所以,在今天的社会情势下,法教义学的任务不在于发现唯一正解,也不在于建构确定性的规范解释方案,而在于保证概念形成中的抽象程度,将可能性涵括进来,并在可能性的范畴内进行关系定位,即从不同的可能性之前提出发得出相应的法律后果。

---

〔1〕 Luhmann, ebd., S. 17;穆勒也提到了规范程式、规范范围与决定规范之间的区别。参见 F. Müller/R. Christensen, Juristische Methodik. Bd 1: Grundlage des öffentlichen Rechts, 9. Aufl. 2004, S. 196ff.。

〔2〕 Luhmann, ebd., S. 20f., 28ff.

(三)宪法教义学的功能定位:整合安定性与后果考量

在法教义学转向的背景下,知识体系与价值判断的二重性可以导引出宪法教义学在现代社会的功能定位。知识体系的建构是为了维持法律的安定性和前后一贯性,价值判断则是为了使法学更好地适应社会的转型与变迁。宪法教义学的双重任务也与宪法的双重功能遥相呼应。

由于宪法的功能之一在于将社会中的"价值"通过宪法转换到法律系统中,从而成为沟通法律系统和社会其他系统(环境)的桥梁,这一转换过程就在时间层面上产生了两种不同的视域,即过去与未来。传统的法教义学主要服务于法的安定性,对进入法律系统的法律争议进行规制,其视野着眼于过去,为法律决定提供一个标准化的规则并进行归类,其目的在于通过规则/例外的模式保证法的安定性和前后一贯性。然而,随着时代变迁,法学内部也经历了视域上的变迁。法律决定的作出不再仅仅根据既有的概念对进入系统的争议进行裁判,也以未来或许会发生之社会后果作为法律决定的依据。利益法学、社会学法学、目的论解释方法等概莫能外,均体现了这种视域的变迁。这种定位于未来的视域,是为了在未来达成某种后果而定位今天的行动,也就是通过引入"后果考量"进行价值判断。法学在这两个层面的重心倾斜意味着法学选择了不同的知识结构和方法基础。后果考量的引入改变了法律论证的结构,其意义在于能够在现行法律的框架内,寻找最优、最富效率的方式和途径。社科法学所念兹在兹的"后果考量",本质上是法律决定中"视域"变化的后果。

传统宪法学在解释方法层面已经开始引入后果考量,〔1〕然而问题在于,"后果是否有能力作为区分法与非法的标准",〔2〕支撑起整个法教义学体系并实现法律系统的社会功能。

后果定向意味着在每一个法律案件中都要进行后果的审查,没有任

---

〔1〕 对此可参见刘飞:《宪法解释的规则综合模式与结果取向——以德国联邦宪法法院为中心的宪法解释方法考察》,载《中国法学》2011 年第 2 期。

〔2〕 Luhmann, Rechtssystem und Rechtsdogmatik, a. a. O., S. 31.

何两个案件在细节方面是完全相同的,每一个案件都是崭新的,如果每一个案件都需要对法律决定的后果进行审查、利益权衡,那么不仅会提高法律决定的成本,还会导致所有的法律决定都要针对案件事实进行重新博弈,从而失去法律系统所承担的“稳定化规范性预期”的功能,对法律系统中的“一致性控制”和“正义诉求”(基于平等原则的同案同判)也会产生颠覆性的冲击。后果定向的本质仍然在于人们总是希望获得一种关于未来的确定性知识。然而,后果本身始终存在难以科学测定的问题,[1]对后果的评价同样也存在唯效率至上的功利主义与考量公平的福利主义之间的争论。[2] 必须要看到的是,“我们在现在所体验的未来”与“未来的现在”是不同的。[3] 我们在现在所看到的未来并非就是真正的未来,未来充满了不确定性和开放性。法教义学的任务不在于通过确定性的概念规定未来或通过对未来的确定性认知来规定现在,而是应充分正视未来的不确定性。

为了既维系法律系统的封闭性,又保持法律系统不至于完全与社会脱节,就需要建构“与社会相适的法律概念”。所谓“与社会相适”,并不是指社会概念的完全镜像,而是使之具有一定的抽象度,从而维持对社会中的变化进行回应的能力。法教义学因此面临双重任务:确定法律上的可能性范围,在可能性范围之内进行选择、作出决定。宪法作为法律系统封闭与开放的“控制阀”,关系实证法体系与外部社会环境的关系,涉及可变之环境与可变之系统的关系定位。法律系统需要随环境的改变而通过自身的决定和程序加以修正,或对相关法律决定可能对环境产生的影响作出预测(后果考量)从而作出选择。宪法教义学需要对这二者加以整合,通过“社会相适的概念”保障“可能性的条件”,使宪法决定

---

〔1〕 “现有的科学研究、经验实证研究和心理学上的研究都无法对终身自由刑的后果给出一个确定性的评估”,关于“终身自由刑案”可参见张翔主编:《德国宪法案例选释》(第1辑·基本权利总论),法律出版社2012年版,第194页。

〔2〕 参见[印]阿玛蒂亚·森:《后果评价与实践理性》,应奇译,东方出版社2006年版,第399页及以下。

〔3〕 N. Luhmann, Das Recht der Gesellschaft, Suhrkamp 1995, S. 47.

能够同时整合过去与未来、输入与输出的双重视域,作出社会所需求的宪法决定。在这一背景下,宪法教义学的任务在于:(1)确定宪法概念的“可能性之边界”;(2)论证最优之决定;(3)一致性控制,保障宪法决定的一致性以及宪法体系的融贯性。

宪法因涉及对立法的审查,势必要对立法决定的后果进行评估。相应地,宪法教义学要同时满足安定性(过去)与后果考量(未来)的需求,在一个基础性结构(前理解)之下实现从过去到未来的视域转换,这一基础性结构依照其抽象程度、特殊方向及内容与相应社会系统的重要结构相适,〔1〕使宪法既能够满足宪法决定的前后一贯性,又能随社会环境的变化而发生相应改变,在一定程度上考量宪法决定的后果,作出最优的决定。宪法教义学既不能以社会控制为定向完全走向后果决定论,又不能完全不顾社会环境的变化以及宪法决定所产生的后果而保持规范解释的僵化。由此,就需要引入“宪法变迁”作为宪法规范解释的“基础性结构”,使宪法能够在各种不同的视角下综合进行考量,并确定可能性的边界,然后从中选择出最优的决定,构成完整的合宪/违宪判断。将“最优化”戒律纳入“合宪/违宪”的判断中,〔2〕就需认真审慎地对待宪法决定的社会后果,根据社会环境的变化作出符合“事物之本质”的“最优”之判断,进行价值和原则之间的权衡。

(四)宪法教义学反思:以宪法变迁为定向的宪法教义学建构

学界在讨论宪法变迁时,通常将之视为宪法解释的结果。〔3〕笔者则尝试将宪法变迁视为宪法解释的基础,建立起宪法变迁与宪法解释之间互为因果、交互影响的关系,解决转型中国社会发展(改革)与恪守宪

---

〔1〕 Luhmann, Das Recht der Gesellschaft, a. a. O., S. 59.

〔2〕 在某些部门法领域,也出现了将“最优化戒律”纳入合法/非法判断中的情况,并导致了该部门法方法论的转变,如行政法就出现了“跨学科”的“新行政法趋势”,参见 W. Hoffmann-Riem, Tendenzen in der Verwaltungsrechtsentwicklung, in: DÖV 1997; A. Voßkuhle, Neue Verwaltungsrechtswissenschaft, in: W. Hoffmann-Riem/E. Schmidt-Aßmann/A. Voßkuhle (Hrsg.), Grundlagen des Verwaltungsrechts, Bd. Ⅰ, Verlag C. H. Beck München 2012, S. 21。

〔3〕 王锴在最近一篇文章中仍持此种看法。参见王锴:《德国宪法变迁理论的演进》,载《环球法律评论》2015 年第 3 期。

法(法治)之间的紧张关系,以及自 20 世纪 90 年代以来就困扰学界的"良性违宪"难题。通过宪法解释的宪法变迁,意义在于通过宪法解释观察宪法文本内涵前后的变化,通过宪法变迁约束宪法解释,意义在于将具体个案中的宪法解释和宪法决定限定在一个与社会结构相适、符合事物之本质的宪法框架中。然而,这二者却存在一个具体与抽象、个体与整体的解释学上的循环,这是一个"鸡生蛋、蛋生鸡"式的循环,如何打破这一循环,也是宪法教义学领域的一个难题。

目前,对于宪法变迁的研究通常从广义和狭义两方面理解。广义的宪法变迁,包含文本上的宪法修改和文本不变情况下规范内涵通过宪法解释而产生的变化;狭义的宪法变迁则仅指后者。还有一种我国学者较少关注的宪法变迁,即宪法文本在缺乏实效性的情况下,于实践中异化出一套行之有效的规则,这就造成了宪法文本与"宪法状态"的不一致。这种情况在宪法文本尚不成熟、宪法实施尚不完善的时代会频繁出现,如德国在 19 世纪下半叶刚刚启动立宪之时,拉班德和耶利内克都注意到这种意义上的"宪法变迁"。〔1〕 徐道邻也将政治实践明显违反宪法、权力消极不行使都归入宪法变迁之列。〔2〕 进入基本法时期,宪法体制趋于稳定,黑塞对宪法变迁的界限进行了界定,认为宪法变迁不能突破宪法文本的界限,从而将宪法变迁仅限定在文本未变而通过解释使之规范含义发生变化的情况,〔3〕与宪法文本明显冲突的政治实践则被归为违宪。从宪法作为政治系统与法律系统的"结构耦合"角度出发,〔4〕可区分政治系统的宪法变迁与法律系统的宪法变迁:经过法律系统的程序和机制(如宪法修改、立法、宪法解释)转换的政治实践,也就是被规范

---

〔1〕 "在一国现实的宪法状态与宪法文件中所规定的规则之间经常存在巨大的差异,以至于现实的宪法状态可以发生巨大的扭转,但却并不需对宪法律的语词进行哪怕是一丁点儿的修改。" See W. Pauly, Verfassungswandel und normative Kraft des Faktischen, in: *G. Jellinek*, Verfassungsänderung und Verfassungswandlung, W. Pauly(Hrsg.), 1996, S. Ⅻ.

〔2〕 Dau-Lin, Hsü, Die Verfassungswandlung, 1932 Berlin, S. 19ff.

〔3〕 K. Hesse, Grenzen der Verfassungswandlung, in: P. Häberle u. A. Hollerbach (Hrsg.), Konrad Hesse Ausgewählte Schriften, 1984, S. 40ff.

〔4〕 对此可参见李忠夏:《基本权利的社会功能》,载《法学家》2014 年第 5 期。

化了的政治实践,可以称为法律系统的宪法变迁;而未经法律系统过滤和转换,以单纯政治实践面目出现的宪法状态则可以称为政治系统的宪法变迁,其效力待定,可以是违宪的宪法状态,也可以是合宪的宪法状态,又称"通过政治事实的宪法变迁"。[1] 政治系统的宪法变迁与法律系统的宪法变迁是交互影响的,前者可以成为立法修改和宪法解释的推动力和前提,但也需后者才能具有法律上的规范力。

宪法变迁可以成为规范与事实的结合点,是一种以"事物之本质"[2]为取向的宪法解释的分析框架,对宪法文本的解释不能仅从静止、不变的角度进行,而应从动态角度结合现实的变动加以诠释。如果按照卢曼的说法,宪法变迁是一个"基础性结构",保证整个宪法体系能够与社会结构相适应。根据伽达默尔的理论,宪法变迁是一个前见或者前结构,能够体现过去与当下、文本与现实的双重视域,实现一种"视域融合",将制定于过去的文本在当代的语境下重新焕发其生命。[3] 这一点对于宪法而言尤其具有意义,因为社会转型、社会结构和社会观念的变迁首先会通过宪法渗入法律体系。

就中国宪法而言,宪法变迁的意义更为重要,因为自中华人民共和国成立以来,经历了革命—改革—法治的叙事变迁,《宪法》经过三次全面修改,至1982年《宪法》实现了对1954年《宪法》的继承和扬弃。在社会转型的背景下,截至目前,1982年《宪法》也经历了四次修改以及诸多政治实践的变化(如价格双轨制、分税制),时至今日也实现了一种"革命性"的变迁。在这一脉络下,对宪法具体条款的解释如果不能掌握中国宪法变迁的脉络,则无法作出一个"与社会相适"的宪法解释,如对于

---

〔1〕 E.-W. Böckenförde, Anmerkungen zum Begriff Verfassungswandel, in: ders., Staat, Nation, Europa. Studien zur Staatslehre, Verfassungstheorie und Rechtsphilosophie, Suhrkamp Verlag, Frankfurt am Main 1999, S. 143f.

〔2〕 关于"事物之本质"可参见 A. Kaufmann, Analogie und "Natur der Sache"-Zugleich ein Beitrag zur Lehre vom Typus, 2. Aufl. 1982。

〔3〕 关于伽达默尔的"前见"(Vorurteil)在诠释学中的意义可参见 Gadamer, Wahrheit und Methode. Bd. Ⅰ, a. a. O., S. 270ff.;关于"时间区隔(Zeitenabstand)"在诠释学中的意义可参见第296页以下。

“社会主义公共财产”“国家所有”“集体所有制”的解读,如果仅局限于文义、目的或制宪原意,则无法把握宪法变迁背景下这些概念内涵的变化。[1]

如果要将宪法变迁视为宪法解释的基点,那么首先面临的难题是,应如何认识宪法变迁?如果要通过宪法变迁来界定宪法解释,那么对于宪法变迁的理解就要超越宪法解释。对于宪法变迁的把握,本质上会落入诠释学的传统,因为这涉及人类的“理解”活动,是对宪法文本意义的理解,立基于文本而又超越文本,需考量文本、历史与现实等多重要素。中国改革开放后的社会转型是一转百转的制度转型,这一转型并不能仅仅通过宪法文本的修改即告实现,而必须实现与之相关的政治观念、配套制度、生活方式、社会价值等方面的转型才能宣告完成。对于中国的宪法变迁,需深入国家和社会内部,考察在文本修改之外,国家推动的意志[2]与社会转型(以市场为主导)的内在动力机制[3]对宪法变迁的影响。即从政治实践中透视国家的意志,从社会内部观察社会结构的变化趋势,考察传统在今天社会的影响以及不断更新的社会观念等。如此,才能较为准确地把握改革开放以来中国宪法变迁的方向与逻辑,形成一种有关宪法变迁的“宪法理论”建构,并最终回溯到文本中,剥离出宪法文本在当下的意义。这一理解活动,是个体与整体、文本与结构、自我与社会(时代)精神不断循环的过程。

通过对宪法变迁的观察,分离出今天中国社会现实基础上宪法规范

---

〔1〕 关于从宪法变迁角度对这些宪法概念进行重新阐释的努力可参见李忠夏:《农村土地流转的合宪性分析》,载《中国法学》2015 年第 4 期;李忠夏:《宪法上的“国家所有权”:一场美丽的误会》,载《清华法学》2015 年第 5 期。

〔2〕 中国自近代以来的立宪运动是“救亡优于启蒙”(李泽厚)的后果,带有很深的国家主义和高度政治性的烙印,对此可参见李忠夏:《从制宪权透视新中国宪法的发展》,载《中外法学》2014 年第 3 期;费正清等也提出了“挑战—回应”的国家主义变革模式,参见[美]费正清、赖肖尔主编:《中国:传统与变革》,陈仲丹等译,江苏人民出版社 2012 年版。

〔3〕 1978 年之后,国家层面推动的改革导致了社会内在结构的变迁,并成为中国进一步改革的内在推动力,对于这种变革的“内部视角”可参见梁治平:《法治:社会转型时期的制度建构》,载梁治平主编:《法治在中国:制度、话语与实践》,中国政法大学出版社 2002 年版,第 84 ~ 153 页。

的意义,从而为宪法概念的形成确定可能性之边界,并从宪法概念的可能性边界内通过相应的宪法机制作出选择,以期实现最优的宪法决定。这一过程是宪法变迁—宪法概念之形成—宪法决定的三重工作,但这一过程并非是线性的,而是存在交互影响。宪法教义学体系也由此形成一个宪法变迁—确定宪法概念的可能性边界—宪法决定的工作流程。其中,对"可能性边界"的确定是融规范性与描述性为一体的,或者说是对"多种规范可能性"的一种知识上的描述,可以纳入凯尔森的法科学体系中。与凯尔森不同的是,这种描述并非仅仅是对立法机构、司法机构等有权机构所进行的宪法解释的一种描述,而是对文本本身所包含的可能性的一种描述,是对宪法规范本身所包含的价值判断的多重可能性进行的描述,而这一描述本身也包含价值判断在内。另外,宪法决定则涉及价值判断的直接作出,属于法政治之领域。

七、中国宪法教义学的时代回应:方法综合与交叉学科的可能性

传统宪法教义学主要定位于三方面的工作:法律概念的逻辑建构、法律体系的形成,以及将案件事实涵摄至法律概念之下的法律适用和司法裁判工作。阿列克西因此将法教义学的工作总结为经验(现行实证法和相关司法裁判的描述)、分析(概念加工和法律体系的形成)与规范(法律适用)这三重维度。[1] 在传统法教义学所建构的工作流程中,并不存在偶因性,然而在社会系统功能分化的背景下,法教义学的工作也相应发生调整,具体到宪法教义学,则是通过宪法变迁来界定宪法文本"意义理解之可能性的各种条件",[2] 在多种可能性之间选择最为适当的宪法决定。这一转变也促成了宪法学方法论的转型,并有助于解决目前在法学方法论讨论中所存在的几点争议和困惑,即是否存在独特的、专属的法教义学方法;事实与规范的方法论二元主义是否仍然适用;"价

---

〔1〕 R. Alexy, Theorie der Grundrechte, Suhrkamp 1994, S. 26.

〔2〕 Kaufmann/Hassermer/Neumann (Hrsg.), Einführung in Rechtsphilosophie und Rechtstheorie der Gegenwart, 7. Aufl., Heidelberg 2004, S. 100.

值判断”难题如何解决。

迄今为止,中国的宪法教义学存在两个难以解决的问题:一是宪法教义学能否通过概念和文本解释来适应改革开放以来社会的急剧转型,如果脱离社会的大环境和政治背景,能否真正理解中国的宪法;二是宪法教义学能否解决终极的价值判断难题。正是由于这两个问题难以解决,导致了社科法学与法教义学的争论。

社科法学与法教义学的冲突是中国的本土性遭遇现代性之后所衍生的问题。中国自晚清和辛亥革命以来,就开始接受现代性的移植,从帝制向民主制的转型,意味着社会习俗、文化观念、政治方式、法律制度等方方面面的变革,而变革就意味着产生阵痛。改革开放以来产生的民间习惯与制定法之间的冲突,仍然是这种变革的延续。对于此种转型,社科法学者认为应该抛弃文本的束缚,在规范与现实之间的紧张关系中应强调“实效性”,侧重效率分析、实证调研、政治决定等元素。

对于中国的社会转型,法教义学者看到的画面却是截然相反的。在法教义学眼中,转型社会最大的问题恰恰便是制定法权威的流失,因社会变迁快,法律的制定无法跟上社会转型的步伐,或者无法适应社会变迁的节奏而失效,从而形成改革与法治之间的内在张力,这一情况直到今天仍继续存在。在法教义学看来,固守实证法是一个不容置疑的前提,这是近代法治的应有之意,并不需过多争论,需要争论的只是法律应如何解释和适用的问题,因此,法教义学对现实中比比皆是的违法现象和社科法学者通过学术将现实包装为规范的做法感到担忧。在这种情况下,法教义学为了维护制定法的权威,不遗余力地通过概念提炼、法条解释、体系建构等方式确保法的规范效力,强调实证法作为规范体系的重要性,并不遗余力地强调宪法解释方法的重要性。

上述因素导致在中国目前关于法学方法的讨论中,存在两种各执一端的观点。一种观点坚持认为,法学有其自身赖以安身立命的方法。林来梵将法学固有的思考方法定位于“规范法学的方法”;[1] 张翔认为任

---

〔1〕 林来梵:《宪法学讲义》(第2版),法律出版社2015年版,第2版序第1页。

何一个学科均应有其自身的“纪律”和“方法”,否则该学科便失去独立存在的意义,教义学便是法学的“纪律”“根本”,[1]并要求法学恪守新康德主义的方法论二元主义(事实与规范的严格界分),避免“方法论上的杂糅主义”,[2]形成一种“形式法治观”。另一种观点则认为,法学属于社会科学,故应将“社科法学”的方法植入法学中,由此超越法学的“法条主义”逻辑。[3]

正是在上述不同的方法取向之间,我们可以看到中国宪法教义学者的纠结和困惑——既想使法教义学保持一种开放性,使宪法学能够“围绕规范”而得以建构,又不想牺牲法学之根本,从而仍然恪守“方法论的二元主义”以及“形式法治”的立场;既想使法教义学容纳价值判断,又无法通过纯粹的法学方法获得终极理性的价值判断。为了避免使法教义学这一法律人自身阵营的沦陷,有学者甚至以一种清教徒般的方式对法教义学进行了画地为牢的严格界定,[4]这也使今天的中国宪法教义学者对宪法学自身规范属性、法度、纪律和方法的强调有一种执念,反而未能深刻反思法教义学因时代变迁而出现的转向,宪法在现代多元主义和功能分化社会中的功能及其与一般法律的区别,从而无法深刻反思宪法教义学所具有的特殊性,陷入封闭与开放的纠结中,无法找到一个令人满意的两全其美的路径。

法教义学的概念和体系建构工作对于维系法的安定性而言固然重要,但如果对于传统法教义学的路径过于执着,则可能会使宪法学无法更好地回应中国这30余年以来的急剧社会转型。于是,在这两种观点之间可以看到法律人进行折中的朴素尝试,也可以看到社科法学与法教义学的趋近。比如,许德风认为,“对于法教义学与社会科学研究的充分

---

〔1〕 参见张翔:《宪法教义学初阶》,载《中外法学》2013年第5期。

〔2〕 参见张翔:《走出“方法论的杂糅主义”——读耶利内克〈主观公法权利体系〉》,载《中国法律评论》2014年第1期。

〔3〕 社科法学针对法条主义的批判可参见苏力:《解释的难题:对几种法律文本解释方法的追问》,载《中国社会科学》1997年第4期;桑本谦:《法律解释的困境》,载《法学研究》2004年第5期。

〔4〕 参见雷磊:《法教义学的基本立场》,载《中外法学》2015年第1期。

互动,较为理想的安排是从事社会科学研究的学者能充分关心现行法的内容……反过来,法教义学的学者也关注社会科学的研究……建立互相协作,乃至相互融通的法学研究与应用的体系"。[1] 从事法社会学研究的程金华主张"任何法学的研究方法都必须以法律体系为出发点,法教义学和其他研究方法关系的宿命必定是互补与合作"。[2] 陈林林提出"法治的三度"来沟通形式与实质法治。[3] 谢海定看到法教义学与社科法学背后关涉到的是"基本预设、法学知识科学性与法学知识自主性"方面的差异,以及在根本上涉及对"法治实践及道路的不同理解和偏好",并强调在反思各自问题基础上加强知识合作的必要性。[4]

现实情况是,当凯尔森所言的法政治("法律解释"和"价值判断")成为法学最为核心的工作时,法学中的"方法论二元主义"就已经被打破了,由此就需要跳出新康德主义,尤其凯尔森从认识论角度对"规范性"的纯粹性理解。法学在确定"合法/非法"的过程中,并没有拘泥于一种"唯一正确"的方法。所谓"规范性"或"规范分析的方法",只是在强调法律的规范属性,如卢曼就将规范性仅界定为"对失望情形的抵抗",而剥离了自自然法以来规范性所包含的理性、正确性和科学性。新康德主义西南德意志学派将法规范视为与价值关涉的现实,虽然仍然坚持"方法论二元主义"的立场,但法规范并非是纯粹的、超验的价值规范,也不是纯粹的价值无涉的事实,而是与价值关联的现实,实际已经开始承认法规范所具有的价值与事实相结合的特点。罗文斯坦与德国学者穆勒也都一致认为,如果跳出新康德主义对规范性的理解,则可以将

[1] 许德风:《法教义学的应用》,载《中外法学》2013 年第 5 期。

[2] 程金华:《四倍利率规则的司法实践与重构——利用实证研究解决规范问题的学术尝试》,载《中外法学》2015 年第 3 期。

[3] 陈林林:《法治的三度:形式、实质与程序》,载《法学研究》2012 年第 6 期;关于实质法治的讨论还可以参见何海波:《实质法治:寻求行政判决的合法性》,法律出版社 2009 年版。

[4] 谢海定:《法学研究进路的分化与合作:基于社科法学与法教义学的考察》,载《法商研究》2014 年第 5 期。

规范性视为与现实经验相契合的规范内容,[1]前者从超验形式角度理解规范性,后者从规范内容角度理解规范性。

但规范与事实的融合并不意味着规范是简单从事实中推导出来的,"方法论二元主义"的打破并不意味着法学在方法论的路途中可以走得这么远。有许多案例都可表明,[2]看似从事实推导出来的规范,实际上都包含了主观的"价值判断",只是该价值判断最终在某种程度上取决于事实或后果。正如拉德布鲁赫所认为的,"这并不是说价值判断不是由实然事实所引起,只能说价值判断并不能从事实中得以证立"。[3] 在一些后果定向的规范解释中,同样涉及对后果的价值评估。比如,因为"核电站"产生的风险而禁止核电站,本身就是对"核电站"风险到底会对人的健康产生何种损害这一事实进行调查,并对其严重性进行评估的结果。后果本身是一种"是/非"的事实判断,而要转换成"好/坏"的价值判断,则仍然需要一个价值设定。一个完整的表述是,价值判断的作出有时要依赖事实的调查,但事实又需要评估,这又需要回到一个特定情势下的价值预设,从而形成了事实与价值(规范)之间的循环。

中国法学方法论中存在的争论表明,"将教义与现实简单对立起来的做法自然是不能令人满意的,没有任何解释是完全没有现实性的,同样,没有任何现实是完全没有经过解释加工的。方法上的分离撑开了多样化的理解视域,并划分了学科,也就是整个思维世界,同时要求研究者进行单一的归类决定:他必须申明其所运用的方法,并固守在特定基本概念的关联系统上;否则他就既不能获得明晰性,也不能被理解"。[4]

---

[1] 罗文斯坦关于规范宪法、语义宪法与名义宪法的区分可参见 K. Loewenstein, Verfassungslehre, übersetzt von R. Boerner, 4. Aufl., Tübingen 2000, S. 151ff.; F. Müller/R. Christensen, Juristische Methodik. Bd 1: Grundlage des öffentlichen Rechts, 9. Aufl. 2004, S. 147ff.。

[2] 比如,我国台湾地区基于一份调查,禁止犯有某些罪名的人员担任出租车司机,认为这些人担任出租车司机之后的累再犯率相当高,但黄舒芃认为"数字本身不会说话",对之予以批评。参见黄舒芃:《数字会说话?——从大法官释字第584号解释谈事实认定在规范违宪审查中的地位》,载《"中研院"法学期刊》2007年第1期。

[3] G. Radbruch, Rechtsphilosophie, 3. Aufl., 1932, in: *ders.*, Gesamtausgabe, A. Kaufmann (Hrsg.), Heidelberg 1993, SS. 227, 232.

[4] Luhmann, Rechtssoziologie, a. a. O., S. 7.

这一现象自然需要纠正。在建构中国宪法教义学时,就需在社会系统功能分化的新范式下,保证"适度的社会复杂性"和回应环境变化的功能下,实现教义与现实、法教义学与社科法学,甚至政治宪法学与规范宪法学之间的沟通与对话,在教义学中实现方法的多元与综合。在这种情况下,就需要为宪法教义学寻找新的定位点和理论基础,并找到宪法教义学保持其开放性、围绕规范以及实现方法综合的具体道路。

综合而言,上文所述两种截然不同的观点并非"水火不容",但需要为其找到一个恰当的结合点,这就需要对现代社会的特征和法教义学的转向有清醒的认识,并在方法论层面为之找到社会理论的基础和恰当的沟通合作渠道,否则就会陷入一种两难的境地。在中国面临社会转型的大背景下,宪法如果要真正发挥其在现代功能分化社会中的作用,就需要介于"技"与"艺"之间的、"scientia"和"prudentia"并存的宪法教义学。一方面,宪法教义学是一种知识体系,需要借助于学术上而不仅仅实证法上的概念体系,将繁杂的实证法规范、相关的宪法决定结合成为一个逻辑融贯的法律体系;另一方面,宪法教义学同样也包含价值判断,需要通过"抽象化"的概念形成,将多重选择的可能性涵括在内,而且从"可能性边界"的范围中作出选择,考量相关决定的后果等事实性的因素,作出"最优的决定",如讨论国企改制等问题时,就不能不考虑改制之后的"效率"问题。此时,就不能仅仅主张单纯的规范分析方法,而是需要"围绕规范",在不同的问题领域,综合不同的方法。也就是说,在将环境的信息转换进法律系统时,就涉及"方法论上的综合主义"。在今天社会功能分化的语境下,[1]宪法学方法论,一方面应坚持形式化的体系

---

〔1〕 中国目前是否已经是社会系统功能分化的社会,涉及对当前社会形态的一种判断,或许有人会主张转型中国未完全分化的特殊性,从而对这种社会系统功能分化的理论在中国的适用性产生怀疑。需要注意的是,"社会系统功能分化"是一个分析工具,用来观察和反思当下的社会,但并不意味着是一个理想化的现实,理想的类型是一个永在路上的目标,并不见得完全会实现。并且,1978 年之后中国社会经历了缓慢的去政治化、经济理念统摄一切和社会分化逐渐完成的历程,在中国的宪法实施中也出现了"双轨制"并存的分化现象,法律系统的独立性诉求表现得越来越明显,也是一个不容否认的现实。参见林来梵:《中国宪法学的现状与展望》,载《法学研究》2011 年第 6 期。

建构;另一方面又需要突破传统方法束缚,在关注宪法文本的前提下,容纳多元的方法。正如拉伦茨所主张的,"教义学"一词在今天意味着,认识程序受到此框架内不可再质疑的法律规定的约束,只有当对法律的研究独立于实证法而存在时,才不适用于"教义学"一词。[1]

很遗憾的是,本书无力回答宪法中的"价值判断"究竟来自何处这一"终极理性"问题。在宪法教义学的概念形成和宪法决定的作出中,终究保留了许多不那么"科学"的要素,譬如对宪法变迁的界定、对宪法规范"可能性边界"的界定、对"最优决定"的判断等,都存在主观的判断和学理上的争议,这些领域在某种意义上需要的是具有论证和理由支撑的"宪法决断"。宪法的魅力或许就在于这些价值判断空间的存在,但这不意味着宪法决定的任意性。不能忘记的是,宪法决定背后是一个制度性的"沟通与商谈平台",这一平台包含着立法、司法、行政、合宪性审查、合宪性解释等制度设计,所有这些都是政治民主过程的体现,反映的不是立法者、法官个人的理念,而是社会中不同的价值观念。在这一平台中,可以通过相互制约的制度设计纠错,可以通过宪法审查纠正立法,甚至也可以通过民主过程纠正宪法审查,政治系统与法律系统相互独立、相互制约并相互配合,各自承担不同的功能。放眼到全社会领域,理性的道德判断、经济决定等也都相应地保留给道德系统、经济系统。只有在这一社会系统功能分化的平台中,宪法教义学和宪法决定的不完美性才可以容忍,留下空间的主观价值判断才不致酿成悲剧。

---

〔1〕 Larenz, Methodenlehre, a. a. O., S. 229.

第六章　法治国的宪法内涵：迈向功能分化社会的宪法变迁

1999年《宪法》修改将“依法治国”写入《宪法》，修改后的《宪法》第5条第1款规定：“中华人民共和国实行依法治国，建设社会主义法治国家。”党的十八届三中全会进一步明确提出“推进法治中国建设”。党的十八届四中全会则提出了全面推进依法治国的总目标。这三者结合构成了中国法治国建设的总纲，《宪法》第5条第1款也因此成为中国的“法治国”原则。法治国的提出并非偶然，而是体现了中国国家建设的范式转型。要认清法治国建设在当代的意义以及未来应如何发展，就需嵌入中国国家建设和立宪观念转型的历史中，从近代以来社会演化的角度反思法治国原则的功能、规范意涵以及“八二宪法”的价值基础。

一、清末民国的立宪政治：政治系统的重塑与扩张

中国近代从清末立宪到中华人民共和国成立再到

法治中国的提出,这一立宪进程所实现的范式转型,可以纳入卢曼的"社会演化"理论中加以观察。[1] 总体而言,这一路径经历了从上/下分层的社会结构向功能分化的社会结构的演化。在上/下分层的社会系统中,社会各子系统并非平行关系,而是某一个系统占据中心,与其他社会子系统构成了"等级差异"。[2] 这种分层社会的共性是"贵族制",它会形成一个社会的"上层"以及维护该等级的政治权力结构、道德和宗教观念,社会资源的分配都围绕"上层"展开并对其他社会子系统(如经济系统)产生决定性影响。[3] 在功能分化的社会系统中,社会各子系统实现了运行上的闭合,独立承担不同的功能,具有自身运行的"符码",是"自创生"的系统。功能分化意味着,"统一的视角——在该视角之下系统和环境的差异得以分化——是功能,功能使整个系统充满了分化而出的系统(而不是其环境)"。[4] 对于功能分化的社会而言,其关键词是平等,子系统之间相互并行,通过相互之间的"结构耦合"实现整个社会的共生演化。根据卢曼的理论,社会系统的演化主要通过变异、选择、稳定化[5]这三重要素来实现,从而实现"不可能之可能化"。[6] 稳定化的社会系统会因为"复杂性的突变"[7]而打破,社会系统因而面临各种"选择",系统在多重可能性之间选择其中之一,并使可能性变为"现实",形成路径依赖,从而再度实现系统的稳定化。

中国自清末立宪至今,就属于传统上/下分层的社会结构逐渐被打破,并慢慢向功能分化的社会系统演进的转型期。中国社会结构的变化

---

[1] 虽然费正清将中国近代立宪归纳为"挑战—回应"的国家变革模式,但这一模式可以解释"数千年未有之变局"的中国发生变革的原因,而未能解释在"挑战"之后中国社会结构自身独特的演化进路,参见[美]费正清、赖肖尔主编:《中国:传统与变革》,陈仲丹等译,江苏人民出版社2012年版。

[2] N. Luhmann, Die Gesellschaft der Gesellschaft, Suhrkamp, Frankfurt am Main 1997, S. 685.

[3] 关于上/下分层社会中资源的集中可参见 Luhmann, ebd., S. 708。

[4] Luhmann, ebd., S. 746.

[5] Luhmann, ebd., S. 425ff.

[6] Luhmann, ebd., S. 413f.

[7] Luhmann, ebd., S. 415.

是从政治系统开始的，“外来的侵略”成为政治系统结构调整的诱因，并因此产生了追求国家独立及富强的心理意识，[1]进而对政治系统的结构变化产生了激扰，刺激政治系统做出新的选择。立宪属于政治系统的自我反思，是政治系统为应对社会变化而做出的选择，但“立宪是个筐，什么都能往里装”，所以立宪这一选择又衍生出更多选择，由此带来复杂性的提升。清末以来的立宪，一方面打破了传统中国的政治结构，试图通过立宪规训皇权或政治权力，从“民”的角度建构政治统治的正当性，逐步实现政治民主化；另一方面又体现了转型期的特点，即守旧与革新的力量并存：“守旧”表现在，即使革命推翻旧王朝之后，仍有一种力量试图延续传统上/下分层的社会结构，如清末民初的“虚君共和”“开明专制”论及“保教立国”的构想；“革新”则表现在一种彻底变革式的政治思维，但这种政治结构的重新塑造，也会因为外忧内患的局面以及追求国家主权、独立、富强的意识，而导致政治系统自我反思过程中的内在扩张，并试图形成新的上/下分层结构。

政治系统的内在扩张与立宪形成了两种不同的演进力量，并构成了内在的紧张。政治系统试图维系上/下分层的社会结构，但立宪却反其道而为之，试图从政治系统中分化出独立的法律系统，重塑政治系统，并对政治系统的扩张产生制约。在卢曼看来，近代宪法的功能，主要是为了防止政治系统的扩张，维系“社会系统的功能分化”，是政治系统与法律系统的“结构耦合”，[2]托依布纳则更进一步，认为宪法具有防止所有社会子系统内在扩张的功用（如防止自由主义观念下经济系统和经济权力的内在扩张）。[3] 所以，近代宪法与社会系统的功能分化具有内在的关联性，而“维系社会系统的功能分化”在现代语境下不仅具有社会学上的描述意义，而且具有一种规范上的指引作用。政治系统的扩张与立

---

〔1〕 关于“救亡”和“富强”的心理意识可参见李泽厚：《中国现代思想史论》，东方出版社1987年版，第7页下；王人博：《宪政的中国语境》，载《法学研究》2001年第2期。

〔2〕 N. Luhmann, Das Recht der Gesellschaft, Suhrkamp 1995, S. 69f.

〔3〕 [德]贡塔·托伊布纳：《宪法的碎片：全球社会宪治》，陆宇峰译，中央编译出版社2016年版，第86页下。

宪的分化趋势之间的内在紧张,构成了近代中国的演化主线。

清末立宪以来政治系统的重塑与扩张,在很大程度上可以体现在国家观念的变迁、制度设计和政治实践中。中国近代的国家观,从传统以儒家伦理秩序为依托的“天下”观念,转向了以国民、国土、国家权力为要素的民族国家观,〔1〕并衍生出近代主权的观念。国家的语义逐渐从儒家伦理这种伦理系统中摆脱出来,国家的正当性不再立基于传统的儒家伦理和等级秩序,而是转向立宪及其根基“自由”或“民权”,在人民与国家之间建立起正当性的联系,〔2〕由此产生了自由与主权、人民与国家之间关系的现代性问题。〔3〕 在近代国家的建构中,个体自由、社会秩序与国家主权是整合的三个面向。〔4〕 概括来说,中国近代立宪过程中的纷争主要围绕下述问题进行:如何从个体出发实现国家的整合,即实现“国家统一意志的形成”。中国近代的国家建构基本可归为个体、人民和国家三重面向:个体追求自由,人民追求共存和意志整合,国家追求主权独立。这三者之间呈现一种独特的关系,自由、意志整合和富强被融入一个有机的整体框架之中,并呈现出一种“有机主义”的国家理论面向,也就是说,国家是目的,个体的权利、人民的意志都围绕国家统一体和国家主权的形成展开。

就个体层面而言,在近代语境下,自由具有双重意涵:一是具有自身内在目的性的自由;二是具有促进社会共同体之能力的自由。在近代中

---

〔1〕 梁启超曾言,“有国家思想,能自布政治者,谓之国民。天下未有无国民而可以成国者也”。参见梁启超:《新民说·论国家思想》,载《饮冰室合集》卷六(《饮冰室专集之四》),第16页。

〔2〕 虽然康有为、梁启超等人一直试图在中国传统的民本思想与近代的民权之间建立一种联系,这种努力直到今天依然存在,但传统中国的民本思想毕竟与现代性价值存在根本不同。关于康有为的“以儒变法与以儒为教”可参见[美]萧公权:《近代中国与新世界:康有为变法与大同思想研究》,汪荣祖译,江苏人民出版社2007年版,第74页下。

〔3〕 对此张君劢在《国家为什么要宪法》一文中有很清晰的描述,国家的目的即为保障人民的“生存和自由”这两面,参见张君劢:《宪政之道》,清华大学出版社2006年版,第135页下。

〔4〕 霍布斯的国家理论中即存在保障自由的理性自然法与作为利维坦的国家主权之间的内在紧张,而理性自然法中也衍生出个体不受限制之自由(自由主义、功利主义之主张)与社会共同体秩序之间的内在紧张,由此形成个体、秩序与主权这三者之间的内在紧张,参见F. Tönnies, Thomas Hobbes: Leben und Lehre, 3. Aufl., Stuttgart-Bad Cannstatt 1971, S. 196ff.。

国，谈及自由主要取向后者，这构成了中国独特的自由主义路径，即忽略自由的自然性和先于国家性，而服膺于国家，或者说，希望将个体自由融入国家主义之中。自严复开始，中国的知识分子就试图将个体的自由与集体能力糅合在一起。[1] 当然，中国近代也有"以自由为本"的自由主义主张，但即使如胡适、高一涵等自由主义者，在个人与群体、国家关系上，也未完全忽略群体，而是致力于实现一种平衡。[2] 这使得中国近代的自由追求呈现出独特的态势，即急于在伦理层面摆脱传统束缚，而与立宪主义相吻合；当个体自由与集体利益和国家利益相冲突时，又需让位于集体和国家。

具体到制度设计，近代诸多次立宪中所规定的基本权利，虽然也具有"防御国家权力"的品性，但更多是体现"社会正义"和"积极权利"的一面，而非纯粹的自由权。基本权利主要是国家之内的自由，而非先于国家的自由，[3] 国家保护的非不受限制的"工商自由"，而是具有社会属性的个人自由，强调人在群体中的生存与共存；[4]"人民"而非个体成为基本权利主体；为实现"民治"，需要对人民进行"改造"（新民），人民被赋予更高的道德义务，强调个体在群体中的义务，必须"开民智"，改造

---

〔1〕史华兹认为，《原富》中的经济自由和斯宾塞的"利己主义"符合严复的观念，寄望通过个人自由而实现社会有机体的整体发展，但穆勒的个体自由却不同，并非为实现群之幸福，而是具有个人的内在目的性，参见［美］本杰明·史华兹：《寻求富强：严复与西方》，叶凤美译，江苏人民出版社 2010 年版，第 37 页下、第 88 页下；汪晖则认为，严复对"公心"的追求与个体自由并不抵牾，并未如史华兹所分析的一样是对自由主义的歪曲和误解，参见汪晖：《现代中国思想的兴起》（下卷第一部：公理与反公理），生活·读书·新知三联书店 2008 年版，第 835～836 页。

〔2〕张宝明：《多维视野下的〈新青年〉研究》，商务印书馆 2007 年版，第 211 页下。

〔3〕这一有关自由的思路对中国近代的制宪也产生了相当的影响，如有学者突破"天赋人权"的范畴，认为人民权利发展的新趋势应从消极保障扩展到积极保障，顺应经济民主的趋势，参见王子兰编著：《中国制宪问题》（又名《五五宪草之研究》），中国印书馆 1946 年版，第 22 页；而"总理遗教"中对人民权利也认为"国民党之民权主义与所谓'天赋人权'者殊……而求适合于现在中国革命之需要。盖民国之民权，唯民国之国民乃能享之"。参见吴经熊、黄公觉：《中国制宪史》，商务印书馆 1937 年版（上海书店影印本），第 680 页。

〔4〕张君劢将个人自由与社会公道结合在一起，认为社会主义与个人自由主义缺一不可，"一切政制上之社会公道与个人自由，如鸟之两翼，车之两轮，缺一不可者也"。参见张君劢：《宪政之道》，清华大学出版社 2006 年版，第 85 页下、第 91 页。

"国民性",[1]内守私德、外遵公德,才能实现民主之理想;人民之范围必须符合"革命建国"之需要,区分"敌我"。[2]

在人民层面,强调"积民成国",重视个体集合为人民,这就需要摒弃个体中的私利倾向。在"革命"的民主共和呼声下,动员人民之力量、实现人民意志的整合成为中国近代立宪的主旋律。要动员人民,就首先需要界定什么是"人民"。关于人民之整合,存在几个关键要素:(1)对"人民"的伦理道德要求,"集人成国,个人之人格高,斯国家之人格亦高;个人之权巩固,斯国家之权亦巩固"。[3] (2)以民族主义方式整合人民,清末所倡导的民族革命就具有此种意义,"种族革命"在当时是为了达到救国的政治革命目的。后来,梁启超转变态度,认为种族革命"实不可以达政治革命之目的者也",[4]而要求改弦更张。至孙中山提出"五族共和",则在认识上更进一步,但无非也是为了增强社会的动员和整合能力,实现革命的目的。所以,在当时,保皇和革命、立宪与共和、排满与种族融合这些争论的背后都有一种"整合社会力量"的考量在内。(3)人民的整合需要人民具有能力,因此需要对人民加以适度的引导,康有为提出"君主立宪"、梁启超提出"开明专制",其目的均是以中国传统的皇权整合各派力量,引导立宪,实现共和;而20世纪30年代出现的"民主还是独裁"的争论,[5]也是此问题的延续;至于"训政"的提出,也是通过权威引导人民意志之整合的一种方式。(4)在经济政策和土地

---

[1] 关于先"立人"而后"立国"的功利思维,梁启超曾言,"苟有新民,何患无新制度,无新政府,无新国家"。参见梁启超:《新民说·论新民为今日中国第一急务》,载《饮冰室合集》卷六(《饮冰室专集之四》),中华书局1989年版,第2页。

[2] 比如,在授予人民权利时,"必不轻授此权于反对民国之人,使得藉以破坏民国"。参见吴经熊、黄公觉:《中国制宪史》,商务印书馆1937年版(上海书店影印本),第680页。

[3] 陈独秀:《一九一六年》,载《青年杂志》1卷5号,1916年1月15日。

[4] 梁启超:《申论种族革命与政治革命之得失》,载《饮冰室合集》卷二(《饮冰室文集之十九》),第16页。

[5] 这一争论的源头在国民党实行"训政",最开始在胡适与蒋廷黻之间展开,之后则形成了蔓延知识界的大讨论,参见智效民编著:《民主还是独裁——70年前一场关于现代化的论争》,广东人民出版社2010年版。

政策等方面,提倡“节制资本、平均地权”,借鉴国家社会主义的经济模式,[1]强调国家经营[2]和国家干预,关注民生和平民的生存,建构“社会本位”的基本权利体系,[3]其目的也在于激发底层民众的力量,动员人民的力量。

在国家层面,国家与人民的整合在一定程度上具有同质性。在清末,梁启超曾经为实现君民共治的妥协而提出了“主权在国”的观念,[4]之后,“主权在民”虽得到广泛接受,但是这种“国家主义”的影响仍无处不在。这种观念认为,国家固然要以人民意志为依归,却自有其“国性”或者“国家人格”。国家包含国民、领土与主权三要素,国民之自由和意志是其中之一,如果在领土和主权面临威胁时,国民自由和民主意志需进行退让。所谓国家主义,就是“以‘国家利益’为前提,以‘全民福利’为依归,以‘爱国’为最高的道德,以‘自卫’为和平的原则;排除内外的暴力,保存固有的‘国性’;要求领土的统一,主权的独立,国民的自由,以完成‘国家人格’”。[5]

在近代中国的国家建构中,一方面,引入自由、民权、立宪等观念,将家庭、婚姻、文化、政治等从传统的儒家伦理秩序中解放出来,在社会层面产生了功能分化的潜力,自由民权的观念、新文化运动以及商品经济和民营经济的不断发展,都为社会系统的功能分化提供了基础;另一方面,又试图将自由、民权与国家整合在一起,建立强有力的政府,防止因个人自由而导致无政府主义,基本权利的保护必须与政治统一体的建构

---

〔1〕 参见吴经熊、黄公觉:《中国制宪史》,商务印书馆 1937 年版(上海书店影印本),第 682 页下。

〔2〕 孙中山指出,“中国实业之开发应分两路进行,(一)个人企业、(二)国家经营是也”,参见孙中山:《建国方略》,载《孙中山选集》(上),人民出版社 2011 年版,第 227 页。

〔3〕 关于近代立宪中“财产权的社会化”,参见聂鑫:《财产权宪法化与近代中国社会本位立法》,载《中国社会科学》2016 年第 6 期。

〔4〕 对此可参见章永乐:《旧邦新造:1911—1917》,北京大学出版社 2016 年版,第 106 页下。

〔5〕 胡国伟:《国家主义通释》,载《醒狮周报》1928 年第 183 期;关于中国现代国家主义思潮的德国谱系也可参见高力克:《自由与国家:现代中国政治思想史论》,浙江大学出版社 2016 年版,第 299 页下。

协调起来,这不可避免地导致了某种程度上的"国家主义"倾向,并因而导致政治系统在重塑之后的内在扩张。从清末到民国,中国的国家建构一直处于个体自由与强力国家的内在紧张中,政治系统的内在扩张导致新的上/下分层的结构开始出现。在政治实践中,民国时期在立宪体制下所出现的各种复辟、独裁、政治权力的集中,都体现了政治系统的扩张趋势,国民党的训政以及"党—国"体制,也是试图通过一党的政治建构形成新的政治上层。换言之,近代立宪以来有关国体、政体结构的不断调整,就是为了适应政治系统的内在扩张,并同时维系个体自由、政治权力(治权)与人民权力(政权)之间的平衡。[1] 所有这些都体现了政治系统内在扩张与近代立宪本身所蕴含的社会系统功能分化趋势之间的内在矛盾。这一内在矛盾带来了选择的多样性,既可以通过政治系统全面扩张的方式得以解决,也可以通过迈向社会系统功能分化的方式得以解决,中华人民共和国初期的选择偏向于前者。

二、理想化的人民民主国家:个体、社会与国家的同质化

中国在近代转型中,遭遇到了政治系统的内在扩张与立宪的功能分化趋势之间的紧张。传统的以儒家伦理为基础的社会结构与"内圣外王"的传统,在向民主政治转型时,会遇到个人生活方式、社会价值伦理、民主政治运作模式以及经济交往方式的层层变革。与传统政治相配套的社会经济、伦理和组织结构发生了根本变化,而新的国家组织模式虽然在形式上通过宪法确立起来,但却缺乏整个相互配合的组织结构,这一转型期自然会遭遇各种内在紧张,而内忧外患的政治局面又进一步放大了这些内在的紧张。可以说,中国近代遭遇到两方面的整合困难——从个体向人民的整合,从人民向国家的整合,由此构成了个体、人民与国家之间的内在紧张。

---

〔1〕 关于政权与治权的区分与制约可参见孙中山:《三民主义》,载《孙中山选集》(下),人民出版社 2011 年版,第 821 页;关于国体的演变可参见林来梵:《国体概念史:跨国移植与演变》,载《中国社会科学》2013 年第 3 期;关于政府体制、立法院、国民大会等制度建构与政治情势的关系可参见聂鑫:《近代中国宪制的发展》,载《中国法学》2015 年第 6 期。

“社会主义”国家理论的出现,正是为了解决上述紧张关系。中国自古就有建构一种“大同世”的理想,而社会主义理论则与之具有相通性,[1]但又不只是“一个美丽的梦”,[2]而是兼具了现实操作性,因而在近代中国极具吸引力。[3]从民国之初社会主义思想传播到1949年中华人民共和国成立,社会主义理论在中国经历了逐渐演进的过程,最终融合马克思主义、苏联经验与中国现实,形成了中华人民共和国的立国方案。

中华人民共和国在立国时期的主要目标是摆脱贫困和国家富强。摆脱贫困关涉从个体向人民的整合,涉及“五四运动”以来对社会“平民”的关注,也与大同社会的理想一脉相承。孙中山的“三民主义”最开始也具有社会主义的精神,其经济领域的民生主义虽然一直摇摆不定,但起初却具有社会主义的元素。[4]关注社会底层的民生是近代中国人民整合的前提,也是近代中国对民主的一种理解。社会主义从进入中国开始就追求“庶民的胜利”,或者用阿伦特的话来说,“从贫困中解放优先于自由立国”,[5]这也是中华人民共和国的立国之基。国家富强则是近代中国一直念兹在兹的目标。这包括经济上的富裕和政治上的强大,是维系国家主权和统一的根本所在,也是从人民的统一体向国家统一体整合的过程。中华人民共和国的成立,就是希望将这二者能够结合到一起,既实现社会正义,又实现国家强大。

上述两个目标的实现,需要进行理论的建构和现实的改造。首先,在人民的整合上,需要真正关注民生,动员平民的力量,以底层民众为核

---

〔1〕 梁启超认为马克思主义中含有世界大同的理想,参见张朋园:《梁启超与民国政治》,上海三联书店2013年版,第164页。

〔2〕 梁启超后来认为大同世界“犹如一个美丽的梦,难以实现”,参见张朋园:《梁启超与清季革命》,上海三联书店2013年版,第19页。

〔3〕 比如,戴季陶认为它是“一个时代精神”,参见季陶:《世界的时代精神与民族的适应》,载《星期评论》1919年第17号。

〔4〕 关于“三民主义”思想中的“国家社会主义”要素,参见吴经熊、黄公觉:《中国制宪史》,商务印书馆1937年版(上海书店影印本),第682页下。

〔5〕 [美]汉娜·阿伦特:《论革命》,陈周旺译,译林出版社2011年版,第122页。

心展开,使之构成人民的主体,由此与马克思主义中的“无产阶级”概念连接到一起,并将“无产阶级”提升为一个具有道德内涵的概念,使之具有统一的意志性,以此与资本家、小资产阶级、地主、富农等对立起来,最终建立起无产阶级的统治。而在无产阶级的范围上,中国创造性地将之从工人阶级扩大到工农联盟。其次,在国家富强问题上,经济上需快速实现工业现代化,这就需要国家加强对经济的控制,而在工作重心由农村转移到城市以后,农村的改造就开始配合实现工业化;在政治整合层面需要实现政治上的高度统一,从而实现国家的政治决断力,在个体、社会、国家之间实现利益的同质化(人民的同质性),解决个体、社会、国家之间的内在紧张。

正是基于这两个目标,中华人民共和国成立之后开始了从新民主主义向社会主义、从《共同纲领》向“五四宪法”的过渡。虽然这一过渡在立国理论和宪法基础上具有本质的跳跃,但其中却具有一脉相承性,在现实层面更是具有自然的衔接性,仍属于“革命立国”的范畴,或者可以说,从新民主主义向社会主义的过渡,是中华人民共和国成立内在逻辑的体现。新民主主义所要解决的是在分裂的国家中实现统一,所以其立场是团结和联合,而不是改造,[1]这也是当时国家整合的需要。新民主主义既立足现实,又具有向社会主义过渡的趋势,为之做准备,具有动态的过渡性。新民主主义的政治是“各革命阶级联合专政”(国体)和“民主集中制”(政体),[2]经济是“节制资本”和“平均地权”。[3] 在新民主主义阶段,人民是各阶级的联合,敌人是帝国主义、官僚资本主义和封建主义,资本家、小资产阶级、地主和富农都是联合对象。相应地,在经济政策上,新民主主义“不禁止资本主义的私有经济,也不禁止‘不能操纵国计民生’的资本主义生产方式”,土地为农民私有,但同时存在国营经

---

〔1〕 [美]胡苏珊:《中国的内战:1945～1949 年的政治斗争》,启蒙编译所译,当代中国出版社 2014 年版,第 308 页下。

〔2〕 毛泽东:《新民主主义论》,载《毛泽东选集》(第 2 卷),人民出版社 1991 年版,第 677 页。

〔3〕 同上书,第 678 页。

济和合作经济，可以说多种所有制并存。[1]

中华人民共和国成立之后，新民主主义的各项政策都开始加快朝社会主义方向发展，其原因主要是《共同纲领》中所确立的新民主主义路线内存紧张关系以及国家快速工业化的急切需要。

首先，新民主主义这种公私兼顾的国家—社会结构难免引起公私之间的冲突，如私人资本与公有经济之间的竞争。对这一问题，刘少奇曾指出，"这些资本主义成分，即使在新民主主义社会制度下，也必然要与国家经济及合作社经济发生竞争。这种竞争，越到后来就越激烈，并将继续很长的时期……这就是新民主主义与旧民主主义或旧资本主义的矛盾，就是资产阶级和富农与无产阶级及其他劳动人民的矛盾。在这个矛盾上所发生的竞争，首先就在经济上表现出来。那样，这种竞争，首先是和平的经济竞争，到底谁胜谁负呢？这就要看将来的发展情况才能决定的"。[2] 实践中，对与"国家经济和合作经济"展开竞争的私有经济要与之"斗争"，则逐步加以限制。"为了繁荣经济，新民主主义国家是容许私人资本的存在的，但是私人资本主义的本身却带着一种反动的倒退的性质。它不断地在侵蚀国家经济的一部分剩余生产物；它不断地在侵蚀合作经济，而使后者从新民主主义国家控制之下脱离出来，转回到资本主义的道路去。因此，新民主主义的国家经济与合作经济必须对私人资本主义经济作尖锐的斗争，但是，这种斗争并不是阻止私人资本之发展，更不是否定私人资本之存在。"[3]虽然"容许私人资本主义经济的发展"，但"对于带有垄断性质的经济，则逐步地收归国家经营，或在国家监督之下采用国家资本主义的方式经营。对于一切投机操纵及有害国计民生的经营，则用法律禁止之"。[4] 这种既允许私人资本主义经济存

---

〔1〕 毛泽东：《新民主主义论》，载《毛泽东选集》（第2卷），人民出版社1991年版，第678页下。

〔2〕 参见刘少奇：《论新民主主义的经济与合作社》，载中共中央文献研究室、中华全国供销合作总社编：《刘少奇论合作社经济》，中国财政经济出版社1987年版，第6～7页。

〔3〕 参见许涤新：《新民主主义的经济》，生活·读书·新知三联书店1949年版，第97页下。

〔4〕 刘少奇：《关于新中国的经济建设方针》，载《刘少奇选集》（上卷），人民出版社1981年版，第428页。

在，又要与之斗争的内在矛盾形势，最终促使新民主主义快速转向了社会主义。

其次，虽然新民主主义具有很强的立足现实并渐进过渡的特性，但中华人民共和国成立之后所遇到的主要问题，是“国家快速工业化”以及围绕这一目标所制定的赶超战略。“新民主主义的基本国策，在它的初期阶段，是以土地改革与国有化政策为中心的。土地改革是为了消灭封建剥削，发展农业生产力，改善农业生产关系。国有化政策则是为了消灭帝国主义与官僚资本主义的经济剥削，加速完成工业化，以达到‘发展生产、繁荣经济、公私兼顾、劳资两利’的总目标。”[1] 而一旦“发展生产”与“公私兼顾”之间存在内在紧张，公私兼顾就要让位于发展生产了。新民主主义虽然允许国家与私人合营的国家资本主义以及多种所有制并存，但实践中已经开始向国有化方向发展，并有条不紊地进行资本主义的工商业改造。按薄一波的说法，“党中央当时设想，再用三年到五年时间，将全国私营工商业基本上引上各种形式的国家资本主义轨道”。[2] 但是1953年之后，这个设想就被打破了，“其原因，主要是‘一五’计划着手实施后，大规模经济建设进一步引发了市场供不应求的紧张状况，迫使我们不得不采取统购统销一类的政策措施，从而一步一步地加快了对资本主义工商业的改造进程”。[3]

基于上述两方面的原因，新民主主义的“公私兼顾”就无法继续了，要解决发展生产过程中公私之间的内在紧张，就需要进一步的社会革命。随着从公私兼顾向社会主义公有制的转变，需要进行资本主义的工商业改造，逐渐消除私人资本主义经济。相应地，在经济模式上，为配合赶超战略和公有经济，需采取全面的计划经济，并模仿苏联计划经济的

---

〔1〕 陶大镛：《新民主主义经济论纲》，北京师范大学出版社2002年版，第245页。

〔2〕 薄一波：《资本主义工商业全行业公私合营》，载薄一波：《若干重大决策与事件的回顾》（上），中共党史出版社2008年版，第291页。

〔3〕 薄一波：《资本主义工商业全行业公私合营》，载薄一波：《若干重大决策与事件的回顾》（上），中共党史出版社2008年版，第291页。

道路，形成了若干与之相互配套的制度理性。[1] 为实现国家对计划的全面掌控，就需实现政治对所有领域的全面渗透，从而保证整个社会的高度同质化，以及由此产生的超强社会动员能力。农业集体化运动就是国家权力渗透至农村的表现，是为了汲取农村的剩余以用于工业化建设。[2] 在土地政策上，土地改革“平均地权”实现农民私有之后，自1951年开始就展开了农业集体化运动，从互助组到合作社（低级社和高级社）再到人民公社的跃进，是农村基层组织结构的根本变化。[3] 通过这种方式，农村的剩余得以集中以供工业化发展，农民的利益通过集体与国家绑定在一起，再加上城市中私人资本的改造，最终实现了对“人民”的无产阶级化改造。[4]

这一内在紧张也反映到“五四宪法”的文本中。“五四宪法”一方面保障资本家、农民、个体手工业者的生产资料所有权（第8条第1款、第9条第1款、第10条第1款），另一方面又明确要对之进行逐渐改造。“五四宪法”第8条、第9条、第10条都体现这一思路，鼓励农民和个体手工业者展开“生产合作、供销合作和信用合作”（第8条第2款、第9条第2款），对“富农经济采取限制和逐步消灭的政策”（第8条第3款），“对资本主义工商业采取利用、限制和改造的政策”（第10条第2款），“禁止

---

〔1〕 比如，国有化、农业集体化、重工业优先发展战略、低价格、低工资等经济手段以及各种政治运动，关于赶超战略及其配套制度可参见林毅夫、蔡昉、李周：《中国的奇迹：发展战略与经济改革》（增订版），格致出版社、上海三联书店、上海人民出版社2014年版，第22页下；“三反”“五反”等运动不仅具有政治和思想层面的效果，还具有重要的经济效力，大大加强了政府对私营企业的控制，从而使新中国真正具备了进行计划经济发展的实力。参见［美］R. 麦克法奈尔、费正清编：《剑桥中华人民共和国史》（上卷：革命的中国的兴起）（1949～1965年），谢亮生等译，中国社会科学出版社1990年版，第82页。

〔2〕 周其仁：《农村改革：国家与土地所有权关系的变化——一个经济制度变迁史的回顾》，载周其仁：《改革的逻辑》，中信出版社2013年版，第102页下。“通过组织合作社，国家向农村抽取资源的能力得到加强”。参见［美］R. 麦克法奈尔、费正清编：《剑桥中华人民共和国史》（上卷：革命的中国的兴起）（1949～1965年），谢亮生等译，中国社会科学出版社1990年版，第140页。

〔3〕 关于人民公社的形成可参见薄一波：《农村人民公社化运动》，载薄一波：《若干重大决策与事件的回顾》（下），中共党史出版社2008年版，第511页下。

〔4〕 关于无产阶级的普遍性可参见［以］阿维纳瑞：《马克思的社会与政治思想》，张东辉译，知识产权出版社2016年版，第45页下。

资本家的危害公共利益、扰乱社会经济秩序、破坏国家经济计划的一切非法行为”(第 10 条第 3 款),并“禁止任何人利用私有财产破坏公共利益”(第 14 条)。宪法文本体现了社会主义的“过渡性”[1]及其中的内在紧张,而现实则全面走向了公有化、计划经济(第 15 条)和赶超战略以巩固“国家的独立与安全”的道路。[2]

在政治领域,《共同纲领》第 1 条对国家性质的规定(“中华人民共和国为新民主主义即人民民主主义的国家,实行工人阶级领导的、以工农联盟为基础的、团结各民主阶级和国内各民族的人民民主专政”)。在“五四宪法”第 1 条中,被简化表述为“中华人民共和国是工人阶级领导的、以工农联盟为基础的人民民主国家”。如果说,《共同纲领》在制定时尚以政治协商为基础,“中国人民政治协商会议一致同意以新民主主义即人民民主主义为中华人民共和国建国的政治基础,并制定……共同纲领”,那么到“五四宪法”时,则从政治协商转向了人民民主专政的社会主义改造,这与经济领域中从公私并存向公有制改造的趋势相符。

可以说,中华人民共和国成立时期延续并极端化了近代中国立宪以来的基本思路:欲实现国家之整合必先改造社会,欲改造社会又必须改造个体,从而将国家整合推向极致,实现了新的以无产阶级和政治系统为中心的上/下分层的结构。如果说,近代中国对社会整合和国家建构的追求,是在道德层面上为个体树立私德与公德以利于群,则新中国之初就是在思想、生存条件、经济方式、政治立场等各个方面实现个体和社会的改造,进行阶级改造,实现人民的同质性,并在此基础上建构政治统一体,以配合国家的整合和赶超战略。个体、集体与国家的利益,最终以偏于国家整合的方式实现了同质化。以基本权利为例,《共同纲领》和“五四宪法”中都有基本权利的相关规定,但当时的基本权利并非是“防止国家侵犯”的防御权和主观公权利,而是延续人民民主的立国思路,具

---

〔1〕 关于“五四宪法”的过渡性可参见韩大元:《“五四宪法”的历史地位与时代精神》,载《中国法学》2014 年第 4 期。

〔2〕 1954 年《宪法》第 15 条规定:国家用经济计划指导国民经济的发展和改造,使生产力不断提高,以改进人民的物质生活和文化生活,巩固国家的独立和安全。

有国家建构和政治整合的作用。[1] 这一思路直到“八二宪法”制定之时仍在延续。彭真曾指出,“宪法修改草案关于公民的基本权利和义务的规定,是《总纲》关于人民民主专政的国家制度和社会主义的社会制度的原则规定的延伸。我们的国家制度和社会制度从法律上和事实上保证我国公民享有广泛的、真实的自由和权利……我们是社会主义国家,国家的、社会的利益同公民的个人利益在根本上是一致的。只有广大人民的民主权利和根本利益都得到保障和发展,公民个人的自由和权利才有可能得到切实保障和充分实现”。[2] 此时的基本权利所防范的,也主要是“组织和个人”而非国家,公民基本权利的行使也不能危及社会和国家的利益,必须受其他公民合法利益、社会公益和国家利益的内在限制,并对社会和国家利益的形成有所助益。这仍然是一种“利于群”的政治形成思维(消极和积极地维系共同体的存续),也就是一种“人民塑成”和政治统一体的建构思维。

三、“法治国”的范式转型

中国近代立宪突出了人民整合和国家整合的一面,而相对忽略了法治国的一面,这使得中国近代的立宪最终酝酿成为一场运动。自近代立宪以来,中国基本延续了一种上/下分层的政治建构方式:以人民的同质性为前提,实现统治者与被统治者的同一性,以卢梭所言“公意”为旨向。[3] 在此基础上,强调一个社会必须要有“凝聚力”和“共善”,否则不足以形成社会和政治统一体。以“公意”为基础的国家建构,发展到极端就会导致轻程序、重决断,轻多元、重一体,轻代议制、重专政的后果。

---

〔1〕 关于我国公民基本权利和义务的“社会主义性质”,可参见吴家麟:《论我国公民的基本权利和义务》,载张友渔等:《宪法论文集》,社会科学文献出版社 2003 年版,第 122 页下;于文豪:《“五四宪法”基本权利的国家建构功能》,载《环球法律评论》2015 年第 2 期。

〔2〕 参见彭真:《关于中华人民共和国宪法修改草案的报告》,载《彭真文选:1941—1990》,人民出版社 1991 年版,第 442 ~ 443 页。

〔3〕 “只要有若干人结合起来自认为是一个整体,他们就只能有一个意志,这个意志关系着共同的生存以及公共的幸福……它的准则是光辉而明晰的;这里绝没有各种错综复杂、互相矛盾的利益”,参见[法]卢梭:《社会契约论》,何兆武译,商务印书馆 2010 年版,第 131 页。

"民主"不是私利互相倾轧的代议制民主和政党政治,而是对公意的发现。[1] 在政治统一体中,公意存在的现实基础是具有同质性的人民,"生存"是政治共同体的首要之善,[2]"缺少这种同质性的国家是反常的",[3]政治就是"区分敌我",处理与异质者之间的冲突。中国近代的立宪主义运动,包括中华人民共和国的立宪运动,由此演变为人民意志整合的政治运动,发展到极端,就需要国家对社会的全面干预,政治系统决定了整个社会系统(包括经济、道德、文化、法律等诸系统)的运作方式。以追求民主立宪为目标的革命,反而走向了民主立宪的反面。其结果便是,中国近代虽然制定了实定宪法,在实定宪法之外仍然有一个"客观规律"作为政治整合和动员的原则,或者说超实定的、高于实定宪法的"宪制"在发挥作用。实定的宪法只是民主政治的"确认书",而无力对之产生约束。

(一)改革:从上/下分层走向功能分化

由于中华人民共和国成立之后的"立国"思维,在某种程度上带来了各种各样的问题,这就需要对整个国家的发展逻辑进行彻底地扭转,即改变"政治系统覆盖一切"的国家思维,逐步实现社会各子系统从政治系统的分出。具体到实现社会主义的路径选择上,就是改变中华人民共和国成立以来通过"更先进的社会主义生产关系的形式来推进生产力"[4]的发展模式。在胡绳看来,中华人民共和国成立以后长期流行一种错误的观点,即"既然社会主义公有制生产关系是先进的、优越的,那么它一经形成,就该维持不变,依靠它就能不断提高社会生产力;如果生产力不能向前发展,那就必须把公有制生产关系搞得更'先进'"。[5] 如

---

〔1〕 在卢梭看来,"公意"是客观先定的,"公共福利到处都明白确切地显现出来,只要有理智就能看到它们"。同上。

〔2〕 对于卢梭来说,"国家……最主要的关怀就是要保存它自身"。同上书,第37页;国家的"自我保全",参见 C. Schmitt, Verfassungslehre, 9. Aufl., Berlin 2003, S. 22。

〔3〕 C. Schmitt, ebd., S. 231.

〔4〕 胡绳:《什么是社会主义,如何建设社会主义》,载胡绳:《胡绳全书》(第3卷第1辑),人民出版社1998年版,第212页。

〔5〕 同上。

果中华人民共和国成立之初是通过改变生产关系来促进生产力,[1]那么1978年之后的改革,则是通过生产力的发展带动生产关系的自然变革。在邓小平看来,“社会主义的原则,第一是发展生产;第二是共同富裕”,“社会主义的本质,是解放生产力,发展生产力,消灭剥削,消除两极分化,最终达到共同富裕”。[2]

对生产力与生产关系之间关系在认识上的改变,改变了对“社会主义”的理解,并带来了一系列环环相扣的制度改变。首先,不再强行追求公有制的唯一建构,而是回到“公私兼顾”和“多种所有制并存”。其次,既然允许个体经济和私营经济的存在和发展,则允许社会中存在对私利的追求,并逐渐确立对私有财产权的保障。“私利”的存在,导致国家所着力建构的铁板一块的公有体制被打破,个体、社会与国家的利益也开始出现分化,以需求为导向的经济社会开始从政治领域中分出,并从中孕育出介于国家与个人之间的社会公共领域。经济的发展不再通过国家管控一切的计划来实现,而是通过利润激发个体、私营经济乃至国营企业的活力,这就需要变计划经济为市场经济,并同时增加社会的自由度。如果中华人民共和国成立之初是试图通过国家对资源的集中实现经济的快速发展,那么改革之后则是通过激发社会内在的活力和自由度,促进整个国家的发展。原来因社会发展规律而取消任何自由发展空间和试验性措施[3]的发展方案,就需要发生彻底的改变,市场取代了计划、自由取代了管制。经济系统的运作逐渐从政治系统的运作逻辑中分离出来,以独立的价格体制的建立为标志,逐渐建立起自身的“符码”,市场经济的建立、国企改革、私营经济的发展、价格双轨制的打破、宏观调控的逐步限缩,以及2004年修宪对私有财产权的强调,都是经济系统

---

〔1〕 中华人民共和国成立初期,毛泽东认为,“生产关系的革命,是生产力的一定发展所引起的。但是生产力大发展,总是在生产关系改变以后……首先造成舆论,夺取政权,然后解决所有制问题,再大大发展生产力,这是一般规律”。毛泽东:《读苏联〈政治经济学教科书〉的谈话(节选)》,载《毛泽东文集》(第8卷),人民出版社1999年版,第131页。

〔2〕 邓小平:《在武昌、深圳、珠海、上海等地的谈话要点(一九九二年一月十八日至二月二十一日)》,载《邓小平文选》(第3卷),人民出版社1993年版,第373页。

〔3〕 A. Honneth, Die Idee des Sozialismus, Suhrkamp Verlag Berlin, 2015, S. 85ff.

分出过程中的努力。

经济系统的分出意味着个体、社会与国家利益的分化。这首先表现在农民个体利益的分出。“包干到户”和家庭联产承包责任制,就是从政社合一的人民公社中分化出农民个体的利益。随着土地使用权(1988年修宪)可以流转,土地价值的升值,又分化出农村集体附着于集体土地之上的财产利益;[1]个体经济、私营经济的存在和发展,也使个体逐渐从国家计划经济时代的单位体制中脱离出来,并成为具有独立人格的自由主体,个体的利益从国家中分离出来。个体、社会与国家利益的分化,使得人民的无产阶级化的改造以及与阶级身份绑定在一起的利益分配不再成为可能,人民不再是同质化的人民,而是具有多元利益和自由人格的人民。政治统一体的建构也无法再依赖于同质化的人民意志的塑成,无法通过主权之代表和政治决断来发现“公意”或者客观规律,而是需要通过政治民主程序的重塑,以及以宪法为统领的法律系统的有效运行,来建构政治的正当性。

(二)法治国的范式转型:法律系统的功能分出

改革的核心是“以经济建设为中心”,由此逐步实现了经济系统的分出,并进而促动了法律系统的分出,二者几乎呈同步发展的趋势。不过,改革毕竟未完全迈入法治国的范式,而是处于革命与法治两种范式之间,在促进经济发展方面经常通过政策的方式推动,尤其在改革初期,“良性违宪”的现象更是比比皆是。随着改革的深入,政策的推进逐渐依赖私营经济兴起之后所产生的社会内在推动力,对法治的需要也与日俱增。随着个体私益的出现并逐渐多元化,个体私益的保障、个体与个体之间的冲突、个体利益与国家利益之间的冲突,无法再仅仅通过政治化的方式加以解决,而需要通过实定法建立起一个稳定的“规范预期”,并通过独立的法院系统保证法律的运行,否则市场中的交易规则就无法建立,以契约为基础的市场也难以真正建立。另外,因为个体利益从国家利益中分化出来,保护个体免受国家侵犯的需要也就顺理成章地产生

[1] 李忠夏:《农村土地流转的合宪性分析》,载《中国法学》2015年第4期。

了,由此产生了对行政诉讼和宪法基本权利的需求。这也要求一个独立于政治系统的法律系统能够自主运行,并有效发挥作用。

从中国近代立宪的经验来看,自主法律系统的分出是“国家建构”理念转变的结果,宪法也从一体化的政治民主整合的工具和“确认书”,变为承担特定的社会功能:(1)对政治统一意志的形成提供法律上的规范框架,这一规范框架同时具有塑成与限制的双重属性;(2)为转型之后的中国多元化社会和市场机制提供一个具有稳定规范预期的法秩序。在中国,法律系统分出的标志是1999年《宪法》修改,将“依法治国”写入《宪法》。修改后的《宪法》第5条第1款规定:“中华人民共和国实行依法治国,建设社会主义法治国家。”这个条款的诞生,是改革以来中国社会转型的内在结果,也是中国告别革命立国逻辑的宪法转型,具有里程碑的意义,而“法治中国”的提出更是为改革指明了方向。

法律系统的分出意味着法治国作为宪法原则在中国逐渐确立,法治国原则从民主政治中剥离出来,与民主原则一起构成了今天中国宪法实施的两个支柱性的要素。民主原则为政治的正当性提供源源不断的动力,着力于形成政治统一意志,塑成国家权力,成为人民与国家之间衔接的程序链条;法治国原则将国家权力的塑成纳入规范框架,并对之加以限制,从而构成“民主的界限”。[1]

(三)功能分化社会的宪法:奠基/限制的双重功能

从社会系统理论的角度来看,近代宪法的功能在于维系社会系统的功能分化。这使宪法,一方面具有塑成社会子系统的奠基性功能(如权力之于政治系统、财产权之于经济系统);另一方面又具有防止任何社会子系统内在扩张的限制功能,从而防止社会系统的功能分化受到威胁。这一特点尤其体现在政治系统与法律系统的关系之中。

传统宪法的功能在于控制国家权力,宪法中权力分立与基本权利都为此目的的服务。由于宪法固有的控权使命,并且由于第二次世界大战之

---

〔1〕 E.-W. Böckenförde, Demokratie als Verfassungsprinzip, in: Isensee/Kirchhof (Hrsg.): Handbuch des Staatsrechts, Bd. Ⅱ: Verfassungsstaat, 3. Aufl., C. H. Beck, Heidelberg 2004, Rn. 92ff.

后各国在国内、国际威胁方面都有所缓和,紧急状态不复出现,导致了不受限制的主权理论逐渐从宪法学中退出,第二次世界大战之后的宪法理论也主要以法教义学的方式围绕基本权利部分展开。然而,在国家与社会日渐融合的今天,个体、社会需求的实现都离不开国家的参与,在国际局势仍暗藏玄机的今天,完全抛弃主权理论也操之过急,这就需要法律系统与政治系统的相互配合。一方面,功能分化社会背景下的宪法不能仅仅满足于对国家权力加以控制,更应该发挥人民民主的作用,为国家权力的建构、运作、国家对社会的积极参与提供正当性基础,即政治的民主化。另一方面,政治系统的民主化运作虽然可以为国家提供正当性基础,但却无法彻底防止主权的绝对化、国家权力的滥用、民意的反复无常等,因此需要从法律系统的角度对宪法中的权力分立加以规范化,形成权力运行的"稳定化预期",进而与基本权利一道担负起维系社会系统功能分化的使命。政治民主化与法律实证化之间的分化与勾连,构成了今天功能分化社会的典型特征,并防止法律系统因"稳定化规范预期"的功能而陷入"价值空洞"的困境。

就此而言,我们看到的不仅是宪法之政治化的一面,也不仅是宪法之法律化的一面,而是政治化之宪法与法律化之宪法既相互独立又相互制约与依赖的图景。在各自系统内部依循自有的逻辑展开,但其各自困境的解决又需要其他系统提供支持,从而在宪法之内形成"人民民主与法治国"的双重变奏,而其背后则是政治系统与法律系统的功能分化、运作封闭与交互依赖。在此意义上,当代宪法就不只是单方面的政治化或者法律化的宪法,而是维系政治系统与法律系统功能分化并实现其"结构耦合"的宪法,从而不仅维系了政治系统的运作空间还扩展了国家权力的施展空间,[1]同时也通过对政治权力的规范化约束,扩大了个体与社会的自由度以及基本权利的实现范围,但又能防止自由的无度导致其

---

〔1〕 在卢曼看来,"政治权力的'法律化'尽管首先看上去是对恣意的限制,但同时还是对权力运用的巨大扩展"。参见 N. Luhmann, Zwei Seiten des Rechtsstaates, in: Conflict and Integration: Comparative Law in the World Today. The 40th Anniversary of the Institute of Comparative Law in Japan, Chuo University, Tokyo 1988, S. 500。

他社会子系统的扩张。[1]

由此可见,政治民主的整合与法治国构成了今天宪法运行的两个核心要素。[2] 有学者将此界定为宪法实施的双轨制,[3]这实际上是对宪法双面沟通政治系统和法律系统的一种描述。不过,双轨制并未指出如何保障宪法的两种实现方式并行不悖并互相影响,即宪法在政治系统和法律系统各自封闭独立运作,以及相互之间施加影响方面所产生的勾连作用。或者说,宪法在今天要想真正发挥其作用,就须以社会系统的功能分化为前提,而宪法的有效实施也有助于促进和维系社会系统的功能分化,尤其是其他社会子系统对政治系统的分化。[4]

从社会系统功能分化的角度来看,中国近代自立宪以来就念兹在兹的国家政治能力,需保留给政治系统中的民主意志整合来实现。一方面,需要通过政治组织架构实现国家的决断能力,实现自上而下的政策贯彻能力,在宪法和组织法所确定的权限框架范围内尽可能地实现国家作为"组织化的决断和效应统一体"[5]的政治功能,提高行政决断的效率与能力。对此,中国在改革后围绕政治组织的运行形成了一整套以政党—代表为核心的有效的机制,[6]并且在政治组织运行方面越来越重视严格按照宪法和组织法的规定进行,尽管仍不时存在宪法规定的空白或者甚至违反宪法之举。另一方面,在个体与国家之间形成了一个中间的"公共领域",这与政治民主化的趋势相结合,向下需要将个体意见提升为公共意见,向上则需要通过特定的程序和机制为政治决定提供正当性基础。这使国家的政治组织结构不能仅仅是冷冰冰的官僚体系运作,而是需融入民主的参与,即通过非正式的沟通渠道形成理性的公共意

[1] 关于宪法对于社会子系统的构成/限制功能,可参见[德]贡塔·托伊布纳:《宪法的碎片:全球社会宪治》,陆宇峰译,中央编译出版社 2016 年版,第 17 页下、第 86 页下。

[2] C. Schmitt, Verfassungslehre, a. a. O., S. 200.

[3] 翟国强:《中国宪法实施的双轨制》,载《法学研究》2014 年第 3 期。

[4] 具体可参见李忠夏:《基本权利的社会功能》,载《法学家》2014 年第 5 期。

[5] H. Heller, Staatslehre, in: ders., Gesammelte Schriften, Bd. Ⅲ, Leiden 1971, S. 339ff.

[6] 刘刚:《政治代表概念的源流——兼论我国宪法的代表结构》,载《中国法律评论》2016 年第 4 期。

见;通过正式的、制度化的民主程序使之成为国家的决定。就此而言,宪法的法律面向可以为民主政治提供保障,比如,其中面向法治国原则的基本权利条款可以为市民公共意见的形成和表达提供宪法基础;又可以对民主化政治所产生的权力形成制约,保障个体独立存在的意义。

中国自1978年以来的社会转型与分化,促进了法律系统的分出以及功能的独立,而法律系统的分出反过来又进一步为社会系统的功能分化提供了保障机制。宪法在法律上的运作(以合宪性审查为基石),其本质是对民主政治(尤其是大众民主和代议制民主)的一种塑造、规训和制约。而宪法在政治上的运作,则可以为法律系统的运作提供政治民主的动力,保障民主政治的充分展开,并防止法律系统的价值空洞。总之,宪法通过政治系统的运行实现"组织化的决断",从而实现宪法中关于组织权限等具体规定,其中,党的决议、各项政策的制定和层层传达、组织化的政治官僚机制起到了至关重要的作用;通过法律系统则以法律化的方式实施宪法,如对立法、行政和其他政治决定的合宪性审查以及合宪性解释等。但是,宪法实施的"双轨"并非割裂运行,而是经常纠缠在一起,在改革时期,双轨之间并不平衡,需要对宪法中的法治国原则进行规范上的阐释。即通过法治国原则的践行,逐步实现法律系统的真正分出,并实现对政治系统的制衡;通过宪法这种"结构耦合"的形式,形成政治与法律既并行不悖又相互制衡和"激扰"的局面。

四、宪法中的"法治国"原则:功能的双重性

梳理中国近代立宪的历程可以发现,法治国的任务在于建立封闭的法律系统,实现"稳定化的规范预期"。从社会系统功能分化的角度来说,宪法的功能主要有:(1)维系社会系统的功能分化:对社会子系统的塑成起到奠基作用,又限制社会子系统的内在扩张,尤其防御政治标准对整个社会系统的宰制;(2)实现法律系统的封闭运作(形式法治国);(3)为法律系统提供价值基础并将环境中的"价值"转化到法律体系之

中，使之辐射至整个法律系统，维系法律系统的融贯性（实质法治国）。[1] 宪法中的法治国原则有助于后二者的实现。

（一）法治国的双面性：从形式到实质

"法治国"一词源于德国，最早产生于18世纪向19世纪转型之时。其产生之初与民主并无直接关联，而是来自于德国早期自由主义者受理性自然法影响的国家思维。[2] 在德国，法治国的概念经历史的演进逐渐"形式化"，[3] 即最大限度地剥离"法"本身的实质内涵，而只具有对国家权力加以限制的功能。这一概念的限缩，在德国从君主制向民主制过渡的转型期中具有重要意义。一方面，法治国具有进步意义，将君主纳入法治国的轨道中，使其必须恪守法律，防止权力的任意和"私人统治"；另一方面，法治国与民主原则剥离，又具有保守意涵，它不问国家的实体价值和目的，只问国家是否"依法而建"，[4] 这对"君民共治"现状的维系起到了重要作用。法治国原则的"形式化"，最终演变为形式法律与实质法律之争，并在魏玛时期演变为国家法上的"方法与方向之争"，其争论点就在于"法"的实体价值之争。由此争论延伸，德国最终形成了今天对于法治国原则的理解，即兼具法治的形式性与实体性，其实体价值内涵来自于实定的宪法。通过宪法，可以防御政治系统等其他社会系统的直接冲击，同时又可将环境中的"价值"或"决定"转换到法律系统中，并对整个法律体系产生辐射影响。

在中国当前语境下，需要改变的是近代立宪以来重政治整合、轻法治国的路径，实现国家从政治建构向法治国的发展逻辑转型。中国要想实现从改革范式向法治国范式的变迁，需要从法律系统分出的意义以及法律系统在现代社会中的功能定位角度加以反思。改革开放以来，中国

---

〔1〕 对此可参见李忠夏：《宪法教义学反思：一个社会系统理论的视角》，载《法学研究》2015年第6期。

〔2〕 E.-W. Böckenförde, Entstehung und Wandel des Rechtsstaatsbegriffs, in: ders., Recht, Saat, Freiheit, Suhrkamp, Frankfurt am Main 2006, S. 144.

〔3〕 法治国原则的形式化最先由施塔尔（Stahl）提出，但施塔尔的法治国之上仍由一个"道德王国"支配，参见 Böckenförde, ebd., S. 152。

〔4〕 Böckenförde, ebd., S. 168.

社会转型的主要特点是“由公及私”及至公私并存。经济领域从公有制转向多种所有制并存,允许个体经济、私营经济存在;社会领域允许私人利益存在。与之相应,原来全权式的“国家”在诸多领域逐渐退却:首先是国家在经济领域的退缩(国企改制、私营经济的发展、公共财产范围与功能的萎缩);其次是国家在社会领域的改变,国家权力不再渗入社会各个方面。通过纯粹的政治方式凝结政治统一体、维持社会秩序的年代一去不返后,就需通过法律来填补空白。市民私利之间易发生竞争与冲突,于是需要社会内部的法律秩序(民法典)处理私人在市场交易中的冲突;市民的私利从国家利益中分出,因而容易受到国家的干涉,尤其在改革之初,国家经常通过宏观调控等方式对私营经济进行限制,这就需要建立起个体防范国家的法律机制。

相应地,自改革以来,国家显示出其双面性:国家是与社会二元对立意义上的国家,即国家作为“必要之恶”的存在,这是国家需要加以限制的自由主义视角;国家又具有公共性,宪法中“社会主义”的定位就是其体现,通过国家的公共性对自治社会的私利加以适度限制。国家的双重面向构成了法治国的双面性,即法治国的形式面向和实质面向。形式法治国的目的是建构一个独立且封闭的法律系统,实现法律系统在现代社会中的功能,即建立起稳定的规范化预期;实质法治国的目的则是从人的社会性角度对形式法治国的自由主义面向进行适度的纠正,为法律系统提供价值基础,从而在法律系统封闭的基础上,实现与其他社会子系统的结构性联系。

(二)法治国的宪法意义及其实现

就形式法治国而言,其作用,一方面在于建构、规范和防御国家权力;另一方面在于建立稳定的规范预期,因而形式意义上的法治国要求权力分立、完备的立法体系、法律的明确性与安定性、法院的独立性、行政的合法律性、法律保留以及针对公权力的法律救济和国家责任体系的构建等。[1] 最重要的是,形式法治国的确立是为了树立一种国家观念,即国家"立基于法并通过法而正当化"。[2] 这就要求摒弃超实证的宪法观念,回到实定的宪法本身,以宪法文本为基础建构国家权力及其运行规范。中国自改革以来,从制度到学术都朝向形式法治国的方向有极大地发展,如法院独立审判地位在宪法上的确认、[3] 行政诉讼的建立、立法体系的完善,但在法的明确性与安定性方面仍有欠缺。最高人民法院的司法解释和指导性案例制度,虽然在法的安定性和"同案同判"的道路上有所进步,但法院对行政法规、地方性法规、规章和规范性文件并无实质的审查权,只有微弱的"不予适用"权,而全国人大常委会的释宪权和违宪审查权也并未启动,这导致中国的规范审查存在"多元多轨"问题,而未完全进入法律轨道。法律系统的分出和封闭运行仍任重而道远,从国家组织法角度在制度层面构建法律系统的封闭性,也是未来宪法学急需解决的重要课题。

就实质法治国而言,其目的是通过宪法为整个法律系统提供价值基础,因而实质法治国主要通过宪法对立法的约束以及基本权利的规范化表现出来,[4] 进而在宪法文本之内凝练宪法的价值内核(基于宪法文本的宪法理论)。法治国中的形式与实质要素之间并不冲突,毋宁说,形式法治国是法治国的核心要义,实质法治国是建立在形式法治国的基础之上,在实现稳定化规范预期的功能基础上实现法律系统的开放性。实质法治国是对传统法律实证主义的修正,但并未脱离法律实证主义对实定法权威的尊重,是在实定宪法的框架秩序之中寻找"价值秩序"。

实质法治国观念面临的最大问题是,法的实体性价值来自何处。如果不谨慎处理,就会陷入"价值的僭政"。对此问题的回答,不能从一个

---

〔1〕 对此可参见 E. Schmidt-Aßmann, Der Rechtsstaat, in: *Isensee/Kirchhof* (Hrsg.): Handbuch des Staatsrechts, Bd. Ⅱ: Verfassungsstaat, 3. Aufl., C. H. Beck, Heidelberg 2004, Rn. 18。

〔2〕 G. Leibholz, Strukturprobleme der modernen Demokratie, Karlsruhe 1967, S. 168f.

〔3〕 关于法院审判独立原则的树立与发展,可参见韩大元:《论 1954 年宪法上的审判独立原则》,载《中国法学》2016 年第 5 期。

〔4〕 Aßmann, Der Rechtsstaat, a. a. O., Rn. 19.

客观的、外在于实定法的“价值位阶”入手,而只能从宪法的功能入手。实质法治国的功能有二:一是防御性;二是价值引入以及价值辐射。前者在于防止以宪法为根基的法律系统变成“内容空洞”的规范,[1]从而沦为政治权力的附属;后者在于将社会系统中的变化通过选择机制引入宪法。[2] 由于社会子系统各有其自身的建构性“符码”以及基于该符码的价值决定,为了维系社会子系统各自的独立存在和功能发挥,就需要在宪法层面抑制某一个社会子系统的扩张性,基于宪法的权力分立、总纲中的国策条款、基本权利等建立起一个价值平衡的结构,从而维系“社会系统的功能分化”。

实质法治国的两方面功能体现了一个主权国家在目的、任务和价值方面所存在的结构性,即寓于相对恒定性与变动性之间。对于前者,应尽可能结合文本规范、一个国家的历史经验以及现代性的基本价值形成一个抽象的内核,使其具有相对的恒定性,如德国“自由民主的基本秩序”、德国《基本法》第79条第3款所规定的不可修改的诸原则。对于后者,则应该保持一定幅度的变动性,使其具有与社会情势和观念变化相适应的能力,这就需要通过特定的机制将政治方面的公共政策、社会道德伦理观念的变化、经济决策等反映到法律系统当中。这一转换,一方面通过立法过程得以实现;另一方面通过宪法中的基本权利条款所构筑的“客观价值秩序”得以实现,从而在立法具体化与通过基本权利的合宪性审查(立法的政治民主过程与违宪审查)之间形成一个政治结构上的平衡。

(三)“八二宪法”的“实质价值基础”:公私二元的社会主义初级阶段

对我国“八二宪法”中法治国原则的诠释,不仅应结合文本进行形式方面的法治国建构,还需要对之进行实体价值的提炼。如果结合“八二宪法”的文本、历史与经验,则中国近代立宪主义经历了个体、社会与

---

〔1〕 对实证主义“内容空洞”的批判可参见 H. Heller, Die Krisis der Staatslehre, in: ders., Gesammelte Schriften, Bd. Ⅱ., 2. Aufl., Tübingen 1992, S. 15f.。

〔2〕 参见李忠夏:《宪法教义学反思:一个社会系统理论的视角》,载《法学研究》2015年第6期。

国家同质化向个体、社会与国家利益分化的国家观念转型,偏于群体建构的国家主义与理想社会主义的思维转向了公私并存的社会主义初级阶段。这一特征既区别于奉行保障个体自由即可实现社会秩序的自由主义和功利主义思维,又区别于以牺牲个体为代价、通过生产关系的社会主义公有制改造实现社会主义的理想。以公私二元为基础的规范结构也与社会系统功能分化的趋势相吻合,其目的在于,在宪法层面建立一个动态平衡的结构,防止任何一个在宪法层面具有建构或维系社会子系统功用的价值凌驾于其他价值之上,从而威胁社会系统的功能分化。

社会主义初级阶段的公私并存特征,集中体现于现行《宪法》第 6 条第 2 款,"国家在社会主义初级阶段,坚持公有制为主体、多种所有制经济共同发展的基本经济制度,坚持按劳分配为主体、多种分配方式并存的分配制度"。公私二元成为"八二宪法"的价值属性。社会主义原则(体现国家根本属性的"社会主义"原则和体现公私并存的"社会主义初级阶段"条款)、民主原则(体现权力正当性的人民民主专政和民主集中制原则)、法治国原则("依法治国"条款)以及以"人权"条款为基础的基本权利体系,共同构成了"八二宪法"价值内核,[1]形成了"八二宪法"公私二元的规范结构。

在"八二宪法"的规范结构中,体现"公"属性的规范主要包括:(1)政治权力结构中的"公",即国家权力的民主基础,体现为《宪法》第 1 条第 1 款的"人民民主专政"、第 2 条第 1 款的"中华人民共和国的一切权力属于人民"、第 3 条第 1 款的"民主集中制"原则。这反映了中国近代立宪以来在国家建构上的两个显著特征:民主与国家能力,一方面将国家的正当性建立在民主程序基础之上;另一方面又致力于国家权力的集中,实现国家的强大,以维系国家主权。在近代中国立宪之初和中华人民共和国成立初期,都试图通过对个体和全社会的塑造实现权力的

[1] 陈端洪教授曾总结中国宪法的"五大根本法",但这"五大根本法"更多强调政治决断一面,而忽略"八二宪法"在经历变迁之后所拥有的"人权保障"以及"公私二元"的价值层面,并且其归结"五大根本法"的目的在于为改革时期政治决定违反"五大根本法"之外的"宪法律"提供基础,参见陈端洪:《论宪法作为国家的根本法与高级法》,载《开放时代》2010 年第 3 期。

整合与集中,而"八二宪法"则发展出具有中国特色的政治权力组织和运行模式。(2)经济领域中的"公",即社会主义公有制,体现为《宪法》第6条第1款的"生产资料的社会主义公有制"、第7条的"国有经济"、第8条的"农村集体经济"、第9条的"自然资源国家所有"、第10条的"土地国家所有"、第12条的"社会主义公共财产"等条款。通过"社会主义公共财产"和"公有制","八二宪法"维系了其社会主义的特征,并承担起"共同富裕"、公共服务、公共给付等职能。(3)国家政策中的"公",即"八二宪法"总纲第19~26条中所规定的在发展教育、医疗、文化艺术、计划生育、精神文明建设、环境生态保护、社会保障制度等事业中的国家义务。这也是一种公共事业的体现,旨在发展社会和环境生态领域的"公共性"。(4)基本权利中的"公"。基本权利本为保护个体免受国家公权力侵犯而设,但中国的基本权利从一开始就具有浓厚的公共属性。一方面,中国宪法中的基本权利设立之初,不是为了保障个体先于国家的"真正基本权利",[1]而是基于人的社会性,维系个体在社会共同体中的立足、社会共同体中人与人之间的共存(使基本权利具有辐射性的社会属性),以及基本权利对于人民民主和国家建构的作用。如前文所述,基本权利的这一功能扎根于中国立国和立宪的历史之中,这使"八二宪法"中的基本权利延续了社会凝结和国家整合建构的功能,并体现于《宪法》第51条中,"中华人民共和国公民在行使自由和权利的时候,不得损害国家的、社会的、集体的利益和其他公民的合法的自由和权利"。另一方面,中国宪法中的基本权利在弱势群体权利保障和社会权方面均有规定,如宪法关于弱势群体的物质帮助权以及对妇女、儿童等特殊群体的基本权利保障,与《宪法》第14条第4款"国家建立健全同经济发展水平相适应的社会保障制度"联系在一起,构成了一个类似于德国"社会国原则"的社会保障制度和特殊群体的社会基本权之救济。基本权利中大量的"国家保护义务"(如第46条第2款国家在受教育权

---

[1] "真正的基本权利"由施米特提出,仅限于那些先于国家而存在的自然权利,参见 C. Schmitt, Verfassungslehre, a. a. O., S. 164ff.。

保障方面的义务、第42条第2款国家在创造劳动就业条件方面的义务、第43条第2款国家在发展休息和修养设施方面的义务)，为基本权利的行使创造各种主客观条件，以促进其实现。

“八二宪法”规范结构中的“私”体现为：(1)经济领域中的“私”，如《宪法》第11条规定的“个体经济、私营经济”、第13条规定的“私有财产权”，这些规定促进个体和社会利益的分出，并因此逐渐形成一个以追逐“私利”为核心的自治社会领域，促进了私法体系的形成与完善。(2)基本权利的“私”。中国宪法中的基本权利虽然具有社会凝结、整合国家的功能，但随着私益的分出，使得基本权利保障个体私益免受国家公权力侵犯的功能得以不断凸显，2004年“国家尊重和保障人权”条款写入《宪法》，以及“私有财产权”的《宪法》修改，是一个水到渠成的结果。“人权条款”入宪在某种程度上意味着“八二宪法”中基本权利的意义变迁，即从社会凝结和国家建构的意义转向宪法基本权利的“防御权”这一最基本的属性。当然，基本权利的防御权属性也并非为了保障个体的“先验权利”，而是为了保障个体能够在社会和国家的共同体中维系自身的存在，进而以此为基础融入社会共同体当中。

公私二元并非是相互割裂的存在，而是构成了今天中国宪法条款“一体两面”的双重属性。以基本权利为例，在公私二元的规范结构中，可以分离出今天中国宪法基本权利的三重面向，即个体保障的意义、社会凝结的意义、国家建构的意义。首先，通过基本权利防御权属性的确立，确立个体在国家中拥有一个自主决定的私领域(如《宪法》第13条的私有财产权)。其次，通过人与人之间共存的内部视角和社会主义原则的外部视角，对基本权利的私属性加以限制，如私有财产权的社会义务，[1]并通过基本权利之于私人之间的效力将基本权利的价值辐射至个体之间，在个体之间的社会关系上形成公共性，防止私主体自由的任意行使，造成对其他个体基本权利价值的贬损。最后，通过基本权利中

---

〔1〕 如财产权的社会义务，参见张翔：《财产权的社会义务》，载《中国社会科学》2012年第9期。

的“政治参与权”(言论、集会、选举权等),使政治权力结构中的民主参与成为可能,构成了社会公共领域形成和国家政治整合的程序保障。这三者之间构成了一个个体、社会与国家之间的动态平衡和制约,既能保证社会与国家中个体存在的独立意义,又能保证社会秩序和国家建构的形成。凭借基本权利的三重功能面向,一方面,可以通过基本权利防止政治系统对全社会的宰制以及其他社会子系统的内在扩张,维系社会系统的功能分化;另一方面,可以形成一个寓于个体与公共之间的基本权利结构,并通过基本权利保护范围、限制、客观价值秩序以及价值权衡的个案决定和解释变迁,而将社会的变化传递到法律系统中,使宪法变迁背景下的整个基本权利体系成为实质法治国的价值来源,并保持某种程度上的恒定性与可变性(对社会变迁的适应性),其中所体现的中国性,则构成“法治中国化”这一法治个别模式的基础。[1]

由此可见,在“社会主义初级阶段”基础上形成的“公私二元”的基本秩序(民主、法治、“社会主义”和“人权条款”),构成了“八二宪法”具有相对恒定性的价值核心。而围绕公私二元的价值核心所形成的规范结构,体系化地构成了“八二宪法”变动性的基础,使之可以根据社会情势的变化在公私之间进行价值选择——既可以通过宪法所确立的政治民主程序进行价值决定,又可以通过对“八二宪法”规范的宪法解释进行价值选择。从而在政治民主过程与合宪性审查之间形成一个动态的平衡机制,使社会环境的变化反映到法律系统中,并通过立法的具体化、宪法解释和合宪性解释等方式辐射至整个部门法体系中。

五、结语:功能分化社会的宪法学转型

通过上文分析可以发现,中国法治国范式的建构,就是摆脱百年立宪以来的误区。今天,法律系统分出的意义逐渐凸显,宪法勾连其他社会系统与法律系统的功能也逐渐凸显,国家的政治面向则需越发严格地受到宪法的限定。可以说,今天中国的立宪面临着双重任务:(1)保障人

---

[1] 林来梵:《法治的个别化模式》,载《环球法律评论》2014 年第 1 期。

民民主，在宪法的权力规范框架之内最大限度地实现民主的参与性，最大限度实现国家的政治能力；(2)规范并限定人民民主，通过宪法中的法治国面向对民主政治进行限定，防止代议民主的无序与多数决所带来的弊端。前者强调宪法在政治系统中的运作，后者强调其在法律系统中的运作，这构成了今天中国宪法实施的双重机制：民主政治过程与合宪性审查，二者之间的功能界分、最大限度的双重实现以及互相制衡，是今天中国宪法所面临的最大课题。

与中国的立宪主义转型相呼应，中国宪法学也在1978年以来的40年中逐渐转型，朝向强调“宪法法律化”的一面前进。首先，在研究方法上，实现了从阶级分析的方法向规范方法的学术演进，自20世纪90年代宪法学界开始倡导的宪法解释与“规范宪法学”便是这方面的典型努力。及至今日，宪法学领域的“方法论之争”，在某种程度上便是中国立宪以来问题意识的延续：政治宪法学更加侧重国家建构的一面，规范宪法学则更加侧重其法律属性的面向；政治宪法学仍延续改革的逻辑，而规范宪法学则尝试从改革范式演进到法治国范式之中；政治宪法学仍在实定宪法之外寻找“活的宪法”“不成文宪法”或者“中国模式”，而规范宪法学则将宪法学建立在宪法文本基础之上。其次，在具体问题领域也朝向“宪法法律化”的方向前进。自20世纪80年代开始，中国宪法学界便开始大规模地讨论“违宪审查”制度。2001年的“齐玉苓案”更是提供了一个契机，它所引发的“宪法司法化”之争体现了在机制上实现宪法法律化的努力。最后，在基本权利的研究中，逐渐转向基本权利的规范效力及其可实现性，逐渐确认了基本权利的“双重属性”，并明确国家公权力作为基本权利的义务主体。在基本权利辐射至私人领域的功能方面，也通过“客观价值秩序”和“第三人效力”的引介，结合中国宪法进行了深入的体系分析，并在此基础上开始探讨宪法与民法以及与其他部门法的关系。

今天，中国宪法学在经历了短暂的“方法论之争”后，基本开始朝向具体问题的探究，并越发深入与细致，一个以宪法解释为基础的宪法学共同体正在缓慢而艰难地形成，并开始逐渐从基本权利领域转向对国家组织法的研究。结合上文所述的立宪转型,或许仍需进一步探讨的是,宪法在功能分化社会中的实现(政治系统与法律系统的双重实现)以及宪法在维系社会系统功能分化、防止其他社会子系统内在扩张中的作用(具体到基本权利的社会功能研究)。这主要包括:(1)宪法在政治系统中的最大化实现,也就是在国家组织法层面(横向权力关系与央地关系的两个维度)对中国"人民民主"的运行和"民主集中制"的结构进行深入分析,探讨中国共产党—全国人民代表大会的"政党—代表"二元结构下中国政治权力组织和运作的模式。即如何促进民主参与,实现政治民主过程的良性运转,以及如何在规范框架下实现政治整合的能力和决断力。(2)宪法在法律系统中的实现。这需要从法律系统分出的角度,探索在现有国家权力结构的范围内,如何在制度上保障法律系统的封闭性,进而探讨最高人民法院的功能定位以及最高人民法院与全国人大常委会释宪权之间的权力平衡。(3)宪法作为沟通法律系统与其他社会子系统的"价值中转站"和"控制阀"功能的实现,即如何将社会系统的环境变化转换到法律系统中,需要结合宪法变迁、"八二宪法"的文本以及今天中国的社会现实进行进一步的细致探讨。(4)在基本权利领域,在引介国外理论的基础上,应尽可能地实现基本权利话语的中国化,结合基本权利作为沟通社会环境与法律系统"价值纽带"的功能,探讨基本权利在"八二宪法"中的功能和意义,进而形成基于中国宪法文本的"基本权利体系",以之作为具体基本权利研究的学术基础。

第七章　基本权利的社会功能

今天中国的基本权利研究，主要集中在法教义学层面。[1] 这种基本权利教义学理论主要通过移植的概念框架结合中国的宪法文本形成一个体系性的结构，如从德国引入基本权利作为“客观价值秩序”的功能，但这种引介却很少追问这一概念体系背后的社会基础，以及这一概念体系所承载的社会功能，从而很容易被指责为盲目移植西方各种不接地气的概念和理论而建构中国的法学体系。

基本权利并非不食人间烟火，而是受到政治决策、道德观念、经济发展、社会变迁等诸多因素的影响。因此，在基本权利案件中，基本权利经常与道德、价值、民意、政治和社会政策等外在因素纠缠在一起。第二次

---

〔1〕 代表性著作可参见张翔：《基本权利的体系思维》，载《清华法学》2012 年第 4 期；赵宏：《从基本权利限制条款看宪法规范的形式理性及其价值》，载《中研院法学期刊》2013 年第 12 期；杜强强：《基本权利的规范领域和保护程度——对我国宪法第 35 条和第 41 条的规范比较》，载《法学研究》2011 年第 1 期；白斌：《宪法价值视域中的涉户犯罪》，载《法学研究》2013 年第 6 期。

世界大战之后,人们能够普遍感受到基本权利影响的扩大,其价值辐射至全社会领域,这也意味着受外在因素影响的基本权利判决最终将其影响又扩展至全社会,如果从法律系统的视角加以观察,这分明是一个由外及内、再由内及外的发展历程。宪法中的基本权利不再仅仅局限于个体防止国家公权力的侵犯,而是开始具有塑造社会道德、整合社会价值观念的功能,实现了基本权利由对抗国家(作为防御权)向整合社会(通过客观价值规范和基本权利第三人效力)的功能转变。基本权利效力的扩展显然与国家对社会的调控有关,通过宪法中多元化的基本权利价值打破独断的经济理性,从而形成一种国家干预社会的效果,而这显然与社会结构的变迁息息相关。在一个"诸神冲突"的多元价值社会中,基本权利案件本身也会遇到价值决断的困境,价值多元化很容易带来价值虚无主义。基本权利面临一个可能注定无法解答的难题:基本权利中的价值权衡究竟来自何处?这恰恰是本书探讨基本权利社会功能的意义所在。要理解基本权利在今天社会中所承载的功能,首先需要对启蒙以来的社会结构变迁或者社会的演进进行简单的梳理。

一、走出自由主义的基本权利理论

在当代多元主义的背景下,国家只能从社会本身寻找其正当性。[1]拉伦茨认为,"对于任何一个法规范的理解而言,其不可或缺的背景是该规范起草时的社会现实,其连同法规范产生时的法之状况及法规范在其中发生作用的今日之社会现实均属于法规范本身"。[2] 同理,对于基本权利规范而言,需同时考察基本权利产生时的历史背景与今天基本权利运行的社会现实。传统上,基本权利的功能在于控制国家权力、保障个体自由,但随着社会本身的变迁,国家与社会二元分立的打破,基本权利的功能也随之发生相应变化。

---

〔1〕 N. Luhmann, Grundrechte als Institution, Duncker & Humblot, Berlin 1986, S. 27.

〔2〕 K. Larenz, Methodenlehre der Rechtswissenschaft, 6. Aufl., Springer-Verlag, Berlin 1991, S. 190.

(一)国家与社会分立背景下的基本权利功能

在卢曼看来,“从法律等级思维向国家与社会二分的转变这种历史情境中催生出了基本权利。这表达了从传统伦理义务思维向近代请求权思维的深刻转变……当下,只有自由才可以被视为法,而义务性的约束则只能被设想为权利的边界”。[1] 这清晰表明了近代立宪主义和基本权利存在的根基,即国家与社会的二元分立,基本权利产生的目的就在于“控制国家”。但国家与社会的二分并非是永恒的真理,而是历史的存在。国家与社会的二元对立一方面是理性自然法的影响;另一方面则与 19 世纪时资本主义经济发展和国家权力的强制性事实之间所存在的紧张关系息息相关。

一般认为,国家与社会二元分立产生的条件在于中世纪时的权力集中[2]与社会领域的兴起。近代立宪主义历史上,私域社会(bürgerliche Gesellschaft)从政治国家中分离出来具有决定意义。在汉娜·阿伦特看来,古希腊只存在私人领域与公共领域的区分。[3] 且阿伦特认为,在古希腊,家庭作为私人领域由于受制于需求等必然性反而充满了强力、暴力以及统治与服从,而城邦则是自由的。[4] 古希腊之后,直到近代早期的等级国家,整个世俗领域都按照原来的家政模式运行,几乎变成了一个大的家庭,中世纪分散的领主统治就是按照这种方式进行,封建领主将统治范围内的土地、财产、经济、劳力都视为自身家族的事务,甚至“国家”都真正以“家族”为基础进行统治了,至此就几乎“把所有人类活动都纳入私人领域,以家庭模式来塑造所有的人类关系”。[5] 资本主义经济的发展改变了这一局面,近代绝对主义国家出于权力的集中促进了资本主义经济的发展,却也由此瓦解了等级国家的生存基础。资本主义经

---

〔1〕 Luhmann, Grundrechte als Institution, a. a. O., S. 27.

〔2〕 中世纪晚期时,分散的领主权力逐渐结合成为统一的政治权力,具有统一政治决定权的“国家”随之出现,参见 H. Heller, Staatslehre, in: ders., Gesammelte Schriften, Bd. Ⅲ, A. W. Sijthoff, Leiden 1971, S. 222。

〔3〕 [美]汉娜·阿伦特:《人的境况》,王寅丽译,上海人民出版社 2009 年版,第 18 页。

〔4〕 同上书,第 17 页下。

〔5〕 同上书,第 21 页。

济的发展不断扩大商品交换的网络,使人们在生存的必需性方面日益依赖不断扩大的商业化,在家庭与国家之间就产生了新型的社会领域,个体需求的满足必须依附于商品社会的自由。资本主义商品经济的发展改变了社会的结构,商品交换建立在自由、平等的基础上,而中世纪以来的"分层社会"则在经济、政治、教育等方面都有赖于"等级"的划分与特权。在原来的等级社会秩序中,个体处于等级、行会、特权的包围中,自由、平等的商品交换也因此容易受到贵族特权的破坏与干涉,于是在社会的结构与政治的国家之间就出现了难以调和的紧张关系,而社会领域自发地形成了一个对抗等级国家的"公共领域",国家与社会分离的现实基础由此形成。在这个意义上,社会领域实现的是双重解放,即从国家与家庭的父权主义中解放出来。[1]

与现实发展相适应的是思想层面的转变。在理性自然法早期,虽然个体自由与权利被视为国家正当性的基础,但国家与社会仍然是不分的,国家无论在霍布斯、卢梭还是黑格尔笔下都是理想性的存在,其正当性来自于国家与市民之间签订的"契约",摆脱"自然状态"而出现的"社会状态"也并不意味着个人自由的放任和自然权利的不受约束,而是将个体自由与社会秩序或者说社会自由结合在理性的"自然法则"之下。但等级国家的现实与市民阶层的出现,促使人们将个体自由与社会领域联系在一起,并通过功利主义的理论建构将个体自由与社会的善协调在一起,认为个体对自由和私利的理性追逐即可达致社会的秩序形成,同时赋予了社会领域以理性的特质,自此,与国家相对的社会领域就与私人自治以及自由市场联系在一起,[2]并成为对抗现实国家强力的"公共领域",与此相伴随的则是为对抗宗教和世俗国家而提出的"天赋人权"。随着私域社会从国家和政治社会中分离出来,国家与社会二元对

---

[1] See M. Riedel, Der Begriff der „bürgerlichen Gesellschaft" und das Problem seines geschichtlichen Ursprungs, in: E.-W. Böckenförde (Hrsg.), Staat und Gesellschaft, Darmstadt: Wissenschaftliche Buchgesellschaft, 1976, S. 82.

[2] [德]哈贝马斯:《公共领域的结构转型》,曹卫东等译,学林出版社1999年版,第84页下。

立的态势就此形成，并形成了自由主义观念向理性自然法的告别，在启蒙时期仍受国家伦理和自然法则束缚的自由，则在私域社会中成为绝对的法则，自由主义观念得以真正形成。

在这个背景下，早期立宪主义与自由主义的政治哲学就紧密联系在一起，而此时的基本权利从宪法角度在于防范国家、维护个体自由，其社会功能则在于维系社会自治及以私域社会为基础的自由伦理，私域社会中的自由所突出表现出来的是经济领域的自由意志和道德—伦理领域的国家中立性，而政治自由反而在早期的基本权利保护中并未受到突出重视，言论自由、新闻自由在早期均因国家安全等原因受到严格限制。作为一个整体的私域社会彼时与早期资本主义的意识形态联系在一起，并构成了早期立宪主义时期基本权利保护的价值基础和政治动机。在国家权力和私域社会二元对立的阶段，由于私域社会的理念涉及整个社会发展，基本权利的保护和法的理念也通常依赖于启蒙时期的进步观念和自由主义的意识形态，[1] 此时的基本权利与法律系统一样，都在私域社会伦理的笼罩之下。吊诡的是，基本权利本在于防范国家权力，但却成为国家为推行私域社会意识形态的工具，基本权利的实质价值基础是自由主义的，而国家在基本权利保护方面也并非宣称的那样是中立的，私域社会和以此为价值基础的基本权利所宣称的防范国家，防范的只是国家对自由市场的干预，而这种防范与摆脱了等级制、进入早期资本主义的国家的利益诉求是一致的。

（二）自由主义神话的打破：传统基本权利理论的困境

随着自由经济的展开，私域自治的神话开始被打破，这源于私域社会本身在理想与现实之间存在的巨大差距。当功利主义和自由主义不断颂扬自由意志和自由选择时，人们已经开始反思在商品社会和现代社会的网络中，人们究竟在多大程度上拥有自由意志和自由选择的能力？比如，人们在签订契约时，底层的劳工有多大的能力可以拒绝一份低廉

---

〔1〕 N. Luhmann, Das Recht der Gesellschaft, 1. Aufl., Suhrkamp Verlag, Frankfurt am Main 1995, S. 28f.

的甚至充满歧视的合约?私域社会作为一种整体上的理想性概念,显然无法涵盖整个社会的多层次性。正如布伦奇利(Bluntschli)所言,“在社会和政治意义上存在的有关社会的概念可以在第三等级的社会风尚、道德与观念中找到其自然基础。本质上,这并非是人民的概念,而仅仅是第三等级的概念,尽管人们在诸多文献中已经习惯了将国家本身与市民社会等同起来”。〔1〕 因此,私域社会的观念是从特定历史条件以及特定阶层的角度出发而推导出的普遍性的观念,也就不可避免会遭遇历史性的困境。对于市民社会的理想性观念在现实面前遭遇的巨大挑战,黑勒为之做了总结:“通过自由市场所实现的各种自治力量的自由竞争以及达到和谐的利益平衡的观念……将市民社会包装的花枝招展。因为现实中的市民社会并不承认什么自由的交易市场,什么自由竞争,也不知道什么自由的自我担责以及自我规定,最重要的是它也不知道所谓的通过自由与平等的竞争就能实现社会整体在毫无压迫中自发形成。现实的市民社会是阶级社会……资本主义的阶级社会不是意味着,‘虚弱’的国家克制自身而不干预到经济生活。同样,这种观念也属于虚伪意识形态武器库中的一部分。同样都是这些国家,它们在帝国主义的年代迸发出前所未有的力量。绝没有什么不予干涉,而是存在着国家权力的私人运用,并且在经济领域中进行强力干预才是市民社会秩序真正的代名词。”〔2〕因此,所谓的国家不干涉、契约自由、自由竞争、财产权神圣不可侵犯,只是意味着通过私域社会的私人自治默认占据优势的强者对弱者的盘剥。

从国家与社会二元分立的历史前提可看出,国家与社会的分立是特定时代缺乏政治民主化的结果,也就是哈贝马斯所说的“没有民主的法治国发展的结果”,〔3〕在伯肯弗尔德看来,“个人和社会并没有得到政治

〔1〕 H. Heller, Staatslehre, in: ders., Gesammelte Schriften, Bd. Ⅲ, A. W. Sijthoff, Leiden 1971, S. 206.

〔2〕 Heller, ebd., S. 208f.

〔3〕 [德]哈贝马斯:《公共领域的结构转型》,曹卫东等译,学林出版社1999年版,1990年版序言第10页。

自由……也不可能在机制上对国家的决策权发挥积极影响。从某种程度上来说，作为统治组织的国家是以自身为基础的，也就是说，在社会学意义上，国家的支柱是国王、官吏和军队，有时也可加上贵族，在组织和机制上，国家与资产阶级所代表的社会相‘分离’”。[1] 随着政治民主化程度的提升，国家不再与社会呈现隔绝的态势，而日益融入社会中，并且从社会当中获得了正当性。加上自由主义经济负面效应（如美国在20世纪30年代所出现的大萧条）的展现，自由主义观念，尤其是经济领域的自由市场理念越来越受到怀疑和挑战。在这个背景下，国家适度干预经济领域就成为必然选择，哈贝马斯所言的国家与社会的融合，即“国家的社会化”与“社会的国家化”，正是为解决资本主义经济危机所出现的。在卢曼看来，国家与社会二元分立态势的打破就表现为“这两个领域之间所存在的相互依赖明显得以增长”。[2] 然而正如哈贝马斯所分析的，国家与社会的相互融合反而导致了社会公共领域的破坏，如大众传媒的商业化、政党政治的操控、选民对于公共讨论的冷漠，这些都导致公共领域丧失了公共性，而变成有组织的私人利益进行角逐的场所，公共领域成为“受操控的政治领域”。[3] 哈贝马斯所描述的问题是政治民主化所固有的问题：一方面，民主为政治决定提供正当性，改善政治决定的程序以及政治意志形成的过程，消解了社会的权力集中，从而将政治决定交给国家承担；另一方面，民主化又容易使所有社会自由置于集体决定权之下，在某种意义上使个体自由屈从于由民主所正当化的国家权力以及社会权力。民主化所带来的国家与社会的融合反而破坏了市民社会和公共领域的精神。正如施米特所批评的，魏玛时期德国议会主义

---

〔1〕 E.-W. Böckenförde, Die Bedeutung der Unterscheidung von Staat und Gesellschaft im demokratischen Sozialstaat der Gegenwart, in: ders., Recht, Staat, Freiheit, Suhrkamp Verlag, Frankfurt am Main 2006, S. 190f.

〔2〕 Luhmann, Grundrechte als Institution, a. a. O., S. 29.

〔3〕 [德]哈贝马斯：《公共领域的结构转型》，曹卫东等译，学林出版社1999年版，第218页下、第249页。

的问题在于已经丢掉了其精神基础,也就是“讨论”与“公共性”。[1]

在政治民主化得以加强以及国家与社会相互融合的社会情势中,一方面,国家对社会的干预,尤其是在经济领域的干预不可避免;另一方面,通过政治民主化而获得正当性的国家虽然不同于立宪主义初期仍处于等级制下的国家,但国家与社会之间仍然存在微妙的紧张关系,防止国家权力对社会的过度干预始终在宪法和基本权利的功能范畴。在这种情况下,国家与社会的关系不再如私域社会时期一样是单纯的二元分立关系,在私域社会理念影响下,经济、道德、法律等都与其绑定在一起,功利主义的观念也应运而生,但随着私域自治神话的打破,社会不同领域出现了分化的趋势,经济领域中的国家干预表现得越来越明显,并随着经济形势的变化而在程度上有所不同。另外,道德、宗教等领域的自由主义趋势则有所加强,国家在这些问题上越来越坚持中立性,自由主义理念本身在不同领域出现了分化。

由此产生的结果是,传统以自由主义和功利主义为根基的基本权利理论越来越难以适应社会情势的变迁。如果仍将基本权利的功能定位于自由主义式的解读,将其视为保障自由、控制国家权力的防御权,则不免失之狭隘,因为在现代社会中,遇到的最大难题不在于是否应该保障自由的问题,而是应在多大程度上保障自由的问题。一种整合性的、涵盖全社会领域的自由主义观念几乎是难以实现的,因为在不同的社会领域,对自由的保障和限制程度是不同的。甚至在同一社会领域,不同时期对自由的保障和限制也是不同的。基本权利的实现越来越依赖于时代的变迁、观念的变化和国家政治目标的预设,在这种情况下就需要重新审视国家与社会融合带来的变化以及在此背景下基本权利功能的变迁。

(三)从“自由”到“价值”:社会演进背景下基本权利的重新定位

尽管国家与社会的融合在不同的社会领域表现出不同的程度,有的

---

〔1〕 C. Schmitt, Die geistesgeschichtliche Lage des heutigen Parlamentarismus, 7. Aufl., Duncker & Humblot Berlin 1991, S. 8ff.

领域需要国家干预的程度高，而有的领域则需要国家的退出，但其共同点则是国家与社会的关系不再是简单的二元对立，立宪主义初期所主张的中立和消极国家在今天已不再适应新的社会条件。一方面，个体自由与权利的实现离不开国家的积极作为，甚至社会的方方面面均离不开国家的参与；而另一方面，传统上的国家公权力行为在今天也更多以柔性的方式进行，扩大了社会的参与度，行政法中的“公私协力”即为典型一例。正如黑塞所言：“在今天的民主与社会国家中，如果没有国家提供全面规划和事先预防的安排，则社会生活是无法想象的，从另一方面而言，国家又是在社会的共同协力中得以塑成，并且表现为各种交互依赖和交互影响，所有这些都有赖于具体且分化的、能够确保防范两种极端之危险的制度安排，这种制度安排是宪法与法律的分内之事。”〔1〕

在这种情势下，我们有必要审视国家与社会融合所带来的社会问题。国家与社会的融合模糊了社会之内的功能界分，国家对社会的过度介入会带来政治权力过度扩张的风险，正如伯肯弗尔德所言，如果“国家与社会通过民主‘相互交融’，国家成为纯粹的‘社会自我组织’，那么原则上来说，政治上的意志形成就既非‘国家的’、亦非‘社会’的进程，而是彻底的‘公共’进程，借此国家可作出任意的规制，而社会亦可提出任意的影响以及自治请求”。〔2〕 一定程度的“国家社会化”和“社会国家化”是不可避免的，但绝不可能实现国家的彻底社会化或者社会的全盘国家化，社会与国家的界限必须得以维系，原则上，“国家不得超出对社会自由加以必要规制而进行框架秩序之保障的范围对社会施加影响”。〔3〕 因此，在国家与社会的关系上，就需要看到二者既非完全同质又非截然分立，而是处于既相互区分又相互依赖和渗透的现实。从国家

〔1〕 K. Hesse, Bemerkungen zur heutigen Problematik und Tragweite der Unterscheidung von Staat und Gesellschaft, in: ders., Ausgewählte Schriften, C. F. Müller Juristischer Verlag, Heidelberg 1984, S. 50.

〔2〕 Böckenförde, Die Bedeutung der Unterscheidung von Staat und Gesellschaft im demokratischen Sozialstaat der Gegenwart, a. a. O., S. 228.

〔3〕 Böckenförde, Die Bedeutung der Unterscheidung von Staat und Gesellschaft im demokratischen Sozialstaat der Gegenwart, a. a. O., S. 228.

与社会的对立到国家与社会融合的过程,充分体现了工业社会和社会民主发展过程中社会复杂性的提升,以及社会、法律、道德、政治、经济等领域的环环相扣,每一个领域的结构变化都能引起其他领域的变迁,但没有一个领域可以通过自身系统的标准与价值而适用于所有其他领域。如果在私域社会的观念下,进步的观念、自由的理念可以辐射至全社会领域(经济、文化、道德等各个社会领域),那么在进步观念的神话被打破、私域社会的理念受到现实的冲击之后,整个社会就陷入一种多元化的境地,而无法经由一种超然的观念加以统和。

时至今日,我们能够感受到的一种变化是,早期少受干预的经济领域在今天的情势下越来越离不开国家的干预,而早期受较多干预的其他自由领域,如道德、伦理、言论自由等领域,国家的干预则越来越少,可以说自由主义内部出现了分裂(如美国出现了保守主义与新政自由主义、自由右派与自由左派之间的分裂)。这也恰恰说明了具有强烈意识形态性的市民社会理念的退场,而多元主义的价值在全社会范围内开始慢慢形成。导致的结果便是经济领域的自由因福利社会之故而受到限缩,道德、伦理、政治领域的自由则摆脱特定价值偏好的束缚,变得益发中立,经济上的自由主义开始趋于保守,而道德上的自由主义则变得激进,从而形成了经济上保守、道德上开放的社会趋势,[1]当然这种道德领域的自由主义也不可避免地产生了道德虚无的后果,并成为今日自由主义政治哲学受到批判的关键点。如此一来,基本权利案件也开始表现出其复杂性,因为在市民社会的理想类型之后,不再有一种理念可以在基本权利案件中占据支配性的统治地位,或者可以说从来也不曾有一种政治哲学观在基本权利的判决中占据过统治地位。随着价值的多元化,基本权利判决越来越成为社会价值的风向标,社会中诸多的道德、伦理、价值、政治等各方面的疑难案件都期望在宪法中的基本权利案件中找到一个

[1] 就此而言,德国与美国之间存在一些不同,德国围绕"人性尊严"和"自由民主基本秩序"构筑了基本法的价值基础,因此,在一些具体的基本权利判决中(如言论自由)就表现出很明显的价值倾向,而美国类似的判决则表现出更强的自由性,但这些细微的差别并不能掩盖整体上的经济保守、道德开放的趋势。

答案,基本权利案件反而成为国家干预社会、国家对社会施加某种政治影响、公共政策、经济决策的主要阵地。甚至也可以说基本权利判决也成为社会表达自身声音的前沿阵地,基本权利的功能也从单纯地保障自由向整合社会价值转变,“自由”作为基本权利的关键词也逐渐被一个似是而非的概念——“价值”所取代。如果说早期的基本权利是个体防范国家从而保障自由的工具,今天的基本权利则在于调节多元冲突社会中人与人之间的价值冲突(即使一些基本权利案件以对立法等国家公权力的形式出现,但实质上仍然涉及不同个体之间的价值冲突,如新闻自由与隐私权的冲突、基本权利第三人效力)。价值是因人、因时、因地而变的,因此人们也逐渐放弃寻找一种支配性的基本权利理论,而转向个案的价值权衡,但基本权利中的“价值”仍然很难从宪法文本中推演出来,人们需要反思:在今天,基本权利中的价值判决究竟是来自于何处?如何受到外界的影响?基本权利在今天所承载的社会功能主要是什么?

国家与社会的融合并不能更精确地反映现代社会的特征,因为“融合”一词并不能告诉我们国家在多大程度上需要干预到社会?在多大程度上需要退出?在何种领域需要加强干预?在何种领域需要弱化干预?“融合”一词也不能精确描述出现代社会如道德、政治、文化、经济、宗教等各领域之间处于何种关系,相互之间如何进行沟通和影响。因此,我们就需要从“国家与社会的融合”这一描述中更进一步。在现代社会的复杂行为关联中,如果不能通过特定的社会机制限缩复杂性,那么就会陷入无限的因果循环的网络,并且每个领域都可能因为其他领域标准的介入而丧失自身领域的独立性。比如,如果每个领域都以政治的标准运行,包括法律领域和文学领域,那么法律就会成为权力的工具,而丧失其“稳定化预期”的功能,文学也会从审美领域脱离出来,变成权力博弈的檄文。正是在这种背景下,卢曼提出了“社会的功能分化”,也就是“社会的演化”导致了“功能系统的分出”,[1]主要原因在于现代社会的“复杂性”以及“去中心化”。正是在此背景下,法律系统从社会系统中分化出来,并承担特殊的功能,即“稳定化预期”的功能。如同法律系统的分出一样,其他社会子系统也从社会中分出并承担特定的功能,但这些功能系统的分出并不意味着子系统之间“老死不相往来”,就如同之前的规范实证主义一样,完全割断了法学与社会学之间的联系。社会子系统之间,一方面要保持系统在运作上的封闭性,以确保特定功能的实现;但另一方面社会的分化反而进一步加强了子系统之间的相互依赖,并且保证子系统之间的相互依赖不会“陷入不可预知的、分散的依赖性之中”。[2] 比如,竞选活动必须在法律框架下进行,但如何具体展开竞选、资金如何筹集、应该如何进行媒体公关、如何吸引选民的兴趣、如何进行游说等都依赖于政治系统本身的运作。就这个意义而言,功能系统的分化是为了在无限复杂的关联中进行“有选择性”的相互依赖,法律系统是根据自身运作上的封闭性、系统内的程序规定从而对环境中的影响因素加以选择并作出决定,[3]因此系统的开放性是建立在运作封闭性的基础上的。对基本权利社会功能的理解以及基本权利案件中价值判断的作出就需要在这个背景下加以重新理解。

二、维系“社会功能分化”的基本权利

如果说国家与社会之间的二元对立体现了一种分层等级社会的特征,那么国家与社会之间既区别又联系的关系就充分体现了当代功能分

---

〔1〕 哈贝马斯对卢曼将法律与政治、道德等领域加以切割的做法进行了批评,认为“在社会科学漫长觉醒路程的最后,系统理论扫除了理性法规范主义的最后一丝痕迹”,参见 J. Habermas, Faktizität und Geltung. Beiträge zur Diskurstheorie des Rechts und des demokratischen Rechtsstaats, 2. Aufl. 1992, S. 72。

〔2〕 N. Luhmann, Ausdifferenzierung des Rechtssystems, in: ders., Ausdifferenzierung des Rechts: Beiträge zur Rechtssoziologie und Rechtstheorie, Frankfurt am Main, Suhrkamp Verlag 1999, S. 41.

〔3〕 N. Luhmann, Rechtssoziologie, 4. Aufl. 2008, Wiesbaden: VS Verlag für Sozialwissenschaften, SS. 207ff., 209.

化社会的特征。在这个背景下,作为对抗国家的整体性的社会道德分裂为社会内部多元的价值观念。在传统社会中,仍以等级制形式出现的国家是落后的代名词,而以经济自由和私人自治为基础的社会则标志着进步,宪法的功能尤其是基本权利的功能主要在于防止国家对社会的干涉。然而在现代社会,随着政治的民主化,国家已经脱掉落后的标签,成为社会的"自我管理者",其正当性得到承认,所谓国家对社会的干预更多可视为对经济自由的干预,其背后则体现了社会内部分裂的价值观,并体现至基本权利案件中。我们耳熟能详的"基本权利第三人效力",正是国家通过宪法中的基本权利价值对私法产生辐射效力,防止契约自由等经济自由权的滥用。因此,社会不再等同于经济自由和私人自治,而是融合多元冲突的价值观念在内,这与卢曼所言的"社会的功能分化"是相吻合的。基本权利在今天社会中的意义就在于"维系社会系统的功能分化"。

（一）"功能分化社会"中的宪法:政治系统与法律系统的界分

对基本权利社会功能的探究需要在"功能分化社会中的宪法"这个大背景下加以理解。基本权利作为宪法的一部分,同样分享宪法在现代社会的意义。这里就涉及政治系统与法律系统的关系问题,其背后的关键在于如何观察"政治民主化"与"法律实证化"的不同功能。要谨防的是二者的混淆,通过"政治民主化"而产生的政治权力挤压甚至取代实证化法律系统的功能,同样,也要谨防无所不包的法律实证化完全抹杀政治活动的空间。

近代以来,主权与人权成为建构近代国家的两条主线,自霍布斯以来,政治哲学的许多尝试都试图在这二者之间实现协调。但近代国家学与国家法学却出现越来越明显的分野,国家学主要围绕主权构建国家秩序,更关注国家的生存、同质性、人民意志的整合以及国家与社会的同源;而国家法学则以保障个体自由与权利为核心要务,总是努力将国家纳入法秩序中,以国家与社会的二元分立建构宪法理论。这种分野体现出了近代宪法中的双重要素——法治国原则与民主原则,前者体现了宪法的法律属性,而后者则体现了宪法的政治属性。正如施米特所认为的,“事实上,法治国尽管具有法律性以及规范性,但始终是一个国家,并且在特殊的市民—法治国的构成要素之外始终包含一种其他的、特别的政治成分……没有任何一部宪法完完全全是个体对抗国家的法规范系统。政治不能从国家——人民的政治统一体——中分离出来,所谓国家法的去政治化不过是国家法的去国家化”。[1] 因此,施米特区分了近代宪法的两种构成要素,一种是“法治国的要素”,另一种则是“政治的要素”,[2]前者包含着市民法治国的自由要求,而后者则在近代以来体现了国家塑成方面的民主要求。

宪法中的双重要素就逻辑而言是一体的,因为法治国中之“法治”在近代以来恰恰是民主运行的结果,但如果从宪法发生史的角度观察,则发现,法治国原则在德国的确立要早于政治民主化的实现,从中即可透视出法治国与民主原则之间所承载的功能不同。可以说,法治国原则的确立即在于防止政治的侵袭,无论是立宪主义早期的威权政治,还是民主制确立之后的代议制民主政治。从逻辑上来说,如果议会民主运行良好,则实证法基本上能有效保障市民权益,但如果议会民主腐化堕落,实证法就会成为助纣为虐的工具,其导致的极端后果便是,议会制定的法律可以为所欲为,“除了不能把男人变为女人”之外。在议会民主中,很容易使法律沦为民主政治的附庸,丧失制约民主政治之无序发展的功能。为防止这一点,就需要通过作为“高级法”的宪法实现法律系统对民主政治的制约,违宪审查本身不仅仅是宪法对立法的审查,其背后隐含的是对议会民主政治弊端的纠正。与此同时,也要警惕过度法律实证化所带来的风险,传统僵化的法学教义试图将一切政治活动都法律化,但静态的法律规则却无法应对政治情势的迅速变化,导致政治决定的难产和效率低下,甚至寄望于杜绝一切风险的法律化或者“司法化”反而

〔1〕 C. Schmitt, Verfassungslehre, 9. Aufl., Berlin: Duncker & Humblot, 2003, S. 125.

〔2〕 Schmitt, ebd., S. 125f.

带来了新的风险。[1]

在当代功能分化的社会中,政治系统与法律系统各有难以解决的困境,或者用卢曼的话来说,每个社会子系统中不可避免都会出现“悖论”与“套套逻辑”(Tautologie),这些悖论在各自系统中是无力解决的,因为系统的自我观察总是存在观察不到的盲点。[2] 比如,法律系统难以解决“法”的终极根据,而政治系统则难以解决权力的任意与滥用。在这种情况下,就需要重新审视政治系统与法律系统的功能,正视二者的功能局限,并防止二者出现同化的趋势。因此,就需要特定的社会机制,将政治系统与法律系统区分开并形成特定的联系以相互解决其自身所存在的内在困境或者悖论,而“宪法”即具有此项功能,由此凸显出宪法作为结构耦合形式的意义所在。

(二)基本权利的社会功能:维系社会系统的功能分化

作为宪法组成部分的基本权利,其功能同样在于维系社会系统的功能分化,不仅是政治系统与法律系统之间的分化,还包括以财产权为基础的经济系统、以宗教自由为基础的宗教系统等社会系统的分化等,但由于基本权利始终需要在法律系统中运行并通过基本权利案件体现出来,而社会系统功能分化的威胁主要来自于政治系统,因此基本权利仍然是在政治系统与法律系统的分化与耦合中起到维系社会功能分化的作用,也就是透过法律系统中的基本权利决定维系社会系统的功能分化。

在卢曼看来,基本权利最重要的功能是防止功能分化的社会所出现的“去界分化”的危险。一旦出现社会的“去界分化”,则系统的分离与依赖都不复存在,社会将建立在一个单一的标准之上,并出现更多的屈从与暴力。在卢曼看来,去界分化的危险主要来自政治系统,“去界分化

---

〔1〕 比如,德国行政法向“调控行政法”(Steuerungstheorie)的转变就体现了对传统法治国原则的一种修正,可参见 A. Voßkuhle, Neue Verwaltungsrechtswissenschaft, in: W. Hoffmann-Riem, E. Schmidt-Aßmann, A. Voßkuhle (Hrsg.), Grundlagen des Verwaltungsrechts, Bd. Ⅰ, 2. Aufl., München: Verlag C. H. Beck, 2012, SS. 1ff., 21ff.

〔2〕 Luhmann, Das Recht der Gesellschaft, a. a. O., S. 477.

的危险——整个沟通制度政治化的危险——恰恰就存在于社会的解放以及政治系统的自治设定中,其本身就是分化进程的一个特征”。[1] 从整体社会中分化出来的政治秩序会出现不稳定的趋势,主要表现为:政治决定的不确定性、权力过于集中、权力的泛化与滥用、政治支持的不断波动,等等。因此,社会分化的维持就需要修正性的和阻止性的制度,从而避免该危险,权力分立是最为著名的,而基本权利则是另外一项。因此,基本权利所具有的限制国家权力的功能,不仅在于对个体自由的维护,而且同样可以防止现代社会由于法的实证化——因为法律是由国家制定,而使其丢失正当化以及限制国家权力的功能。[2]

通过对“社会分化”的维护,基本权利对特定系统的沟通媒介的一般化加以制度化。每个社会子系统都存在特定的沟通媒介和符码,如经济系统是货币、政治系统是权力、法律系统是合法/非法,正所谓“此亦一是非,彼亦一是非”,要使每一种沟通媒介在该系统内有效,则需要系统内的沟通具有一般性。比如,对于政治系统而言,其沟通一般化的原则为“正当政治权力的形成”,[3] 这就意味着政治系统中政治权力的获取要受到一般性的承认。在政治系统中,沟通一般化得以制度化意味着:“创设正当的政治权力,该政治权力通过有约束力的决定得以表达,该决定不仅仅由于具有威胁性的强制力、而首先是因为其约束性,也就是因为一种沟通性的符号而被接受”,[4] 因此国家统治的正当性意味着:“‘有约束力的决定’这种沟通符号拥有一种固定的、备受承认的市场价值”。[5] 要实现政治系统中沟通的一般化,也就是正当权力的形成和有约束力的决定,需要通过作为基本权利的选举权加以实现。在经济系统中,通过财产权的规定保证每一个个体都拥有参与到经济系统之沟通的机会,即其功能在于保障“经济系统中个体特殊的沟通角色”,在于个体

---

〔1〕 Luhmann, Grundrechte als Institution, a. a. O., S. 24.

〔2〕 Luhmann, ebd., S. 41.

〔3〕 Luhmann, ebd., S. 138.

〔4〕 Luhmann, ebd., S. 143.

〔5〕 Luhmann, ebd., S. 144.

可以“根据特定的、可预见的规则支配金钱或者与金钱相当的有形资产”,而不是仅仅在于满足财产所有者的个体需求。[1] 因此,基本权利作为“维护分化的沟通秩序”的制度,其主要目的在于维持“沟通的一般性”,也就是说社会的分化是以“沟通的一般性”为前提的。所谓沟通的一般化是指“沟通必须能够传达一层意义,当该意义尽管情势的变换而始终能在不同的情境中固守为一的时候,该意义就是一般性的”。[2] 只有当社会子系统中的沟通符号能够受到普遍承认,也就是具有一般性时,该系统才能实现真正的分化,而社会分化才能得以实现。

在卢曼看来,要实现社会秩序的分化,至少在四个社会领域中要保障沟通一般化的机制,这四个领域分别是,人格的自我展现、可靠的行为预期的形成、经济上的需求满足、有约束力决定的作出,其分别对应的基本权利为尊严和自由、沟通自由(言论自由、结社自由、机会自由等)、财产权、选举权与平等原则。[3] 但总体来看,基本权利的规定涉及更多社会领域,并可以在更多领域保障“沟通的一般化”,如宗教自由、婚姻自由。以财产权为例,可以更清晰地看到财产权之于维系社会功能分化的意义。自由主义和今天仍占据主流的观点是,财产应该被视为个体的自由或者人性尊严的前提,财产权是从人之为人的权利中推演出来并因此作为并不包含公共或者政治意义的私有财产而存在。在卢曼看来,人格利益与经济上的支配权结合在一起对尚未成规模的早期资本主义经济的发展起到了不可估量的作用,[4] 这对于早期的市民阶层与等级贵族的斗争具有相当重要的意义,但如果今天仍然将之视为财产权的存在理由,则显得过于陈旧。因为随着社会的不断发展、成熟,在已经实现了早期市民法治国所追求的自由、平等之后,这一自由主义的论断中不可回避的一个问题是对于自由和尊严的生活而言到底多少财产才是必需的?同时不能忽略的是,为什么自由或者尊严应该以非常不平等的方式分配

---

〔1〕 Luhmann, Grundrechte als Institution, a. a. O., S. 123.

〔2〕 Luhmann, ebd., S. 31.

〔3〕 Luhmann, ebd., S. 57.

〔4〕 Luhmann, ebd., S. 122.

于芸芸众生之间?[1] 这种以“私有财产”保护为旨向的自由主义理论因此可能遭遇到一种实质平等式的、最终以否定私有财产为方向的意识形态问题,事实上,只有形式意义上的平等思维才能保证宪法上的财产概念具有可操作性。[2] 因此,在卢曼看来,在今天多元分化的社会中,财产权的证立无法从更高级的理性自然法中实现,其本质意义不在于保护个体的人格属性,或者财产所有者的个体人格需求也不在于满足其特殊的物质需求,它保障的是“[个体]在经济沟通系统中的参与角色,因为如果没有此种保障,[经济的]沟通系统就无法得以一般化”。[3] 通过沟通角色的确保,个体能够根据特定、可预期的规则支配货币以及与货币价值相当的有形资产,货币制度是以与之相符的“角色分配”为前提的。

因此,在卢曼看来,财产权的意义在于“维系经济系统的分化”,虽然财产权并不能直接对经济系统的分出产生影响,因为在卢曼看来,货币的出现是经济系统分出与独立的关键要素,但通过财产权等基本权利,货币制度以间接的方式得以保障,个体对货币与具货币价值的财物的支配权以及由此产生的货币系统的信任基础得以保障以防止国家的侵入,虽然财产权并未直接建构起经济系统赖以独立生存的货币制度,但却对货币制度的维系起到保障作用,从而有助于维持经济系统的界分,防止因政治系统的干预而导致的“去界分化”。货币这种沟通符号对于需求的满足而言并无直接的价值,它对于沟通机会而言是一般化的符号,货币制度化的前提是基于一种确定性的信赖。即这种沟通的机会可以被兑现,任何人对货币的选择自由都可以成为现实。如果想要维系货币的功效,就必须保障此种信赖不受侵害,通常这种外在的侵害不是遵循经济系统的规则(按照市场的规则),而是遵循权力的规则,也就是说对货币制度的侵害主要来自政治系统。因此,德国《基本法》第 14 条规定的财产权所保障的并非是维护财产所有人对物或者权利的支配权,

---

[1] Luhmann, Grundrechte als Institution, a. a. O., S. 122.

[2] Luhmann, ebd., S. 121.

[3] Luhmann, ebd., S. 120.

或者保障资产的恒定价值，而是按照相应的市场条件保障在货币中符号化的沟通机会，宪法赋予的并非是价值保护，而是功能性的保护。只有通过这种功能性的保护，个体在经济系统中的沟通角色才能得到维系，货币符号的一般化也才能得以维系，而经济系统的自治才能得以确保，从而免受政治系统的侵蚀。

（三）系统与环境：基本权利冲突问题的展现

这里的问题在于：基本权利不仅仅为不同的社会领域提供“沟通一般化”的制度保障，由于基本权利毕竟是一个体系，融合了社会中的多重功能，而社会中不同功能的实现又经常处于冲突中，如经济系统功能的实现就有可能与道德系统、政治系统的功能相冲突，社会在不同的历史阶段和不同的现实条件下也经常需要在不同功能之间进行权衡与侧重，有时侧重经济建设，有时则侧重道德伦理，有时又会侧重政治稳定，因此社会系统的功能必须在基本权利政体的制度框架下展开，如经济系统就不能仅在财产权的框架下运行，必须同时考虑到其他基本权利保障的社会功能的实现。社会功能系统的分化不可避免地产生了不同社会子系统之间的相互影响问题，这里就涉及系统与环境（其他社会子系统）之间的关系，也就是说社会子系统如何实现既封闭运行，又能选择性地接受来自系统化之环境的影响。

系统与环境的关系体现在最为棘手的基本权利冲突和价值权衡的案件中。在这些案件中，相应的基本权利均受到“结构耦合”中其他系统因素的限制，为解决自由主义经济危机所带来的问题而对契约自由和财产权进行的限制以及宗教自由所遇到的合法性问题（德国在“牲畜屠宰案”中基于基本法中的动物保护而对伊斯兰教的牲畜屠宰方式进行的限制）都是如此，这导致的后果是为经济系统或者宗教系统的封闭运行设定了系统之外的约束。从对契约自由的限制来看，似乎身处法律系统中的财产权直接对经济系统的运行产生影响，财产、契约同时作为经济系统运作的沟通符号在经济系统中不仅要考虑价格，还要考虑其合法性，乃至合宪性。但正如卢曼所指出，政治、法律对经济的调控都是以系统/环境的方式进行的，即来自政治与法律的调控只能以激扰的方式对经济系统的运作产生影响。宪法为财产权、契约自由设定的界限并不会影响经济系统中以价格为导向的支付/不支付。人们在签订契约、支配财产时或许会考虑合法性的问题,但这种考虑只能促使其反思是不是选择签订合同、支配财产,也就是只能产生一种激扰,而不能决定经济系统运行的实际后果,即"从法律系统的视角来看,契约是一种形成义务的形式,在争议案件中这些义务应该在事后加以审查,但经济系统在交易过程中会不断通过法律事实上不可能监督——更不用说'调控'——的后果来改变自有的状态"。[1] 如果在契约签订时,只考虑契约的合法性,那么恐怕任何契约都无法签订,因为任何契约的签订都存在事先难以评估的法律风险,签订契约的双方对契约合法性的考量也是从"交易成本"的角度加以考虑,但契约签订之后的法律审查时,却完全按照另外的标准进行。因此,在基本权利冲突时进行的价值权衡其前提是不能以取消特定系统的"沟通一般化"为前提,也就是不能以牺牲"社会的分化"为代价,如因为强调政治功能(如国家的生存)而完全取消财产的自由交易。[2]

三、实现社会功能系统"结构耦合"的基本权利

在宪法中,基本权利具有特殊地位。从权力分立的角度,卢曼将宪法视为政治系统与法律系统的"结构耦合",但从基本权利的角度则可以将宪法视为法律系统与所有社会子系统的"结构耦合",如财产权、宗教自由、受教育权、艺术自由等都在如经济、宗教、教育、文化等相关领域

---

〔1〕 Luhmann, Das Recht der Gesellschaft, a. a. O., S. 464.

〔2〕 在我国,国有企业从事营利性的经济活动也会遇到宪法界限的问题,因为国有企业既是政治系统中的一环,又隶属于经济系统,其后果便是通过政治上的沟通媒介(如权力)干涉经济系统的自主运行,并且容易导致国有企业在承担政治功能与经济功能时的错位,使政治系统与经济系统"去界分化",因此国有企业的改革必须在它所承担的政治功能与经济功能之间加以权衡,有效地剥离二者之间存在的混淆。然而在强调社会系统功能分化的同时,不能忽略的是社会功能系统之间的相互影响,在卢曼看来,系统与环境之间实现沟通的形式是"结构耦合"。关于国家从事经济活动的界限可参见陈征:《国家从事经济活动的宪法界限——以私营企业家的基本权利为视角》,载《中国法学》2011 年第 1 期。

构成了法律系统与相关社会子系统的“结构耦合”。

（一）作为“结构耦合”的宪法

在卢曼看来，系统与环境之间相互渗透与影响的形式是“结构耦合”（strukturelle Kopplung）。“结构耦合”是多个系统之间持续发生影响的形式，“如果一个系统持续性的以其环境中的特定属性为前提，并在结构上依赖于此，那么就应该说存在着结构耦合”。[1] 在卢曼看来，“结构耦合”是一种双面形式，也就是一种区分，它所包含的（也就是所耦合的）与它所排除的都同样重要，“结构耦合的形式因此限制并缓和了环境对系统的影响”，[2]但“结构耦合”在系统本身只能引发激扰、惊异与扰乱，而不能直接产生影响，“结构耦合”与激扰互为条件，所谓激扰并不与系统自创生的封闭性以及系统的结构决定性相违背；相反，激扰的概念正是以这一论点为前提。[3] 因此，“结构耦合”在联系各子系统的同时又能限制这种联系，从而保持社会的分化，“社会中能够建立起何种结构耦合……很明显依赖于分化的形式。只有当社会系统的功能分化达到一定的程度，即功能系统的分离与结合成为一个问题，并且由部分所构成的整体统一性的悖论转嫁到结构耦合之上并借此获得形式时，联系法律系统与其他功能系统的结构耦合才得以产生。”[4]可以说，“结构耦合”必须在社会已经实现了成熟的功能分化的前提下才能产生。

作为“结构耦合”的宪法在不同系统中具有不同的意义，对于法律系统而言宪法是最高法律，是基本法；而对于政治系统而言，宪法是政治的工具，或者“政制”。[5] 宪法在政治系统的运作可以对法律系统的宪法产生激扰，反之亦然，所以宪法作为双面形式“为法律的自我指涉问题创造了政治的解决途径、为政治的自我指涉问题创造了法律上的解决途

[1] Luhmann, Das Recht der Gesellschaft, a. a. O., S. 441.

[2] Luhmann, ebd., S. 441.

[3] Luhmann, ebd., S. 442f.

[4] Luhmann, ebd., S. 446.

[5] Luhmann, ebd., S. 478.

径”。[1] 由于宪法在不同系统内运作,而政治系统与法律系统在运作上又存在诸多差异,因此可能导致宪法的法律含义和政治含义分歧越来越大。坦白来说,中国今天有关宪法的讨论越来越陷入从不同系统界定宪法的困境中,在法学界,出现很多将政治系统中的宪法界定移植到法律系统中的现象,使得宪法的功能在法律系统中发生了错位。[2] 政治系统的宪法含义与法律系统的宪法含义尽管存在分歧加大的可能,但却可以通过相互的激扰而不断协调并相容。从中我们可以看到宪法的功能,即保持政治系统与法律系统之间的界分与耦连,防止二者的“去界分化”,这是对宪法传统功能的一种突破。

卢曼为我们构筑了一幅后现代世界的图景,在这里,不存在同质性,而是充满了偶然、冲突与选择,于是社会的各个系统就成为各自独立但又相互依存的整体,不是“凯撒的归凯撒、上帝的归上帝”这种截然的对立,而是相互咬合、牵制,形成一种交互影响。一方面,社会各子系统通过封闭运行和自创生实现各自的社会功能;另一方面,社会子系统又通过与“环境”的“耦合”解决各自系统所存在的悖论。这是卢曼为现代社会所深描的一种多元的、动态的、耦合的平衡结构。在这个现代社会图景中,宪法的角色尤其特别。自第二次世界大战之后违宪审查机制,尤其是宪法的司法审查被普遍采纳之后,宪法越来越具有一种社会多元价值调控器的功能,并通过宪法解释实现社会价值观念的整合,随着基本权利的第三人效应、宪法在私法领域的适用,这种观念越来越被普遍接受。但如果从法律系统角度观察宪法,则会发现宪法作为社会调控的功能存有疑问。在通常情况下,宪法决定很难真正实现社会价值的整合,尤其在一些价值冲突、道德边缘的“疑难案件”中,如“堕胎”“同性婚姻”等案件所呈现的社会分裂乃至政治分裂就凸显这一点。相反,一些宪法决定甚至可能激化整个社会的价值冲突。因此,宪法判决在作出之后,

---

〔1〕 Luhmann, Das Recht der Gesellschaft, a. a. O., S. 478.

〔2〕 近期有关“中国模式”的两篇文章(田雷:《“差序格局”、反定型化与未完全理论化合意:中国宪政模式的一种叙述纲要》,载《中外法学》2013 年第 5 期;欧树军:《看得见的宪政:理解中国宪法的财政权力配置视角》,载《中外法学》2012 年第 5 期)就出现了上述错位。

本身可能并无法成为“社会多元价值的调控器”，而只是实现了“规范预期的稳定化”。[1] 宪法判决的作出并不意味着社会中价值冲突的消失，在这种情况下，就会出现以政治方式试图推翻司法判决的情形。[2] 宪法判决并非是不可推翻与修改的，但宪法判决的推翻需要政治上的推动或者——在政治推动下的——违宪审查机构的自我修正。由此可看到政治路径与司法路径在宪法决定过程中的不同角色，宪法的判决不单纯是释宪技术、司法技术的演绎，其背后存在各种政治力量的博弈。在政治民主化的背景下，政治推动与司法判决会形成良好的互动，并互相产生一种不具有直接决定性的“激扰”，促使各自加以应对并做出某种回应，二者按照各自系统的沟通媒介和符码运行，互相刺激但却并不产生直接关联。

尽管目前很多国家都出现了以司法方式作出最终宪法判断的趋势，但这不意味着宪法在政治系统中完全失去意义，也不意味着政治系统的封闭性完全受到了法律系统的侵入。事实上，尽管越来越多的政治行为受到司法审查，但政治系统运作的沟通媒介并没有因此丢失其独立性，根据政治系统的符码和沟通媒介，政治系统自身也形成了对“宪法”的不同理解，并形成了特定的“政治规则”。通过政治惯例、不成文宪法的方式对宪法文本加以具体化，这与法律系统通过立法、司法的方式对宪法加以具体化的做法形成了鲜明对比，并在特定情势下，二者以某种方式形成特定的竞争与制约。无论是司法性的还是政治性的违宪审查机构，都融政治性与司法性于一身。一方面，通过法教义学的方式，通过特定的释宪技艺将宪法技术化、具体化，使宪法本身具有可操作性、可适用性；另一方面，宪法判决背后又始终拥有特定的政治推动力。由此，就构

---

〔1〕 卢曼曾对法律的功能是“预期之确定”还是“行为之调控”进行过讨论，参见 N. Luhmann, Die Funktion des Rechts：Erwartungssicherung oder Verhaltenssteuerung? in：ders., Ausdifferenzierung des Rechts：Beiträge zur Rechtssoziologie und Rechtstheorie, Frankfurt am Main, Suhrkamp Verlag 1999, S. 73ff.。

〔2〕 比如，在美国，共和党一直在努力试图推翻“罗伊诉韦德案”，参见[美]戴维·M. 奥布赖恩：《风暴眼：美国政治中的最高法院》，胡晓进译，上海人民出版社 2010 年版，第 2 页下、第 23 页下。

成了介于“司法化”与“政治化”之间的宪法,[1]通过司法化取消宪法的政治性,或者通过政治化取消宪法的法律性都会遇到不可避免的困境,并产生特定的危险。在今天,当法律系统必须要在多元价值的背景下进行价值权衡和抉择时,就需要通过相应的法律程序将政治系统中的民主诉求、道德系统中的伦理观念等有选择性地“转换”到法律系统中,用以解决宪法在法律系统中所遇到的政治判断和价值注入的难题。比如,德国联邦宪法法院在解释基本法的“人性尊严”时就采用了康德的“客体公式”理论,这并非是伦理观念对法律系统的直接影响,而是联邦宪法法院选择了此种伦理观念作为基本法本身的尊严观念。[2] 就此而言,必须通过“结构耦合”的形式才能解决宪法本身所具有的多重属性带来的困扰,宪法的道德性、政治性与法律性只能在“结构耦合”中才能相互分离开并又形成交互影响,这多重视角不能通过任意一者的主导而取消另外属性的消失。只有在“结构耦合”的视角中,才能透视出功能分化的社会背景下基本权利的社会功能。

(二)法律系统内的价值输入:作为“结构耦合”的基本权利

在维护“社会界分”以及“沟通一般化”的前提下,基本权利案件中的价值权衡必须考虑基本权利作为“结构耦合”的形式。通过基本权利,法律系统与其他社会子系统联系在一起,并通过基本权利而将社会子系统(相对于法律系统而言是环境)的信息转换到法律系统中,由于社会的复杂性,因此在转换过程中就会遇到错综复杂的各种信息。比如,在衡量“核电站是否合法”的问题时,就要综合考虑核电站本身的经济效益、环境评估以及安全风险等各种因素。因此,在基本权利案件中,要做出内在于法律系统的“价值权衡”,就必须考虑来自社会其他系统的“激扰”,而这时就需要社会学、经济学等其他学科的知识,从而实现法律系统在“知识上的开放性”,但这种法学之外的知识却需要通过法

---

[1] 参见强世功:《宪法“司法化”的悖论》,载强世功:《立法者的法理学》,生活·读书·新知三联书店2007年版,第66页下。

[2] C. Starck, Art. 1 Abs. 1, in: v. Mangoldt/Klein/Starck (Hrsg.), GG Kommentar, Bd. Ⅰ, 6. Aufl., Verlag Franz Vahlen, München 2010, Rn. 4ff.

律系统内在的运作机制来进行遴选,需要不断定向于法律系统自身的符码(合法/非法),甚至宪法所独有的符码(合宪/违宪),因此就构成了"事实"与"规范"之间的目光流转,这也符合基本权利变迁的一般情况。

在基本权利规范的解释方面,存在规范本身的变化与社会认知的变化两种情况。所谓社会认知的变化,是规范(或者对规范的解释)本身并未变化,而某些社会认知却发生变化,如德国《基本法》第20a条规定了"环境保护",以前的认知会认为"核电站不会对环境产生影响",但现在的认知却认为"核电站会对环境造成更大的风险",在前后认知变化的情况下,关于"核电站"的设立能否得到法律的支持就会发生变化。但规范判断本身并未变化,即"如果某一个设施会对环境产生严重影响,就应该被禁止",这里需要评估的是核电站对环境产生影响的严重性,涉及知识上的判断。但另外存在的一种情况是规范内涵本身发生变化,典型的例证是19世纪30年代的大萧条,促使美国人反思1905年在洛克纳诉纽约州一案所坚持的"契约自由"原则,并在新政之后通过国家干预等诸多措施介入传统上的私人自治领域,最高法院的态度也发生了根本性的扭转,不再阻止政府对契约自由领域的干预。[1] 这种宪法变迁不能不说是由于社会转型所引发的,但这种社会变迁对于宪法变迁或者基本权利变迁的影响却并非是直接的,而必须通过特定的机制和"结构耦合"的宪法从其他的社会子系统转换到法律系统中。

通过"结构耦合",我们就可以看到法律系统与社会其他系统之间的相互激扰。由于宪法判决的开放性,导致宪法案件经常被置于价值权衡之下,社会现实、价值观念的转变对于宪法中价值判断的影响越来越频繁,导致的结果便是"表面上坚固的法律原则秩序受一种流动的、始终是临时的权衡性判决所操控,也就是说相对的稳定受原则上的不稳定性

---

〔1〕 关于洛克纳案所确立的契约自由原则以及新政之后最高法院态度的转变参见 Erwin Chemrinsky, *Constitutional law: Principles and Policies*, Aspen Publishers, 3d ed. 2006, pp. 614 – 638; 关于新政作为一场宪法变革可参见 Bruce A. Ackerman, *We the people: Vol. 2: Transformations*, The Belknap Press of Harvard University Press, 1998, pp. 279 – 311。

所操控”。[1] 在系统中多样化和复杂性提升的情况下,系统自身必须维持“信息冗余”(Redundanz),也就是通过特定排除机制有选择地接受环境的“激扰”,而基本权利的教义学体系、相关的程序与制度就提供了维护信息冗余的保证。[2] 所以卢曼认为,“结构耦合”恰恰说明了“相互激扰的加强依赖于同一机制的排他性效果,只有相互免疫才能将相互依赖性的提升化为可能。在将社会系统界定为功能分化的条件下,各子系统通过外部化消解了各系统自我指涉的循环结构。法律系统通过提供立法的可能性从而经受政治上的影响;而政治系统则通过民主化抵御将修改法律的动议变成实际决定的诱惑”。[3]

正是在“结构耦合”之中,基本权利的意义与功能发生了很大变化,从限制国家权力到“客观价值秩序”的转变正是适应了社会功能分化与结构耦合的需要。作为“客观价值秩序”的基本权利在很多情况下都会与政治的方针、政策与社会所流行的价值观念联系在一起,在基本权利案件中如何加以判决也会对相应的政策以及价值观念的变化产生直接影响。[4] 比如,在德国,联邦宪法法院通过“客观价值秩序”对国家的任务进行重新界定,国家的任务会因为联邦宪法法院的判决而发生改变,从而政治系统中的运作模式也会受到激扰而发生变化。由此我们可以看到基本权利的功能不再仅仅涉及对国家权力的限制,而是在“结构耦合”中实现对国家权力的塑造,从而实现了一种双重加强,既强化了个体自由的保护,又同时增强了国家在保护个体自由方面的权力,实现了对个体、对国家的双重功能。在这里可以看到基本权利在法学层面上的解释对于隶属于政治系统的“国家建设”(state building)方面所具有的“激扰”作用,亦可看到“国家建设”的政治需求对于基本权利在法学层面解释所产生的“激扰”,由此可见,基本权利在维持政治系统与其他社会子

---

〔1〕 Luhmann, Das Recht der Gesellschaft, a. a. O., S. 480.

〔2〕 卢曼提出了“经由程序的正当性”,参见 N. Luhmann, Legitimation durch Verfahren, 9. Aufl., Suhrkamp 1983。

〔3〕 Luhmann, Das Recht der Gesellschaft, a. a. O., S. 480.

〔4〕 Luhmann, ebd., S. 480f., 493f.

系统功能界分中的作用。另外,由于社会的功能分化,通过“结构耦合”,基本权利也从传统的国家—私人关系辐射到包括私人—私人关系的全社会领域,这就是所谓的“基本权利第三人效力”以及“基本权利的辐射效应”,将特定的社会价值观念通过相应程序纳入基本权利的法学解释中,从而间接实现对“社会多元价值的调控”。

(三)立足社会的基本权利教义学

在社会功能分化的背景下,基本权利的功能不再局限于消极的对国家权力加以限制,而是对国家功能的界定、国家权限的扩张以及社会功能系统的划分均具有重要意义;基本权利所刻画的不再是个体的消极地位,而是对政治、社会生活的积极参与;国家也不再是消极的不干涉,而是积极地介入个体的自由实现、社会的自治领域。通过基本权利,个体、社会与国家不再是割裂的存在,而是形成交互的依赖,但又不丧失其独立的地位。这也与第二次世界大战以后政治、社会的民主化趋势相吻合。

伴随工业化的飞速发展以及经济自由主义所引发的危机,基本权利一反立宪主义初期的防御权品性,而开始朝向“积极自由”方向发展。在德国,借由“单身条款案”开始,德国联邦劳工法院将宪法直接适用于私法,从而通过宪法中的价值对私法中的契约自由和私法自治原则加以干涉,[1]由此形成了“私法自治中的国家强制”;[2]联邦宪法法院则从1958年的“吕特案”开始,肯认了基本权利的“客观价值秩序”属性,并发展出了“基本权利第三人效力”理论,使宪法中的价值可以通过民法中的概括条款间接地渗入私法体系中。[3] 就本质而言,联邦宪法法院通过这种方式承认了基本权利中所包含的价值秩序可以对传统自由主义所力主的私法自治加以限制,而传统上视为“神圣不可侵犯”的契约自

---

〔1〕 德国基本权利在私法中的效力可参见张红:《基本权利与私法》,法律出版社2010年版,第52页下。

〔2〕 参见苏永钦:《私法自治中的国家强制》,中国法制出版社2005年版。

〔3〕 对“吕特案”可参见张翔主编:《德国宪法案例选释》(第1辑),法律出版社2012年版,第20页下。

由和财产权也要受到其他宪法价值的限制。随后,德国联邦宪法法院又通过一系列判决发展出“国家的保护义务”“分享权”“基本权利的制度保障”“组织与程序保障”等理论,[1]进一步确立了国家对自由权实现之前提的积极保护义务,一反国家消极不干涉的传统态势。

基本权利理论是与特定时期特定国家的使命或者特定的国家理论紧密联系在一起的,社会观念、国家情势的变化会引发基本权利保护上的变迁,如果剥离对国家的观察,则想要认清基本权利的本质几乎是不可能的。这似乎看来,国家的存在是宪法存在的前提,国家的理论应成为宪法理论的前提,而“国家的生存”也应成为基本权利的界限。有一种观点认为基本权利的理论是依赖于某种“国家理论”的,如阿列克西认为,基本权利的“外在理论”是与自由主义理论联系在一起的,而“内在理论”则与社群主义联系紧密。前者假定国家存在的“预设前提”,即先于国家的个体自由;而精神科学的整合理论则假定国家是不断更新的统一体,基本权利必须服务于社会整体的整合进程。因此,主张个体主义的国家及社会理论者,倾向于“外在理论”,而关注共同体中成员地位者,毋宁说主张“社群主义”者,倾向于“内在理论”,因此这种区分实际上与政治哲学上的不同观念关系密切。[2]

但问题在于,是否存在唯一正确的“国家理论”,可以决定基本权利的内涵、保护程度与限制?这同样难以设想有一个圆满的答案,而且将特定的国家理论绝对化或者意识形态化同样会使理论本身失去适应社会变迁的能力。由于国家的任务、目标与使命会随着社会情势的变化而变化,因此,国家理论也总是处于变动之中,这又回到一个原点,即是否宪法理论、国家理论最终都可追溯至社会的变迁?但又如何从“社会”中发现特定的、具有评价属性的“国家理论”?我们经常发现,社会的变迁的确会对国家角色的转变产生直接影响并影响基本权利的保护,甚至

---

〔1〕 对此可参见张翔:《基本权利的体系思维》,载《清华法学》2012 年第 4 期。

〔2〕 Vgl. R. Alexy, Theorie der Grundrechte, Suhrkamp Verlag, Frankfurt am Main 1994, S. 251; M. Borowski, Grundrechte als Prinzipien, 2. Aufl., Nomos Verlag, Baden-Baden 2007, S. 45f.

在特定阶段左右基本权利的理论,这或可视为历史选择的必然。但更经常的情况是,某一基本权利的保护范围、受限制的程度等诸多细节却具有"偶在性",往往依赖于某种通过特定程序所作出的"决定",[1]而不直接依赖于任何理论。比如,因为自由市场所引发的问题,对契约自由的限制可能是一种必然,但对契约自由限制的程度、国家干预社会的程度以及国家在给予社会福利方面的分配(如最低工资、最高工时)等都有赖于"决定",无论是立法决定,还是违宪审查机构作出的决定。因此,在德国学者默勒斯看来,国家理论的分歧、国家与社会关系的不同观念并未对基本法中的基本权利教义体系产生直接影响。[2]

历史的发展已经在基本权利保护方面形成了特定的中和,基本权利在法教义学上的建构已经形成了一个包容和开放的体系,可以在特定情势下吸纳不同的理论。所以从这个角度来说,基本权利的法教义学体系是基本权利社会功能的形式体现,而非无社会根基的"空中楼阁"。通常来说,对于法教义学的误解主要在于法教义学的概念和体系建构来自抽象的人为理性创造,然而法教义学本身(如德国基本权利教义学体系中发展出来的"客观价值秩序")却是源于社会变迁的内在需求和当代社会法律系统的功能需求。不容回避的是,基本权利案件中更容易遇到价值冲突的问题,也涉及宪法审查机构如何就价值冲突加以决定的问题。针对这个问题,理性、科学的"唯一正确"方案是不存在的。但必须要看到的是价值权衡并非任意,而是受到特定制度性的约束:政治制度中的分权、程序设计等为宪法决定提供了政治制度上的约束;言论自由、集会自由等为宪法决定提供了社会层面上的约束;基本权利教义学本身又为宪法决定提供了自律性的约束。阿列克西曾将法教义学的功能归

---

〔1〕 在卢曼看来,实证法在现代复杂社会中是"选择的结果",如立法者的决定,其功能"不在创设、不在法的制造,而在于选择并将规范的威严符号化为有约束力的法",因此现行有效之法是"根据随时可修改的选择而生效",也就是说法律是"凭借决定而有效","法的效力涉及一个可变的事实:即决定"。参见 Luhmann, Rechtssoziologie, a. a. O., S. 40ff., S. 208; W. Ebel, Der Göttinger Professor Johann Stephan Pütter aus Iserlohn, 1975, S. 73ff.; M. Stolleis, Bd. Ⅰ, S. 131。

〔2〕 C. Möllers, Staat als Argument, Verlag C. H. Beck, München 2000, S. 271.

结为六点，即“稳定化功能”“进步功能”“减负功能”“技术功能”“审查功能”“启发功能”，[1]但上述六点都可归结为基本权利作为“结构耦合”的两大社会功能，即保持法律系统封闭性运作以及保证法律系统与社会子系统的相互依赖。正是通过基本权利双重属性的教义学建构，基本权利同时实现了封闭性与开放性的双重性，并在向社会子系统开放的过程中，能够有效、快速、稳定地对复杂的信息加以“抉择”。

基本权利教义学体系的建构能够起到储存信息的作用，即卢曼所说的产生系统所需要的“信息冗余”，即借助概念和体系将法律系统对特定生活事实的处理固定下来，并在未来可以就相似案件进行重复处理，借此法律系统就可以排除多余的信息，如法官在审理一件打破花瓶的赔偿诉讼时，就没必要去费力界定何为“花瓶”。在卢曼看来，文本不是概念，而是客体，只有通过对文本在不同案件的反复应用，概念才得以提炼，并且由于法律带有反事实的特性，因此法律所使用的概念通常与一般生活化的概念不尽相同。比如，“住宅不受侵犯”中的“住宅”与日常生活用语中的“住宅”就不尽相同，而且由于法律必须尽可能精确地界定概念，以避免误解，所以法律语言就逐渐与日常语言发生偏离，形成自身所特有的“语义学”。[2]

另外，宪法通过权力分立与基本权利所承担的维护“社会分化”的功能本身就为防止价值权衡的任意性提供了制度保障，特定的基本权利，如财产权、选举权、言论自由、平等原则等本身就具有维护“沟通一般化”和社会功能界分的功能；并且通过权力分立、言论自由等制度性保证，可以尽最大可能避免政治权力、宪法审查者（如联邦宪法法院的法官）自身的偏私、民意直接介入宪法审查和宪法决定中。在制度保障之外，必须要容忍的是宪法决定过程中所存在的自由度，当今社会毕竟是多元的，每一个宪法中的价值决定都是对社会特定价值的反映，同时也

[1] R. Alexy, Die Theorie der juristischen Argumentation. Die Theorie des rationalen Diskurses als die Theorie der juristischen Begründung, Suhrkamp Verlag, Frankfurt am Main 1983, S. 326ff.

[2] Luhmann, Rechtssoziologie, a. a. O., S. 385f.

存在相反的价值与声音,在这种情况下就需要法律系统内部通过对社会—政治的现实判断而加以抉择,并通过特定的社会机制(如同样是通过作为基本权利的选举权所保障的政治系统的运作)对法律系统的运作提供激扰,并在未来(社会结构变化的情况下)促使法律系统内部的自我修正。

四、对中国的意义:建构“中国的”基本权利教义学

对于基本权利教义学的建构,一直以来存在反对声音,认为这属于西方的话语体系,容易导致对西方所谓普世性价值的盲目继受。但对基本权利社会功能的分析,可以发现如果要维护“功能分化的社会秩序”,就需要建构体系性的基本权利教义学,通过基本权利这种“结构耦合”形式,实现社会子系统与法律系统之间既相互独立又相应依赖的分化形式,尤其避免政治系统对法律系统的直接干涉。这对中国尤其具有意义。

毫无疑问的是,目前国内对于基本权利教义学体系的建构理念,主要来自德国。以“主观公权利”与“客观价值秩序”的双重属性展开,但在继受过程中,这一套体系不是僵化地完全照搬,而是切合中国的基本权利规范。德国是以基本法中关于基本权利的规定为基础进行教义学建构的,而中国也必须以中国自身的宪法文本为基础加以建构,相应的工作已有学者加以展开。从另外一个角度来讲,之所以选择围绕“主观公权利”与“客观价值秩序”的双重属性展开,正是因为无论文本的规定存在多大差异,但基本权利在现代社会中所承担的功能却是相通的,在“维护社会功能分化”的过程中,基本权利从主观权利过渡向客观价值秩序具有重要的社会意义。在这个前提下,中国围绕基本权利的双重属性建构基本权利教义学体系,就不仅仅是因为德国这么做,而是出于维护“功能分化的社会秩序”的需要。可以说,这么一个体系的建构是中国社会的问题,而非简单移植的问题。

中国正处于一个社会转型期,因此在中国,基本权利作为“结构耦合”的形式维系社会功能分化时,就需要面临中国自身的实际。黑勒对早期资本主义的描述也可以作为今日中国的参考:“现实中,城乡差距、

经济的发达带来的后果是成千上万的‘劳动力’背井离乡,离开自己在家乡的乡土社会中所建立起来的固有秩序。在城市,他们几乎不可能建立起‘共同体的紧密联系’。根据经济—技术上的需要,他们被计算到产品流程中,并遵从工厂的纪律。在资本主义社会中,每个人都被假定为‘经济人’和商人,以纯粹的互易关系为定位的自由竞争无法通过传统或者经济之外的规范以及共同体形式加以规制。如果谁想要证明经济之外的如社会、道德、政治等方面的动机是可行的,那就会在资本主义的经济竞争中陷入困境。总之,谁最能够在商言商,最不受经济之外因素的羁绊,谁就能在同等条件下获得最大成功。经济的标准已经无所不在。”〔1〕中国正处于从传统社会向现代社会转型的过程,这一过程会遭遇“民间法”与“制定法”的冲突,也会遭遇民意、人情与法律的纠缠,遭遇政治系统与经济系统、政治系统与法律系统的功能混淆,在这种情况下,就需要从“结构耦合”的角度,以基本权利为切入点解决不同系统之间的封闭与依赖。或者说,对基本权利教义学的强调、对基本权利社会功能的强调、对基本权利审查制度的强调都是以中国的现实问题为定向,其理想在于维护正在实现中的功能分化的中国社会。

〔1〕 Heller, Staatslehre, a. a. O., S. 208.

后 记

如今，学术专著似乎已经失去了往日的神圣性，在各种考核中退却，逐渐沦为“论文集”。论文重要性的凸显，自然有其道理，写书需要的周期太长，要枯坐板凳十年冷，现代社会的考核等不了那么久。而且，论文专注于解决某一具体问题，问题意识更明确，理论深入程度更高。但如此一来，专著也失去了应有的体系性，靠一本专著青史留名的时代似乎一去不返了。

本书也不能免俗，也是一本“论文集”，书中各章，大多为已正式发表的论文。在精力都放到写论文的年代，于论文之外再写一本专著，也真是力不能及。于是，尽力将书中各自具有独立性的章节融会贯通，在一个理论框架之下，加以体系化，就成为对读者的一种交代。即使这一点，本书做得也不够理想。书中各章节发表时间跨度近 10 年，早期作品太过青涩，很多问题思考也不成熟，对德国国家法学方法论的介绍更像是习作，那时候我仍在方法论问题上徘徊，不知走向哪里。我本来的想法是，花 1 ~ 2 年的时间，以今天的认识,反观过去的作品,并加以修改。之前的作品,其中有些论证和观点,在今天看来可能需要重新表述。同时,近几年的作品也都留有一些遗憾,需要在一个一以贯之的脉络下,进行风格的统一。对此,我也确实做了一些工作,但终究时间不等人,最终的修改也难以令人满意。

尽管存在诸多缺憾,但本书的思考仍然是统一的。那就是,在传统宪法教义学的基础上,呼应"社会系统的功能分化",以中国的宪法变迁为基点,对现有的宪法条款进行解释。这一路径,也会成为作者未来几年思考各种具体宪法问题的出发点。至于成功与否,理应交由读者诸君评判。

后记的主要功能是为了感谢,尤其对我这种求学二十载,迟迟不出书的人来说,更是如此。

首先要感谢的是肖蔚云老师,我曾在博士学位论文后记中表达过对先生的感谢,现抄录如下:

先生为人,望之如云、近之如春,初时得知先生极为严肃,对学生要求也颇为严格,心中不免惴惴。接触下来却发现先生虽严肃,但和蔼,言谈之间并不使人拘束。印象最深的一件小事是在一次会议上聆听先生发言,下来之后,先生问众人:"我的发言是否保守?"刹那之间,深感惊讶,继而有些惭愧,以先生之成就与学识,仍能时时反躬自省,我等为人徒者,碌碌无为,却总有些狂妄傲物,无才反而轻狂。老一辈学者的风骨是最值得我们学习的。谦虚、认真、踏实的学问态度和严谨的治学精神,说起来容易,要真正做到却绝非易事,而他们却能恒之以久,数十年不变。他们能够坚守自己的观点,你可以说这是保守,但我却认为这是一种立场的坚定,甚至于一种信仰,比之我们如今西学东渐,将些些不相干的东西硬塞到自己的口袋中,需要时随手拿出来使用的态度,他们的立场更多了一份珍贵。先生已经故去,先生故去之时,并不在北京,一直引以为憾,虽与先生接触时日不多,但却一直存有一种亲切感,一日为师,终生为师,先生的态度和精神是我辈终生学习仿效的榜样。

接下来要感谢的是我的硕士研究生导师韩大元老师。韩老师堪称师者典范,我当老师之后,时时都在模仿他,只不过模仿得不太好,当然也不如老师那么风度翩翩,颜值也不够。老师重师道,不仅传道授业解惑,更在一个意味深长的时代中,支撑宪法学界的良心,身居要位,却从不委身,始终保持情怀和风骨,殚精竭虑,谋求宪法在政治的夹缝中成长,老师的贡献,新中国宪法学史自会有公论。我的学术研究深受老师影响,老师重视宪法史的研究,又坚持宪法文本至上,强调宪法解释的意义,在文本、历史与现实之间游走,这些也构成了我学术研究的起点。

我的另一位博士研究生导师是张千帆老师。肖老师去世之后,我转到张老师名下,他对我的博士学位论文写作给予了很多指导。当然,我知道他对于我的博士学位论文一定是不满意的,只是不忍心不让我通过吧。张老师是不折不扣的理想主义者,在他心中,有一个完美的宪法形象,这么多年,他都在为之坚持和斗争。有时,我觉得他不仅是一位学者,还是一位斗士,我始终对他怀有很深的敬意。

徐显明老师是我的博士后合作导师,当年我北大博士毕业,选择继续留在德国攻读博士,档案和户口去留无计,于是冒昧联系了徐老师,试着报了法大的博士后,不想有幸被录取。德国博士毕业之后,回国找工作,又是彷徨无措,徐老师当时任山东大学校长,又邀我到山大。我在人生的两次十字路口,都蒙徐老师收留,此恩当永记。在山大几年,也曾近距离观察徐老师,他的气场、风度、口才、学识以及宽厚包容的胸怀,令我心折不已,学是学不来,但这影响足以让我受惠终生。

我在柏林洪堡大学的博士研究生导师是 Ingolf Pernice 教授,我从未见到一个像他一样慈祥的老师。刚到德国之际,我生活学习都无比茫然,他始终给予我最大程度的耐心,每次见面,关切之情都溢于言表。刚到德国那年圣诞,去老师家中做客,午夜之后,风雪交加,不知归路,身有残疾的老师冒雪从西柏林送我回到东柏林的住处,至今想来,都感动不已。毕业一晃已经 7 年,其间虽去过德国两次,但都未有机会再回柏林,真的想念 Pernice 教授了。

求学路上,还有许多其他老师给过我难以忘却的帮助,没有这些帮助,也就没有今天的我。硕士研究生期间,李元起、胡锦光、杨建顺、莫于川诸位老师,让我始终能感受到大家庭的温暖,那是一段温暖的时光。博士研究生期间,姜明安、王磊、陈端洪、沈岿、王锡锌诸位老师给我的指导、鼓励和帮助,让我难以忘怀。博士后期间,无论是中期考核,还是最后答辩,都是舒国滢老师一手安排,让他费心不少。他是如此优秀的学者,可惜当时来不及向他请教更多。当时参加我博士后考核的高全喜、许章润、吴玉章诸位老师,可能他们都不记得参加过我的答辩了,但我却终生难忘。高全喜老师给过我很多鼓励,并在我回国之后仍对我关注有加,在此一并感谢。张志铭老师在做《法学家》主编时,破例录用了我一篇5万字的文章,那时我初入学界,籍籍无名,现在想来都觉不可思议。李树忠、林来梵、季卫东、王人博、秦前红、莫纪宏、焦洪昌、童之伟、朱福惠、周伟、周汉华、朱新力、周佑勇、朱芒、马长山、李小明等学界长辈对我的关怀和提携,给了我前行的动力。

要特别感谢张翔师兄。我与他硕士阶段、博士阶段均为同一导师,可谓是“亲师兄”,他时时予我关照,在他柏林访学的日子里,我也时时向他请教,对我之后的学术方向影响甚大。本书中有三章,都曾发表于《法学研究》,要特别感谢谢海定老师对文章提出的意见,以及进行的修改和润色,使文章增色很多,并促使我不断提升文字能力。郑戈、刘连泰、赵磊、刘飞、侯猛、黄卉、聂鑫、张龑、王贵松、王旭、刘刚、林彦、郑磊、郑春燕、柳建龙、王锴、白斌、翟国强、谢立斌、陈征、姚国建、王建学、翟志勇、田雷、秦小建、程雪阳、黄明涛、于文豪、赵真、陈鹏、宾凯、泮伟江、马剑银、鲁楠、雷磊、屠凯、陆宇峰、余盛峰、张文龙、李强、魏磊杰、于浩等无法一一提及名字的师友,让我感受到真正的学术共同体的存在。感谢我的同学和朋友王洪青、米传勇、胡震、钟瑞友、许兵、张高飞、张海涛、周理、薄磊、崔玉磊、杨栋等人,他们都是趣味相投的小伙伴,曾经在一段时间里,我们很亲密,但年纪渐长,又慢慢远离,但他们始终在我心里。

感谢法律出版社财经分社的沈小英社长和刘晓萌编辑,本书得以出版,离不开她们的辛劳。同时,感谢《中国法律评论》的袁方执行主编和易明群老师,欠她们很多文债,尤其是易明群老师,我会在《德国公法史》(第 3 卷)的译后记中再另行专门感谢。感谢国家社科基金的资助,本书的大部分作品都是在基金资助下完成的。

要特别感谢我在山大的同事。齐延平老师在做院长之时,对我器重有加,并委以重任,我很怀念那段充满干劲和热情,敢与院长讨论学术拍桌子的时光。感谢柳忠卫、秦伟、柳砚涛、王德志、李道军、周长军、张式军、耿利航、盖玉强、刘红、江小荃、吴建中、周静、姜峰、满洪杰、张海燕、郑智航、马得华、徐会平、于永宁、向力、宿营等同事的关照与关怀,山大法学院或许不是最好的法学院,但一定是同事关系最为融洽的法学院。

最后,也是最重要的,要感谢我的家人。感谢我的父母和兄长,他们为我做的一切,塑造了现在的我。感谢我的岳父岳母,他们待我亲厚有加,视如己出。当然,最特别的感谢要给我的妻子张婉婷,她给了我爱情、家庭,还有一个无比可爱的宝宝,她年纪小我很多,却为家庭付出太多,这本书献给她和儿子。

回首来路,生活给予了我很多,我很知足,也很感恩。只是生活也慢慢消磨了一些志气,学术研究的动力如今已不知道是来自初心,还是其他。无论出于何种动机,学术研究之路都既阻且长,当我看到 9 个月大的儿子瞪着好奇的大眼睛努力去探索他所不能理解的事物时,我想到,我们人类在这个世界面前,又何尝不是如此,这或许才是学术研究本身的意义吧。

李忠夏

2017 年 10 月 22 日于鳌山卫乐水居

图书在版编目(CIP)数据

宪法变迁与宪法教义学：迈向功能分化社会的宪法观／李忠夏著. --北京：法律出版社，2018(2019.7 重印)
ISBN 978 -7 -5197 -2047 -6

Ⅰ. ①宪… Ⅱ. ①李… Ⅲ. ①宪法－研究－中国
Ⅳ. ①D921.04

中国版本图书馆 CIP 数据核字(2018)第 043488 号

宪法变迁与宪法教义学:迈向功能分化社会的宪法观
XIANFA BIANQIAN YU XIANFA JIAOYIXUE:MAIXIANG GONGNENG FENHUA SHEHUI DE XIANFAGUAN

李忠夏 著

策划编辑 沈小英
责任编辑 沈小英 刘晓萌
装帧设计 李 瞻

出版 法律出版社
总发行 中国法律图书有限公司
经销 新华书店
印刷 固安华明印业有限公司
责任校对 马 丽
责任印制 吕亚莉

编辑统筹 法治与经济出版分社
开本 A5
印张 9.875
字数 298 千
版本 2018 年 7 月第 1 版
印次 2019 年 7 月第 2 次印刷

法律出版社／北京市丰台区莲花池西里 7 号(100073)
网址／www.lawpress.com.cn
投稿邮箱／info@lawpress.com.cn
举报维权邮箱／jbwq@lawpress.com.cn
销售热线／400 - 660 - 8393
咨询电话／010 - 63939796

中国法律图书有限公司／北京市丰台区莲花池西里 7 号(100073)
全国各地中法图分、子公司销售电话：
统一销售客服／400 - 660 - 8393/6393
第一法律书店／010 - 83938432/8433 西安分公司／029 - 85330678 重庆分公司／023 - 67453036
上海分公司／021 - 62071639/1636 深圳分公司／0755 - 83072995

书号:ISBN 978 - 7 - 5197 - 2047 - 6
定价:58.00 元